Das deutsche und schwedische Namensrecht im Vergleich

Studien zum deutschen und internationalen Familien- und Erbrecht

Herausgegeben von Martin Lipp, Christoph Benicke,
Marina Wellenhofer, Bettina Heiderhoff und Barbara Veit

Band 34

Zur Qualitätssicherung und Peer Review der vorliegenden Publikation

Die Qualität der in dieser Reihe erscheinenden Arbeiten wird vor der Publikation durch den Herausgeber der Reihe geprüft.

Notes on the quality assurance and peer review of this publication

Prior to publication, the quality of the work published in this series is reviewed by the editor of the series.

Leonie Dietrich

Das deutsche und schwedische Namensrecht im Vergleich

Überlegungen zu einer Reform des deutschen Namensrechts anhand der schwedischen Namensrechtsreform 2016

Bibliografische Information der Deutschen Nationalbibliothek
Die Deutsche Nationalbibliothek verzeichnet diese Publikation in der Deutschen Nationalbibliografie; detaillierte bibliografische Daten sind im Internet über http://dnb.d-nb.de abrufbar.

Zugl.: Gießen, Univ., Diss., 2022

D 26
ISSN 1864-497X
ISBN 978-3-631-88794-3 (Print)
E-ISBN 978-3-631-88795-0 (E-PDF)
E-ISBN 978-3-631-88796-7 (EPUB)
DOI 10.3726/b20099

Peter Lang – Berlin · Bruxelles · Lausanne · New York · Oxford

Diese Publikation wurde begutachtet.

www.peterlang.com

Vorwort

Die vorliegende Arbeit wurde im Sommersemester 2022 von der rechtswissenschaftlichen Fakultät der Justus-Liebig-Universität Gießen als Dissertation angenommen. Entstanden ist sie während meiner Tätigkeit als wissenschaftliche Mitarbeiterin an der dortigen Professur für Bürgerliches Recht, Internationales Privatrecht und Rechtsvergleichung. Gesetzgebung, Rechtsprechung und Schrifttum konnten bis Juni 2022 berücksichtigt werden.

Mein besonderer und aufrichtiger Dank gilt meinem Doktorvater Herrn Prof. Dr. Christoph Benicke für die fürsorgliche Betreuung und Unterstützung meines Forschungsvorhabens. Bei diesem stand er mir jederzeit mit wertvollen Ratschlägen und Anregungen zur Seite und auch das mir von ihm entgegengebrachte Vertrauen und die gewährte Eigenständigkeit an seinem Lehrstuhl habe ich stets zu schätzen gewusst.

Danken möchte ich ebenfalls Herrn Prof. Dr. Jens Adolphsen für die sehr zügige Erstellung des Zweitgutachtens, sowie neben meinem Doktorvater den weiteren Herausgebern Prof. Dr. Bettina Heiderhoff, Prof. Dr. Martin Lipp, Prof. Dr. Barbara Veit und Prof. Dr. Marina Wellenhofer für die Aufnahme in die Schriftenreihe.

Weiterer Dank gilt Prof. Michael Hellner von der Universität Stockholm und Katharina Leibring von der Universität Uppsala für die freundliche und hilfsbereite Unterstützung bei Fragen zum schwedischen Namensrecht, sowie Dr. Jan F. Hellwig, dessen Ermutigungen maßgeblich zu dem Gelingen dieser Arbeit beigetragen haben. Ferner gilt mein Dank meinen Lehrstuhlkollegen und -kolleginnen, Marc Häuser, Marius Gehler, Jan-Hendrik Müller und Natalie Suchocki, sowie den weiteren zahlreichen Kollegen des Fachbereichs, die mich meine Zeit als wissenschaftliche Mitarbeiterin in guter Erinnerung behalten lassen.

Ein ganz besonderer Dank gilt schließlich meinen Freunden und meiner Familie, die in dieser fordernden Zeit stets an meiner Seite waren. Insbesondere danke ich meinen Eltern, für die immerwährende vielfältige und bedingungslose Unterstützung und Ermutigung, die Chancen zu ergreifen die sich mir bieten und meinen eigenen Weg zu gehen, trotz aller Widrigkeiten. Ihnen ist diese Arbeit gewidmet.

Inhaltsverzeichnis

Kapitel 1: Einleitung

Dem Namen einer Person kommt im Laufe ihres Lebens eine herausragende Bedeutung zu. Dies lässt sich nicht nur daran erkennen, dass der Name täglich für vielerlei Vorgänge genutzt wird – sei es im Kontakt mit Dritten oder im behördlichen Rechtsverkehr – sondern auch daran, dass sich im Laufe der Zeit eine Vielzahl an Redewendungen und vielbemühten Zitaten herausgebildet haben. Von dem lateinischen „nomen est omen" über Goethes „Name ist nur Schall und Rauch"[1] bis hin zu Shakespeares poetischer Frage „Was ist ein Name?"[2], sie alle verfolgten das Ziel, das Wesen des Namens und seine Bedeutung für die Menschen greifbar zu machen. Auch rechtlich versucht man dieser Bedeutung gerecht zu werden und das Namensrecht an die sich stetig verändernden gesellschaftlichen Entwicklungen anzupassen. Nicht ohne Grund wird das Familienrecht, Teil dessen das Namensrecht ist, als ein „Spiegel der sozialen Wirklichkeit" bezeichnet.[3]

Während in anderen Rechtsordnungen die namensrechtlichen Regelungen in regelmäßigen Abständen in ihrer Gänze überarbeitet werden,[4] hat sich der deutsche Gesetzgeber in den letzten Jahrzehnten nicht für eine umfassenden Reform des deutschen Namensrechts, sondern lediglich für vereinzelte gesellschaftlich bzw. verfassungsrechtlich gebotene Nachbesserungen der bestehenden Regelungen entschieden. Diese vereinzelten Nachbesserungen haben im Laufe der Zeit jedoch zu einer Vielzahl von Regelungen geführt, die nun nicht mehr sauber ineinandergreifen und denen *Hepting* bereits 1999 eine „groteske Kompliziertheit" bescheinigte.[5] Eine umfassende Reform des deutschen Namensrechts, die nicht lediglich einzelne Problembereiche bruchstückhaft überarbeitet, sondern ein funktionierendes Normengebilde erschafft, ist bereits seit Jahren, wenn nicht Jahrzehnten, überfällig und wird in regelmäßigen Abständen von der Literatur angemahnt.[6]

Jüngste Vorstöße in Richtung Namensrechtsreform wagten 2020 das Eckpunkte-Papier zur Reform des Namensrechts, welches im Auftrag des Bundesministeriums

---

1 *Goethe, Johann Wolfgang von* Faust I, 1808.

2 *Shakespeare, William* Romeo und Julia, 1597.

3 *Gaaz* StAZ 2006, 157, 158.

4 So bspw. in Schweden durch die grundlegenden Namensrechtsreformen 1982 und 2016, vgl. dazu die Ausführungen in Kapitel 4.

5 *Hepting* StAZ 1999, 133, 134; dies war wohlgemerkt noch vor der Entscheidung des Bundesverfassungsgerichts, die zu der Abschaffung der Pflicht zur Führung eines Ehenamens führte, vgl. BVerfGE 84, 9 = NJW 1991, 1602.

6 So z.B. von *Bornhofen* StAZ 2005, 226, 230; jüngst auch *Dutta* mit einer umfassenden Übersicht der Befürworter einer umfassenden Reform, vgl. *ders.* Reform des deutschen Namensrechts S. 4 f.

der Justiz und für Verbraucherschutz und des Bundesministeriums des Inneren, für Heimat und Bau von einer Arbeitsgruppe aus Vertretern aus Wissenschaft, Justiz und Verwaltung erarbeitet wurde und grundlegende Vorschläge für eine umfassende Reform des Namensrechts unterbreitet,[7] sowie ein Entwurf der FDP-Fraktion für ein „Gesetz zur Änderung des Ehe- und Geburtsnamensrechts – Echte Doppelnamen für Ehepaare und Kinder",[8] die jedoch bisher weitestgehend folgenlos blieben.

Nun scheint man sich jedoch auch auf politischer Ebene ernsthaft mit dem Thema befassen zu wollen, so hat es das Namensrecht sogar in den Koalitionsvertrag zwischen SPD, Bündnis/90 die Grünen und der FDP geschafft. „Das Namensrecht liberalisieren wir, z.B. durch Einführung echter Doppelnamen" steht dort kurz und knapp geschrieben.[9] Wie jedoch eine solche Liberalisierung des Namensrechts konkret aussehen soll, bleibt weitestgehend offen.

Doch nicht nur nationale Vorschläge und Ideen können eine Hilfestellung für die Ausarbeitung einer Namensrechtsreform bieten, sondern auch die rechtsvergleichende Betrachtung anderer Rechtsordnungen und deren Entwicklungen im Bereich des Namensrechts. Denn der Vergleich mit einer anderen Rechtsordnung ermöglicht es dem Gesetzgeber, Alternativen kennenzulernen, Anregungen für Reformen zu finden und kann ihm dabei helfen, Lösungen für die bestehenden Probleme zu finden, ohne dabei nur auf die eigene Kreativität und nationale Erkenntnisse beschränkt zu sein.[10] So hat bspw. mit Schweden ein weiterer Mitgliedstaat der EU vor kurzem eine umfassende Reform und Liberalisierung seines Namensrechts vorgenommen.

Diese schwedische Namensrechtsreform von 2016 ist für den deutschen Gesetzgeber zum einen deswegen interessant, weil sich hinsichtlich der historischen Entwicklung beider Namensrechte viele zeitlich versetzte, aber nichtsdestotrotz vergleichbare Parallelen bieten und die dem Namensrecht bekannten Bestandteile überwiegend vergleichbar sind.[11] Beide Rechtsordnungen kennen sowohl den Vor- als auch den Nach- bzw. Familiennamen, zudem ist der schwedische Mittelname in seiner Funktion vergleichbar mit dem deutschen (ehelichen) Begleitnamen. Lediglich Vatersnamen sind dem deutschen Recht unbekannt. Zum anderen bietet sich der Blick auf die schwedische Namensrechtsrechtsreform von 2016 insbesondere aufgrund ihrer Zielsetzung an. Ähnlich wie das aktuelle deutsche Namensrecht wurden auch die schwedischen namensrechtlichen Regelungen als zu kompliziert,

---

7 Abrufbar unter: https://www.bmi.bund.de/SharedDocs/pressemitteilungen/DE/2020/03/namensrecht.html.

8 BT-Drs. 19/18314.

9 Abrufbar unter https://www.bundesregierung.de/resource/blob/974430/1990812/04221173eef9a6720059cc353d 759a2b/2021-12-10-koav2021-data.pdf?download=1.

10 *Kischel* S. 57 ff.

11 Vgl. dazu die Ausführungen in Kapitel 4 und 5.

veraltet und überregulierend angesehen.[12] Um ein zeitgemäßes Namensrecht zu konzipieren stand die jüngste Namensrechtsreform daher unter den drei Leitzielen Einfachheit, Vorhersehbarkeit und Wahlfreiheit.[13] Mit Blick auf das deutsche Namensrecht sollte auch eine deutsche Reform zu einer Vereinfachung der Rechtslage, verständlicheren Regelungen und einer grundsätzlichen Liberalisierung des Namenserwerbs und der Namensänderung führen, sodass die schwedische Namensrechtsreform von 2016 wertvolle Anreize und Lösungsansätze bieten könnte.

Bei der rechtsvergleichenden Betrachtung des schwedischen Rechts sind allerdings insbesondere im Hinblick auf die zur Auslegung des Gesetzes und zur Lösung etwaiger Probleme heranzuziehenden Materialien die Besonderheiten des schwedischen Rechtssystems zu beachten. Zum einen werden die schwedischen Gesetze und Verordnungen in der „schwedischen Verordnungssammlung" (*Svensk Författningssamling (SFS)*), dem offiziellen Gesetzblatt, veröffentlicht.[14] Zum anderen produziert der Gesetzgebungsprozess in Schweden eine Vielzahl von Vorarbeiten, die neben den konkreten Gesetzesvorschlägen sowie den dazu gehörigen Erläuterungen auch Befragungen der Bevölkerung sowie historische oder rechtsvergleichende Gutachten enthalten können und als „Staatliche öffentliche Untersuchungsberichte" (*Statens offentliga utredningar (SOU)*) veröffentlicht werden.[15] Zudem enthalten sie, wie auch der darauffolgende und meist daran ausgerichtete Gesetzentwurf der Regierung (*Proposition (Prop.)*), ausführliche Erläuterungen zu den mit der Regelung verfolgten Zielen sowie einen Kurzkommentar zu den entsprechenden Normen.[16] Wenn dabei ein für die Öffentlichkeit wichtiger Regelungsgegenstand betroffen ist, sollte von der Regierung zusätzlich vor ihrem Gesetzentwurf ein Gutachten des Gesetzgebungsrates (*Lagrådet*) eingeholt werden.[17] Diese Untersuchungsberichte sowie die Gutachten des Gesetzgebungsrates und die Gesetzentwürfe sind öffentlich einsehbar und können mittlerweile auch online auf der Seite der Regierungskanzlei (*Regeringskansliet*) abgerufen werden.[18]

Die umfassenden Gesetzgebungsmaterialen – zum Teil sind diese mehrere hundert Seiten stark – dienen dabei für Gerichte, Behörden und übrige Rechtsanwender als eine wichtige Interpretationshilfe für die Anwendung des jeweiligen Gesetzes.[19]

---

12 Prop. 2015/16:180 S. 21; vgl. dazu auch die Ausführungen in Kapitel 4 B.
13 Prop. 2015/16:180 S. 22.
14 *Ring/Olsen-Ring* § 2 Rn. 37.
15 *Ring/Olsen-Ring* § 2 Rn. 38.
16 *Ring/Olsen-Ring* § 2 Rn. 24.
17 *Svenska Institutet* Recht und Rechtswesen S. 1.
18 Https://www.regeringen.se.
19 *Svenska Institutet* Recht und Rechtswesen S. 2; *Ring/Olsen-Ring* § 2 Rn. 24; *Bogdan* § 1 Rn. 17; *Franck* StAZ 2020, 97, 100.

Zwar sind sie formal nicht bindend, ihnen kommt aber in der Praxis eine überragende Bedeutung zu.[20]

Aus diesem Grund werden auch bei der nachfolgenden Untersuchung des schwedischen Namensrechts, insbesondere des aktuellen Namensgesetzes von 2016,[21] überwiegend diese Gesetzesmaterialen zur Auslegung der Regelungen herangezogen.

Im Folgenden sollen nun zunächst die Grundlagen des Personennamens erörtert (Kapitel 2), und anschließend sowohl das deutsche Namensrecht (Kapitel 3) als auch das schwedische Namensrecht nach der jüngsten Namensrechtsreform 2016 (Kapitel 4) vorgestellt werden, um diese dann miteinander zu vergleichen und anschließend die aus diesem Vergleich gewonnenen Erkenntnisse für Überlegungen hinsichtlich einer zukünftigen Reform des deutschen Namensrechts zu verwenden (Kapitel 5) und einen Vorschlag für ein reformiertes und idealerweise möglichst funktionales, verständliches und zeitgemäßes Namensrecht auszuarbeiten (Kapitel 7).

20 *Bogdan* § 1 Rn. 17.

21 Im Folgenden nach seiner schwedischen Bezeichnung als „Namnlag 2016“ bezeichnet.

Kapitel 2: Die Grundlagen des Personennamens

Im Laufe der Zeit haben sich verschiedene Funktionen des Personennamens herausgebildet, die sowohl die Interessen des Namensinhabers selbst als auch die des Staates und der Gesellschaft widerspiegeln (A.). Ferner unterscheidet man zum besseren Verständnis zwischen den unterschiedlichen Bestandteilen des Namens, die jeweils in unterschiedlicher Ausprägung diesen Funktionen dienen und die je nach historischer und gesellschaftlicher Entwicklung von Staat zu Staat unterschiedlich stark verbreitet sind (B.).

A. Die Funktionen des Personennamens

Wenn von den Funktionen des Personennamens die Rede ist, sind damit zunächst zwei Funktionen gemeint: Die Identifikations- und Individualisierungsfunktion, die der Erkennbarkeit und Unterscheidung des Namensinhabers dient (I.), sowie die familiale Zuordnungsfunktion, welche die Abstammung und die weiteren familiären Beziehungen des Namensinhabers offenlegt (II.). Diese Funktionen bestehen grundsätzlich nebeneinander, können aber auch miteinander kollidieren und je nach Namensbestandteil unterschiedlich stark ausgeprägt sein. Zudem hat sich die Relevanz der jeweiligen Funktion mit den gesellschaftlichen Entwicklungen verändert. Sorgten bei Inkrafttreten des BGB das staatliche Identifikations- und Individualisierungsinteresse sowie die familiale Zuordnungsfunktion für strenge Vorschriften zum Namenserwerb, die wenig Raum für die persönlichen Wünsche des Namensinhabers bzgl. seines Namens ließen, so haben insbesondere die Veränderungen der letzten Jahrzehnte dazu geführt, dass dem Namensinhaber bei der (Aus)Wahl seines Namens heute bereits deutlich mehr Freiheiten zugestanden werden.

I. Identifikations- und Individualisierungsfunktion

Der Name einer Person spielt für den Namensinhaber eine wichtige Rolle, insbesondere dann, wenn es um die Identifikation und Unterscheidung von anderen durch den Staat (1.) und durch Dritte (2.) geht. Allerdings bezieht sich die Identifikations- und Individualisierungsfunktion des Namens nicht nur auf ein „Erkennen von außen“, sondern auch der Namensinhaber selbst identifiziert sich gleichermaßen mit und über seinen Namen (3.). Diese Doppelfunktion wird auch von der bis heute prägenden Feststellung des Reichsgerichts getragen, welches den Namen als „Kennzeichen der Person zur Unterscheidung von anderen Personen“ definierte.[22]

---

22 RGZ 91, 350, 352; RGZ 137, 213ff.

1. Das staatliche Identifikationsinteresse

Wenn es um die Identifizierung und Individualisierung einer Person durch Dritte geht, besteht ein solches Interesse daran zunächst auf Seiten des Staates bzw. staatlicher Einrichtungen. Dass dem Namen einer Person für den deutschen Staat eine herausragende Stellung in Bezug auf die Identifizierung seiner Bürger zukommt, zeigt bspw. § 111 OWiG, welcher die falsche Namensangabe ahndet und dessen Schutzzweck das staatliche Interesse an der Feststellung der wirklichen Identität einer Person sowie an der Kenntnis weiterer Personalangaben zur Erfüllung behördlicher Aufgaben ist.[23] Auch die historische Betrachtung der Entwicklung der den Personennamen betreffenden deutschen Rechtsnormen zeigt, dass die Abschaffung der freien Namensänderung zu Beginn des 19. Jahrhunderts vor allem aus polizeilichen und fiskalischen Interessen erfolgte. Denn der Staat wollte seine Bürger zu jeder Zeit einwandfrei identifizieren können um bspw. sicherzustellen, dass alle steuerpflichtigen Bürger ihren Verpflichtungen nachkamen.[24]

Die einwandfreie Identifikation einer Person ist jedoch nicht nur über ihren Namen möglich, sondern auch durch die Einführung von personenbezogenen Identifikationsnummern. So wurde in Schweden bereits 1947 die sogenannte „Personnummer" eingeführt.[25] Diese hat über die Jahre den Personennamen als primäre Identifikationsquelle in fast allen Lebensbereichen abgelöst.[26] Ähnliche Beispiele finden sich in Dänemark, wo 1968 die „CPR-Nummer" eingeführt wurde und in Norwegen, wo 1964 die „Fødselsnummer" eingeführt wurde. Eine solche personenbezogene Identifikationsnummer erhält in diesen Ländern grds. jeder Staatsangehörige mit der Geburt bzw. der Einbürgerung, aber auch ausländische Staatsangehörige, wenn sie planen, sich für eine gewisse Dauer in dem jeweiligen Land niederzulassen.[27] Durch die Einführung dieser personenbezogenen

---

23 OLG Hamm NJW 1988, 274; BayObLG NStZ 1988, 466; BeckOK OWiG/*Gerhold* § 111 OWiG Rn. 1; KK-OWiG/*Rogall* § 111 OWiG Rn. 4.

24 *Klippel* S. 43; so auch *Hepting:* „mit dem staatlichen Interesse an der administrativen Erfassbarkeit […] kam die Verrechtlichung", vgl. StAZ 1999, 133, 132.

25 Einführung zum 1.1.1947 durch die Bevölkerungsregisterverordnung (*Folkbokföringsförordning)* 1946:469.

26 So dient die Personennummer nicht nur Behörden zur einwandfreien Identifikation der Bürger, sondern auch die Krankenversicherung sowie die Eröffnung von Bankkonten werden über diese Nummer abgewickelt.

27 So muss der geplante Aufenthalt in Schweden mindestens ein Jahr dauern, um eine Personennummer zu erhalten, vgl. die Informationen der schwedischen Steuerbehörde abrufbar unter https://www.skatteverket.se/servicelankar/otherlanguages/inenglish/individualsandemployees/movingtosweden.4.7be5268414bea064694c40c.html; in Dänemark kann ein ausländischer Staatsangehöriger eine CPR-Nummer beantragen, wenn sein Aufenthalt in Dänemark länger als drei Monate andauert, vgl. die Informationen des dänischen zentralen Personenregisters abrufbar unter https://

Identifikationsnummern hat sich das staatlich-administrative Interesse an der Identifizierung der Bürger über ihren Namen deutlich verringert.[28] Weil sich die personenbezogene Identifikationsnummer, anders als der Name, zudem im Verlauf eines Lebens nicht verändert, ist sie ferner eine sichere und verlässlichere Identifikationsquelle.

Eine solche Verschiebung der Identifizierung durch Behörden oder andere staatliche Einrichtungen weniger über den Namen, sondern vielmehr über eine personenbezogene Identifikationsnummer, lässt sich auch in Deutschland feststellen. Ein prominentes Beispiel ist die steuerliche Identifikationsnummer, welche zum 1.7.2007 eingeführt wurde und den Steuerbehörden eine Identifikation der Steuerpflichtigen mittels einer elfstelligen Identifikationsnummer erlaubt. Mit dem 2021 in Kraft getretenen Registermodernisierungsgesetz[29] wurde der Anwendungsbereich der steuerlichen Identifikationsnummer nun erweitert. Diese soll bis Ende 2026 als zusätzliches Ordnungsmerkmal in 51 Bundes- bzw. Landesregistern eingeführt werden, darunter z.B. Melde- und Personenstandsregister, das zentrale Fahrzeugregister, die Versichertenverzeichnisse der Krankenkassen oder auch das nationale Waffenregister [30] Die Ausweitung der steuerlichen Identifikationsnummer zu einer Art „Bürgernummer" betrifft somit eine Vielzahl von Lebensbereichen der Bürger.

Mit der Einführung des Registermodernisierungsgesetzes soll, neben dem Aufbau einer digitalisierten Verwaltung, insbesondere die Entlastung von Behörden und Bürgern erreicht werden.[31] So sind Behörden für einen korrekten Datensatz zu einer Person nicht mehr auf die Mitwirkung dieser Person angewiesen, sondern können die Basisdaten einer Person direkt über die neu geschaffene Registermodernisierungsbehörde abrufen. Diese soll auch zentral für die Qualitätssicherung der Daten verantwortlich sein, sodass nicht viele verschiedene Behörden unabhängig voneinander Datensätze zu einer Person aktuell halten müssen. Dadurch soll auch das Nebeneinander von unterschiedlichen, voneinander abweichenden Datensätzen zu einer Person verhindert werden.[32] Zu den Basisdaten einer Person

---

cpr.dk/english/moving-to-denmark; in Norwegen sind es i.d.R. sechs Monate, u.U. kann jedoch bereits bei kürzeren Aufenthalten eine vorläufige Personennummer, die sogenannte D-nummer, beantragt werden, vgl. die Informationen der norwegischen Steuerbehörde abrufbar unter https://www.skatteetaten.no/person/utenlandsk/norsk-identitetsnummer/.

28 Stellvertretend für Schweden die Ausführungen des schwedischen Gesetzgebers im Rahmen der Neuregelung des Namensrechts 2016, vgl. Prop. 2015/16:180 S. 21.

29 Gesetz zur Einführung und Verwendung einer Identifikationsnummer in der öffentlichen Verwaltung und zur Änderung weiterer Gesetze v. 28.3.2021 (BGBl. I S. 591).

30 *Peuker* NVwZ 2021, 1167, 1168; die betreffenden Register sind in der Anlage zu § 1 IDNrG aufgelistet.

31 BT-Drs. 19/24226 S. 2, 36.

32 BT-Drs. 19/24226 S. 3.

gehören neben dem Tag und Ort der Geburt sowie der Anschrift u.a. auch die Angaben zu Vornamen, Familienname und früheren Namen.[33]

Mit der Einführung des Registermodernisierungsgesetzes hat der Gesetzgeber sich für die weitergehende Nutzung einer namensunabhängigen numerischen Identifikationsmöglichkeit entschieden. Diese wird zwar zunächst lediglich eine Ergänzung zu den bereits heute genutzten Daten zur Identifizierung, wie bspw. dem Namen oder dem Geburtsdatum, darstellen. Perspektivisch ist jedoch davon auszugehen, dass auch in Deutschland über kurz oder lang personenbezogene Identifikationsnummern den Personennamen zur Erledigung behördlicher Vorgänge weitestgehend ersetzen könnten und damit die staatliche Identifikations- und Individualisierungsfunktion des Personennamens weiter an Bedeutung verliert.

2. Das gesellschaftliche Interesse an „Erkennbarkeit"

Das Interesse durch Identifizierung und Individualisierung von außen besteht jedoch nicht nur von Seiten des Staates, sondern auch von Seiten der Gesellschaft.[34] Denn gegenüber seinen Mitmenschen, seien es Freunde, Familie oder der Arbeitgeber, tritt der Namensinhaber ebenfalls unter seinem Personennamen auf. Von ihnen wird der Namensinhaber anhand seines Namens erkannt bzw. wiedererkannt. Und so spielen auch in diesem privaten Rahmen Namensänderungen eine wichtige Rolle. Denn wer seinen Namen wechselt, der entzieht sich nicht nur gegenüber dem Staat der eindeutigen und konstanten Identifizierbarkeit, sondern auch gegenüber Dritten. Er löst sich damit – zumindest zum Teil – von seiner bisherigen sozialen Identität. An dieser Stelle gehen das Interesse an Identifizierung und Individualisierung von Dritten bzw. dem Staat und das Interesse des Namensinhabers in der Regel konform, denn auch der Namensinhaber hat regelmäßig ein eigenes Interesse daran, seinen Namen möglichst beizubehalten, um von seinen Mitmenschen (wieder)erkannt zu werden.[35]

3. Der Name als Ausdruck der eigenen Identität

Allerdings wird in vielen Fällen das Interesse Dritter bzw. insbesondere das des Staates und das Interesse des Namensinhabers in Bezug auf die Namenskontinuität auseinanderfallen. Denn der Name dient seinem Träger ebenfalls zur Selbstidentifikation und „Ichfindung"[36], sowie zur Selbstdarstellung nach außen. Daher kann eine gewisse Flexibilität der Namensführung für den Namensinhaber von essentieller Bedeutung sein, um seiner persönlichen Entwicklung gerecht zu werden.

---

33 Vgl. § 4 Abs. 2 RegModG.

34 *Klippel* S. 356.

35 *Hepting* StAZ 2013, 1, 2.

36 *Seibicke* Die Personennamen im Deutschen S. 83, der auch auf ein Zitat *Thomas Manns* verweist: „Der Name ist ein Stück des Seins und der Seele".

Auch das Bundesverfassungsgericht gesteht dem Personennamen zu, dass dieser „nicht nur als Unterscheidungs- und Zuordnungsmerkmal, sondern [...] darüber hinaus [als] Ausdruck der Identität und Individualität" zu verstehen und vom allgemeinen Persönlichkeitsrecht des Art. 2 Abs. 1 i.V.m. Art. 1 Abs. 1 GG umfasst ist.[37] Der Name des Einzelnen ist daher von der Rechtsordnung zu respektieren und zu schützen.[38] Dieser Schutz geht sogar so weit, dass davon auch ein „falscher" Name, den sein Träger jedoch über einen längeren Zeitraum tatsächlich geführt hat und unter dem er gesellschaftlich aufgetreten ist, umfasst sein kann.[39] Denn gerade in den Fällen, in denen auch die Rechtsordnung den tatsächlich geführten, aber rechtlich „falschen" Namen zumindest duldet, entwickelt der Namensinhaber ein Vertrauen darauf, sich einerseits selbst weiterhin über diesen Namen zu identifizieren, andererseits aber auch darauf, gegenüber seinem Umfeld unter diesem Namen weiterhin aufzutreten.[40]

Dieser Aspekt der Identifizierungsfunktion hat in den letzten Jahrzehnten in Deutschland stetig an Bedeutung und Einfluss gewonnen. Gab es bis in die 50er Jahre noch starre Regelungen zur Namensführung, insbesondere bei dem Familiennamenserwerb der Frau durch Eheschließung,[41] so wurden diese Regelungen mit den Jahren – häufig nach vorangegangenen Entscheidungen des Bundesverfassungsgerichts – immer weiter liberalisiert und bspw. die Auswahl eines Ehenamens den Ehegatten überlassen.[42] Dass sich dieser Trend auch in Zukunft fortsetzen wird, zeigt auch das jüngst veröffentlichte Eckpunkte-Papier zur Reform des Namensrechts. Darin wird der Vorschlag unterbreitet, die Wahlmöglichkeiten in Bezug auf die Namenswahl auszuweiten und z.B. die Wahl eines echten Doppelnamens als Ehenamen oder als Geburtsnamen eines Kindes zu ermöglichen.

---

37 S. dazu stellvertretend die Entscheidungen BVerfGE 59, 216, 226 = NVwZ 1982, 367; BVerfGE 78, 38. = NJW 1988, 1577; BVerfGE 97, 391, 399 = NJW 1998, 2889.

38 BVerfG StAZ 2001, 207 = NJWE FER 2001, 193, 194; Maunz/Dürig/*Di Fabio* GG Art. 2 Abs. 1 GG Rn. 203.

39 BVerfG StAZ 2001, 207 = NJWE FER 2001, 193, 194.

40 Ausführlich zu dieser Thematik des Vertrauensschutzes *Hepting* StAZ 2013, 1, 6.

41 So lautete die ursprüngliche Fassung des § 1355 BGB bis zum Inkrafttreten des Gesetzes über die Gleichberechtigung von Mann und Frau auf dem Gebiet des bürgerlichen Rechts v. 18.6.1957 (BGBl. I S. 609) am 1.6.1957: „Die Ehefrau erhält den Familiennamen des Mannes".

42 So ermöglichte das Erste Gesetz zur Reform des Ehe- und Familienrechts (1. EheRG) v. 14.6.1976 (BGBl. I S. 1421) den Ehegatten entweder den Geburtsnamen des Mannes oder der Frau als Ehenamen zu wählen. Mit dem Gesetz zur Neuordnung des Familiennamensrechts (Familiennamensrechtsgesetz) v. 16.12.1993 (BGBl. I S. 2054) entfiel dann die Pflicht zur Führung eines Ehenamens endgültig, den Ehegatten steht es nun frei den jeweiligen Geburts- bzw. Familiennamen weiterzuführen.

Zudem spricht man sich für eine Erleichterung von Namensänderungen aus „anerkennenswerten Gründen“ aus.[43]

Diese Entwicklung zeigt, dass dort, wo der Personenname an Relevanz für das staatliche Identifizierungsinteresse verliert, zugleich auch Raum für einen Zuwachs an Freiheiten für den Namensinhaber in Bezug auf die Wahl des von ihm geführten Personennamens möglich wird, um so dem hohen Stellenwert, den der eigene Name für die Selbstidentifikation und -darstellung hat, Rechnung zu tragen.

II. Familiale Zuordnungsfunktion

Eine weitere wichtige Funktion des Personennamens, insbesondere des Familiennamens, ist – wie der Begriff „Familienname“ schon andeutet[44] – die Zugehörigkeit des Namensinhabers zu einer bestimmten familiären Gemeinschaft offenzulegen. Ehepaare, die sich für einen Ehenamen entscheiden, drücken so ihre neugeschlossene familiäre Verbindung nach außen hin aus, ebenso wie das Kind, welches den Ehenamen seiner Eltern oder den Familiennamen eines Elternteils als Geburtsnamen trägt.[45] Zwar gibt es heutzutage mehr Familien im engeren Sinne als Familiennamen zur Verfügung stehen, sodass nicht automatisch aufgrund des gleichen Familiennamens auf eine familiäre Beziehung der Namensinhaber geschlossen werden kann, jedoch bietet der Familienname, gerade wenn es sich um einen nicht gebräuchlichen Namen handelt, ein erstes Indiz für eine verwandtschaftliche Verbindung.

Dass auch diese Funktion dem gesellschaftlichen Wandel unterworfen ist, zeigt die Abkehr anderer Staaten von dem Begriff des „Familiennamens“. So hat sich Schweden bereits 1982 dazu entschlossen, den Begriff „Familienname“ (*släktnamn*) durch den wesentlich neutraleren Begriff des „Nachnamens“ (*efternamn*) zu ersetzen.[46] Denn der schwedische Gesetzgeber ermöglichte durch die Namensrechtsreform 1982 dem Einzelnen deutlich mehr Freiheiten in Bezug auf die Wahl seines Familiennamens, die nicht an familienrechtliche Vorgänge geknüpft waren, sodass ein neutralerer Begriff wie der des „Nachnamens“ als passender empfunden wurde.[47]

Auch in Deutschland ist ein solcher Trend erkennbar. Nach den familienrechtlichen Entwicklungen der letzten Jahrzehnte und insbesondere durch Änderungen, die das Familiennamensrechtsgesetz[48] mit sich brachte, kommt der familialen Zuordnungsfunktion – zumindest in der Theorie – nur noch eine

---

43 Eckpunkte zur Reform des Namensrechts S. 1 ff., abrufbar unter: https://www.bmi.bund.de/SharedDocs/pressemitteilungen/DE/2020/03/namensrecht.html.

44 Ebenso *Klippel* S. 361; *Hepting* StAZ 1996, 1, 2.

45 *Hepting/Dutta* II-143.

46 Vgl. dazu z.B. den Wortlaut des § 1 Namnlag 1982 (Namnlag (1982:670)).

47 Prop. 1981/82:156 S. 15.

48 Gesetz zur Neuordnung des Familiennamensrechts v. 16.12.1993 (BGBl. I S. 2054).

begrenzte Relevanz zu. Denn seit dessen Inkrafttreten am 1.4.1994 steht es Ehepaaren frei, ob sie einen Ehenamen wählen oder ob jeder Ehegatte seinen jeweiligen Familien- bzw. Geburtsnamen beibehält, den er zum Zeitpunkt der Eheschließung führt. Allerdings hat sich in der Praxis gezeigt, dass sich die deutlich überwiegende Zahl der Ehepaare auch heute noch für einen Ehenamen entscheidet,[49] sodass zumindest aus praktischer Sicht der Familienname weiterhin für die Bestimmung familienrechtlicher Zugehörigkeit herangezogen werden kann. Nichtsdestotrotz zeigt die Gesetzesentwicklung, dass der deutsche Gesetzgeber der familialen Zuordnungsfunktion nicht mehr den Stellenwert einräumt, den diese noch vor einigen Jahrzehnten genoss. Darüber hinaus werden Stimmen laut, die den familialen Begriff des Familiennamens auch in Deutschland durch einen neutralen Begriff wie „Nachname" oder „Zuname" ersetzen wollen.[50]

III. Der Grundsatz der Namenskontinuität

Das deutsche Namensrecht ist geprägt von dem Grundsatz der Namenskontinuität.[51] Ziel des Namensrechts ist es, dass der Namensinhaber seinen durch die Geburt erworbenen Namen möglichst sein ganzes Leben lang trägt, um so auch über einen längeren Zeitraum eindeutig von Dritten und dem Staat identifizierbar zu sein.[52] Der Grundsatz der Namenskontinuität dient somit zunächst einmal der Identifizierungsfunktion und ist mit dieser daher eng verbunden.[53] Namensänderungen, die zu einem Bruch mit diesem Grundsatz der Namenskontinuität führen, lässt der deutsche Gesetzgeber nur in besonders gelagerten Fällen zu. Zum einen durch die familienrechtlichen Namensänderungstatbestände, die eine Namensänderung bei Veränderungen des familienrechtlichen Status wie bspw. der Eheschließung, Scheidung oder Adoption gestatten. Zum anderen durch die öffentlich-rechtliche Namensänderung nach dem Namensänderungsgesetz,[54] die jedoch gem. § 3 NamÄndG einen „wichtigen Grund" für die Namensänderung voraussetzt. Diese Ausnahmen von dem Grundsatz der Namenskontinuität dienen in der Regel der familialen Zuordnungsfunktion, um bspw. den Namensinhaber nach einer familienrechtlichen Statusänderung seiner „neuen" Familie zuordnen

---

49 Nach einer Umfrage an 13 über das Bundesgebiet verteilten Standesämtern entschieden sich rund 80% der Paare für einen gemeinsamen Ehenamen, über 90% davon für den Mannesnamen, vgl. *Lettmaier* FamRZ 2020, 1, 7 m.w.N.

50 So etwa *Seibicke* StAZ 2006, 294.

51 *Hepting/Dutta* II-138; *Ebert* 1.4, 8.1.1.

52 Vgl. *Arndt* S. 48.

53 *Hepting/Dutta* II-405.

54 Gesetz über die Änderung von Familiennamen und Vornamen v. 5.1.1938 (RGBl. I S. 9).

zu können bzw. um seinen neuen Familienstand nach außen abzubilden.[55] Eine Durchbrechung des Grundsatzes der Namenskontinuität aus Gründen der Persönlichkeitsverwirklichung sieht das deutsche Namensrecht hingegen nicht vor. Von einer „freien Abänderbarkeit" des Namens kann daher keine Rede sein.[56]

An dieser doch recht strengen Orientierung der rechtlichen Möglichkeiten zur Namensänderung an dem immer noch vorherrschenden Grundsatz der Namenskontinuität wird – gerade in den letzten Jahren – jedoch vermehrt Kritik laut. So wird eingewandt, diese sei nicht mehr zeitgemäß, da der Name als einziges bzw. primäres Identifizierungsmerkmal für den Staat u.a. durch die Einführung personenbezogener Identifikationsnummern wie bspw. der steuerlichen Identifikationsnummer in den Hintergrund trete.[57]

Auch die Anfang 2020 veröffentlichten „Eckpunkte zur Reform des Namensrechts" greifen diese Kritik auf und empfehlen erstmals, eine anlasslose Namensänderung, die lediglich auf dem Wunsch des Namensinhabers nach einem neuen Familiennamen beruht, zu gestatten, sofern das öffentliche Interesse an der Beibehaltung des bisherigen Namens nicht höher zu gewichten ist.[58] Es ist daher zu erwarten, dass der Einfluss des Grundsatzes der Namenskontinuität bei einer Reform des Namensrechts ernsthaft auf dem Prüfstand stehen wird.

IV. Zusammenfassung

Die Hauptfunktionen des Namens, zum einen die Identifikations- und Individualisierungsfunktion, zum anderen die familiale Zuordnungsfunktion, sowie der Grundsatz der Namenskontinuität können die gleichen Ziele verfolgen, z.T. stehen sie aber auch im Konflikt miteinander. So ist das staatliche Interesse an der Identifizierbarkeit eng verknüpft mit dem Interesse an einer konstanten Namensführung des Einzelnen. Auch die familiale Zuordnungsfunktion fußt auf dieser Namenskontinuität, lässt eine Durchbrechung dieser aber bei jeder statusbedingten Namensänderung zu, um den Namensinhaber seiner (neuen) Familie zuordnen zu können. In einem solchen Fall, beispielsweise wenn ein Ehegatte seinen bisher

---

55 So erhält das Adoptivkind gem. § 1757 Abs. 1 S. 1 BGB i.d.R. den Familiennamen des oder der Annehmenden, um so die Zugehörigkeit zu der Adoptivfamilie auch durch den geänderten Namen nach außen deutlich zu machen. Ehegatten steht es frei gem. § 1355Abs. 1 BGB einen der beiden Familiennamen zum Ehenamen zu bestimmen. In diesem Fall muss jedoch ein Ehegatte seinen Namen aufgeben.

56 *Ebert* 1.4.

57 *Mertens* StAZ 2018, 329, 331; so auch *Hepting* bereits vor der Jahrtausendwende StAZ 1999, 133, 137.

58 Eine solche anlasslose Namensänderung soll demnach allen Personen, die das 16. Lebensjahr vollendet haben, einmal binnen zehn Jahren ermöglicht werden, vgl. Eckpunkte zur Reform des Namensrechts S. 6, abrufbar unter: https://www.bmi.bund.de/SharedDocs/pressemitteilungen/DE/2020/03/namensrecht.html.

geführten Familiennamen aufgibt, um den Familiennamen des anderen Ehegatten als Ehenamen zu führen, wird die Möglichkeit der familienrechtlichen Zuordnung zu seiner Ursprungsfamilie zugunsten der mit dem Ehegatten neugegründeten Familie aufgegeben. Für den Fall, dass die Ehegatten keinen Ehenamen wählen, bleibt es bei der Namenskontinuität beider, die familiäre Zuordnung ist jedoch nur zu den jeweiligen Ursprungsfamilien, nicht aber zu der neugegründeten Familie möglich. Dafür wird ggf. das Selbstidentifikationsinteresse mit dem bisherigen Familiennamen gewahrt. Gerade in Fällen der familienrechtlichen Statusänderung kann somit nicht jedes Interesse gleichermaßen berücksichtigt werden. Diesen unterschiedlichen Interessen gerecht zu werden, ist allerdings eine der Hauptaufgaben des Namensrechts.[59]

Es ist daher nicht verwunderlich, dass nach Jahrzehnten, in denen starre Regelungen klar vorgaben, unter welchen Umständen welcher Name anzunehmen war oder nicht geführt werden durfte, die immer weiter in den Fokus rückenden Gleichberechtigungsgesichtspunkte so wie das gesteigerte persönliche Interesse des Namensinhabers und die alternativen Möglichkeiten des Staates zur Identifikation seiner Bürger, zu einer immer weiter fortschreitenden „Dynamisierung des Namensrechts“[60] führen. Mit Blick auf die jüngst in Angriff genommenen Reformen im Hinblick auf das registerübergreifende Identitätsmanagement und die Diskussionen rund um eine grundlegende Reform des Namensrechts ist davon auszugehen, dass sich dieser Trend wohl auch in Zukunft weiter fortsetzen wird.

B. Die Bestandteile des Personennamens

Spricht man von einem „Personennamen“ ist damit nach allgemeinem Sprachverständnis der Gesamtname gemeint, der eine Person bezeichnet.[61] Diese Bezeichnung dient zunächst als Überbegriff für eine Reihe von funktionellen Bestandteilen wie zum Beispiel den dem deutschen Recht bekannten Namensbestandteilen „Vorname“ und „Familienname“. Diese Namensbestandteile dienen unterschiedlichen Funktionen. So gibt es Namensbestandteile, deren Funktion es ist, die familiären Verbindungen des Namensinhabers offenzulegen, während andere Namensbestandteile primär der eigenen Darstellung nach außen dienen.

Inwieweit einzelne Namensbestandteile einer Rechtsordnung bekannt sind unterscheidet sich teilweise stark. Das deutsche Recht kennt grds. nur zwei Namensbestandteile, den Vor- (I.) und den Familiennamen (II.).[62] Der sogenannte „Geburtsname“ oder der „Ehename“ stellen hingegen keine eigenständigen Namensbestandteile dar, sondern Sonderformen des Familiennamens. Andere

---

59 *Hepting/Dutta* II-146.

60 S. für den Begriff *Hepting* StAZ 2013, 1, 2.

61 Im Gegensatz z.B. zu Ortsnamen.

62 So z.B. Staudinger/*Hausmann* Art. 10 EGBGB Rn. 30.

Rechtsordnungen kennen hingegen darüber hinaus weitere Namensbestandteile. Im skandinavischen Rechtskreis sind bspw. Zwischennamen in Form von Mittelnamen häufig zu finden (III.).[63] In Island hingegen bilden nichtvererbbare Vatersnamen, sogenannte Patronyme, den „Nachnamen" und treten somit an dessen Stelle hinter dem Vornamen (IV.).[64]

I. Der Vorname / Rufname

Der Vorname ist der Namensbestandteil, welcher der Individualisierungsfunktion am stärksten Rechnung trägt. Zum Teil wird, insbesondere bei internationaler Betrachtung, anstelle des Begriffs „Vorname" von „Rufname" gesprochen, da ein „Vor"name impliziere, dass es auch einen „Nach"namen gebe, häufig der Familienname. In einigen Rechtsordnungen wird jedoch nicht der Rufname, sondern vielmehr der Familienname vorangestellt.[65] Zudem gibt es Rechtsordnungen, insbesondere im afrikanischen und asiatischen Rechtskreis, in denen Personen ausschließlich Eigennamen führen, die weder als Vor- noch als Familiennamen einzuordnen sind und die dem Kind i.d.R. von den Eltern frei erteilt werden.[66] Da sie zumeist nicht übertragbar sind und lediglich den Namensinhaber individuell kennzeichnen, stehen sie zwar dem Vornamen näher als dem Familiennamen, dürfen jedoch aufgrund ihrer „grundsätzlichen Andersartigkeit" dem Vornamen nicht einfach gleichgestellt werden.[67]

Im Gegensatz zu dem Familiennamen gibt der Vorname i.d.R. keinen Aufschluss über die familiäre Zugehörigkeit des Namensinhabers, sondern dient vor allem dazu, diesen von anderen Personen des gleichen Familiennamens abzugrenzen und so der Individualität des Namensinhabers Ausdruck zu verleihen.[68] Am Beispiel des Vornamens zeigt sich zudem, dass die Individualisierungsfunktion des Namens

---

63 Insbesondere in Dänemark (*Mellemnavn*) und Norwegen (*Mellomnavn*) sind Mittelnamen weit verbreitet, Schweden hat diese mit der Namensrechtsreform von 2016 abgeschafft, vorher waren Mittelnamen (*Mellenamn*) aber auch hier häufig verwendete Namensbestandteile, vgl. dazu u.a. die Ausführungen in Kapitel 5 B. I. 2. d. bb.

64 In der Funktion eines „Quasi-Familiennamens", vgl. Staudinger/*Hausmann* Vorb. zu Art. 10 EGBGB Rn. 22.

65 Vgl. z.B. *Nübling/Fahlbusch/Heuser* S. 110. Vgl. zu der Thematik auch *Hausmann*, der treffend auf eine „eurozentrische Betrachtungsweise" durch die Verwendung des Begriffs „Vorname" hinweist, vgl. Staudinger/*Hausmann* Vorb. zu Art. 10 EGBGB Rn. 4. Da im Folgenden jedoch hauptsächlich Rechtsordnungen betrachtet werden, die sich des Konstrukts des dem Familiennamen vorangestellten Vornamens bedienen und diese Bezeichnung auch im deutschsprachigen Raum geläufig ist, wird diese Bezeichnung verwendet.

66 Staudinger/*Hausmann* Art. 10 EGBGB Rn. 33; *Sturmhöfel* S. 224 ff.

67 KG NJW-RR 1993, 516; Staudinger/*Hausmann* Art. 10 EGBGB Rn. 33.

68 In diese Richtung auch BVerfG NJW 2009, 663.

in den letzten Jahrzehnten stark an Relevanz gewonnen hat, und zwar sowohl in quantitativer[69] als auch in qualitativer[70] Hinsicht. Während in früheren Jahrzehnten mehr Wert auf Tradition bei der Auswahl des Vornamens gelegt wurde, ist das Hauptmotiv der Namensgebung heute die Ästhetik des Vornamens.[71] Die Namen von Vorfahren oder Paten des Namensinhabers werden heute in Deutschland, wenn überhaupt, vorwiegend nur noch als Zweit- oder Drittname gewählt.[72]

II. Der Familienname / Nachname

Im Gegensatz zum Vornamen, der die Individualität des Namensinhabers herausstellt, dient der Familienname – wie auch die häufig synonym verwendeten Begriffe „Nachname" oder „Zuname" – heute vor allem dem (staatlichen) Identifikationsinteresse.[73] Dazu kommt die Offenlegung von familiären Verbindungen, die jedoch durch die Änderungen der familienrechtlichen Regelungen der letzten Jahrzehnte in Deutschland zunehmend in den Hintergrund getreten ist.[74] In Deutschland zeigt sich die Funktion des Familiennamens als Ausdruck familiärer Verbindungen nicht nur in dem Begriff „Familienname" selbst, sondern auch darin, dass er Oberbegriff für den Geburtsnamen, den Ehenamen und den ehelichen Begleitnamen darstellt.[75]

Im Gegensatz zu dem in Deutschland traditionell genutzten Begriff des Familiennamens, der schon dem Wortsinn nach eng mit der familiären Zuordnung verknüpft ist, verwenden andere Rechtsordnungen zum Teil den neutralen Begriff des Nachnamens. Dazu gehören auch Dänemark („Efternavn") und Schweden

---

69 Trug laut *Seibicke* Ende der 1980er Jahre noch jedes zweite Kind einen Namen aus der „Top 20"-Liste der beliebtesten Vornamen, so waren es 2008 lediglich 13,4% der Mädchen und 14,2% der Jungen, vgl. *Nübling/Fahlbusch/Heuser* S. 119 m.w.N. Diese neuerliche Namensvielfalt liegt auch darin begründet, dass Eltern ihren Kindern häufiger ausländische oder ungewöhnliche Vornamen geben, *Institut für Demoskopie Allensbach/Rüdebusch* StAZ 2014, 323, 324.

70 So kann die Individualisierung bspw. auch über die Schreibweise erfolgen, z.B. Carl/ Karl oder Jannik/Yannik/Janik/Yanik, vgl. dazu *Nübling/Fahlbusch/Heuser* S. 120 für weitere Beispiele.

71 *Institut für Demoskopie Allensbach/Rüdebusch* StAZ 2014, 323, 326 f.

72 *Nübling/Fahlbusch/Heuser* S. 118, die davon sprechen, dass „die Tradition [...] in die hinteren Ränge verwiesen worden [sei]".

73 Staudinger/*Hausmann* Vorb. zu Art. 10 EGBGB Rn. 8; *Ebert* 1.3.1.

74 Vgl. dazu die allgemeinen Ausführungen bei Kapitel 3 A. II. und insbesondere die zur Entwicklung des Ehenamens in Kapitel 3 B. I. 1. a.

75 *Hepting/Dutta* II-149; *Seibicke* StAZ 2006, 294; bzgl. des ehelichen Begleitnamens (früher) streitig, ob dieser eine Sonderform des Familiennamens oder lediglich einen persönlichen Namensbestandteil darstellt, vgl. dazu die Darstellung bei *Klippel* S. 353 f., der den Begleitnamen zumindest von dem Familiennamen im personenstandsrechtlichen Sinn umfasst ansieht.

(„Efternamn"), die den Begriff des Familiennamens aufgrund der immer geringer werdenden Notwendigkeit der Offenlegung familiärer Verbindungen durch den Namen abgeschafft haben.[76] Auch in Deutschland wird eine Abkehr von dem Begriff des Familiennamens diskutiert, da dieser seinen ursprünglichen Zweck – die Offenlegung familiärer Verbindungen – zunehmend verliere.[77] Gerade vor dem Hintergrund, dass durch die Abschaffung eines zwangsweise zu führenden Ehenamens die familiale Zuordnungsfunktion zumindest nach dem Willen des deutschen Gesetzgebers an Bedeutung verloren hat, sind solche Überlegungen nicht von der Hand zu weisen.

1. Der Geburtsname

Als Geburtsname wird der Familienname bezeichnet, der einem Kind in der Regel in engem zeitlichem Zusammenhang mit der Geburt verliehen wird.[78] Da er meist von den Eltern abgeleitet wird, dient er dazu, die Abstammungsverhältnisse und die familiäre Verbundenheit des Kindes mit seinen Eltern nach außen erkennbar zu machen.[79] In Deutschland wird der Begriff, anders als in vielen anderen Rechtsordnungen, in § 1355 Abs. 6 BGB legaldefiniert. Danach ist in Deutschland der Geburtsname der Name, „der in die Geburtsurkunde einer Person [...] einzutragen ist". Daraus ist zu schließen, dass es sich bei dem Geburtsnamen nicht zwingend um den mit der Geburt eingetragenen Familiennamen handeln muss, sondern auch der durch eine nachträgliche Namensänderung erworbene Name, sofern dieser in die Geburtsurkunde einzutragen ist, kann Geburtsname sein.[80] Eine rechtliche Unterscheidung zwischen dem Geburtsnamen und dem aktuell geführten Familiennamen, sofern diese auseinanderfallen, ist bzw. war in einigen Rechtsordnungen in den Fällen relevant, in denen das nationale Recht im Falle einer Eheschließung lediglich die Geburtsnamen der Ehegatten, nicht jedoch die durch eine frühere Eheschließung erworbenen und auch nach der Scheidung weitergeführten Familiennamen als (neuen) Ehenamen erlaubte.[81]

---

76 Staudinger/*Hausmann* Vorb. zu Art. 10 EGBGB Rn. 9; Für Schweden: Prop. 1981/82:156 S. 15.

77 *Seibicke* StAZ 2006, 294, der stattdessen den Begriff „Zuname" vorschlägt, alternativ den des Nachnamens mit Verweis auf die Modernisierungsmaßnahmen der skandinavischen Namensrechte.

78 Staudinger/*Hausmann* Vorb. zu Art. 10 EGBGB Rn. 10; *Sturmhöfel* S. 6.

79 Staudinger/*Hausmann* Vorb. zu Art. 10 EGBGB Rn. 11; *Sturmhöfel* S. 6.

80 Im Gegensatz zu nachgeburtlichen Namensänderungen nach § 1617a BGB o.ä. sind Namensänderungen durch Bestimmung eines Ehenamens oder eines ehelichen Begleitnamens nicht in die Geburtsurkunde einzutragen, vgl. MüKo/*v. Sachsen Gessaphe* § 1616 BGB Rn. 14; BeckOK/*Kienemund* § 1616 BGB Rn. 19.

81 So z.B. in Deutschland bis zur Reform des Ehenamensrechts 2005 durch das Gesetz zur Änderung des Ehe- und Lebenspartnerschaftsnamens v. 6.2.2005 (BGBl. I S. 203)

2. *Der Ehename*

Als Ehename wird der von den Ehegatten gemeinsam geführte Familienname bezeichnet.[82] In Deutschland ist dieser in § 1355 Abs. 1 S. 1 BGB legaldefiniert. Je nach Rechtsordnung steht es den Ehegatten frei, den Ehenamen selbst zu bestimmen, andere Rechtsordnungen schreiben hingegen weiterhin den automatischen Erwerb eines bestimmten Namens, meist des Mannesnamens, zwingend vor.[83] Sinn und Zweck des Ehenamens ist, die eheliche Verbundenheit der Ehegatte auch nach außen hin erkennbar zu machen und zudem, bei Weitergabe an die Nachkommen, die Abstammungsverhältnisse innerhalb der Kernfamilie offenzulegen.[84] Dem Ehenamen kommt nach deutschem Recht eigene Rechtsqualität zu, sodass, selbst wenn der Geburtsname eines Ehegatten zum Ehenamen bestimmt wurde, das weitere Schicksal des Ehenamens von dem des Geburtsnamens unabhängig ist.[85]

3. *Der (eheliche) Begleitname*

Der Begleitname wird häufig in Zusammenhang mit dem Ehenamen auftreten, kann jedoch auch im Rahmen der Namensführung nach einer Adoption eine Rolle spielen.[86] Im Falle des ehelichen Begleitnamens ermöglicht dieser dem Ehegatten, dessen Familienname nicht Ehename geworden ist, seinen Familiennamen dem Ehenamen voranzustellen oder anzufügen.[87] Durch das Beifügen eines (ehelichen) Begleitnamens entsteht ein Doppelname, der in der Regel in seiner Länge auf zwei Namensglieder beschränkt ist.[88] Häufig handelt es sich dabei um einen „unechten" Doppelnamen, dessen Bestandteile unterschiedliche rechtliche Qualität zukommt: Während der Ehename auch an gemeinsame Kinder weitergegeben

---

und auch in Schweden bis zur Namensrechtsreform 2017 durch das Lag (2016:1013) om personnamn.

82 Staudiger/*Hausmann* Vorb. zu Art. 10 EGBGB Rn. 15; BeckOK/*Kienemund* § 1616 BGB Rn. 21; *Sturmhöfel* S. 8.

83 In Deutschland steht es den Ehegatten gem. § 1355 Abs. 1 S. 2 BGB frei, einen Ehenamen zu bestimmen, wohingegen bspw. das türkische Namensrecht weiterhin den zwingenden Erwerb des Mannesnamens als Ehenamen vorschreibt, vgl. dazu ausführend *Sturmhöfel* S. 67 ff.

84 Staudinger/*Hausmann* Vorb. zu Art. 10 EGBGB Rn. 15; *Sturmhöfel* S. 8.

85 Eine nachträgliche Änderung des Geburtsnamens wirkt sich daher nicht automatisch auf den Ehenamen aus, vgl. BeckOK/*Kienemund* § 1616 BGB Rn. 21.

86 *Sturmhöfel* S. 8; 196 ff.

87 Im deutschen Recht regelt dies § 1355 Abs. 4 BGB; für andere Rechtsordnungen s. Staudinger/*Hausmann* Vorb. zu Art. 10 EGBGB Rn. 16.

88 Staudinger/*Hausmann* Vorb. zu Art. 10 EGBGB Rn. 17; In Deutschland regeln dies § 1355 Abs. 4 S. 2 u. 3 BGB.

werden kann, besteht diese Möglichkeit jedoch nicht für den Begleitnamen, der somit in seiner Existenz an die Person des Namensinhabers gebunden ist.[89]

4. Der Doppelname / mehrgliedrige Name

Neben dem eingliedrigen Familiennamen als Einzelnamen gibt es auch den Fall, dass ein Familienname aus mehreren Namensbestandteilen besteht. Darunter fallen zum einen Doppelnamen, die in ihrer Erscheinung meist zwei Einzelnamen gleichen, die durch einen Bindestrich miteinander verbunden wurden, bspw. „Müller-Schmidt" oder Namen, die ehemalige Adelsprädikate o.ä. enthalten und so einen mehrgliedrigen Namen, bspw. „von dem Bussche" bilden.[90] Entscheidend für das weitere Schicksal dieser Doppelnamen bzw. mehrgliedrigen Namen ist, welche rechtliche Qualität den einzelnen Bestandteilen zukommt und ob diese voneinander getrennt werden können. So unterscheidet man bspw. zwischen „echten" und „unechten" Doppelnamen. Während im Falle eines „echten" Doppelnamens die beiden Einzelnamen untrennbar miteinander verbunden sind, der Doppelname somit nur „im Ganzen" weitergegeben bzw. weitergeführt werden kann, zeichnet sich der „unechte" Doppelname dadurch aus, dass die zwei Einzelnamen nur „lose" mittels des Bindestrichs miteinander verbunden werden, diese daher voneinander trennbar sind und unter Umständen auch auf Wunsch des Namensinhabers aufgelöst oder neu kombiniert werden können.[91]

III. Der Zwischenname / Mittelname

Der Begriff „Zwischenname" meint einen Namensbestanteil, der zwischen Vor- und Familiennamen steht. Während in Deutschland Zwischennamen dem Gesetz unbekannt und darin nicht vorgesehen sind, ist dieser Namensbestandteil zahlreichen Rechtsordnungen bekannt und wird dort regelmäßig verwendet, so z.B. der im skandinavischen Rechtskreis verwendete Mittelname, der Vatersname, der häufig in den slawischen Ländern als Zwischenname vorkommt oder der US-amerikanische „middle-name".[92]

Der Zwischenname dient in der Regel, ähnlich wie der Familienname, dem Zweck, familiäre Verbindungen des Namensinhabers abzubilden. So wird für den in den skandinavischen Ländern verbreiteten Mittelnamen häufig der

---

89 So in Deutschland. Eine Ausnahme bildet dazu der zu einem echten Doppelnamen "mutierte" Doppelname bestehend aus Ehenamen und ehelichem Begleitnamen, vgl. dazu die Ausführungen in Kapitel 3 B. I. 1. b. bb.

90 BeckOK/*Kienemund* § 1616 BGB Rn. 23; MüKo/*v. Sachsen Gessaphe* Vor § 1616 BGB Rn. 16.

91 BeckOK/*Kienemund* § 1616 BGB Rn. 23 f.; MüKo/*v. Sachsen Gessaphe* Vor § 1616 BGB Rn. 16.

92 MüKo/*Lipp* Art. 10 EGBGB Rn. 62; BeckOK/*Mäsch* Art. 47 EGBGB Rn. 13.

Familienname des Elternteils gewählt, dessen Name nicht zum Geburtsnamen des Kindes bestimmt wurde.[93] Geläufig sind auch Familiennamen der Großeltern, aber auch Vatersnamen können als Zwischennamen fungieren.[94]

IV. Der Vatersname

Vatersnamen oder Patronymika finden sich in vielen Rechtsordnungen und lassen Rückschlüsse über die Abstammung des Namensinhabers zu. In der Regel wird zur Bildung eines solchen Vatersnamens aus dem Namen des Vaters (oder seltener des Großvaters) und einem weiteren Namenszusatz ein eigenständiger Namensbestandteil gebildet. Häufig stehen dieser zwischen Vor- und Familiennamen und bildet in diesen Fällen eine Unterform des Zwischennamens, so beispielsweise in den slawischen Staaten oder islamischen Staaten, die bereits den Namensbestandteil des Familiennamens kennen.[95]

Doch nicht immer stellt der Vatersname einen Zwischennamen dar. Insbesondere in Staaten, denen Familiennamen unbekannt sind, steht der Vatersname als eigenständiger Namensbestandteil neben dem Vornamen und übernimmt dort die familiale Zuordnungsfunktion.[96] Als Beispiel für solche Staaten wird neben den traditionell geprägten islamischen Staaten häufig auch Island genannt.[97] Zwar sind Familiennamen in Island nicht geläufig, sie sind dem isländischen Recht jedoch nicht unbekannt. Art. 8 des isländischen Namensgesetzes nennt neben Vaters- oder Muttersnamen auch Familiennamen („ættarnöfn") als eine Form des Nachnamens. Allerdings ist die Wahl eines solchen Familiennamens nur in Ausnahmefällen und nur Ausländern und deren Nachfahren gestattet; isländischen Staatsbürgern hingegen steht die Möglichkeit einen Familiennamen durch Heirat oder Neubildung zu erwerben nicht offen.[98] Sie sind auf die nicht vererbbaren Vaters- oder Muttersnamen beschränkt, die gem. Art. 8 Abs. 3 des isländischen Namensgesetzes bei der Geburt aus dem Vornamen des Elternteils sowie der Endung *-son* („Sohn") oder, *-dóttir* („Tochter") gebildet werden. Die Tochter eines Vaters mit Vornamen „Erik" erhält somit den Namen „Eriksdóttir", sein Sohn hingegen den Namen „Eriksson". Seit der Änderung des isländischen Namensgesetzes mit Wirkung zum 6.7.2019 steht zudem die geschlechtsneutrale Endung *-bur* zur Verfügung.

---

93 So kann über den Mittelnamen auch die familiäre Verbindung zu diesem Teil der Familie beibehalten werden, vgl. *Sturmhöfel* S. 9.

94 So z.B. in einigen slawischen Staaten sowie dem skandinavischen Rechtskreis mit Ausnahme von Island, s. *Sturmhöfel* S. 9.

95 Staudinger/*Hausmann* Vorb. zu Art. 10 EGBGB Rn. 21.

96 Der Vatersname übernimmt die Funktion eines „Quasi-Familiennamen", Staudinger/*Hausmann* Vorb. zu Art. 10 EGBGB Rn. 22.

97 *Sturmhöfel* S. 9.

98 Vgl. Art. 8 Abs. 6 sowie Art. 9 Abs. 1 des isländischen Namensgesetzes; *Ring/Olsen-Ring* § 15 Rn. 495.

Zudem ist zwischen „echten“ und „unechten“ Vatersnamen zu unterscheiden. Als „echte“ Vatersnamen verstehen sich die Vatersnamen, die eigenständige Namensbestandteile darstellen und nicht vererbbar sind, wie bspw. die isländischen Patronyme. Dagegen meinen „unechte“ Vatersnamen solche Namen, die aufgrund ihrer Beschaffenheit einem echten Vatersnamen ähneln oder aus einem solchen abgeleitet wurden, ihrer Rechtsnatur nach jedoch vererbbarere Familien- oder Nachnamen sind. So wurden beispielsweise in Schweden durch die Kodifizierung von namensrechtlichen Regelungen nach und nach echte Vatersnamen abgeschafft und diese in Nachnamen umgewandelt.[99] Häufige Nachnamen wie Andersson und Svensson waren somit ursprünglich einmal echte Vatersnamen, haben diesen Status jedoch verloren und werden nun als Nachnamen an die nachfolgende Generation weitergegeben.[100]

---

99 So wurden durch die Namensverordnung von 1901 (Namnförodning (SFS 1901:125) die Bürger ermutigt, anstelle der Patronyme feste und vererbbare Familiennamen anzunehmen, mit dem ersten Namensgesetz von 1963 (Namnlag SFS 1963:521) wurden diese festen und vererbbaren Familiennamen dann Pflicht für jedermann, vgl. dazu die Ausführungen in Kapitel 4 A. II.

100 Dies hat jedoch dazu geführt, dass die Nachnamensvielfalt deutlich verringert wurde und ein Großteil der Schweden heute dieselben Nachnamen trägt, vgl. *Leibring* in FS Kremer/Greule S. 409.

Kapitel 3: Das Namensrecht in Deutschland

Im Gegensatz zu anderen Rechtsordnungen existiert in Deutschland kein „Namensgesetz“, in dem alle den Namen betreffenden Rechtsnormen zentral normiert sind. Vielmehr sind die entsprechenden Normen über das BGB bzw. das sich mit dem Bereich der öffentlich-rechtlichen Namensänderung befassenden Namensänderungsgesetz verstreut. Die meisten Vorschriften, die den Erwerb oder die Änderung des Namens betreffen, finden sich im familienrechtlichen Teil des BGB: Der Ehename ist in § 1355 BGB geregelt, der Geburtsname des Kindes in den §§ 1616 ff. BGB und die Regelung zum Namen des Kindes nach Adoption in § 1757 BGB. Zudem bietet § 3 NamÄndG dem Namensinhaber die Möglichkeit einer öffentlich-rechtlichen Namensänderung aus wichtigem Grund, wenn eine Namensänderung nach den familienrechtlichen Änderungstatbeständen nicht in Betracht kommt. Der Vorteil dieser „Zerstückelung“ liegt sicherlich darin, dass in den jeweiligen Abschnitten neben anderen relevanten Vorschriften auch die den Namen betreffenden schnell zu finden sind. Auf der anderen Seite drohen jedoch eine nur isolierte Betrachtung und Weiterentwicklung der einzelnen Vorschriften aufgrund der Unübersichtlichkeit der Anordnung, die im Ergebnis zu einer Widersprüchlichkeit und unnötigen Kompliziertheit führt.[101]

A. Entwicklung und Geschichte des deutschen Namensrechts

I. Das deutsche Personennamensrecht vor Einführung des BGB

Lange Zeit fehlte es im deutschen Sprachraum an einer gesetzlichen Grundlage, die den Namenserwerb und die Namensänderung regelte. Die Namensführung war daher zunächst weitestgehend flexibel.[102] Anstelle von rechtlichen Regelungen bestimmten sich Namenserwerb und Namensänderung meist nach der Sitte. So war es üblich, dass Personen in der Frühzeit nur einen Namen, vergleichbar mit

---

101 So auch *Hepting*, der bereits 1999 von einer „grotesken Kompliziertheit“ des deutschen Namensrechts sprach, StAZ 1999, 133, 134. *Ders.* wies zudem bereits einige Jahre zuvor auf die Problematik hin, dass das Namensrecht seine Probleme selbst schaffe, „weil es vielfach Unvereinbares zu verbinden sucht und an der einen Stelle Zwecke verfolgt, die es an anderer Stelle selbst vereitelt“, StAZ 1996, 1; auch *Gaaz* stellt die Kompliziertheit der aktuellen Regelungen heraus, StAZ 2006, 157, 162.

102 *Schwab* StAZ 2015, 354; *Hepting* StAZ 1999, 133, 134.

dem heutigen Vornamen, führten, der gelegentlich durch einen Begleitnamen flankiert wurde.[103] Mit der „Christianisierung“, der Einführung von christlichen Taufnamen und der Errichtung von Taufbüchern fand dann zum ersten Mal eine Art der Festigung der Namensführung statt.[104] Die Führung von Personenstandslisten oblag danach lange Zeit den kirchlichen Einrichtungen, insbesondere den Pfarrämtern. Erst mit Inkrafttreten des Gesetzes über die Beurkundung des Personenstandes und die Eheschließung zum 1.1.1876 wurde die Zuständigkeit zur Führung von Personenstandsregistern und somit der Registrierung von Namenserwerb und Namensänderung auf die neu errichteten Standesämter übertragen.[105]

Ab dem Mittelalter nahm die Zahl fester und vererbbarer Familiennamen stetig zu. Grund dafür war neben dem Bevölkerungswachstum und der damit einhergehenden nur noch unzureichenden Unterscheidbarkeit anhand des Einzelnamens, die verstärkten Handelsbeziehungen innerhalb Europas, die neben Gütern auch die Tradition der Familiennamensführung nach Deutschland brachten.[106] Eine weitere Ursache für die Verfestigung von Familiennamen war das Interesse des Staates an der Ausweitung der administrativen Erfassung seiner Bürger, unter anderem zum Zwecke der Erhebung von Steuern oder der Umsetzung der Wehrpflicht.[107] Dieses Identifikationsinteresse des Staates führte auch dazu, dass mit dem Verbot der willkürlichen Namensänderung ein erster Teilbereich des Namensrechts gesetzlich geregelt und ein Verstoß unter Strafe gestellt wurde.[108] Die Normierung namensrechtlicher Regelungen begann also zunächst mit strafrechtlichen Verboten. Andere namensrechtliche Bereiche blieben hingegen weiterhin ungeregelt, sodass bis zur Jahrhundertwende des 18./19. Jahrhunderts in weiten Teilen des Landes jeder seinen Namen frei ändern konnte, sofern er nicht in betrügerischer Absicht handelte.[109]

Weitergehende Regelungen zum Namenserwerb fanden dagegen erst zum Ende des 18. Jahrhunderts Einzug in die Regelungen. Häufig handelte es sich dabei um die Verrechtlichung von namensbezogenen Sitten und Gebräuchen, so zum Beispiel die Erstreckung des Mannesnamens auf die Frau nach der Eheschließung. War dies zunächst nur im Hochadel üblich, breitete sich diese Sitte nach und

103 *Arndt* S. 31 f.

104 *Giesen* FuR 1993, 65,66.

105 *Otto* Namensrecht, in: Cordes u.a. (Hrsg.), Handwörterbuch zur deutschen Rechtsgeschichte (HRG) Band III Sp. 1765.

106 *Giesen* FuR 1993, 65, 66; *Otto* Namensecht, in: Cordes u.a. (Hrsg.), Handwörterbuch zur deutschen Rechtsgeschichte (HRG) Band III So. 1763.

107 *Klippel* S. 39 f., der auch auf die jeweiligen Regelungen eingeht.

108 So z.B. die bayerische Verordnung vom 12.3.1677: „Es gebührt Niemand im Lande, seinen angeborenen Namen ohne Landesfürstlichen Consens eigenmächtig zu verändern“, s. *Klippel* S. 40 Fn. 13.

109 *Loos* NamÄndG S. 1.

nach auch auf das Bürgertum aus[110] und fand schließlich Einzug in das preußische Allgemeine Landrecht von 1794[111] und das österreichische ABGB von 1811.[112] Allerdings beschränkte sich der Geltungsbereich dieser Regelungen nur auf die einzelnen Länder, eine einheitliche Rechtsgrundlage zum Namenserwerb und der Namensänderung wurde erst mit Einführung des BGB geschaffen.

II. Das deutsche Personennamensrecht ab 1900

Mit Inkrafttreten des BGB 1900 wurde das Personennamensrecht in Deutschland zum ersten Mal umfassend für das gesamte Deutsche Kaiserreich geregelt. So wurden sowohl der Ehename, der Name des Kindes sowie die Namensführung nach Adoption im Familienrecht geregelt.

Aus heutiger Sicht erscheinen gerade diese familienrechtlichen Regelungen konservativ und stark patriarchalisch geprägt.[113] Der Mann war die Zentralfigur der rechtlichen Einheit „Familie". So war es für die Schöpfer des BGB selbstverständlich, dass die Frau gem. § 1355 BGB a.F. mit der Eheschließung den Familiennamen des Mannes annahm und auch die ehelich geborenen Kinder gem. § 1616 BGB a.F. ausschließlich diesen vom Vater abgeleiteten Ehenamen als Geburtsnamen erhielten. Dagegen blieb dem nicht ehelich geborenen Kind zunächst jegliche Verbindung zu seinem Vater bzw. der Vatersfamilie verwehrt und es erhielt gem. § 1706 BGB a.F. den Familiennamen der Mutter als Geburtsnamen.[114] An dieser Unterscheidung zwischen ehelich und nicht ehelich geborenen Kindern hielt der Gesetzgeber lange Jahre fest, abgeschafft wurde sie erst durch die Reform des Kindschaftsrechts 1998.[115]

Bereits zum Zeitpunkt der Einführung des BGB manifestierte sich auch eine Zweiteilung in zivilrechtlichen Namenserwerb und öffentlich-rechtliche Namensänderung, wobei die öffentlich-rechtliche Namensänderung mangels bundeseinheitlicher Regelung zunächst in der Kompetenz der Länder lag.[116] Eine einheitliche Regelung wurde erst nach dem Ende der Weimarer Republik und dem Aufstieg der Nationalsozialisten 1938 durch das Namensänderungsgesetz eingeführt. Deren „Judenpolitik" bestimmte maßgeblich den Entstehungsprozess des Gesetzes, mit

---

110 *Schwenzer* FamRZ 1991, 390, 391.

111 § 192 ALR II: „Die Frau überkommt durch eine Ehe zur rechen Hand den Namen des Mannes".

112 § 92 ABGB: „Die Gattinn erhält den Nahmen des Mannes, und genießt die Rechte seines Standes".

113 *Bornhofen* bezeichnet sogar das gesamte Regelwerk als „patriarchalisches BGB", StAZ 2020, 162.

114 Zu den Hintergründen für die Unterscheidung zwischen ehelich und nicht ehelich geborenen Kindern vgl. die Ausführungen in Kapitel 3 B. I. 2. a. aa.

115 Gesetz zur Reform des Kindschaftsrechts v. 16.12.1997 (BGBl. I S. 2942).

116 *Wagner-Kern* S. 70 f.

dem eine rechtliche Grundlage geschaffen werden sollte, um insbesondere „jüdische Namensänderungen“ rückgängig machen zu können.[117]

Ebenfalls während der NS-Zeit wurde die Rolle des Mannes mit der Einführung des Ehegesetzes[118] weiter gestärkt. So konnte der Mann nach der Scheidung seiner früheren Ehefrau das Weiterführen des Ehenamens aufgrund ihres „ehrlosen und unsittlichen Lebenswandel[s]“ untersagen.[119] Zwar wurde das Ehegesetz mit der Gründung der Bundesrepublik Deutschland von den nationalsozialistisch geprägten Inhalten befreit,[120] den übrigen Regelungen – darunter auch der genannten – wurde jedoch durch das Kontrollratsgesetz Nr. 16[121] weiter Geltung verschafft.[122] So blieben im Ergebnis die Vorschriften des Ehegesetzes bis zu der Neufassung des Eherechts durch das 1. EheRG[123] 1977 in Kraft.

Das 1. EheRG brachte jedoch noch weitere Neuerungen. War der Ehefrau 1958 durch das Gleichberechtigungsgesetz[124] gewährt worden, ihren Geburtsnamen dem Ehenamen gem. § 1355 S. 2 BGB a.F. als Beinamen voranzustellen oder anzufügen, so erfolgte nun ein weiterer Schritt in Richtung Gleichstellung. Zwar mussten die Ehegatten gem. § 1355 Abs. 2 S. 1 BGB a.F. weiterhin einen Ehenamen führen, sie konnten sich nun jedoch auch für den Geburtsnamen der Frau entscheiden. Konsequenterweise konnte dieser vom Geburtsnamen der Frau abgeleitete Ehename über § 1616 Abs. 1 BGB a.F. dann auch Geburtsname der gemeinsamen ehelich geborenen Kinder werden.

Jedoch brachte auch das 1. EheRG keine umfassende Gleichstellung. Konnten sich die Ehegatten nicht auf einen Ehenamen einigen, so wurde gem. § 1355 Abs. 2 S. 2 BGB a.F. im Zweifel der Mannesname zum Ehenamen bestimmt. Da diese Regelung jedoch im Falle einer fehlenden Einigung die Frau benachteiligte, erklärte das Bundesverfassungsgericht diese 1991 für verfassungswidrig.[125] Der Gesetzgeber reagierte darauf mit einer Änderung des § 1355 BGB durch das

---

117 *Wagner-Kern* S. 224 f. sowie S. 315 ff.; *Stenz* StAZ 2001, 61, 63 f.

118 Gesetz zur Vereinheitlichung des Rechts der Eheschließung und Ehescheidung im Lande Österreich und im übrigen Reichsgebiet v. 6.7.1938 (RGBl. I S. 807).

119 § 65 EheG; zwar bestand die Möglichkeit der Untersagung der weiteren Führung des Ehenamens bereits vorher, diese beschränkte sich jedoch auf den Fall, dass die Ehefrau für das Scheitern der Ehe allein schuldig war, § 1577 Abs. 3 BGB a.F.; vgl. zu dieser Thematik auch die Ausführungen in Kapitel 3 B. I. 1. a. aa.

120 MüKo/*Koch* Einl. FamR Rn. 95; *Peschel-Gutzeit* NJW 2017, 2731, 2732.

121 Kontrollratsgesetz Nr. 16 v. 20.2.1946 (ABl. KR S. 77).

122 *Peschel-Gutzeit* NJW 2017, 2731, 2732.

123 Erstes Gesetz zur Reform des Ehe- und Familienrechts v. 14.6.1976 (BGBl. I S. 1421).

124 Gesetz über die Gleichberechtigung von Mann und Frau auf dem Gebiet des bürgerlichen Rechts v. 18.6.1957 (BGBl. I S. 609).

125 BVerfGE 84,9 = NJW 1991, 1602.

Familiennamensrechtsgesetz[126], welche die Pflicht zur Wahl eines Ehenamens abschaffte, sodass die Ehegatten auch nach der Eheschließung ihre jeweiligen Geburtsnamen weiterführen konnten. Für den Fall, dass die Eltern ihre Geburtsnamen auch nach der Eheschließung weiterführten, mussten sie sich gem. § 1616 Abs. 2 BGB a.F. für einen dieser Namen als Geburtsnamen des Kindes entscheiden.

Mit der Entscheidung des Bundesverfassungsgerichts,[127] dass als Ehename bzw. ehelicher Begleitname nicht nur die Geburtsnamen der Ehegatten, sondern auch ihre ggf. durch eine frühere Eheschließung davon abweichenden, vor der Eheschließung geführten Familiennamen wählbar sein sollten und der Gleichstellung ehelich und nicht ehelich geborener Kinder durch die Reform des Kindschaftsrechts 1998, ist eine namensrechtliche Gleichstellung heute fast vollumfänglich erreicht. Die einzige Einschränkung der freien Wählbarkeit der Namen stellt weiterhin das Verbot der Doppelnamensbildung dar, an der der Gesetzgeber seit Inkrafttreten des BGB festhält.

B. Die den Namen betreffenden Vorschriften des nationalen Rechts

Im deutschen Recht findet sich weder ein eigenes Namensgesetz, noch sind alle Regelungen den Namenserwerb und die Namensänderung betreffend innerhalb des BGB zu finden. Gerade im Hinblick auf den Familiennamen (I.) sind die Vorschriften innerhalb des BGB nicht zentral geregelt, sondern finden sich an unterschiedlichen Stellen innerhalb des Gesetzes. So ist die Regelung zum Ehenamen in § 1355 BGB zu finden (1.), die Vorschriften den Geburtsnamen des Kindes betreffend finden sich in den §§ 1616 ff. (2.) und die den Namen des Adoptivkindes betreffend in § 1757 BGB (3.). Regelungen zum Vornamenserwerb oder der Vornamensänderung finden sich hingegen weder im BGB noch in anderen Gesetzen (II.). Neben den familienrechtlichen Erwerbs- und Änderungstatbeständen bietet die öffentlich-rechtliche Namensänderung nach dem Namensänderungsgesetz zudem eine weitere, von statusrechtlichen Veränderungen unabhängige, Möglichkeit der Namensänderung (III.).

I. Der Familienname

1. Der Ehename, § 1355 BGB

§ 1355 BGB regelt das Recht der Namensführung in der Ehe in Bezug auf den Familiennamen. Wenn das Gesetz von einem „Ehenamen" spricht, so ist damit gem. § 1355 Abs. 1 BGB der gemeinsame Familienname der Ehegatten gemeint.

---

126 Durch das Gesetz zur Neuordnung des Familiennamensrechts v. 16.12.1993 (BGBl. I S. 2054) (Familiennamensrechtsgesetz).

127 BVerfGE 109, 256 = NJW 2004, 1155.

Dass die Norm im Laufe des letzten Jahrhunderts einige Veränderungen erfahren hat, welche die gesellschaftlichen Entwicklungen insbesondere in Bezug auf die Gleichstellung von Mann und Frau und die immer größer werdende Akzeptanz alternativer Lebensmodelle abbilden sollten, zeigt sich auch an der Komplexität der Norm. So hat sich der Umfang, gemessen an den Wörtern, seit Inkrafttreten des BGB versiebenunddreißigfacht. Kam § 1355 BGB a.F. 1900 noch mit sieben Wörtern aus, sind es in der heutigen Fassung bereits 258. Aber nicht nur die sprachliche Ausgestaltung hat sich mit den Jahren gewandelt, sondern auch die Relevanz der namensrechtlichen Funktionen, die im Rahmen des § 1355 BGB eine Rolle spielen. Stand zu Beginn des 20. Jahrhunderts die familiale Zuordnungsfunktion klar im Vordergrund, hat diese über die Jahre immer weiter an Bedeutung verloren, wohingegen der Einfluss der Selbstdarstellungsfunktion des Namensinhabers stetig zugenommen hat.

a. Die Entwicklung des § 1355 BGB

aa. Die herausragende Stellung des Mannesnamens

Die ursprüngliche Fassung des § 1355 BGB von 1900 war deutlich knapper gehalten als es aktuell der Fall ist: „Die Ehefrau erhält den Familiennamen des Mannes." Diese Regelung übernahm zum einen die Sitte eines gemeinsamen Familiennamens der Eheleute als Ausdruck der familiären Zugehörigkeit.[128] Zum anderen den von der patriarchalischen Gesellschaft des 19. Jahrhunderts geprägten Brauch, dass der Mann als Oberhaupt der Familie seinen Familiennamen an die Frau und die ehelichen Kinder weitergab.[129] Ein im Rahmen der Vorarbeiten zum BGB gestellter weitergehender Antrag, welcher der Frau zugestand, ihren ursprünglichen Familiennamen dem Mannesnamen hinzuzufügen, wurde jedoch mehrheitlich abgelehnt.[130] Die Frau war demnach verpflichtet, mit der Eheschließung den Familiennamen des Mannes als neuen, alleinigen Familiennamen anzunehmen; es bedurfte dazu keiner weiteren Handlung oder Erklärung ihrerseits, der Namenserwerb erfolgte vielmehr ipso iure.[131]

Zudem war für den Fall der Scheidung in der eigenständigen Regelung des § 1577 BGB a.F. verankert, dass die Frau den Ehenamen grds. behielt, ihr aber die Möglichkeit eingeräumt wurde, stattdessen ihren Familiennamen oder den von ihr vor der Eheschließung geführten Namen wiederanzunehmen. Eine Ausnahme von dieser Regelung bestand für den Fall, dass die Frau allein das Scheitern der Ehe zu verschulden hatte. In diesem Fall konnte der Mann ihr die Weiterführung

---

128 MüKo/*v. Sachsen* Gessaphe § 1355 BGB Rn. 1; *Arndt* S. 51.

129 *Arndt* S. 51 m.w.N.

130 Dieser Antrag stützte sich auf die Tatsache, dass es in einigen Regionen eine solche Praxis gab, vgl. *Arndt* S. 52 m.w.N.

131 *Arndt* S. 52.

„seines" Familiennamens untersagen.[132] Grundsätzlich sollte die Frau somit auch nach der Scheidung den ehemaligen Ehenamen weiterführen. Diese Regelung trug somit dem gesteigerten Interesse des Staates an einer kontinuierlichen Namensführung Rechnung.[133] Mit Inkrafttreten des Ehegesetzes[134] am 1.8.1938 fiel § 1577 BGB a.F. zugunsten der neu geschaffenen §§ 62 bis 64 des Ehegesetzes, welche im Wesentlichen die bereits bestehenden Modalitäten übernahmen, weg. Der neu geschaffene § 65 EheG hingegen erweiterte das Recht des Mannes, seiner früheren Ehefrau die Führung seines Familiennamens zu untersagen auch auf die Zeit nach der Ehescheidung. War nach § 1577 BGB a.F. eine Untersagung nur möglich, sofern die Frau allein für schuldig am Scheitern der Ehe erklärt worden war, so bestand von nun an die Möglichkeit, die Weiterführung des Mannesnamens auch aufgrund eines „ehrlosen und unsittlichen Lebenswandel[s]" oder einer schweren Verfehlung gegen den Mann zu unterbinden.[135] Nach der Gründung der Bundesrepublik und der Neufassung des Ehegesetzes 1946 fanden sich die Regelungen aus den §§ 62 bis 65 EheG a.F. nun in den §§ 54 bis 57 EheG wieder. Dass diese Regelungen, einschließlich des § 57 EheG – dem ursprünglichen § 65 EheG a.F. – bis zu ihrer Aufhebung im Rahmen der Veränderungen durch das 1. EheRG[136] beibehalten wurden, zeigt, dass auch in der Mitte des 20. Jahrhunderts die Gesetzgebung wie

---

132 Vgl. den Wortlaut des § 1577 a.F.: „(1) Die geschiedene Frau behält den Familiennamen des Mannes. (2) Die Frau kann ihren Familiennamen wiederannehmen. War sie vor der Eingehung der geschiedenen Ehe verheiratet, so kann sie auch den Namen wiederannehmen, den sie zur Zeit der Eingehung dieser Ehe hatte, es sei denn, dass sie allein für schuldig erklärt ist. Die Wiederannahme des Namens erfolgt durch Erklärung gegenüber der zuständigen Behörde; die Erklärung ist in öffentlich beglaubigter Form abzugeben. (3) Ist die Frau allein für schuldig erklärt, so kann der Mann ihr die Führung seines Namens untersagen. Die Untersagung erfolgt durch Erklärung gegenüber der zuständigen Behörde; die Erklärung ist in öffentlich beglaubigter Form abzugeben. Die Behörde soll der Frau die Erklärung mitteilen. Mit dem Verluste des Namens des Mannes erhält die Frau ihren Familiennamen wieder."

133 *Arndt* S. 53 m.Verw. auf *Jatzow* Motive zu dem Entwurfe eines Bürgerlichen Gesetzbuches für das Deutsche Reich, Band IV S. 621.

134 Gesetz zur Vereinheitlichung des Rechts der Eheschließung und der Ehescheidung im Lande Österreich und im übrigen Reichsgebiet vom 6.7.1938 (RGBl. I, S. 807).

135 Vgl. den Wortlaut des § 65 Abs. 1 EheG a.F.: „Macht die Frau sich nach der Scheidung einer schweren Verfehlung gegen den Mann schuldig oder führt sich gegen seinen Willen einen ehrlosen und unsittlichen Lebenswandel, so kann ihr das Vormundschaftsgericht auf Antrag des Mannes die Weiterführung seines Namen untersagen."

136 Erstes Gesetz zur Reform des Ehe- und Familienrechts vom 14.6.1976 (BGBl. 1 S. 1421).

auch die Gesellschaft in Deutschland noch stark von patriarchalischen Ansichten geprägt waren.

bb. Die ersten Gleichberechtigungsbestrebungen

Im Rahmen des Gleichberechtigungsgesetzes[137] wurde der Frau ab 1958 zumindest das zugestanden, was ihr 1900 noch verwehrt wurde: Die Möglichkeit, dem Mannesnamen, der mit der Eheschließung weiterhin verbindlich auch ihr neuer Familienname wurde, ihren Geburtsnamen beizufügen.[138] Bereits mit dieser Regelung wurde der Selbstdarstellungsfunktion bzw. dem Interesse der Frau an der Weiterführung ihres eigenen Familiennamens – wenn auch nur begrenzt – Rechnung getragen, ohne die familiäre Zuordnung, die weiterhin über den verbindlich geführten Mannesnahmen erfolgte, zu gefährden. Allerdings wurde der angehängte Geburtsname nicht Teil des Familiennamens, sondern stellte lediglich einen persönlichen Beinamen dar, der nicht auf etwaige Kinder übertragbar war.[139]

Erst mit der Neuregelung des § 1355 BGB durch das 1. EheRG erfolgte zum 1.7.1977 eine „Gleichstellung" des Mannes- und des Frauennamens. Zwar mussten sich die Eheleute immer noch für einen Ehenamen entscheiden, zur Auswahl stand nun aber gem. § 1355 Abs. 2 S. 1 BGB a.F. neben dem Geburtsnamen des Mannes auch der der Frau. Von der Möglichkeit, alternativ dazu auch einen Doppelnamen aus dem Geburtsnamen des Mannes und der Frau bilden zu können, die sich noch im Regierungsentwurf fand, wurde aufgrund erheblicher Bedenken abgesehen.[140] Es verblieb dem Ehegatten, dessen Familienname nicht Ehename wurde, nur die Möglichkeit seinen Geburtsnamen oder – als Erweiterung der bisherigen Regelung – den zum Zeitpunkt der Eheschließung geführten Familiennamen als Beinamen dem Ehenamen voranzustellen.[141] Jedoch zeigte auch diese recht fortschrittlich anmutende Neuerung noch Schwächen auf dem Gebiet der Gleichstellung. Denn sofern die Eheleute keine Bestimmung über die Namensführung in der Ehe trafen

---

137 Gesetz über die Gleichberechtigung von Mann und Frau auf dem Gebiet des bürgerlichen Rechts vom 18.6.1957 (BGBl. I S. 609).

138 Vgl. den Wortlaut des § 1355 a.F.: „Der Ehe- und Familienname ist der Name des Mannes. Die Frau ist berechtigt, durch Erklärung gegenüber dem Standesbeamten dem Namen des Mannes ihren Mädchennamen hinzuzufügen; die Erklärung muss öffentlich beglaubigt werden."

139 *Arndt* S. 66.

140 So sei selbst bei einer Beschränkung auf einen zweigliedrigen Doppelnamen eine „Verwirrung vorprogrammiert", wenn ein oder beide Ehegatten bereits vor Eheschließung einen Doppelnamen führten, zudem werde die Problematik nur in die nachfolgende Generation verschoben, vgl. für eine Übersicht der Argumente *Arndt* S. 73 f. m.w.N.

141 Der Begleitname konnte nun dem Ehenamen jedoch nicht mehr angehängt werden, vgl. zu der Thematik *Arndt* S. 77.

oder keine Einigung diesbezüglich erreichen konnten, wurde gem. § 1355 Abs. 2 S. 2 BGB a.F. der Geburtsname des Mannes zum Ehenamen bestimmt. In dieser Regelung zeigte sich, dass dem Mannesname aus Sicht des Gesetzgebers weiterhin eine höherwertige Stellung zugemessen wurde, als dem der Frau und dass sich die Frau, deren Name im Gegensatz zu dem ihres Mannes nur einvernehmlich Ehename werden konnte, weiterhin einer Benachteiligung ausgesetzt sah.[142]

cc. Die wegweisenden Entscheidungen des Bundesverfassungsgerichts

Dieses Argument griff knapp 15 Jahre später auch das Bundesverfassungsgericht auf, als es 1991 die Unvereinbarkeit des Vorrangs des Mannesnamens gem. § 1355 Abs. 2 S. 2 BGB a.F. mit dem Gleichberechtigungsgrundsatz des Art. 3 Abs. 2 GG und somit auch die Verfassungswidrigkeit der Regelung feststellte.[143] Zwar sei die Entscheidung des Gesetzgebers, an der einheitlichen Familiennamensführung festzuhalten (§ 1355 Abs. 1 BGB a.F.), verfassungsrechtlich nicht zu beanstanden, allerdings sei der Gesetzgeber im Rahmen des Art. 6 Abs. 1 GG nicht verpflichtet, die Namenseinheit zu wahren, sodass dies keine Rechtfertigung für eine zwischen den Geschlechtern differenzierende Regelung wie § 1355 Abs. 2 S. 2 BGB a.F. darstellen könne.[144] Für eine Ungleichbehandlung durch diese Regelung spreche eben auch, dass sich der Mann seiner besseren Stellung im Streit um den Familiennamen bewusst sein und von seiner Seite daher eine geringere Bereitschaft zur Einigung bestehen könnte. Denn um seinen Geburtsnamen als Ehenamen weiterführen zu können, musste er nur eine Einigung über die Namensführung verweigern, die Frau hingegen musste, sofern sie ihren Geburtsnamen trotz fehlender Einigung als Ehenamen weiterführen wollte, von der Eheschließung absehen.[145] Auftrag des Gesetzgebers war es nun, unter Beibehaltung oder Aufgabe der Pflicht zur einheitlichen Familiennamensführung – dies wurde durch das Bundesverfassungsgericht explizit offengelassen – für eine Neuregelung zu sorgen.[146] Da eine bloße Nichtanwendung des § 1355 Abs. 2 S. 2 BGB a.F. bis zu einer solchen Neuregelung keine praktikable Lösung der Problematik dargestellt hätte und eine Versagung der Eheschließung rein aus dem Grund, dass sich die zukünftigen Ehegatten nicht

142 So konnte der Ehemann das Einverständnis verweigern und so seinen Geburtsnamen als Familiennamen erzwingen, MüKo/*v. Sachsen Gessaphe* § 1355 BGB Rn. 1. Auch in diesem Vorrang des Mannesnamens zeichnet sich deutlich das immer noch patriarchalisch geprägte Bild von Ehe und Familie ab, *Hepting* stellt daher richtigerweise die Frage ob dieser namensrechtliche Vorrang ein „Zeichen männlicher Dominanz" sei, vgl. StAZ 1999, 133.

143 BVerfGE 84, 9 = NJW 1991, 1602.

144 BVerfGE 84,9 = NJW 1991, 1602 f.; zu dieser Erkenntnis kam das Bundesverfassungsgericht bereits drei Jahre zuvor, vgl. BVerfGE 78, 38 = NJW 1988, 1577.

145 BVerfGE 84, 9 = NJW 1991, 1602, 1603.

146 BVerfGE 84,9 = NJW 1991, 1602, 1603.

über einen Ehenamen einig wurden, bereits aus verfassungsrechtlichen Gesichtspunkten ausschied, behielt während der Übergangszeit bis zu einer Neuregelung in einem solchen Fall jeder Ehegatte seinen zur Zeit der Eheschließung geführten Familiennamen.[147]

dd. Die Abschaffung der Pflicht zur Führung eines Ehenamens

Mit dem Familiennamensrechtsgesetz[148] verabschiedete sich der Gesetzgeber zum 1.4.1994 dann endgültig von der Pflicht zur einheitlichen Familiennamensführung. Dass einige Verfechter der konservativen einheitlichen Familiennamensführung diesem Akt der Gleichstellung nicht aus Überzeugung, sondern wohl eher aufgrund mangelnder verfassungskonformer Lösungsansätze zustimmten, zeigt auch die Formulierung des § 1355 Abs. 1 BGB, der nun zwar keine Pflicht mehr statuiert, jedoch immer noch daran festhält, dass die Eheleute einen Ehenamen wählen „sollen".[149] Im Falle einer fehlenden Einigung im Hinblick auf die Ehenamenswahl behält – wie bereits in der Übergangsphase seit 1991 – jeder Ehegatte seinen zur Zeit der Eheschließung geführten Familiennamen. Allerdings ermöglichte es der Gesetzgeber den unentschlossenen Ehegatten mit § 1355 Abs. 3 BGB a.F., einen gemeinsamen Ehenamen auch noch zu einem späteren Zeitpunkt innerhalb der nächsten fünf Jahre nach der Eheschließung zu wählen. Ein Zugeständnis in Form der Wahlmöglichkeit eines aus beiden Geburtsnamen gebildeten Doppelnamens als Ehenamen brachte jedoch auch das Familiennamensrechtsgesetz nicht. In § 1355 Abs. 5 BGB fand sich nun die Regelung des § 1577 BGB a.F. wieder, wonach ein geschiedener oder verwitweter Ehegatte den Ehenamen weiterführte oder durch Erklärung seinen Geburtsnamen oder den vor Eheschließung geführten Familiennamen wieder annehmen konnte, welche in ähnlicher Form bereits im Rahmen der Veränderungen des 1. EheRG und der Aufhebung der §§ 62 bis 65 EheG in den damaligen § 1355 Abs. 2 BGB a.F. überführt worden war.

Auch die Neugestaltung des § 1355 BGB durch das Familiennamensrechtsgesetz hielt, trotz seiner vielen Veränderungen und Liberalisierung, an einer großen Einschränkung der Freiheit der Familiennamenswahl fest: So standen den Ehegatten lediglich die Geburtsnamen der Ehegatten zur Auswahl, nicht jedoch der Familienname, den ein Ehegatte vor der betreffenden Eheschließung durch eine vorherige und mittlerweile geschiedene oder durch den Tod des anderen Ehegattens beendete Ehe erworben hatte. Mit der Entscheidung des Bundesverfassungsgerichts vom 18.2.2004[150] wurde schließlich diese – neben dem Verbot der Bildung

147 BVerfGE 84,9 = NJW 1991, 1602, 1603 f., vgl. weiterführend zu dieser Thematik *Arndt* S. 90 ff.

148 Gesetz zur Neuordnung des Familiennamensrechts vom 16.12.1993 (BGBl. I S. 2054).

149 Eine ausführliche Darstellung der verschiedenen Positionen sowie des Entstehungsprozesses des Familiennamensgesetzes findet sich bei *Arndt* S. 92 ff.

150 BVerfGE 109, 256 = NJW 2004, 1155.

von echten Doppelnamen – letzte große Beschränkung der Familiennamenswahl für verfassungswidrig erklärt. Diese verfassungsgerichtliche Entscheidung wurde vom Gesetzgeber 2005 umgesetzt[151] und die Absätze 2, 4 und 5 des § 1355 BGB entsprechend verändert.

Seit Einführung des § 1355 BGB hat sich Deutschland stark verändert, von einer patriarchalisch geprägten zu einer – zumindest dem Willen nach – offeneren Gesellschaft, die sich familien- wie auch namensrechtlich der Gleichstellung nicht nur der Geschlechter, sondern auch der Lebensmodelle verpflichtet hat. So steht es den Ehegatten frei, einen Ehenamen zu wählen oder ihren bisherigen Familiennamen weiterzuführen, den Frauen- oder Mannesnamen zu wählen. Zudem sind nach der Ermöglichung der Eheschließung auch für gleichgeschlechtliche Partner 2017,[152] die namensrechtlichen Regelungen des § 1355 BGB nun auch für gleichgeschlechtliche Paare anwendbar.[153]

b. *Die Möglichkeiten der ehelichen Namensführung im Rahmen des heutigen § 1355 BGB*

Grundlage des heutigen § 1355 BGB ist die Neufassung dieser Norm im Zuge des Familiennamensrechtsgesetzes. Die Eheleute haben heute eine Vielzahl von Möglichkeiten, wenn es um die Wahl eines Familiennamens während der Ehe geht, so können sie sich nach wie vor für einen Ehenamen entscheiden (aa.), diesem ggf. einen ehelichen Begleitnamen hinzufügen (bb.) oder ihre jeweiligen Familiennamen weiterführen (cc.).

aa. *Wahl eines Ehenamens*

Zum einen können die Ehegatten einen Ehenamen wählen und sind gem. § 1355 Abs. 2 BGB darin frei, sich entweder für den Geburtsnamen des Mannes oder der Frau oder – sofern dieser von dem Geburtsnamen abweicht – für den zur Zeit der Erklärung über die Bestimmung des Ehenamens geführten Namen des Mannes oder der Frau zu entscheiden. Die Wahl eines aus Mannes- und Frauenname gebildeten Doppelnamens besteht hingegen weiterhin nicht. Die Erklärung über die Wahl des Ehenamens kann gem. § 1355 Abs. 3 BGB sowohl bei der Eheschließung

---

151 In Form des Gesetzes zur Änderung des Ehe- und Lebenspartnerschaftsnamensrechts vom 6.2.2005 (BGBl. I S. 203).

152 Durch das Gesetz zur Einführung des Rechts auf Eheschließung für Personen gleichen Geschlechts v. 20.7.2017 (BGBl. I S. 2787).

153 So wurde auch der Wortlaut des § 1355 Abs. 2 durch das Gesetz zur Umsetzung des Gesetzes zur Einführung des Rechts auf Eheschließung für Personen gleichen Geschlechts v. 18.12.2018 (BGBl. I S. 2639) dahingehend geändert, dass der Verweis auf den Namen „der Frau oder des Mannes" durch die neutrale Formulierung „eines Ehegatten" ersetzt wurde.

als auch zu einem späteren Zeitpunkt erfolgen, in diesem Fall ist die Erklärung öffentlich zu beglaubigen. Anders, als noch bei Einführung des neugefassten § 1355 BGB durch das Familiennamensrechtsgesetz, ist die nachträgliche Wahl eines Ehenamens nun nicht mehr auf den Zeitraum von 5 Jahren nach der Eheschließung beschränkt, sondern jederzeit möglich.

Im Falle einer Scheidung oder des Tods eines Ehegatten behalten die Ehegatten bzw. der überlebende Ehegatte gem. § 1355 Abs. 5 BGB grds. den Ehenamen. Allerdings steht es ihnen bzw. ihm frei, durch Erklärung gegenüber dem Standesamt den Geburtsnamen oder den Namen, der bis zur Bestimmung des Ehenamens geführt wurde, wieder anzunehmen. Bei Beibehaltung des Ehenamens besteht ferner die Möglichkeit, den Geburtsnamen oder den bis zur Bestimmung des Ehenamens geführten Familiennamen dem Ehenamen als Beinamen voranzustellen oder anzufügen.

bb. Wahl eines Ehenamens und Führen eines ehelichen Begleitnamens durch einen Ehegatten

Entscheiden sich die Ehegatten für einen Ehenamen so kann der Ehegatte, dessen Familienname nicht Ehename wird, gem. § 1355 Abs. 4 BGB seinen Geburtsnamen oder, sofern dieser vom Geburtsnamen abweicht, den zur Zeit der Erklärung über die Bestimmung des Ehenamens geführten Namen dem Ehenamen als Begleitnamen anfügen oder voranstellen. Ursprünglich war dieser eheliche Begleitname als eine Art Zugeständnis aufgrund erster zaghafter Gleichberechtigungsbestrebungen an die Ehefrau gedacht, die mit der Eheschließung automatisch den Mannesnamen erwarb und durch die Möglichkeit der Weiterführung ihres Geburtsnamens als ehelichem Begleitnamen an einem Teil ihrer bisherigen Identität festhalten konnte.[154] Nach den Änderungen durch das 1. EheRG besteht diese Möglichkeit seit 1977 nun nicht mehr nur für die Ehefrau, sondern auch für den Ehemann, sofern der Familienname der Frau zum Ehenamen bestimmt wird.[155] Der eheliche Begleitname verfolgt daher auch heute noch den Zweck, das Persönlichkeitsrecht des Ehegatten, dessen Familienname nicht Ehename wird, zu wahren und ihm die Möglichkeit zu geben, seine durch den vorehelich geführten Familiennamen geprägte Identität auch nach der Eheschließung nach außen hin kundzutun.[156]

Wünscht es der Ehegatte, dessen Familienname nicht Ehename wird, einen ehelichen Begleitnamen zu führen, so wird dieser mit dem Ehenamen durch einen Bindestrich verbunden.[157] Ob der Begleitname dem Ehenamen vorangestellt oder

154 Vgl. *Arndt* S. 63 f. m.w.N. zu den Hintergründen des Gesetzgebungsverfahrens.

155 Vgl. dazu die Ausführungen in Kapitel 3 B. I. 1. a. bb.

156 BVerfG NJW 1988, 1577; BVerfG NJW 2002, 1256, 1258; BVerfG NJW 2009, 1657; Staudinger/*Voppel* § 1355 BGB Rn. 58; MüKo/*v. Sachsen Gessaphe* § 1355 BGB Rn. 43.

157 KG Berlin FamRZ 2013, 955; Staudinger/*Voppel* § 1355 BGB Rn. 76.

an diesen angehängt wird, steht dem Namensinhaber frei.[158] Trotz der Verbindung des ehelichen Begleitnamens mit dem Ehenamen durch einen Bindestrich und den dadurch entstehenden Eindruck eines „Doppelnamens“, handelt es sich bei dieser Konstellation lediglich um einen „unechten“ Doppelnamen.[159] Dieser zeichnet sich dadurch aus, dass seine zwei (Einzel)Namensbestandteile nicht untrennbar miteinander verbunden sind, sondern die Verbindung der beiden Namen vom Namensinhaber wieder aufgelöst werden kann. Im Gegensatz dazu sind bei „echten“ Doppelnamen die zwei (Einzel)Namensbestandteile untrennbar miteinander verbunden, der Doppelname kann daher nur „im Ganzen“ an Kinder oder Ehegatten weitergegeben werden.[160] Der Begleitname kann daher nur von dem Ehegatten geführt werden, dessen Familienname nicht Ehename wird. Der Ehegatte, dessen Familienname Ehename wird, kann den Namen des anderen Ehegatten hingegen nicht als Begleitnamen annehmen.[161] Im Gegensatz zu dem Ehenamen ist der Begleitname grds. auch nicht übertragbar. Gehen aus der Ehe gemeinsame Kinder hervor, erhalten diese gem. § 1616 BGB lediglich den von beiden Elternteilen geführten Ehenamen als Geburtsnamen. Eine Wahlmöglichkeit hinsichtlich des ehelichen Begleitnamens des einen Elternteils besteht hingegen nicht.[162]

Es besteht jedoch in besonders gelagerten Fällen die Möglichkeit, dass ein solcher unechter Doppelname zu einem echten Doppelnamen „mutiert“.[163] Nach der Scheidung steht es dem Namensinhaber frei, seinen unechten Doppelnamen bestehend aus dem ehemaligen Ehenamen und dem Begleitnamen weiterzuführen.[164] Heiratet er dann erneut, können die Ehegatten den unechten Doppelnamen als Ehenamen bestimmen, sodass dieser in seiner Gesamtheit zum neuen Ehenamen für beide Ehegatten wird und über diesen auch auf gemeinsame Kinder gem. § 1616 BGB übertragen werden kann.[165] Ferner kann ein solcher unechter Doppelname

158 Anders war dies bei den Vorgängernormen. Während gem. § 1355 S. 2 BGB a.F. nach dem Gleichberechtigungsgesetz der Begleitname nur hinzugefügt, also dem Ehenamen angehängt wurde, regelt die Änderung des § 1355 BGB durch das 1. EheRG, dass der Begleitname gem. § 1355 Abs. 3 BGB a.F. dem Ehenamen nur vorangestellt werden konnte. Der Wortlaut des heutigen § 1355 Abs. 4 BGB stellt jedoch klar, dass beide Alternativen möglich sind, s. Staudinger/*Voppel* § 1355 BGB Rn. 66.

159 Zu den Begriffen „echter“ und „unechter“ Doppelname vgl. z.B. die Ausführungen bei MüKo/*v. Sachsen Gessaphe* § 1355 BGB Rn. 17 sowie BeckOGK/*Kienemund* § 1616 BGB Rn. 23f.

160 MüKo/*v. Sachsen Gessaphe* § 1355 BGB Rn. 17 sowie *ders.* Vor § 1616 BGB Rn. 16; BeckOGK/*Kienemund* § 1616 BGB Rn. 23f.

161 Dies impliziert bereits der Wortlaut des § 1355 Abs. 4 BGB.

162 Staudinger/*Voppel* § 1355 BGB Rn. 77.

163 Diese Formulierung wählt MüKo/*v. Sachsen Gessaphe* § 1355 BGB Rn. 52.

164 MüKo/*v. Sachsen Gessaphe* § 1355 BGB Rn. 56; BeckOK/*Hahn* § 1355 BGB Rn. 17.

165 MüKo/*v. Sachsen Gessaphe* § 1355 BGB Rn. 52.

auch über § 1617a BGB zu einem echten Doppelnamen „mutieren“:[166] Wenn der Ehegatte, der einen solchen unechten Doppelnamen führt, nach der Scheidung mit einem neuen Partner ein Kind bekommt, ohne dass ein neuer Ehename gewählt wurde oder überhaupt eine Eheschließung stattgefunden hat, kann der unechte Doppelname gem. § 1617a BGB zum Geburtsnamen des Kindes bestimmt werden und „mutiert“ somit ebenfalls zu einem echten Doppelnamen. Gleiches gilt auch für die Einbenennung gem. § 1618 BGB,[167] jedoch nicht im Falle einer Adoption. Nach § 1757 Abs. 1 S. 2 BGB gilt der Begleitname explizit nicht als Familienname und kann somit gem. § 1757 Abs. 1 S. 1 BGB nicht Geburtsname des Adoptivkindes werden.[168]

Allerdings darf durch das Beifügen eines Begleitnamens keine unbeschränkt lange Namenskette gebildet werden. § 1355 Abs. 4 S. 2 BGB normiert, dass zum einen kein Begleitname an den Ehenamen angefügt werden darf, wenn der Ehename selbst bereits aus mehreren Namen besteht, z.B. weil es sich dabei um einen „mutierten“ Doppelnamen handelt. Dem Ehegatten wird somit das Recht einen Begleitnamen zu führen in diesem Fall nicht zugestanden.[169] Zum anderen beschränkt § 1355 Abs. 4 S. 3 BGB den Ehegatten, dessen Familienname nicht Ehename wird, in seiner Auswahlfreiheit, wenn sein Familienname bereits aus mehreren Namen besteht, z.B. weil es sich dabei um einen unechten Doppelnamen handelt, der aus einer früheren Ehe hervorgegangen ist. In einem solchen Fall darf der Namensinhaber nur einen dieser Namen dem neuen Ehenamen hinzufügen.[170]

Wünscht der Ehegatte, dessen Familienname nicht Ehename wird, einen solchen Begleitnamen zu führen, so kann er dies gem. § 1355 Abs. 4 S. 5 BGB entweder bei der Eheschließung vor dem Standesamt oder auch zu einem späteren Zeitpunkt mittels öffentlicher Beglaubigung erklären. Die Erklärung ist somit nicht an die Einhaltung einer Frist gebunden und kann jederzeit auch nach der

166 Bezugnehmend auf die Möglichkeit der Mutation i.R.d. § 1617a BGB und § 1618 BGB MüKo/*v. Sachsen Gessaphe* § 1355 BGB Rn. 52.

167 MüKo/*v. Sachsen Gessaphe* § 1355 BGB Rn. 52.

168 Im Zeitraum vom 1. EheRG bis zu den Änderungen durch das Kindschaftsreformgesetz fand sich ein dem § 1757 Abs. 1 S. 2 BGB gleichlautender Zusatz auch in § 1617 Abs. 1 S. 2 BGB a.F., seit 1998 führt der Verzicht auf diesen Zusatz für leibliche Kinder jedoch zu einer unterschiedlichen Behandlung des Geburtsnamens von leiblichen und Adoptivkindern, kritisch dazu BeckOGK/*Löhnig* § 1757 BGB Rn. 14.

169 Darunter fallen sowohl echte als auch unechte Doppelnamen. Nicht von dem Verbot erfasst sind jedoch mehrgliedrige Namen, die als einheitlicher Name angesehen werden wie z.B. „Graf von Brockdorff-Rantzau“, vgl. dazu MüKo/*v. Sachsen Gessaphe* § 1355 BGB Rn. 45 m.w.N.

170 Dies gilt wohl auch für die sonst untrennbaren „echten“ Doppelnamen, vgl. MüKo/*v. Sachsen Gessaphe* § 1355 BGB Rn. 46; Staudinger/*Voppel* § 1355 BGB Rn. 69.

Eheschließung abgegeben werden.[171] Hat sich ein Ehegatte für die Führung eines ehelichen Begleitnamens entschieden, so wird dieser grds., wie auch der Ehename selbst, für die Dauer der Ehe geführt. Eine Ausnahme davon bildet jedoch § 1355 Abs. 4 S. 4 BGB. Danach kann die Erklärung, einen ehelichen Begleitnamen führen zu wollen, einmal widerrufen werden. Auch dieser Widerruf ist nicht an eine Frist gebunden.[172] Der Widerruf bedarf zudem auch keiner Angabe von Gründen.[173] Durch den Widerruf führt der Ehegatte dann für die Dauer der Ehe den Ehenamen als alleinigen Familiennamen weiter, ein „Austausch" des Begleitnamens bzw. eine spätere erneute Erklärung nach § 1355 Abs. 4 S. 1 BGB sind hingegen nicht gestattet.[174]

cc. Weiterführen der bisherigen Familiennamen

Die Ehegatten können sich auch dazu entscheiden, keinen Ehenamen zu wählen und ihre zu dem Zeitpunkt der Eheschließung geführten Familiennamen weiterzuführen. Für den Fall, dass die Ehegatten keine Erklärung bzgl. der Namensführung nach der Eheschließung abgeben, führen sie gem. § 1355 Abs. 1 S. 3 BGB den jeweiligen Familiennamen weiter, den sie bereits vor Eheschließung geführt haben.

c. Das Schicksal des Ehenamens nach der Scheidung oder dem Tod des Ehegattens

Haben sich die Ehegatten gem. § 1355 Abs. 1 BGB für einen Ehenamen entschieden und wird die Ehe später geschieden bzw. verstirbt einer der Ehegatten, so behält der überlebende bzw. geschiedene Ehegatte gem. § 1355 Abs. 5 S. 1 BGB grds. den Ehenamen. Gleiches gilt für den Fall, dass ein ehelicher Begleitname gewählt wurde. Auch dieser überdauert eine Scheidung bzw. den Tod des Ehegattens und wird somit auch nach diesem Zeitpunkt grds. weitergeführt.[175]

---

171 Staudinger/*Voppel* § 1355 BGB Rn. 74; MüKo/*v. Sachsen Gessaphe* § 1355 BGB Rn. 46; so bereits bei Einführung des ehelichen Begleitnamens BT-Drs. 7/3119 S. 9.

172 Dafür spricht auch der Wortlaut des § 1355 Abs. 4 S. 5 BGB, der den Widerruf explizit mit einschließt.

173 Staudinger/*Voppel* § 1355 BGB Rn. 71.

174 Denn Sinn und Zweck des Widerrufs nach § 1355 Abs. 4 S. 4 BGB ist dem Ehegatten eine „Rückkehr" zum vom Gesetzgeber als alleinigem gemeinsamen Familiennamen präferierten Ehenamen zu gestatten, vgl. dazu *Wagenitz* FamRZ 1994, 409, 411. Eine „Korrektur" des Familiennamens durch die Wahl eines anderen Begleitnamens oder die Änderung der Stellung (Voranstellen anstatt Anfügen) scheidet somit aus, MüKo/*v. Sachsen Gessaphe* § 1355 BGB Rn. 54; Staudinger/*Voppel* § 1355 BGB Rn. 72 m.w.N.

175 Staudinger/*Voppel* § 1355 BGB Rn. 82; MüKo/*v. Sachsen Gessaphe* § 1355 BGB Rn. 56; zu den Besonderheiten der „Mutation" des ehelichen Begleitnamens als Teil eines

Damit wird dem staatlichen Interesse an Namenskontinuität Rechnung getragen.[176]

Allerdings stellt die Scheidung bzw. der Tod des Ehegattens eine familienrechtliche Zäsur dar, sodass dem geschiedenen bzw. überlebenden Ehegatten eine Vielzahl von namensrechtlichen Veränderungsmöglichkeiten offenstehen. Zum einen kann er gem. § 1355 Abs. 5 S. 2 1. HS BGB den Ehenamen ablegen und zu seinem Geburtsnamen oder dem Familiennamen zurückkehren, den er bis zur Eheschließung geführt hat. Es steht ihm gem. § 1355 Abs. 5 S. 2 2. HS BGB auch frei, den Ehenamen weiterzuführen und diesem jetzt seinen Geburtsnamen oder den bis zur Eheschließung geführten Familiennamen als Begleitnamen voranzustellen oder anzufügen.[177] Führt der überlebende bzw. geschiedene Ehegatte bereits einen ehelichen Begleitnamen, so bleibt die Möglichkeit des Widerrufs gem. § 1355 Abs. 4 S. 4 BGB auch nach der Scheidung bzw. dem Tod des Ehegattens bestehen.[178] Hat der überlebende bzw. geschiedene Ehegatte währende der Ehe bereits von seinem Widerrufsrecht gem. § 1355 Abs. 4 S. 4 BGB Gebrauch gemacht und führt nun den Ehenamen als alleinigen Familiennamen, so bietet ihm § 1355 Abs. 5 S. 2 2. HS BGB aufgrund der Scheidung bzw. des Tods des Ehegatten nun erneut die Möglichkeit, den früher einmal geführten Begleitnamen – oder einen anderen möglichen Begleitnamen – anzunehmen.[179]

2. *Der Geburtsname des leiblichen Kindes*

a. *Die Entwicklung und Geschichte des Kindsnamensrechts*

aa. *Die Unterscheidung von ehelich und nicht ehelich geborenen Kindern*

Die familienrechtlichen Veränderungen der letzten Jahrzehnte haben sich nicht nur auf die Namensführung in der Ehe, sondern auch auf den Namenserwerb des Kindes ausgewirkt. In der ersten Hälfte des 20. Jahrhunderts unterschied der Gesetzgeber nur zwischen Kindern von verheirateten und unverheirateten Eltern: Ein

---

unechten Doppelnamens zum echten Doppelnamen vgl. die Ausführungen in Kapitel 3 B. I. 1. b. bb.

176 MüKo/*v. Sachsen Gessaphe* § 1355 BGB Rn. 56.

177 Zu beachten ist hier jedoch der Verweis des § 1355 Abs. 5 S. 3 BGB auf § 1355 Abs. 4 BGB, durch den auch mit Blick auf § 1355 Abs. 4 S. 2 und 3 BGB sichergestellt werden soll, dass keine Namensketten entstehen, die über einen Doppelnamen hinausgehen, vgl. Staudinger/*Voppel* § 1355 BGB Rn. 102.

178 Nach herrschender Ansicht besteht diese Möglichkeit sogar noch nach erneuter Eheschließung fort, vgl. Staudinger/*Voppel* § 1355 BGB Rn. 71; BeckOK/*Hahn* § 1355 BGB Rn. 16.

179 Dies wäre ihm während der Dauer der Ehe gem. § 1355 Abs. 4 S. 4 2. HS BGB nicht möglich gewesen; MüKo/*v. Sachsen Gessaphe* § 1355 BGB Rn. 60; Staudinger/*Voppel* § 1355 BGB Rn. 73.

ehelich geborenes Kind erhielt gem. § 1616 BGB a.F. den Familiennamen des Vaters, ein nicht ehelich geborenes Kind gem. § 1706 BGB a.F. den der Mutter. Für die unverheirateten Eltern bestand auch keine Möglichkeit, abweichend davon dem Kind den Familiennamen des Vaters zu geben, da gem. § 1589 BGB a.F. rechtlich kein Verwandtschaftsverhältnis zwischen Vater und Kind, sondern nur zu der Mutter und ihrer Familie bestand.[180] So sollte der „Makel der unehelichen Geburt" stets für Außenstehende erkennbar sein.[181] Es bestand aber die Möglichkeit der Legitimation durch eine nachträgliche Eheschließung der Eltern oder durch eine Ehelichkeitserklärung. Dadurch erhielt das Kind gem. § 1719 BGB a.F. bzw. § 1736 BGB a.F. den Familiennamen des Vaters und war auch in sonstiger Hinsicht ehelich geborenen Kindern gleichgestellt.[182]

Diese Bestimmungen blieben im Wesentlichen über die nächsten Jahrzehnte hinweg so bestehen. Mit den Veränderungen durch das 1. EheRG und der nun bestehenden Möglichkeit, auch den Geburtsnamen der Frau als Ehenamen zu wählen, konnte dieser konsequenterweise über § 1616 Abs. 1 BGB a.F. ebenfalls Geburtsname des ehelich geborenen Kindes werden. Hatte sich ein Ehegatte für einen dem Namen vorangestellten Begleitnamen entschieden, wurde dieser, mangels Eigenschaft als übertragbarer Familienname, nicht Teil des Geburtsnamens des Kindes.[183] § 1617 Abs. 1 S. 2 BGB a.F. stellte diese fehlende Übertragbarkeit des Begleitnamens auch für Kinder von unverheirateten Eltern, die ihren Geburtsnamen weiterhin ausschließlich von der Mutter ableiteten, explizit fest. Die bereits ausgeführten Grundsätze zur Namensführung nach Legitimation des Kindes wurden nun in § 1720 BGB a.F. ausdrücklich geregelt.

bb. Keine Möglichkeit eines Doppelnamens als Geburtsname

Als das Bundesverfassungsgericht 1991 die Verfassungswidrigkeit des § 1355 Abs. 2 S. 2 BGB a.F. feststellte und somit dem Vorrang des Mannesnamens eine Absage erteilte,[184] bedurfte es neben einer Übergangsregelung für den Ehenamen auch einer für den Erwerb des Kindsnamens. Das Bundesverfassungsgericht schlug daher vor, dass den Eltern ein Wahlrecht zukommen sollte, nach dem diese

---

180 Dass das Kind der Familie der Mutter zugeordnet werden sollte, wurde besonders in den Fällen deutlich, in denen die Mutter aufgrund einer Eheschließung einen anderen als ihren Geburtsnamen trug. In diesen Fällen erhielt das Kind gem. § 1706 Abs. 2 BGB a.F. den Geburtsnamen der Mutter und trug faktisch einen anderen Familiennamen als die Mutter. Denn die Mutter wurde durch die Eheschließung der Familie ihres Mannes zugeordnet, das uneheliche Kind der Familie der Mutter, vgl. dazu die Ausführungen bei *Arndt* S. 55.

181 *Arndt* S. 55.

182 *Arndt* S. 56.

183 Soergel/*Zecca-Jobst* § 1616 BGB Rn. 3.

184 BVerfGE 84,9 = NJW 1991, 1602.

zunächst den Familiennamen der Mutter sowie den des Vaters als Geburtsnamen des Kindes auswählen konnten. Darüber hinaus sprach sich das Bundesverfassungsgericht für eine Erweiterung des Wahlrechts auf die Auswahl eines aus dem Familiennamen der Mutter und dem des Vaters gebildeten Doppelnamens aus. Für den Fall, dass sich die Eltern nicht auf einen Geburtsnamen einigen konnten, sollte ein solcher Doppelname gebildet und die Reihenfolge der Namen durch Los durch den Standesbeamten ermittelt werden.[185] Diese vom Gesetzgeber übernommene Übergangsregelung führte dazu, dass bis zu der Neuregelung des Geburtsnamenserwerbs durch das Familiennamensrechtsgesetz 1994 Eltern für ihre Kinder nun auch einen echten Doppelnamen als Geburtsnamen auswählen konnten, eine Möglichkeit, die ihnen selbst in Bezug auf ihren Ehenamen verwehrt blieb.[186]

Doch diese Möglichkeit der Wahl eines Doppelnamens währte nur kurz. Mit der Neuregelung des Geburtsnamenserwerbs durch das Familiennamensrechtsgesetz entschied sich der Gesetzgeber gegen eine solche Kombinationsmöglichkeit[187] und auch das Bundesverfassungsgericht entschied einige Jahre später, dass ein solcher Ausschluss der Bildung von Doppelnamen nicht verfassungswidrig sei.[188] Führten die Eltern keinen Ehenamen, so mussten sie sich gem. § 1616 Abs. 2 BGB a.F. nun wieder für einen der beiden Familiennamen als Geburtsnamen für das Kind entscheiden. Zu Problemen führte dies jedoch in den Fällen, in denen das erstgeborene Kind verheirateter Eltern ohne Ehenamen aufgrund der Übergangslösung des Bundesverfassungsgerichts einen Doppelnamen erhalten hatte, den Eltern diese Möglichkeit aufgrund der Neuregelungen durch das Familiennamensrechtsgesetz für nachfolgend geborene Kinder jedoch versagt wurde. Dass Vollgeschwister unterschiedliche Geburtsnamen führen, widerspricht zwar dem

185 BVerfGE 84,9 = NJW 1991, 1602, 1604.

186 Die Entscheidung BVerfGE 84,9 = NJW 1991, 1602 zeigt auch, dass seitens des Bundesverfassungsgerichts keine verfassungsrechtlichen Bedenken gegen eine Doppelnamenbildung bestehen. Diese Auffassung hat das Bundesverfassungsgericht einige Jahre später erneut bekräftigt, vgl. BVerfGE 104, 373 = FPR 2002, 150.

187 Auch wenn die Weiterführung der durch die Übergangslösung des Bundesverfassungsgerichts geschaffene Wahlmöglichkeit zugunsten eines Doppelnamens in den Entwürfen der SPD und der Bundesregierung noch vorgesehen war, vgl. dazu die Ausführungen bei *Arndt* S. 101 f.

188 BVerfGE 104, 373 = FPR 2002, 150, wonach der Ausschluss der Doppelnamenbildung „verfassungsrechtlich zwar nicht geboten, aber auch nicht zu beanstanden" ist. Allerdings betont das Bundesverfassungsgericht auch, dass die Vermeidung von Namensketten, die notwendig ist um die Funktion des Namens, personelle Identifikation zu ermöglichen, nicht nur durch Ausschluss des Kindesdoppelnamens erreicht werden kann, sondern – und hier bietet das Bundesverfassungsgericht in seiner Entscheidung selbst eine Lösung an – durch die Begrenzung der Zahl der Namen selbst, die zu einem Doppelnamen zusammengefügt werden können.

Grundsatz der Namenseinheit unter Geschwistern – der zu dieser Zeit in § 1355 Abs. 2 S. 3 BGB a.F. verankert war und heute in § 1617 Abs. 1 S. 3 BGB zu finden ist – der vorsieht, dass der für das erstgeborene Kind gewählte Geburtsname auch Geburtsname der nachfolgend geborenen Kinder wird. Dies war nach der damaligen Rechtsprechung jedoch hinzunehmen, den Eltern blieb für eine einheitliche Namensführung aller Kinder grds. nur die Änderung des Geburtsnamens des Kindes, welches noch einen Doppelnamen führte.[189] Allerding bot Art. 224 § 3 Abs. 2, 3 EGBGB den Eltern auch nach Eintragung eines eingliedrigen Familiennamens als „Schlupfloch" die Möglichkeit, den Namen des nachgeborenen Kindes in den Doppelnamen des vor Inkrafttreten des Familiennamensrechtsgesetzes geborenen Kindes zu ändern und so eine Namenseinheit aller Kinder unter Berücksichtigung des aus den Familiennamen der Eltern gebildeten Doppelnamen zu erreichen.

cc. Die Gleichstellung von ehelich und nicht ehelich geborenen Kindern

Die Reform des Kindschaftsrechts[190] brachte zwar in Bezug auf das Verbot des Kindsdoppelnamens keine Veränderung, dafür aber die Gleichstellung von ehelich und nicht ehelich geborenen Kindern. Seit der Reform ist es daher für die Bestimmung des Geburtsnamens des Kindes nicht mehr entscheidend, ob seine Eltern zum Zeitpunkt der Geburt verheiratet waren, sondern vielmehr, ob sie einen Ehenamen führen und – falls dies nicht der Fall ist – wie das Sorgerechtsverhältnis ausgestaltet ist.[191] In diesem Zuge wurde auch die Möglichkeit der Einbenennung gem. § 1618 BGB, die vor der Reform ausschließlich für nicht ehelich geborene Kinder galt, auf ehelich geborene Kinder, deren Eltern sich nach der Geburt scheiden ließen und erneut heirateten, ausgedehnt.[192]

b. Der Geburtsname des Kindes von Eltern mit Ehenamen

Für den Fall, dass die Eltern zum Zeitpunkt der Geburt des Kindes verheiratet sind und einen Ehenamen führen, ist der Fall eindeutig: „Das Kind erhält den Ehenamen seiner Eltern als Geburtsnamen", so statuiert es § 1616 BGB. Der Ehename ist

---

189 Wie dieses Ergebnis erreicht werden konnte, zeigt *Arndt* auf S. 110 f. auf, m.N. zu der einschlägigen Rechtsprechung. Anzumerken ist in diesem Zusammenhang, dass der im Zuge des Gesetzes zur Reform des Kindschaftsrechts v. 16.12.1997 (BGBl. I S. 2942) geschaffene Art. 224 § 3 Abs. 2 EGBGB den Eltern, deren Kinder aufgrund der verschiedenen Rechtslagen unterschiedliche Geburtsnamen trugen, von denen einer ein Doppelname war, diesen Doppelnamen nun doch noch als Geburtsnamen für alle Kinder bestimmen konnten, auch die nachfolgend geborenen.

190 Gesetz zur Reform des Kindschaftsrechts v. 16.12.1997 (BGBl. I S. 2942).

191 *Wagenitz* FamRZ 1998, 1545; *Arndt* S. 116.

192 *Wagenitz* FamRZ 1998, 1545.

also schon aufgrund der Stellung im Gesetz primärer Anknüpfungspunkt für den Geburtsnamen des Kindes.

Erfolgt die Erklärung über die Bestimmung des Ehenamens erst nach der Geburt des Kindes und hat das Kind das fünfte Lebensjahr bereits vollendet, so wird der von den Eltern neu bestimmte Ehename gem. § 1617c Abs. 1 BGB nur dann Geburtsname des Kindes, wenn das Kind diesem Vorgang zustimmt. Im Umkehrschluss bedeutet dies, dass bei Kindern, die das fünfte Lebensjahr noch nicht vollendet haben, der Namenserwerb des elterlichen Ehenamens automatisch erfolgt.[193] Denn bei so jungen Kindern wiegt das Persönlichkeitsrecht und die eigene Identifikation mit dem Namen noch nicht so schwer, sodass eine Durchbrechung der Namenskontinuität auch ohne Zustimmung des Kindes in Betracht kommt.[194] Aus diesem Grund und aufgrund der geistigen Entwicklung, sind je nach Alter dann auch unterschiedliche Anforderungen an die Zustimmung bzw. die Anschlusserklärung zu stellen.[195] Dieses Zustimmungserfordernis gilt gem. § 1617c Abs. 2 BGB gleichermaßen, wenn die Eltern bei der Geburt des Kindes zwar bereits einen Ehenamen geführt haben, der Geburtsname des Kindes wurde, der Ehename sich jedoch nach der Geburt des Kindes ändert (Nr. 1) oder wenn sich der Familienname des Elternteils, der auch Geburtsname des Kindes geworden ist, aus anderem Grund als der Eheschließung ändert (Nr. 2).

Bestimmen die Eltern einen Ehenamen erst, nachdem das Kind selbst bereits geheiratet hat und dessen Geburtsname Ehename dieser Ehe geworden ist, erstreckt sich gem. § 1617c Abs. 3 BGB eine Änderung des Geburtsnamens durch Zustimmung des Kindes nur dann auch auf „seinen“ Ehenamen, wenn sich der Ehegatte dieser Namensänderung anschließt. Durch diese Einschränkung soll das Persönlichkeitsrecht des Ehegatten, der ebenfalls ein Interesse an der Weiterführung des bisherigen Ehenamens haben kann, gewahrt werden.[196]

---

193 MüKo/*v. Sachsen Gessaphe* § 1617c BGB Rn. 9.

194 Ab dem Vorschulalter bzw. Einschulung wird hingegen davon ausgegangen, dass sich das Kind nun aufgrund seiner Reife bereits mit seinem Familiennamen identifiziert, vgl. BeckOGK/*Kienemund* § 1617c BGB Rn. 14; *Dethloff* § 12 Rn. 22.

195 Die Anschlusserklärung wird bis zur Vollendung des 14. Lebensjahres von dem gesetzlichen Vertreter abgegeben. Kinder, die bereits das 14. Lebensjahr vollendet haben und nicht geschäftsunfähig sind, haben die Anschlusserklärung selbst abzugeben, vgl. § 1617c Abs. 1 S. 2. Der Zustimmung des gesetzlichen Vertreters, i.d.R. der Eltern, bedarf es jedoch immer. Vgl. dazu MüKo/*v. Sachsen Gessaphe* § 1617c BGB Rn. 11; BeckOGK/*Kienemund* § 1617c BGB Rn. 14 ff.; BeckOK/*Pöcker* § 1617c BGB Rn. 9.

196 MüKo/*v. Sachsen Gessaphe* § 1617c BGB Rn. 25.

c. Der Geburtsname des Kindes von Eltern ohne Ehenamen

Führen die Eltern keinen Ehenamen – unabhängig davon, ob sie nicht verheiratet sind oder sich trotz Eheschließung gegen einen Ehenamen und für die Beibehaltung ihrer jeweiligen Familiennamen entschieden haben – so wird für das Namensbestimmungsrecht an die Sorgeberechtigung angeknüpft.[197] Je nachdem ob die Eltern gemeinsam sorgeberechtigt sind (aa.) oder einem Elternteil die Alleinsorge zusteht (bb.) hat dies unterschiedliche Auswirkungen auf den Geburtsnamen des Kindes. Ferner kann sich auch eine nachträgliche Veränderung der Sorgeberechtigung auf die Namensführung auswirken (cc.).

aa. Gemeinsame Sorge der Eltern

Sind die Eltern gemeinsam sorgeberechtigt, so bestimmen sie gem. § 1617 Abs. 1 S. 1 BGB durch Erklärung gegenüber dem Standesamt den Familiennamen, den ein Elternteil zum Zeitpunkt der Erklärung führt, zum Geburtsnamen des Kindes. Den Eltern kommt somit grds. ein Wahlrecht hinsichtlich des Geburtsnamens des Kindes zu. Allerdings bestimmt § 1617 Abs. 1 S. 3 BGB, dass der für das erstgeborene Kind gewählte Geburtsname automatisch auch Geburtsname aller nachfolgend geborenen Kinder wird. Grund für diese Regelung ist, dass die innerfamiliäre Namenseinheit unter vollbürtigen Geschwistern bei der Bestimmung durch die Eltern unabhängig davon gewahrt werden soll, ob die Eltern verheiratet sind oder nicht.[198] Ein generelles Prinzip der Namenseinheit unter Geschwistern kennt das deutsche Namensrecht hingegen nicht.[199] Die Bindungswirkung des § 1617 Abs. 1 S. 3 BGB greift daher nicht, wenn der Namenserwerb nachfolgender Kinder kraft Gesetzes erfolgt, bspw. gem. § 1616 BGB, weil die Eltern inzwischen einen Ehenamen führen und dieser – unabhängig vom Geburtsnamen des erstgeborenen Kindes – Geburtsname wird.[200] Schließt sich das erstgeborene Kind aufgrund seiner altersbedingt erforderlichen Zustimmung der Namensgebung nicht an, führt es fortan einen anderen Familiennamen als seine Eltern und seine Geschwister.[201]

Verheiratete Eltern sind im Regelfall automatisch gemeinsam sorgeberechtigt,[202] unverheiratete Eltern sind gem. § 1626a Abs. 1 Nr. 1 BGB dann gemeinsam

---

197 Dies lässt sich bereits aus den Überschriften der §§ 1617 ff. schließen, welche die elterliche Sorge bzw. die Alleinsorge explizit erwähnen.

198 BT-Drs. 13/4899 S. 90; MüKo/*v. Sachsen Gessaphe* § 1617 BGB Rn. 26.

199 Staudinger/*Lugani* § 1617 BGB Rn. 46.

200 BeckOGK/*Kienemund* § 1617 BGB Rn. 64.

201 Für weitere mögliche Konstellationen, in denen Geschwister unterschiedliche Familiennamen führen s. Staudinger/*Lugani* § 1617a BGB Rn. 14.

202 Dies ergibt sich schon aus dem Umkehrschluss aus § 1626a BGB, der die gemeinsame elterliche Sorge für den Fall der Nichtverheiratung der Eltern gesondert regelt; MüKo/*v. Sachsen Gessaphe* § 1617 BGB Rn. 10; BeckOGK/*Kienemund* § 1617 BGB Rn. 18.

sorgeberechtigt, wenn sie eine Sorgeerklärung abgeben, in der sie erklären, dass sie die Sorge gemeinsam übernehmen wollen. Eine solche kann gem. § 1626b Abs. 2 BGB auch schon vor der Geburt abgegeben werden.[203] Zudem kann das Familiengericht den Eltern gem. § 1626a Abs. 1 Nr. 3 BGB die Sorge gemeinsam übertragen. Dies geschieht gem. § 1626a Abs. 2 S. 1 BGB auf Antrag eines Elternteils, wenn die Übertragung dem Kindeswohl nicht widerspricht. Sofern keine Gründe vorgetragen werden oder ersichtlich sind, die der Übertragung entgegenstehen, wird vermutet, dass die gemeinsame Sorge dem Kindeswohl nicht widerspricht, vgl. § 1626a Abs. 2 S. 2 BGB.

Für den Fall, dass die Eltern keine Einigung bzgl. der Namensgebung erzielen oder aus sonstigen Gründen binnen eines Monats nach der Geburt des Kindes keine Erklärung über die Namensführung des Kindes abgeben, überträgt das Familiengericht gem. § 1617 Abs. 2 S. 1 BGB das Namensbestimmungsrecht auf einen Elternteil.[204] Sollte auch dann keine Erklärung abgegeben werden, wird der Familienname des Elternteils, dem das Namensbestimmungsrecht übertragen wurde, gem. § 1617 Abs. 2 S. 3 BGB Geburtsname des Kindes. Dies gilt jedoch gem. § 1617 Abs. 3 BGB nur für im Inland geborene Kinder, für im Ausland geborene Kinder erfolgt eine Übertragung des Namensbestimmungsrechts nur auf Antrag eines Elternteils oder des Kindes oder wenn die Eintragung des Kindsnamens in ein inländisches Personenstandregister oder ein amtliches Identitätspapier erforderlich wird.[205]

bb. Alleinsorge eines Elternteils

Ist hingegen nur ein Elternteil sorgeberechtigt und führen die Eltern keinen Ehenamen, so wird grundsätzlich gem. § 1617a Abs. 1 BGB kraft Gesetzes der Familienname des sorgeberechtigten Elternteils Geburtsname des Kindes. Ferner kann dem Kind gem. § 1617a Abs. 2 BGB der Familiennamen des nicht sorgeberechtigten Elternteils erteilt werden. Voraussetzung dafür ist die Einwilligung des nicht sorgeberechtigten Elternteils. Grund für dieses Einwilligungserfordernis

---

203 Voraussetzung ist in der Regel eine vorgeburtliche Vaterschaftsanerkennung mit Zustimmung der Mutter, BeckOGK/*Schumann* § 1626a BGB Rn. 66.

204 Einen solchen sonstigen Grund kann auch eine fehlerhafte Erklärung darstellen, z.B. wenn dadurch ein unzulässiger Name wie bspw. ein aus den Familiennamen der Eltern zusammengesetzter Doppelname zum Geburtsnamen des Kindes bestimmt werden soll, BeckOGK/*Kienemund* § 1617 BGB Rn. 74.

205 Staudinger/*Lugani* § 1617 BGB Rn. 87. Voraussetzung für die Anwendbarkeit des § 1317 Abs. 3 BGB ist, dass überhaupt deutsches Recht anwendbar ist. Dies bestimmt sich gem. Art. 10 Abs. 1 EGBGB grundsätzlich nach der Staatsangehörigkeit des Kindes, u.U. kommt auch eine Rechtswahl zugunsten des deutschen Rechts gem. Art. 10 Abs. 3 EGBGB in Betracht, vgl. dazu die Ausführungen in Kapitel 3 C. III.

ist die ausschließliche Dispositionsbefugnis jedes Elternteils über seinen eigenen Namen.[206] Um das Persönlichkeitsrecht des Kindes zu wahren hat es, sofern es das fünfte Lebensjahr bereits vollendet hat, gem. § 1617a Abs. 2 S. 2 BGB der Erteilung des neuen Geburtsnamens ebenfalls zuzustimmen. Gem. § 1617a Abs. 2 S. 4 BGB wird für die Einwilligung des Kindes auf die Ausführungen des § 1617c Abs. 1 BGB und somit auch auf die dort getroffene Altersstufenregelung verwiesen, nach der je nach Alter des Kindes unterschiedliche Anforderungen an die Zustimmung bzw. die Erklärung des Kindes zu stellen sind.[207] Für den Fall einer solchen späteren Erteilung des Geburtsnamens handelt es sich aufgrund des zum Zeitpunkt der Geburt automatisch erfolgten Namenserwerbs nach Abs. 1 dann strenggenommen um eine nachträgliche Namensänderung.[208]

cc. Nachträgliche Veränderung der Sorgeberechtigung

Hat zum Zeitpunkt der Geburt des Kindes ein Elternteil die Alleinsorge und wird dann zu einem späteren Zeitpunkt eine gemeinsame Sorge der Eltern begründet, nachdem für das Kind bereits gem. § 1617a BGB ein Geburtsname bestimmt worden ist, steht es den Eltern gem. § 1617b Abs. 1 S. 1 BGB frei, den Namen des Kindes innerhalb von drei Monaten neu zu bestimmen. Ob die gemeinsame Sorge durch Eheschließung, durch die Abgabe übereinstimmender Sorgeerklärung oder durch eine Entscheidung des Familiengerichts gem. § 1626a Abs. 2 BGB begründet wird, spielt dabei keine Rolle.[209] Die Dreimonatsfrist beginnt grundsätzlich mit der Begründung der gemeinsamen Sorge zu laufen, etwas anderes gilt jedoch gem. § 1617b Abs. 1 S. 2 BGB, wenn ein Elternteil bei Begründung der gemeinsamen Sorge seinen gewöhnlichen Aufenthalt nicht im Inland hat. Das Fristerfordernis bleibt dann zwar grds. bestehen, die Frist endet jedoch nicht vor Ablauf eines Monats nach der Rückkehr des betreffenden Elternteils nach Deutschland. Allerdings muss auch in diesem Fall deutsches Recht überhaupt anwendbar sein.[210]

---

206 So soll verhindert werden, dass der sorgeberechtigte Elternteil über den Namen des anderen Elternteils ohne oder gegen dessen Willen bestimmen kann, vgl. BT-Drs 13/4899 S. 91. Allerdings scheint dieses Argument für den Gesetzgeber nur partiell zu greifen, insbesondere mit Blick auf den von dem sorgeberechtigten Elternteil „erheirateten" Familiennamen, der auch nach der Scheidung weitergeführt wird und ohne Zustimmung des ehemaligen Ehegatten an das für diesen im Zweifel „fremde" Kind weitergegeben werden kann, vgl. dazu MüKo/*v. Sachsen Gessaphe* § 1617a BGB Rn. 28.

207 BeckOGK/*Kienemund* § 1617a BGB Rn. 42.

208 So auch MüKo/*v. Sachsen Gessaphe* § 1617a BGB Rn. 30.

209 BT-Drs. 13/4899 S. 91; wird bei einer späteren Eheschließung jedoch ein gemeinsamer Ehename gewählt, geht § 1617c Abs. 1 BGB vor.

210 MüKo/*v. Sachsen Gessaphe* § 1617b BGB Rn. 15. Zur Anwendbarkeit deutschen Rechts vgl. die Ausführungen in Kapitel 3 C. I. und III.

Hat das Kind das fünfte Lebensjahr bereits vollendet, finden gem. § 1617b Abs. 1 S. 4 BGB auch hier die die Ausführungen des § 1617c Abs. 1 BGB und somit auch die dort getroffene Altersstufenregelung Anwendung. Zudem erstreckt sich die Neubestimmung des Geburtsnamens, sowie das Unterlassen einer solchen Neubestimmung verbunden mit dem Festhalten an dem bisherigen Namen, auch auf alle weiteren Kinder.[211] Die Einschränkungen des § 1617 Abs. 1 S. 3 BGB im Hinblick auf die fehlende Bindungswirkung bei Geschwistern, die ihren Geburtsnamen kraft Gesetzes erworben haben, gilt auch hier entsprechend.[212]

d. Sonderfälle der Namensänderung

aa. Die Einbenennung

Einen Sonderfall der nachträglichen Namensänderung stellt die Einbenennung gem. § 1618 BGB dar. Diese ermöglicht es einem sorgeberechtigten Elternteil, welcher mit einem Dritten verheiratet ist und mit diesem einen Ehenamen führt, diesen Ehenamen auch dem Kind zu erteilen. Der Grund für diese Regelung ist, dass dem Kind so die Integration in die neue „Stieffamilie“ erleichtert werden soll.[213] Um sicherzustellen, dass eine Namensänderung auch nur in den Fällen erfolgt, in denen eine solche Integration erreicht bzw. zumindest angestrebt wird, sieht § 1618 BGB die Möglichkeit der Namensänderung nur in den Fällen vor, in denen das Kind auch im Haushalt des betreffenden Elternteils und dessen Ehegatten lebt.[214] Eine Einbenennung kommt zudem nur bei minderjährigen Kindern in Betracht.[215] Um dem Persönlichkeitsrecht des Ehegatten Rechnung zu tragen, muss die Erklärung zur Namensänderung von beiden Ehegatten abgegeben werden.[216] Der Ehename kann zudem gem. § 1618 S. 2 BGB dem bisher geführten Namen des Kindes vorangestellt oder angefügt werden.

Bei der Sorgeberechtigung kann es sich sowohl um eine Alleinsorge als auch um eine gemeinsame Sorge handeln. Handelt es sich um eine gemeinsame Sorgeberechtigung, bedarf es gem. § 1618 S. 3 BGB zur Einbenennung des Kindes

211 Denn § 1617 Abs. 1 S. 3 BGB gilt über § 1617b Abs. 1 S. 4 BGB auch für diese Fälle. Für den Fall, dass die Eltern von einer Neubestimmung absehen und der bisherige Geburtsname somit weitergeführt wird, hat der Bundesgerichtshof die daraus resultierende Bindungswirkung für weitere Geschwister festgestellt, vgl. BGH NJW 2020, 470.

212 MüKo/*v. Sachsen Gessaphe* § 1617b BGB Rn. 14.

213 BT-Drs. 13/4899 S. 92.

214 MüKo/*v. Sachsen Gessaphe* § 1618 BGB Rn. 2.

215 Dies ist zwar nicht ausdrücklich in § 1618 BGB geregelt, ergibt sich aber an der Anknüpfung an die elterliche Sorge, die mit der Volljährigkeit des Kindes endet, vgl. Staudinger/*Lugani* § 1618 BGB Rn. 6.

216 Staudinger/*Lugani* § 1618 BGB Rn. 14; MüKo/*v. Sachsen Gessaphe* § 1618 BGB Rn. 13.

jedoch der Zustimmung des anderen Elternteils. Einer Zustimmung bedarf es danach ebenfalls, wenn das Kind bisher den Familiennamen des anderen Elternteils führt. Allerdings kann das Familiengericht bei einer Zustimmungsverweigerung die Zustimmung des anderen Elternteils aus Gründen des Kindeswohls gem. § 1618 S. 4 BGB ersetzen. Hat das Kind das fünfte Lebensjahr vollendet ist auch seine Zustimmung erforderlich, auch hier sind wieder die Altersstufen und Anforderungen des § 1617c BGB an die Erklärung zu beachten.

bb. Die Namensänderung bei Scheinvaterschaft

Einen besonderen Grund für eine Änderung des Geburtsnamens des Kindes statuiert § 1617b Abs. 2 BGB für den Fall, dass der Geburtsname des Kindes von einem Mann abgeleitet wurde, der zum Zeitpunkt der Geburt des Kindes als dessen Vater galt, dessen Nichtvaterschaft jedoch nachträglich festgestellt wurde.[217] Auf Antrag des Kindes bzw., wenn dieses das fünfte Lebensjahr noch nicht vollendet hat, auf Antrag des Mannes, erwirbt das Kind rückwirkend zum Zeitpunkt seiner Geburt den Familiennamen, den die Mutter zum Zeitpunkt der Geburt führte, als Geburtsnamen.[218] Im Gegensatz zur Rechtslage vor dem Kindschaftsrechtsreformgesetz erfolgt die Namensänderung somit nun nicht mehr kraft Gesetzes, sondern nur noch auf Antrag.[219] Auch hier sind die Altersstufenregelung und die Auswirkungen auf den Ehenamen des Kindes gem. §§ 1617b Abs. 2 S. 3, 1617c Abs. 1 S. 3 BGB zu beachten.

3. Der Geburtsname des Adoptivkindes

a. Grundsatz: Namensrechtliche Eingliederung in die Adoptivfamilie

Das Adoptivkind erhält gem. § 1757 Abs. 1 S. 1 BGB grds. den Familiennamen des Annehmenden als (neuen) Geburtsnamen. Sinn und Zweck dieser Regelung ist, dass das Adoptivkind umfassend in seine Adoptivfamilie aufgenommen und eingegliedert bzw. diese neue familiäre Verbindung über den Familiennamen auch nach außen hin deutlich werden soll.[220] Im Falle einer Adoption durch eine Einzelperson oder durch ein Ehepaar, welches einen Ehenamen führt, ist der

217 MüKo/*v. Sachen Gessaphe* § 1617b BGB Rn. 20 f.

218 Der Namenserwerb erfolgt rückwirkend, da auch die Beseitigung der Vaterschaft rückwirkend zum Zeitpunkt der Geburt erfolgt, MüKo/*v. Sachen Gessaphe* § 1617b BGB Rn. 28, der in den 28 ff. auch auf Sonderkonstellationen eingeht.

219 Zur Rechtslage vor Inkrafttreten des Kindschaftsrechtsreformgesetz s. BeckOGK/*Kienemund* § 1617b BGB Rn. 34.1.

220 Staudinger/*Helms* § 1757 BGB Rn. 1.

Geburtsname des Adoptivkindes somit unproblematisch nach § 1757 Abs. 1 S. 1 BGB zu bestimmen.[221]

Wird das Kind von einem Ehepaar adoptiert, welches keinen Ehenamen führt, so müssen die Ehegatten den Geburtsnamen des Adoptivkindes gem. § 1757 Abs. 2 S. 1 BGB bestimmen. Durch den Verweis auf § 1617 BGB gelten im Großen und Ganzen die Regelungen, die auch für leibliche Kinder gelten: Grds. steht es den Ehegatten frei, welchen der beiden Familiennamen sie zum Geburtsnamen des Kindes bestimmen, allerdings kann dieses Bestimmungsrecht eingeschränkt sein, wenn aus der Ehe bereits ein Kind hervorgegangen ist. Dann ist dieser Name gem. § 1757 Abs. 2 S. 1, 2. HS i.V.m § 1617 Abs. 1 S. 3 BGB auch für das Adoptivkind bindend.[222] Hat das Adoptivkind das fünfte Lebensjahr bereits vollendet, so muss es sich gem. § 1757 Abs. 2 S. 2 BGB der Namensbestimmung anschließen.[223] Ändert sich der Familienname des Annehmenden bzw. der Annehmenden später, so gelten über den Verweis auf § 1617c BGB die gleichen Regelungen wie bei leiblichen Kindern.[224]

b. Ausnahme: Weiterführen des bisherigen Familiennamens als Teil des neuen Familiennamens

In besonders gelagerten Fällen kann das Familiengericht gem. § 1757 Abs. 3 Nr. 2 BGB auf Antrag des Annehmenden und mit Zustimmung des Adoptivkindes dem neuen Familiennamen des Kindes den bisherigen Familiennamen voranstellen oder anfügen, wenn dies aus schwerwiegenden Gründen zum Wohl des Kindes erforderlich ist. Dies soll dem Interesse des Kindes auf Namenskontinuität im Hinblick auf seinen bisher geführten Geburtsnamen Rechnung tragen.[225] Schwerwiegende

221 Für den Fall, dass ein Ehegatte einen ehelichen Begleitnamen i.S.d. § 1355 Abs. 4 BGB führt, schließt bereits § 1757 Abs. 1 S. 2 BGB die Möglichkeit aus, diesen als Geburtsnamen des Adoptivkindes zu wählen.

222 Denn das Adoptivkind hat durch die Adoption gem. § 1754 Abs. 1 BGB dieselbe rechtliche Stellung wie ein leibliches Kind erlangt, vgl. OLG Hamm FamRZ 2001, 859; Staudinger/*Helms* § 1757 BGB Rn. 19. Gleiches gilt dem Wortlaut des § 1757 Abs. 2 S. 1 BGB auch für die Stiefkindadoption.

223 Auch hier sind die Altersstufen des § 1617c Abs. 1 BGB zu beachten. Bis zur Vollendung des 13. Lebensjahres ist die Anschlusserklärung von dem gesetzlichen Vertreter abzugeben, ab dem 14. Lebensjahr kann sie nur von dem Adoptivkind selbst abgegeben werden, vgl. BeckOGK/*Löhning* § 1757 BGB Rn. 21 f.; Schließt sich das Adoptivkind der Namensbestimmung nicht an, so behält es seinen bisherigen Geburtsnamen, vgl. BeckOK/*Pöcker* § 1757 BGB Rn. 5; MüKo/*Maurer* § 1757 BGB Rn. 28; Ob im Fall der fehlenden Zustimmung des Kindes die Annahme gänzlich zu unterbleiben hat, ist umstritten, dafür Staudinger/*Helms* § 1757 BGB Rn. 24 m.w.N, dagegen BeckOK/*Pöcker* § 1757 BGB Rn. 5 m.w.N.

224 Vgl. dazu die Ausführungen in Kapitel 3 B. I. 2. b. und d.

225 MüKo/*Maurer* § 1757 BGB Rn. 68; BeckOGK/*Löhnig* § 1757 BGB Rn. 36.

Gründe liegen, anders als der restriktiv anmutende Begriff vermuten lässt, bereits dann vor, „wenn dem Wohl des Kindes mit der geänderten Namensführung erheblich besser gedient ist“.[226] Dies ist umso wahrscheinlicher, je älter das Kind ist, da es in diesen Fällen bereits einige Zeit unter seinem bisherigen Geburtsnamen aufgetreten ist und sich mit diesem identifiziert.[227] Aber auch in Fällen, in denen das Kind nach dem Tod der Eltern oder eines Elternteils durch Verwandte oder Bekannte adoptiert wird, liegt ein solcher schwerwiegender Grund vor.[228]

Der bisherige Familienname kann dem neuen Familiennamen gem. § 1757 Abs. 3 Nr. 2 BGB entweder vorangestellt oder angefügt werden und wird mit diesem durch einen Bindestrich verbunden. Dieser neu gebildete Mehrfachname stellt einen echten Doppelnamen dar, der die beiden Familiennamen untrennbar miteinander verbindet. Anders als im Falle eines Begleitnamens ist der echte Doppelname daher in seiner Gänze übertragbar oder kann als zukünftiger Ehename gewählt werden.[229]

c. *Das Schicksal des Namens nach Aufhebung der Adoption*

Für den Fall, dass die Annahme als Kind gem. § 1759 BGB aufgehoben wird, verliert das Adoptivkind grds. gem. § 1765 Abs. 1 S. 1 BGB das Recht, den Familiennamen des oder der Annehmenden zu führen. Es erhält dann den Namen zurück, den es vor der Annahme geführt hat.[230] Das Adoptivkind ist ab Aufhebung der Annahme als Kind kein Teil der Familie des oder der Annehmenden mehr, dies soll auch auf Ebene des Namens deutlich werden.[231]

Unter Umständen hat das Adoptivkind jedoch weiterhin ein Interesse an der Fortführung des durch die Annahme erworbenen Familiennamens. Diesem Umstand trägt § 1765 Abs. 2 BGB Rechnung, der die Möglichkeit eröffnet, dass das Familiengericht auf Antrag des Adoptivkindes anordnet, dass dieses den durch die Annahme als Kind erworbenen Familiennamen weiterführen darf. Voraussetzung dafür ist, dass das Adoptivkind ein berechtigtes Interesse an der Fortführung dieses Familiennamens hat. Ein solches liegt vor, wenn sich das Adoptivkind aufgrund der Dauer der Namensführung und seines Alters in besonderem Maße mit

226 LG Köln FamRZ 1998, 506; zur historischen Entwicklung des Merkmals Staudinger/*Helms* § 1757 BGB Rn. 27f.

227 Daher ist einem solchen Antrag bei der Erwachsenenadoption i.d.R. zuzustimmen, ähnlich wenige Bedenken gibt es bei über 14 Jahre alten Kindern, vgl. OLG Zweibrücken FamRZ 2016, 990; LG Bonn FamRZ 1985, 109; LG Köln FamRZ 1998, 506, 507; Staudinger/*Helms* § 1757 BGB Rn. 28; MüKo/*Maurer* § 1757 BGB Rn. 72ff.

228 BeckOK/*Pöcker* § 1757 BGB Rn. 10.1; MüKo/*Maurer* § 1757 BGB Rn. 72.

229 Staudinger/*Helms* § 1757 BGB Rn. 32; MüKo/*Maurer* § 1757 BGB Rn. 79; BeckOK/*Pöcker* § 1757 BGB Rn. 11.

230 Staudinger/*Helms* § 1765 BGB Rn. 6; BeckOK/*Pöcker* § 1765 BGB Rn. 2.

231 BeckOK/*Pöcker* § 1765 BGB Rn. 1; Staudinger/*Helms* § 1765 BGB Rn. 1ff.

dem Familiennamen identifiziert oder wenn ihm ein Namenswechsel aufgrund der Schul- bzw. Ausbildungssituation nicht zuzumuten ist.[232]

Ein Verlust des durch die Annahme als Kind erworbenen Familiennamens kommt auch dann nicht in Betracht, wenn das Adoptivkind selbst bereits verheiratet ist und dieser Familienname Ehename geworden ist.[233] Den Ehegatten steht es jedoch frei gem. § 1765 Abs. 3 BGB zu beantragen, dass der Geburtsname, den das Adoptivkind bis zur Annahme als Kind führte, ab der Aufhebung zum (neuen) Ehenamen wird.

II. Der Vorname

Obwohl es derzeit keine zentrale Regelung im Hinblick auf den Vornamen gibt und insbesondere das BGB keine Regelung zum Vornamen enthält, findet sich der Begriff des Vornamens in verschiedenen Gesetzen wie z.B. dem Personenstandsgesetz[234] oder dem Passgesetz[235]. So ergibt sich eine Pflicht zur Führung eines Vornamens indirekt aus § 21 Abs. 1 Nr. 2 PStG[236] und sowohl § 11 NamÄndG als auch § 45a PStG können als rechtliche Grundlagen für Fälle der Namensänderung herangezogen werden.

1. Der Vornamenserwerb bei Geburt

Im Gegensatz zu dem Geburtsnamen ist der Erwerb des Vornamens eines Kindes gesetzlich nicht geregelt. Weder wurde durch den Gesetzgeber festgelegt, wer die Auswahl des Vornamens für das Kind tätigt, noch nach welchen Kriterien eine solche Auswahl zu erfolgen hat.[237] Auch die §§ 1616 ff. BGB können nicht für den Vornamenserwerb des Kindes herangezogen werden, sondern regeln lediglich den Erwerb des Geburtsnamens.[238] Das Auswahl- und Bestimmungsrecht ist vielmehr Teil der elterlichen Sorge, die den Eltern gem. Art. 6 Abs. 2 GG zukommt, und obliegt somit den sorgeberechtigten Eltern des Kindes.[239] Denn

---

232 MüKo/*Maurer* § 1765 BGB Rn. 24 f.; Staudinger/*Helms* § 1765 BGB Rn. 11; BeckOK/*Pöcker* § 1765 BGB Rn. 3.

233 Es ändert sich jedoch grds. der Geburtsname des Adoptivkindes, was im Falle einer Scheidung die Wahlmöglichkeiten hinsichtlich der Namensführung modifiziert, vgl. zu der Problematik MüKo/*Maurer* § 1765 BGB Rn. 15 ff.; Staudinger/*Helms* § 1765 BGB Rn. 14.

234 Personenstandsgesetz v. 19.2.2007 (BGBl. I S. 122).

235 Deutsches Passgesetz v. 19.4.1986 (BGBl. I S. 537).

236 *Bornhofen* StAZ 2020, 162, 165.

237 BeckOGK/*Kienemund* § 1616 BGB Rn. 66.

238 MüKo/*v. Sachsen Gessaphe* Vor § 1616 BGB Rn. 18.

239 BVerfGE v. 3.11.2005 = FamRZ 2005, 2049, 2050; BVerfGE v. 30.1.2002 = FamRZ 2002, 306, 308.

laut Bundesverfassungsgericht ist es „zuvörderst Aufgabe der Eltern, ihrem Kind in freier gemeinsamer Wahl einen Namen zu bestimmen, den es sich selbst noch nicht geben kann".[240] Sind beide Elternteile gemeinsam sorgeberechtigt, so haben sie auch die Auswahl des Namens gemeinsam zu tätigen und zu erklären.[241] Für den Fall, dass die gemeinsam sorgeberechtigten Eltern zu keiner Einigung gelangen, kann das Familiengericht auf Antrag eines Elternteils die Auswahl einem Elternteil allein übertragen.[242] Sofern ein Elternteil die alleinige Sorge für das Kind trägt, kommt diesem auch das Auswahlrecht des Namens zu.[243]

Mangels Bestimmungen des Namensrechts sind die Eltern in der Auswahl des Vornamens grundsätzlich frei und werden lediglich durch Gesichtspunkte des Kindeswohls beschränkt.[244] Denn das Kind ist durch sein allgemeines Persönlichkeitsrecht gem. Art. 2 Abs. 1 GG gegen eine verantwortungslose Namenswahl der Eltern geschützt.[245] Der Verstoß der Namenswahl gegen das Kindeswohl muss immer für den Einzelfall festgestellt werde, die Wahl eines lediglich ungewöhnlichen Namens allein genügt jedoch für die Annahme einer Kindeswohlgefährdung noch nicht.[246] Auch Fantasienamen sind grundsätzlich erlaubt, die freie Namenswahl findet jedoch dort ihre Grenze, wo das Kind aufgrund seines Namens der Lächerlichkeit ausgesetzt wäre.[247] Gleiches gilt für Vornamen, die aus typischerweise als Familiennamen genutzten Namen gebildet werden,[248] sowie für Vornamen, die nicht geschlechtsspezifisch sind.[249] Auch sie gefährden nicht per se das Kindeswohl. Zudem steht es den Eltern frei, für ihr Kind einen im Ausland gebräuchlichen Vornamen auszuwählen, selbst wenn seitens der Familie kein Bezug zu diesem Land vorliegt und der Name in Deutschland bisher unbekannt

240 BVerfGE v. 30.1.2002 = FamRZ 2002, 306, 308.

241 BeckOGK/*Kienemund* § 1616 BGB Rn. 69.

242 BeckOGK/*Kienemund* § 1616 BGB Rn. 69.

243 Staudinger/*Lugani* § 1616 BGB Rn. 25.

244 BVerfGE v. 28.1.2004 = FamRZ 2004, 522; BVerfGE v. 30.1.2002 = FamRZ 2002, 306, 308; BeckOGK/*Kienemund* § 1616 BGB Rn. 74.

245 BVerfG NJW 2009, 663; *Wendt* FPR 2010, 12, 13; BeckOGK/*Kienemund* § 1616 BGB Rn. 75.

246 BeckOGK/*Kienemund* § 1616 BGB Rn. 77.

247 *Wendt* FPR 2010, 12, 14.

248 BVerfG NJW 2006, 1414 für „Anderson"; BGH NJW 2008, 2500 für den väterlichen Familiennamen „Lütke", der nicht Ehename der Eltern wurde, als weiterer Vorname.

249 BVerfG NJW 2009, 663 „Kiran", wonach eine Kindeswohlgefährdung hingegen anzunehmen ist, „wenn der gewählte Vorname dem Kind offensichtlich und nach keiner Betrachtungsweise die Möglichkeit bietet, sich anhand des Vornamens mit seinem Geschlecht zu identifizieren", wenn also der Vorname grds. dem anderen Geschlecht vorbehalten ist, vgl. dazu BeckOGK/*Kienemund* § 1616 BGB Rn. 85 m.w.N.

ist.[250] Allerdings gelten auch für solche Namen die allgemeinen Einschränkungen der Kindeswohlgefährdung.[251]

Die Eltern sind in ihrem Auswahlrecht nicht auf einen Vornamen beschränkt, vielmehr umfasst dieses neben der Auswahl des konkreten Namens auch die Entscheidung darüber, wie viele Vornamen das Kind erhalten soll.[252] Eine Höchstgrenze für Vornamen kann nicht pauschal festgelegt werden, zumindest bei der Wahl von vier bis fünf Vornamen ist diese jedenfalls noch nicht erreicht.[253] Allerdings sind auch hier die Grenzen der Kindeswohlgefährdung zu beachten, so kann die Anzahl der zulässigen Vornamen aufgrund von Familientraditionen höher sein, sie kann aufgrund der Belästigung für das Kind durch Fremdartigkeit und Anzahl der Vornamen aber auch niedriger sein.[254]

2. Die Vornamensänderung

Wie bereits zum Vornamenserwerb findet sich im BGB auch keine Vorschrift über die Vornamensänderung. Eine Vornamensänderung aufgrund familienrechtlicher Statusänderung kommt zudem, anders als beim Familiennamen, nicht in Betracht. Dies liegt auch in der Funktion des Vornamens begründet: Während der Familienname die familiären Beziehungen des Namensinhabers nach außen erkennbar machen soll und daher im Falle einer familienrechtlichen Statusänderung wie der Eheschließung oder der Scheidung eine Namensänderung notwendig sein kann, um dieser Funktion gerecht zu werden, dient der Vorname im Wesentlichen der Selbstdarstellung und des Ausdrucks der Identität des Namensinhabers.[255] Daher kommt eine Vornamensänderung grds. nur nach den Vorschriften des Namensänderungsgesetzes in Betracht. Gem. § 11 NamÄndG müssen für die Vornamensänderung ebenfalls die Voraussetzungen des § 3 NamÄndG, der öffentlich-rechtlichen Namensänderung aus wichtigem Grund, erfüllt sein.

Eine Ausnahme davon bildet § 45a PStG lediglich für die Fälle, in denen keine Änderung des bzw. der Vornamen selbst, sondern lediglich der Reihenfolge erfolgen soll. Diese sogenannte Vornamensortierung kann gem. § 45a Abs. 1 S. 1 PStG durch Erklärung gegenüber dem Standesamt erfolgen. Eine Änderung der Schreibweise der Vornamen sowie das Hinzufügen von neuen Vornamen oder

250 BGH NJW 1979, 2469 f.; Staudinger/*Lugani* § 1616 BGB Rn. 76.

251 MüKo/*v. Sachsen Gessaphe* Anh. zu § 1618 BGB Rn. 10.

252 MüKo/*v. Sachsen Gessaphe* Anh. zu § 1618 BGB Rn. 12.

253 AG Schöneberg StAZ 1980, 198; *Wendt* FPR 2010, 12, 15; MüKo/*v. Sachsen Gessaphe* Anh. zu § 1618 BGB Rn. 12 m.w.N.

254 BVerfG FPR 2004, 258, das bei der Auswahl von 12 fremdartigen Vornamen eine Kindeswohlgefährdung annahm, anders dürfte dies jedoch bei dem ehemaligen Politiker Karl-Theodor zu Guttenberg sein dessen vollständiger Name elf Vornamen umfasst, die jedoch größtenteils auf Familientraditionen beruhen.

255 Vgl. dazu die Ausführungen in Kapitel 2 B. I.

das Weglassen von Vornamen ist jedoch gem. § 45a Abs. 1 S. 2 PStG zumindest im Rahmen der Vornamensortierung nicht zulässig und kann somit nur über die öffentlich-rechtliche Namensänderung aus wichtigem Grund gem. § 3 NamÄndG erreicht werden.

III. Die öffentlich-rechtliche Namensänderung nach dem Namensänderungsgesetz

Die Möglichkeit einer öffentlich-rechtlichen Namensänderung bietet das Namensänderungsgesetz, welches 1938 in Kraft trat und dessen Regelungen seitdem nur teilweise überarbeitet und angepasst wurden.[256] Das Namensänderungsgesetz erweitert die zivilrechtlichen Regelungen des BGB zum Namensrecht somit um eine öffentlich-rechtliche Komponente.[257] Allerdings kommt eine öffentlich-rechtliche Namensänderung nur dann in Betracht, wenn der Namensinhaber die Änderung seines Namens nicht auch durch eine zivilrechtliche Namensänderung erreichen kann.[258] Die Regelungen des Namensänderungsgesetzes sind insoweit subsidiär. Im Gegensatz zu der zivilrechtlichen Namensänderung, welche durch eine privatrechtliche Willenserklärung herbeigeführt wird, stellt die öffentlich-rechtliche Namensänderung einen Verwaltungsakt dar.[259] Im Gegensatz zu den zivilrechtlichen Möglichkeiten der Namensänderung kann sich auf das Namensänderungsgesetz nur berufen, wer (auch) deutscher Staatsbürger oder staatenlos mit Wohnsitz oder gewöhnlichem Aufenthalt in Deutschland ist.[260]

1. *Die Namensänderung aus wichtigem Grund, § 3 NamÄndG*

§ 3 NamÄndG stellt die Zentralnorm des Gesetzes dar. Dem Wortlaut nach bezieht er sich nur auf die Änderung des Familiennamens, gem. § 11 NamÄndG findet die Vorschrift jedoch auch Anwendung auf die Änderung des Vornamens.

---

256 So wurde u.a. der ursprüngliche § 7 NamÄndG durch Zeitablauf gegenstandslos sowie § 12 NamÄndG gestrichen, die ab 1938 maßgeblich dazu beitrugen, jüdische und „arische" Bürger aufgrund ihres Namens unterscheidbar zu machen, vgl. *Stenz* StAZ 2001, 61, 65; *Wagner-Kern* S. 317 ff.

257 *Mertens* S. 53; ebenfalls angedeutet in Nr. 27 NamÄndVwV: „Dementsprechend ist vorrangig zu prüfen, ob das erstrebte Ziel nicht durch eine namensgestaltende Erklärung nach bürgerlichem Recht [...] erreicht werden kann".

258 BVerfG NJW 2002, 2406, 2407.

259 MüKo/*Säcker* § 12 BGB Rn. 209.

260 Vgl. den Wortlaut des § 1 NamÄndG: „Der Familienname eines deutschen Staatsangehörigen oder eines Staatenlosen oder heimatlosen Ausländers mit gewöhnlichem Aufenthalt im Inland oder eines Asylberechtigten oder ausländischen Flüchtlings mit Wohnsitz im Inland [...]".

Die zentrale Voraussetzung für eine öffentlich-rechtliche Namensänderung nach § 3 NamÄndG ist das Vorliegen eines wichtigen Grunds. Dass eben nicht jeder beliebige Grund für eine Änderung des Namens ausreichen soll, verdeutlicht das staatliche Interesse an der Namenskontinuität.[261] Der Namensinhaber soll für den Staat weiter identifizierbar bleiben und jede Änderung des Namens könnte eine solche Identifizierbarkeit erschweren. Um eine dauerhafte Identifizierbarkeit zu ermöglichen, soll die öffentlich-rechtliche Namensänderung daher eine Ausnahme bleiben.[262] Ob ein solcher „wichtiger Grund" vorliegt, ist im Rahmen einer Interessenabwägung zu ergründen, in der das Interesse des Antragstellers an der Änderung seines Namens gegen die Belange Dritter und der Allgemeinheit abzuwägen ist.[263] Im Rahmen der Prüfung von Belangen Dritter kann es dazu kommen, dass es bereits andere Träger dieses Namens gibt, auf deren Interessen und (mutmaßliche) Gefühle seitens der Verwaltung Rücksicht genommen werden soll. Insbesondere darf durch die Namensänderung kein falscher Eindruck über eine familiäre Zugehörigkeit entstehen.[264] Einen über diese Berücksichtigung im Rahmen der Interessenabwägung hinausgehenden Anspruch, z.B. auf Unterlassung gem. § 12 BGB, steht dem Dritten nach Abschluss des öffentlich-rechtlichen Namensänderungsverfahrens jedoch nicht zu, da der Name nach Verleihung des Namens durch Verwaltungsakt nicht unbefugt gebraucht wird.[265]

Obwohl eine solche Interessenabwägung immer stattzufinden hat, gibt es gewisse Fallgruppen, die in der Praxis für das Vorliegen eines solchen wichtigen Grunds sprechen.[266] Diese sind zum Großteil in den Ziffern 34-50 der Verwaltungsvorschrift zum Namensänderungsgesetz (NamÄndVwV)[267] zu finden. Überwiegend betreffen diese Fallgruppen Namensänderungen durch die mit dem Namen verbundene Behinderungen beseitigt werden sollen, sowie Namensänderungen aus familiären Gründen bzw. der Wiederherstellung früherer Familiennamen. So wird einer Namensänderung in der Regel stattgegeben werden, die der Beseitigung

261 Mit Hinweis z.B. auf sicherheitspolizeiliche Erwägungen *Mertens* S. 66 f.; *Loos* NamÄndG S. 65.

262 Vgl. den Wortlaut der Nr. 27 NamÄndVwV: „Sie hat Ausnahmecharakter", sowie die Entscheidung des VG Augsburg FamRZ 2003, 1013.

263 So die ständige Rechtsprechung des Bundesverwaltungsgerichts, vgl. BVerwG NJW 1963, 604; BVerwG NJW 1981, 2713.

264 Vgl. Ziff. 53 NamÄndVwV.

265 § 12 BGB schützt lediglich vor dem unbefugten Gebrauch des gleichen Namens, nicht jedoch davor, dass der Kreis der befugten Namensträger z.B. durch hoheitlichen Akt erweitert wird, vgl. BVerwG NJW 1960, 450 f.

266 Ausführliche Besprechung dieser Fallgruppen bei *Mertens* S. 68 ff. für Familiennamen sowie S. 119 ff. für Vornamen.

267 Allgemeine Verwaltungsvorschrift zum Gesetz über die Änderung von Familiennamen und Vornamen v. 11.8.1980 (BAnz. 1980 Nr. 26).

eines Namens dient, der lächerlich oder anstößig klingt oder Anlass zu frivolen oder unangemessenen Wortspielen geben könnte.[268] Darunter fallen unter anderem Tiernamen (Hengst), lächerliche Namen (Käsebein), Namen mit abwertendem Inhalt (Lupus, Ruin) oder Namen, die zu Spott und Vorurteilen Anlass geben (Negus, Liebling).[269]

Auch die Beseitigung einer hinkenden Namensführung kann gem. Ziffer 49 NamÄndVwV einen wichtigen Grund für eine Namensänderung darstellen.[270] Unter einer hinkenden Namensführung versteht man den Fall, in dem aufgrund der unterschiedlichen Kollisionsregeln der in einem Staat rechtmäßig erworbene Name in einem anderen als „falsch" angesehen wird.[271] Dies führt zu der misslichen Situation, dass eine Person in verschiedenen Staaten unterschiedliche Namen führen muss.[272] Eine solche hinkende Namensführung ist jedoch nicht gewollt und nicht erwünscht, da das Führen unterschiedlicher Namen zu Rechtsunsicherheit führt und den internationalen Entscheidungseinklang stört.[273] Die Beseitigung einer solchen hinkenden Namensführung stellt daher i.d.R. einen wichtigen Grund i.S.d. § 3 NamÄndG dar, sofern diese vom Namensinhaber nicht mit der Absicht herbeigeführt worden ist, die Regelungen des deutschen Namensrechts zu umgehen.[274]

Weitere Fallgruppen sind u.a. die beantragte Namensänderung von Scheidungshalbwaisen,[275] bei Schwierigkeiten in der Schreibweise[276] oder wenn seltene oder

---

268 Ziff. 35 NamÄndVwV.

269 Diese und weitere Beispiele finden sich bei *Loos* NamÄndG S. 68f.

270 Zu beachten ist allerdings, dass seit der Einführung des Art. 48 EGBGB dieser, sofern einschlägig, der öffentlich-rechtlichen Namensänderung vorgeht.

271 BeckOGK/*Kroll-Ludwigs* EGBGB Art. 10 EGBGB Rn. 5; so auch *Hepting/Dutta* VI-4; *Benicke/Zimmermann* sprechen von einer „gespaltenen Namensführung", vgl. IPRax 1995, 141, 143.

272 MüKo/*Lipp* Art. 10 EGBGB Rn. 225.

273 *Hepting/Dutta* VI-4.

274 In solchen Fällen fehlt es bereits an der Schutzwürdigkeit des Namensinhabers, vgl. BVerfG StAZ 2010, 207;VGH Kassel NJW-RR 1991, 70, 71.

275 Unter Scheidungshalbwaisen versteht man Kinder, die in eine bestehende Ehe, in der die Eltern einen Ehenamen führen, hineingeboren wurden und die somit zunächst gem. § 1616 BGB den Ehenamen der Eltern als Geburtsnamen erhalten. Nach der Scheidung der Eltern ändert der allein sorgeberechtigte Elternteil seinen Familiennamen in den vor der Eheschließung geführten Namen, vgl. § 1355 Abs. 5 S. 2 BGB, was dazu führt, dass Kind und sorgeberechtigter Elternteil unterschiedliche Familiennamen führen. Dies widerspricht jedoch dem Interesse einer einheitlichen Namensführung der in häuslicher Gemeinschaft zusammenlebenden Familie, sodass häufig ein wichtiger Grund unter Berücksichtigung des Kindeswohls vorliegen wird, vgl. Ziff. 40 NamÄndVwV, sowie die ausführliche Darstellung der Problematik inklusiver einer historischen Betrachtung bei *Mertens* S. 69ff.

276 Vgl. Ziff. 36 NamÄndVwV.

auffällige Familiennamen durch die öffentliche Berichterstattung über eine Straftat von großen Teilen der Bevölkerung mit dieser in Verbindung gebracht werden.[277]

2. Rechtsfolge: Wahl eines neuen Namens

Grundsätzlich ist nach stattgegebenem Antrag auf Namensänderung der Name von dem Antragsteller frei wählbar, wobei ihm jedoch kein Anspruch auf einen bestimmten Namen zusteht.[278] Bei der Wahl des Namens sind jedoch einige Dinge zu beachten. So muss ein neuer Familienname zum Gebrauch als Familienname geeignet sein, es darf sich dabei insbesondere nicht um Sammelnamen handeln.[279] Der neue Familienname darf auch nicht den falschen Eindruck einer familiären Zugehörigkeit erwecken, die tatsächlich nicht besteht.[280] Familiennamen, welche durch ihre früheren Träger bereits historisch, literarisch oder politisch Bedeutung erlangt haben, können ebenfalls nicht gewährt werden.[281] Soll der neu gewählte Familienname eine frühere Adelsbezeichnung enthalten, so darf dieser nur in Ausnahmefällen gewährt werden.[282]

Im Fall der Namensführung zur Beseitigung hinkender Namensführung ist die Freiheit der Namenswahl hingegen auf den Namen beschränkt, der in dem anderen Staat geführt werden muss.[283] Nur so kann die Änderung des Namens die hinkende Namensführung auch wirklich beseitigen und eine einheitliche Namensführung über die Grenzen hinweg sicherstellen. Soll eine hinkende Namensführung hingegen dergestalt beseitigt werden, dass der im Ausland geführte Name aufgegeben und dafür auch dort der in Deutschland geführte Name gewählt werden soll, sind die deutschen Behörden nicht zuständig. Der Namensinhaber hat sich mit seinem Anliegen an die ausländischen Behörden zu wenden.[284]

---

277 Vgl. Ziff. 39 NAmÄndVwV, sowie zu einer generellen Übersicht der häufigsten Fallgruppen *Loos* NamÄndG S. 67ff.

278 Ziff. 52 NamÄndVwV.

279 Ziff. 53 Abs. 1 NamÄndVwV; Sammelnamen sind Familiennamen, die im gesamten Geltungsbereich des Gesetzes oder in größeren Teilbereichen so oft vorkommen, dass sie generell an Unterscheidungskraft eingebüßt haben, die Legaldefinition findet sich in Ziff. 34 NamÄndVwV.

280 Ziff. 53 Abs. 2 NamÄndVwV.

281 Ziff. 53 Abs. 3 NamÄndVwV.

282 Ziff. 53 Abs. 4 NamÄndVwV sowie *Mertens* S. 112 ff. für eine ausführliche Darstellung der Thematik.

283 Dies lässt sich schon aus dem Wortlaut der Ziff. 49 S. 1 NamÄndVwV herauslesen: „[...] so kann die hinkende Namensführung dadurch beseitigt werden, dass der im Geltungsbereich des Gesetzes zu führende Familienname in den Familiennamen geändert wird, der nach dem Recht des anderen Staates zu führen ist“.

284 Vgl. Ziff. 49 S. 2 NamÄndVwV.

C. Das deutsche internationale Namensrecht

Da es bislang keine Regelungen zum Namenserwerb oder der Namensänderung auf EU-Ebene gibt und Deutschland dem CIEC-Übereinkommen Nr. 19 über das auf Familiennamen und Vornamen anzuwendende Recht vom 5.9.1980 nicht beigetreten ist, sind bei grenzüberschreitenden Sachverhalten weiterhin die Vorschriften des EGBGB[285] heranzuziehen. Art. 10 EGBGB bildet dabei die Zentralnorm der namensrechtlichen Vorschriften des EGBGB und stellt zudem die einzige Kollisionsnorm dar, während Art. 47 und 48 EGBGB, welche bei grenzüberschreitenden namensrechtlichen Sachverhalten ebenfalls einschlägig sein können, lediglich als Sachnormen ausgestaltet wurden.[286]

I. Die Staatsangehörigkeit als primärer Anknüpfungspunkt

Der deutsche Gesetzgeber hat sich mit der Regelung des Art. 10 Abs. 1 EGBGB für die Staatsangehörigkeit als primären Anknüpfungspunkt für die Bestimmung des anwendbaren Namensrechts entschieden und folgte so der langjährigen höchstrichterlichen Rechtsprechung.[287] Ein Argument des deutschen Gesetzgebers, an der Staatsangehörigkeit als primärem Anknüpfungspunkt festzuhalten, war die Überzeugung, dass dieser Anknüpfungspunkt stabiler und weniger anfällig für Manipulationen sei.[288] Denn die Staatsangehörigkeit einer Person sei einfacherer und sicherer feststellbar, während im Fall des gewöhnlichen Aufenthalts bzw. des Wohnsitzes einer Person insbesondere im Hinblick auf den Begründungszeitpunkt Unsicherheiten entstehen könnten, die eine sichere Anknüpfung erschwerten.[289] Zudem ging man davon aus, dass die Verbundenheit des Namensinhabers mit seinem Heimatstaat zumindest so groß sei, dass sie eine Anknüpfung an das Heimatrecht rechtfertige.[290]

Für diesen Anknüpfungspunkt an die Staatsangehörigkeit haben sich die Mehrheit der Staaten, insbesondere auch innerhalb der EU, entschieden.[291] Allerdings gibt es auch hier einige relevante Ausnahmen. So haben z.B. die skandinavischen Länder Dänemark, Island und Norwegen eine primäre Anknüpfung an den

---

285 Einführungsgesetz zum Bürgerlichen Gesetzbuch v. 18.8.1896 (RGBl. S. 604).

286 Staudinger/*Hausmann* Art. 47 EGBGB Rn. 10a; *ders.* Art. 48 EGBGB Rn. 3; MüKo/*Lipp* Art. 47 EGBGB Rn. 3; *ders.* Art. 48 EGBGB Rn. 2.

287 Bereits das Reichsgericht unterstellte den Namen einer Person deren Heimatrecht, vgl. RGZ 29, 123, 127; auch der BGH verfolgte diese Linie weiter, vgl. BGHZ 56, 193.

288 BT-Drs. 10/504 S. 31.

289 BT-Drs. 10/504 S. 31.

290 BT-Drs. 10/504 S. 31.

291 Dazu gehören unter anderem Österreich, Italien, Spanien, Frankreich, Portugal, Griechenland sowie die BeNeLux-Staaten, vgl. für die entsprechenden Normen Staudinger/*Hausmann* Vorb. zu Art. 10 EGBGB Rn. 182.

gewöhnlichen Aufenthalt bzw. den Wohnsitz auf dem Gebiet des Familienrechts gewählt.[292]

Art. 10 Abs. 1 EGBGB enthält eine Gesamtverweisung auf das Heimatrecht des Namensinhabers, sodass nicht nur auf die Sachnormen, sondern auch auf das Kollisionsrecht dieses Staates verwiesen wird.[293] Es kann daher auch eine Weiterverweisung auf das Namensrecht eines anderen Staates sowie eine Rückverweisung (renvoi) auf das deutsche Sachrecht erfolgen, welches dann wegen Art. 4 Abs. 1 S. 2 EGBGB abschließend zur Anwendung kommt.[294]

II. Wahlmöglichkeiten hinsichtlich des Ehenamens

Nachdem zuvor die höchstrichterliche Rechtsprechung den Ehenamen als Ehewirkung einordnete und auf diesen daher das Heimatrecht des Mannes anwendbar war,[295] änderte der BGH 1971 seine Haltung diesbezüglich und entschied, dass sich auch die Namen der Ehegatten nach dem jeweiligen Heimatrecht bestimmen sollten.[296] Seit der Einführung des Art. 10 EGBGB durch das IPR-Reformgesetz von 1986[297] ist dessen Abs. 1 grundsätzlich auch auf den Ehenamen anwendbar, sodass sich der Ehename eines jeden Ehegatten zunächst nach dessen Heimatrecht bestimmt.[298] Dies kann jedoch dazu führen, dass die Ehegatten unterschiedliche Ehenamen führen.[299] In den meisten Fällen wird es zu einem solchen „Ehenamensplitting" jedoch nicht kommen, da den Ehegatten in Abs. 2 Möglichkeiten zur Wahl eines einheitlichen Ehenamens geboten werden. Bei diesen Wahlmöglichkeiten handelt es sich nach ganz überwiegender Meinung um eine Rechtswahl und nicht – wie der Wortlaut der Norm vermuten lassen könnte – um eine reine Namenswahl.[300]

---

292 *Ring/Olsen-Ring* § 38 Rn. 928.

293 MüKo/*Lipp* Art. 10 EGBGB Rn. 31; Staudinger/*Hausmann* Art. 10 EGBGB Rn. 114 m.w.N.

294 Staudinger/*Hausmann* Art. 10 EGBGB Rn. 115; so wird ein Hin-und-Her zwischen den Rechtsordnungen verhindert.

295 BGHZ 44, 121 Rn. 14 m.w.N.

296 Grund dafür war unter anderem, dass durch die Anwendung des Personalstatuts die Gleichberechtigung zwischen Mann und Frau verwirklicht werden sollte, BGHZ 56, 193 Rn. 15 ff.

297 Gesetz zur Neuregelung des Internationalen Privatrechts v. 25.7.1986 (BGBl. I S. 1142).

298 Staudinger/*Hausmann* Art. 10 EGBGB Rn. 210.

299 So die wohl h.M. vgl. hierfür MüKo/*Lipp* Art. 10 EGBGB Rn. 94; BeckOK/*Mäsch* Art. 10 EGBGB Rn. 41; für eine materiellrechtliche Angleichung des Ehenamens Staudinger/*Hausmann* Art. 10 EGBGB Rn. 235 m.w.N.

300 Denn Art. 10 Abs. 2 EGBGB spricht davon, dass die Ehegatten „ihren zukünftig zu führenden Namen wählen" können. Für die h.M., dass es sich trotz dieses Wortlauts

Zum einen können die Ehegatten gem. Art. 10 Abs. 2 Nr. 1 EGBGB das Namensrecht des Staates wählen, welchem ein Ehegatte angehört. Dies gilt auch dann, wenn der betreffende Ehegatte daneben auch noch die deutsche Staatsbürgerschaft oder eine andere effektive Staatsbürgerschaft besitzt, da Art. 5 Abs. 1 EGBGB keine Anwendung findet. Es findet wegen Art. 4 Abs. 2 S. 2 EGBGB auch keine Rückverweisung statt, was im Ergebnis dazu führen kann, dass Personalstatut und gewähltes Sachrecht voneinander abweichen.[301]

Zum anderen ermöglicht Art. 10 Abs. 2 Nr. 2 EGBGB den Ehegatten, sich für das deutsche Namensrecht zu entscheiden, wenn mindestens ein Ehegatte seinen gewöhnlichen Aufenthalt in Deutschland hat. An dieser Stelle weicht der deutsche Gesetzgeber bewusst von dem Grundsatz der Anknüpfung an das Personalstatut ab, um den Ehegatten eine an ihre soziale Umgebung angepasste Namensführung zu ermöglichen.[302]

Die Rechtswahl hat nicht notwendigerweise ausdrücklich zu erfolgen, sondern kann auch konkludent getroffen werden. Ein Indiz für eine solche konkludente Rechtswahl liegt unter anderem dann vor, wenn die Ehegatten einen Ehenamen wählen, der nur nach einer der in Betracht kommenden Wahlmöglichkeiten – z.B. dem Heimatrecht eines Ehegatten – zulässig ist.[303] Es kommt zudem auch nicht mehr darauf an, ob die Ehe in Deutschland oder im Ausland geschlossen wird[304] oder ob die Rechtswahl bei Eheschließung oder nachträglich getroffen wird.[305]

Anzumerken ist auch, dass die Rechtswahl nach Art. 10 Abs. 2 EGBGB nicht das allgemeine Namensstatut der Ehegatten verändert. Dieses bestimmt sich weiterhin nach Art. 10 Abs. 1 EGBGB. Lediglich für den Teilbereich des Ehenamensrechts wirkt sich eine Rechtswahl nach Art. 10 Abs. 2 EGBGB aus.[306] Davon umfasst sind beispielsweise die Frage, ob ein ehelicher Begleitname geführt werden kann oder ob es den Ehegatten gestattet ist, einen Doppelnamen als Ehenamen zu wählen.[307] In zeitlicher Hinsicht wirkt die Rechtswahl über den Bestand der Ehe hinaus weiter, sodass auch nach einer Scheidung oder dem Tod eines Ehegatten

---

um eine Rechtswahl handelt, vgl. BGH NJW-RR 2015, 321; Staudinger/*Hausmann* Art. 10 EGBGB Rn. 244; MüKo/*Lipp* Art. 10 EGBGB Rn. 95; a.A. *Sturm* StAZ 2005, 253, 254 ff.

301 MüKo/*Lipp* Art. 10 EGBGB Rn. 105; Staudinger/*Hausmann* Art. 10 EGBGB Rn. 249 m.w.N.

302 Damit folgte der deutsche Gesetzgeber der höchstrichterlichen Rechtsprechung, die eine solche Wahlmöglichkeit ebenfalls annahm, vgl. BT-Drs. 10/504 S. 48.

303 OLG Düsseldorf StAZ 2010, 110: BeckOK/*Mäsch* Art. 10 EGBGB Rn. 60; *Wall* StAZ 2011, 37, 39; Staudinger/*Hausmann* Rn. 257 m.w.N.

304 MüKo/*Lipp* Art. 10 EGBGB Rn. 98.

305 So ausdrücklich Art. 10 Abs. 2 S. 2 EGBGB.

306 MüKo/*Lipp* Art. 10 EGBGB Rn. 105.

307 Staudinger/*Hausmann* Art. 10 EGBGB Rn. 264; MüKo/*Lipp* Art. 10 EGBGB Rn. 106.

das Ehenamensstatut gilt.[308] Bei einer erneuten Eheschließung wird das alte Ehenamensstatut jedoch automatisch wieder durch das Personalstatut gem. Art. 10 Abs. 1 EGBGB – oder durch eine erneute Rechtswahl – bestimmt, zudem gewähren Rechtsprechung und herrschende Literatur dem geschiedenen Ehegatten die Möglichkeit, durch eine erneute Rechtswahl analog Art. 10 Abs. 2 Nr. 1 EGBGB zu seinem Heimatrecht zurückzukehren.[309]

III. Wahlmöglichkeit hinsichtlich des Familiennamens des Kindes

Auch für den Familiennamen des Kindes gilt seit der Einführung des Art. 10 EGBGB durch das IPR-Reformgesetz, dass sich dieser grundsätzlich gem. Art. 10 Abs. 1 EGBGB nach dem Personalstatut des Kindes richtet.[310] Das anwendbare Sachrecht wird daher nun für das Kind unabhängig von seinen Eltern bestimmt. Allerdings kann es in den Fällen, in denen Eltern und Kind unterschiedliche Heimatrechte bzw. Namensstatute haben, zu Regelungswidersprüchen kommen, da die nationalen Rechtsordnungen in der Regel ihre Regelungen für die Elternnamen bzw. den Ehenamen und den Kindsnamen aufeinander abstimmen.[311]

Um den Kindsnamen an die familiäre Situation und/oder die soziale Umgebung anzupassen, ermöglicht Art. 10 Abs. 3 EGBGB auch für den Familiennamen des Kindes eine Rechtswahl. Wie im Falle der Rechtswahlmöglichkeit des Ehenamens sind auch über die Rechtswahl nach Art. 10 Abs. 3 wegen Art. 4 Abs. 2 EGBGB nur die Sachvorschriften des gewählten Rechts anwendbar, eine Rück- oder Weiterverweisung kommt damit nicht in Betracht.[312] Zur Rechtswahl befugt ist der Inhaber der Sorge, der nicht notwendigerweise auch ein Elternteil sein muss.[313] Zu beachten ist auch, dass sich die Rechtswahl dem Wortlaut des Art. 10 Abs. 3 S. 1

---

308 MüKo/*Lipp* Art. 10EGBGB Rn. 120 m.w.N.

309 Grund dafür ist, dass der geschiedenen Ehegatten sich nicht namentlich an einer aufgelösten Ehe festhalten lassen muss und ihm die Möglichkeit gegeben werden soll, seinen Namen an die veränderte persönliche Situation anzupassen, vgl. Staudinger/*Hausmann* Art. 10 EGBGB Rn. 273; MüKo/*Lipp* Art. 10 EGBGB Rn. 121.

310 Staudinger/*Hausmann* Art. 10 EGBGB Rn. 316; *Hepting/Dutta* IV-283.

311 *Hepting/Dutta* IV-297 ff. mit Beispielen für solche Sachverhalte.

312 Staudinger/*Hausmann* Art. 10 EGBGB Rn. 388; *Henrich* StAZ 1996, 129, 133.

313 Bereits das IPR-Reformgesetz von 1986 wies den gesetzlichen Vertreter des Kindes als bestimmungsbefugt aus. Nachdem im Rahmend der Veränderungen durch das Familiennamensrechtsgesetz von 1993 diese Befugnis ausdrücklich nur noch den Eltern zukam, kehrte der Gesetzgeber mit dem Kindschaftsrechtsreformgesetz von 1997 wieder dazu zurück, den Inhaber der Sorge zu berechtigen. Vgl. dazu den Überblick über die Entwicklung des Art. 10 Abs. 3 EGBGB bei Staudinger/*Hausmann* Art. 10 EGBGB Rn. 314 ff.

EGBGB nach nur auf den Familiennamen des Kindes bezieht. Das Namenstatut des Vornamens des Kindes bestimmt sich somit nach Art. 10 Abs. 1 EGBGB und daher nach dem Heimatrecht des Kindes.[314]

Gem. Art. 10 Abs. 3 S. 1 Nr. 1 EGBGB kann der Kindsname zum einen nach dem Heimatrecht eines Elternteils bestimmt werden, ohne Rücksicht auf eine etwaige vorrangige deutsche oder effektive Staatsangehörigkeit i.S.d. Art. 5 Abs. 1 EGBGB bei Mehrstaatern. Ähnlich wie im Fall des Ehenamens besteht gem. Art. 10 Abs. 3 S. 1 Nr. 2 EGBGB auch die Möglichkeit, den Kindsnamen nach deutschem Recht zu bestimmen, sofern ein Elternteil seinen gewöhnlichen Aufenthalt in Deutschland hat. Zusätzlich zu diesen zwei an Art. 10 Abs. 2 EGBGB angelehnten Möglichkeiten besteht zudem die Option, den Kindsnamen nach dem Heimatrecht des den Namen Erteilenden, mithin dem Inhaber der Sorge, zu bestimmen, vgl. Art. 10 Abs. 3 S. 1 Nr. 3 EGBGB. Dieser Möglichkeit kommt jedoch nur in den Fällen Relevanz zu, in denen ein anderer als ein Elternteil Inhaber der Sorge ist.

Die Rechtwahl wirkt allerdings nur für das jeweilige Kind.[315] Dies kann dazu führen, dass Kinder, die zu einem späteren Zeitpunkt geborenen werden, zu dem sich die Staatsangehörigkeit oder der gewöhnliche Aufenthalt eines Elternteils geändert hat, ihren Familiennamen nach einem anderen Namensrecht erhalten können als ihre Geschwister. Dies kann, muss jedoch nicht zwangsläufig, dazu führen, dass die Geschwister unterschiedliche Familiennamen tragen.[316] Zwar widerspricht dies aus deutscher Sicht dem Rechtsgedanken des § 1617 Abs. 1 S. 3 BGB, der eine einheitliche Namensführung unter Geschwistern vorschreibt, eine solche Vorgabe wurde jedoch nicht auf die Kollisionsnorm des Art. 10 EGBGB erstreckt.[317] Lediglich für den Fall, dass die Rechtswahl auf das deutsche Recht oder ein ausländisches Recht, mit einer dem § 1617 Abs. 1 S. 3 BGB vergleichbaren Regelung fällt, tritt eine solche Bindungswirkung ein.[318]

Die Rechtswahlmöglichkeiten des Art. 10 Abs. 3 EGBGB stehen dem Inhaber der Sorge vor oder zum Zeitpunkt der Beurkundung der Geburt zur Verfügung, die Rechtswahl kann jedoch auch nachträglich ausgeübt werden.[319] Eine solche nachträgliche Rechtswahl kann z.B. in dem Fall einer erst nach der Geburt erfolgten

---

314 Staudinger/*Hausmann* Art. 10 EGBGB Rn. 464 m.w.N.

315 Staudinger/*Hausmann* Art. 10 EGBGB Rn. 391; *Hepting/Dutta* IV-331; *Henrich* StAZ 1996, 129, 134.

316 *Hepting/Dutta* IV-331.

317 *Henrich* StAZ 1996, 129, 134; Für eine Verankerung dieses Rechtsgedankens auch im Kollisionsrecht *Hepting* StAZ 1998, 133, 139; a.A. MüKo/*Lipp* Art. 10 EGBGB Rn. 150 f.

318 *Henrich* StAZ 1996, 129, 134; Staudinger/*Hausmann* Art. 10 EGBGB Rn. 392.

319 MüKo/*Lipp* Art. 10 EGBGB Rn. 155 ff.

Vaterschaftsanerkennung relevant werden.[320] Wählen die Eltern des Kindes erst nach dessen Geburt einen Ehenamen i.S.d. Art. 10 Abs. 2 EGBGB, so wirkt sich dies gem. Art. 10 Abs. 2 S. 3 EGBGB auch auf das gemeinsame Kind aus, da § 1617c BGB sinngemäß anzuwenden ist. Allerdings ist dieser nach herrschender Ansicht nur in den Fällen heranzuziehen, in denen deutsches Recht als Namensstatut des Kindes gilt. Kommt es aufgrund des Namensstatuts zu der Anwendung ausländischen Rechts, entscheidet dieses darüber, ob eine Erstreckung des Ehenamens auf das Kind erfolgt.[321]

IV. Auswirkungen eines Statutenwechsels

1. Grundsätzlich keine Auswirkung auf die Namensführung

Durch die gem. Art. 21 AEUV gewährte Freizügigkeit, die gerade innerhalb der EU durch die geschaffenen Vereinfachungen von den Bürgern der Mitgliedsstaaten vermehrt genutzt wird, kommt es immer häufiger auch zu einem Statutenwechsel, z.B. durch den Erwerb einer neuen Staatsangehörigkeit oder den Wechsel des gewöhnlichen Aufenthaltes bzw. des Wohnsitzes. Im Hinblick auf die Staatsangehörigkeit ist zu beachten, dass ein für das deutsche Recht relevanter Statutenwechsel nur bei Aufgabe der deutschen Staatsbürgerschaft vorliegt, da bei Mehrstaatern, die auch die deutsche Staatsbürgerschaft besitzen, aufgrund Art. 5 Abs. 1 S. 2 EGBGB weiterhin deutsches Recht zur Anwendung kommt.

Ein solcher Wechsel der Staatsangehörigkeit wirkt sich aus Sicht des deutschen Rechts erst ab dem Zeitpunkt des Statutenwechsels ex nunc aus, bei einem Wechsel des gewöhnlichen Aufenthalts bleibt es hingegen auch nach dem Wechsel beim bisherigen Namensstatut.[322] Ein Wechsel des Namenstatuts im Falle eines Wechsels der Staatsangehörigkeit zur deutschen Staatsangehörigkeit führt jedoch nicht automatisch auch zu einem Namenswechsel. Aufgrund des in Deutschland geltenden Grundsatzes der Namenskontinuität wird vielmehr der Name so übernommen, wie er unter dem vorherigen Namensstatut gebildet wurde.[323] So soll zum einen dem Ordnungsinteresse Rechnung getragen werden, zum anderen soll der Namensinhaber vor unfreiwilligen Namensänderungen gegen seinen Willen möglichst bewahrt werden.[324]

---

320 Durch die nachträgliche Feststellung der Vaterschaft entsteht auch die Möglichkeit der Namensbestimmung nach Art. 10 Abs. 3 EGBGB, vgl. Staudinger/*Hausmann* Art. 10 EGBGB Rn. 415 ff.

321 Staudinger/*Hausmann* Art. 10 EGBGB Rn. 311 f.; MüKo/*Lipp* Art. 10 EGBGB Rn. 172; *Henrich* IPRax 1994, 174, 178; a.A. Grüneberg/*Thorn* Art. 10 EGBGB Rn. 18.

322 Vgl. Staudinger/*Hausmann* Art. 10 EGBGB Rn. 193 f. m.w.N.

323 Staudinger/*Hausmann* Art. 10 EGBGB Rn. 155.

324 BGH NJW 1975, 112, 113, BGH NJW 2014, 1383 Rn. 16.

2. *Angleichung gem. Art. 47 EGBGB*

Allerdings kann ein Statutenwechsel hin zum deutschen Namensstatut für den Namensinhaber dann eine Auswirkung auf die Namensführung haben, wenn es einer Angleichung des Namens bedarf oder der Namensinhaber eine solche wünscht.[325] Einer Angleichung bedarf es u.a. dann, wenn sein Name, der nach dem bisherigen ausländischen Namensstatut erworben wurde, Namensbestandteile enthält, die das deutsche Namensrecht nicht kennt und diesem in ihrer Funktion fremd sind.[326] In diesen Fällen ist eine unproblematische Übertragung des Namensbestandteils nicht möglich, und der ausländische Name muss an das deutsche Recht und die ihm bekannten Namensbestandteile angeglichen werden.[327] Gleiches gilt, wenn der Namensinhaber eine Rechtswahl i.S.d. Art. 10 Abs. 2 EGBGB zugunsten des deutschen Namensrechts getroffen hat.[328] Bei Art. 47 EGBGB handelt es sich, anders als bei Art. 10 EGBGB, nicht um eine Kollisionsnorm, sondern um eine Sachnorm.[329]

Hat der Namensinhaber seinen Namen nach der Maßgabe ausländischen Namensrechts erworben, so kann er nach dem Wechsel des Namensstatuts aus seinem Namen Vor- und Familiennamen bestimmen, vgl. Art. 47 Abs. 1 Nr. 1 EGBGB. Allerdings steht diese Möglichkeit der Angleichung nur in den Fällen zur Verfügung, in denen der Namensinhaber nicht bereits nach dem ausländischen Namensrecht einen Vor- und Familiennamen erworben hat, oder Namensbestandteile, die diese Funktion erfüllen, sondern sein Name Bestandteile enthält, die dem deutschen Recht fremd sind und somit einer Angleichung an die dem deutschen Recht bekannten Namensbestandteile bedürfen, wie z.B. im Falle des Führens eines Vatersnamens[330] oder eines Namens, der ausschließlich aus

325 Den Begriff „Angleichung" verwendet das EGBGB selbst in der Überschrift des 3. Kapitels (Art. 47-48). Dieser Begriff wird auch zumeist von Gerichten und Lehre verwendet, vgl. z.B. BGH FGPrax 2015, 67 Rn. 10; MüKo/*Lipp* Art. 47 Rn. 3; vertiefend insbesondere auch *Ehlers* S. 80 f. m.w.N.

326 Ist der ausländische Namensbestandteil einem dem deutschen Recht bekannten Namensbestandteil funktionsäquivalent, so kann dieser unproblematisch übertragen werden, vgl. *Hepting/Dutta* II-245 ff.

327 BGH NJW 2014, 1383 Rn. 24; *Hepting* StAZ 2008, 161, 163; Staudinger/*Hausmann* Art. 47 EGBGB Rn. 20 m.w.N.

328 BT-Drs. 16/1831 S. 79.

329 BGH StAZ 2015, 78 Rn. 17; Staudinger/*Hausmann* Art. 47 EGBGB Rn. 10a; MüKo/*Lipp* Art. 47 EGBGB Rn. 5.

330 Vgl. zum Vatersnamen, der je nach Stellung des Vatersnamens als Nach- oder Zwischenname in einen Familiennamen oder ein Vorname "transportiert" oder gänzlich abgelegt werden kann, *Hepting* StAZ 2008, 161, 167, *Ehlers* S. 133 ff., 158 ff.

mehreren Eigennamen besteht, die zu Vor- und Familiennamen bestimmt werden müssen.[331]

Führt der Namensinhaber hingegen nur einen einzigen Eigennamen, so kann dieser zwar in Vor- oder Familiennamen transportiert werden, allerdings muss der weitere noch fehlende Namensbestandteil im Rahmen der Ergänzungserklärung gem. Art. 47 Abs. 1 Nr. 2 EGBGB gewählt werden.[332] Enthält der Name einer Person einen Namensbestandteil, der weder Vor- noch Familienname und somit dem deutschen Recht fremd ist, ermöglicht Art. 47 Abs. 1 Nr. 3 EGBGB dem Namensinhaber diesen Bestandteil abzulegen.[333]

Für Namen, die aufgrund des Namensstatuts in einer Rechtsordnung erworben wurden, die geschlechtsabhängige Familiennamen kennt und deren eigentlich geschlechtsabhängige flexible Endung durch den Statutenwechseln zum deutschen Recht erstarrt, bietet Art. 47 Abs. 1 Nr. 4 EGBGB dem Namensinhaber die Möglichkeit, die geschlechtsabhängige Endung unter deutschem Namensstatut abzulegen und fortan den Familiennamen lediglich in der ursprünglichen Form weiterzuführen.[334] Gleiches gilt für die verwandtschaftsspezifischen Endungen, welche unter anderem im skandinavischen Rechtskreis vorkommen.[335] Der Namensinhaber kann sich zudem gem. Art. 47 Abs. 1 Nr. 5 EGBGB auch für eine Angleichung an die deutschsprachige Form seines Vor- und/oder Familiennamens entscheiden, um dem Namensinhaber die Anpassung an seine Umwelt und sein soziales Umfeld zu erleichtern.[336] Die Angleichung in die deutschsprachige Form ist jedoch nicht gleichbedeutend mit einer Übersetzung des Namens ins Deutsche, sondern soll vielmehr eine Angleichung an die deutschen Gepflogenheiten ermöglichen, bei der ein Zurückführen auf den Ursprungsnamen aufgrund der Phonetik oder Schreibweise weiterhin möglich ist.[337] Gem. Art. 47 Abs. 2 EGBGB gelten die Optionen des

331 In diesem Fall ist der Namensinhaber grds. frei darin welchen Eigennamen er zum Vor- und welchen er zum Familiennamen bestimmt, übereinstimmend MüKo/*Lipp* Art. 47 Rn. 32; BeckOGK/*Kroll*-Ludwigs Art. 47 EGBGB Rn. 22; *Ehlers* S. 120.

332 BT-Drs. 16/1831 S. 79.

333 Dies gilt auch für den Fall, dass ein Name aus mehr als zwei Eigennamen besteht und bereits andere Eigennamen zu Vor- und Familiennamen bestimmt wurden, vgl. *Ehlers* S. 120.

334 Diese wird wohl häufig die männliche Form des Namens sein, vgl. Staudinger/*Hausmann* Art. 47 EGBGB Rn. 71.

335 Gemeint sind die Endungen für Tochter/Sohn (-son und -dóttir/-datter/-dotter), vgl. MüKo/*Lipp* Art. 47 EGBGB Rn. 48; Staudinger/*Hausmann* Art. 47 EGBGB Rn. 72.

336 Staudinger/*Hausmann* Rn. 73; für die Grundsätzlichkeit dieser Zielrichtung im deutschen Namensrecht vgl. *Hepting* StAZ 2008, 161, 164.

337 Für die h.M. OLG Hamm StAZ 2015, 17; Staudinger/*Hausmann* Art. 47 EGBGB Rn. 75; BeckOK/*Mäsch* Art. 47 EGBGB Rn. 17; *Hepting* StAZ 2008, 161, 174; *Ehlers* S. 201 ff.; a.A. MüKo/*Lipp* Art. 47 EGBGB Rn. 52; *Henrich* StAZ 2007, 197, 203.

Abs. 1 entsprechend für die Bildung eines Namens nach deutschem Recht, wenn dieser von einem Namen abgeleitet werden soll, der nach einem anwendbaren ausländischen Recht erworben worden ist.[338]

V. Anerkennung eines im EU-Ausland erworbenen Namens

Von den Sachverhalten, in denen es aufgrund eines Eingangsstatutenwechsels der Notwendigkeit einer namensrechtlichen Angleichung bedarf, sind solche Sachverhalte zu unterscheiden, in denen ein Namensinhaber aufgrund der unterschiedlichen Anknüpfungspunkte in zwei Staaten unterschiedliche Namen zu führen hat. Solche Fälle der hinkenden Namensführung haben in der jüngsten Vergangenheit mehrfach den EuGH beschäftigt, so z.B. in den Fällen *Garcia Avello*[339], *Grunkin Paul*[340] und *Freitag*.[341] Auch wenn das Ziel des Namensinhabers in beiden Situationen ähnlich gelagert ist – der Namensinhaber will seinen nach ausländischem Recht erworbenen Namen auch in seinem anderen (neuen) Heimatstaat führen – ist jedoch die rechtliche Stoßrichtung eine andere. In den Fällen der Angleichung wird die Namensführung dadurch beeinträchtigt, dass das nach einem Statutenwechsel nun auf den Namen anwendbare Recht den nach dem alten Namensstatut erworbenen Namen bzw. seine Bestandteile so nicht gestattet bzw. kennt. In den Fällen der hinkenden Namensführung hingegen findet kein Statutenwechsel statt, da die beteiligten Staaten sich jedoch unterschiedlicher Anknüpfungspunkte zur Bestimmung des Namensstatuts bedienen, kommen je nach Staat unterschiedliche Namensrechte zur Anwendung, die ggf. auch unterschiedliche Namen bzw. Namensbestandteile kennen und gestatten. In diesen Fällen bedarf es nicht einer Angleichung des Namens, sondern vielmehr einer Anerkennung des im Ausland erworbenen Namens, um die hinkende Namensführung zu beseitigen.

Der Begriff bzw. das Prinzip der „Anerkennung“ findet sich auf europarechtlicher Eben an vielen Stellen und wird dabei nicht nur vom EuGH in seinen Urteilen aufgegriffen,[342] sondern findet auch in europäischen

---

338 Allerdings darf durch die Angleichung i.S.d. Art. 47 EGBGB das Ziel der Namensableitung, dass die den Namen „gebende“ Person und die den Namen ableitende Person denselben Namen führen, nicht unterlaufen werden, *Hepting* StAZ 2008, 161, 164.

339 EuGH Urt. v. 2.10.2003 – C-148/02.

340 EuGH Urt. v. 14.10.2008 – C-353/06.

341 EuGH Urt. v. 8.6.2017 – C-541/1.

342 Neben den den Namen betreffenden Urteil *Garcia Avello* oder *Grunkin Paul* bildete der EuGH ferner das Prinzip einer „gegenseitigen Anerkennung“ bereits in früheren die Warenverkehrsfreiheit betreffenden Urteilen heraus, vgl. EuGH Urt. V. 11.7.1974 – RS. 8/74 „Dassonville“ und EuGH Urt. V. 20.2.1979 – Rs. 120/78 „Cassis de Dijon“.

Verordnungen[343] oder Grünbüchern[344] Verwendung. Auf verfahrensrechtlicher Ebene meint Anerkennung eine Wirkungserstreckung in deren Folge eine Entscheidung oder ein Titel auch in einem anderen Mitgliedsstaat gilt und dort i.d.R. nicht mehr eigens überprüft oder infrage gestellt werden darf.[345] Neben dieser Geltungserstreckung von ausländischen Entscheidungen wird u.a. auch die Akzeptanz einer im Ausland bspw. durch die Eintragung in ein Register geschaffenen Rechtslage in einem anderen Mitgliedsstaat als „Anerkennung" bezeichnet.[346] Darunter fallen neben einer Eheschließung oder der Eintragung einer Partnerschaft auch die Änderung oder Wahl eines Namens.[347] Um diesem europarechtlichen Anerkennungsgebot genüge zu tragen, hat sich der deutsche Gesetzgeber 2013 für die Einführung einer eigenen Norm, dem heutigen Art. 48 EGBGB, entschieden.

1. Hintergrund und Entstehungsgeschichte des Art. 48 EGBGB

Ausschlaggebend für die Einführung von Art. 48 EGBGB waren die EuGH-Entscheidungen *Garcia Avello*[348] und insbesondere *Grunkin Paul*[349], in denen sich der EuGH mit dem grenzüberschreitenden Erwerb von Namen und der Beseitigung hinkender Namensführung befasste.[350]

---

343 Z.B. in Art. 45 der Verordnung (EU) Nr. 1215/2012 des Europäischen Parlaments und des Rates vom 12. Dezember 2012 über die gerichtliche Zuständigkeit und die Anerkennung und Vollstreckung von Entscheidungen in Zivil- und Handelssachen (EuGVVO) oder in Art. 21 der Verordnung (EG) Nr. 2201/20033 des Rates vom 27. November 2003 über die Zuständigkeit und die Anerkennung und Vollstreckung von Entscheidungen in Ehesachen und in Verfahren betreffend die elterliche Verantwortung und zur Aufhebung der Verordnung (EG) Nr. 1347/2000 (Brüssel 2a-VO).

344 Z.B. im Grünbuch „Weniger Verwaltungsaufwand für EU-Bürger: Den freien Verkehr öffentlicher Urkunden und die Anerkennung der Rechtswirkung von Personenstandsurkunden erleichtern", abrufbar unter https://eur-lex.europa.eu/legal-content/DE/ALL/?uri=CELEX%3A52010DC0747.

345 *Hess* S. 107 ff.; *Wagner* DNotZ 2011, 176, 180; eine Ausnahme von diesem Anerkennungsgrundsatz bildet häufig der ordre public-Vorbehalt, vgl. z.B. Art. 45 Abs. 1 lit. 1 EuGVVO.

346 Diese wird häufig auch als „kollisionsrechtliche" Anerkennung bezeichnet, vgl. *Coester-Waltjen* IPRax 2006, 392 f.; *Funken* S. 24 f.

347 *Coester-Waltjen* IPRax 2006, 392, 393.

348 EuGH Urt. v. 2.10.2003 – C-148/02.

349 EuGH Urt. v. 14.10.2008 – C-353/06.

350 Staudinger/*Hausmann* Art. 48 EGBGB Rn. 2; der deutsche Gesetzgeber stellt die Ausrichtung insbesondere an der Entscheidung *Grunkin Paul* im Rahmen des Gesetzgebungsverfahrens ausdrücklich heraus, vgl. BT-Drs. 17/1109 S. 12.

a. *Keine Diskriminierung von Doppelstaatern bei der Namenswahl – Garcia Avello*

Der Fall *Garcia Avello* war nach der EuGH-Entscheidung im Fall *Konstadinidis*[351] die erste Entscheidung, die sich nicht lediglich mit der grenzübergreifenden Schreibweise des Namens, sondern vielmehr der grenzüberschreitenden Namensführung befasste.

Anlass für die EuGH-Entscheidung gab ein Rechtsstreit, den der spanische Staatsbürger Carlos Garcia Avello als gesetzlicher Vertreter seiner Kinder, die aufgrund der Staatsbürgerschaft ihrer Mutter I. Weber sowohl die spanische als auch die belgische Staatsbürgerschaft besitzen, gegen den belgischen Staat führte. Mit diesem wollte er die Änderung des Familiennamens seiner Kinder erwirken. Diese hatten von den belgischen Behörden in Anwendung des belgischen Namensrechts den Namen des Vaters, „Garcia Avello", als Geburtsnamen erhalten. Die Eltern wünschten jedoch für ihre Kinder einen nach spanischem Recht gebildeten Geburtsnamen. Im Gegensatz zu Art. 335 des belgischen Zivilgesetzbuches, nach dem der Geburtsname ehelich geborener Kinder vom Familiennamen des Vaters abgeleitet wird, wird der Geburtsname des Kindes nach spanischem Recht aus den Familiennamen von Mutter und Vater zusammengesetzt, sodass die Kinder den Geburtsnamen „Garcia Weber" erhalten. Diesen Namen führten die Kinder daher auch in Spanien. Zwar besteht nach belgischem Recht grds. die Möglichkeit von diesem Grundsatz abzuweichen, eine Ausnahme sahen die belgischen Behörden jedoch nicht und gaben dem Änderungswunsch der Eltern nicht statt.

Der EuGH sah darin einen Verstoß gegen das heute in Art. 18 AEUV verankerte Diskriminierungsverbot.[352] Dieses verbietet eine Ungleichbehandlung aufgrund der Staatsangehörigkeit, sofern ein vergleichbarer Sachverhalt vorliegt, ebenso, wie eine Gleichbehandlung ungleicher Sachverhalte.[353] Auf letzteres stützte sich der EuGH. Er sah in der Gleichbehandlung von Personen, die ausschließlich die belgische Staatsbürgerschaft besitzen und solchen, die neben der belgischen Staatsbürgerschaft mindestens eine weitere Staatsbürgerschaft besitzen, eine Diskriminierung, da es sich hierbei um verschiedene Personengruppen handele, die daher auch verlangen könnten, unterschiedlich behandelt zu werden.[354] Im Falle eines Mehrstaaters sei zu berücksichtigen, dass es bei Anknüpfung an die jeweilige Staatsangehörigkeit der Heimatstaaten zu einer hinkenden Namensführung kommen könne, die für den Namensinhaber „schwerwiegende Nachteile beruflicher und privater Art" mit sich bringen könne.[355] Es verbiete sich daher, einen Antrag,

351 EuGH Urt. v. 30.3.1993 – C-168/91.

352 Zum Zeitpunkt der Entscheidung fand sich dieses in Art. 12 EG.

353 St. Rspr. des EuGH vgl. u.a. EuGH Urt. v. 17.7.1997 – C-354/95 „National Farmers' Union".

354 EuGH Urt. v. 2.10.2003 – C-148/02 „Garcia Avello" Rn. 34.

355 EuGH Urt. v. 2.10.2003 – C-148/02 „Garcia Avello" Rn. 36.

in dem ein Mehrstaater, der seinen Namen nach dem Recht des Staates erhalten hat, in welchem er den Änderungsantrag stellt, auf Änderung seines Namens in den Namen, den er nach dem Recht des anderen Heimatstaates erhalten hätte, abzulehnen.[356]

Dieser „namensrechtliche Paukenschlag“[357] brachte Bewegung in die Diskussion innerhalb der Europäischen Union über eine grenzüberschreitende Namensführung, insbesondere im Hinblick auf eine Lösung für das leidliche Problem der hinkenden Namensführung bei Mehrstaatern. Der EuGH hatte nach Ansicht eines großen Teils der Lehre diesen mit seiner Entscheidung praktisch ein Wahlrecht zwischen den von ihren jeweiligen Heimatstaaten erteilten Namen gewährt.[358] Die Entscheidung zwang einige Mitgliedsstaaten dazu, ihre Vorschriften oder Vorgehensweise der neuen Situation anzupassen.[359] Aus deutscher Sicht bedurfte es jedoch zunächst keiner zwingenden Anpassung des Kollisionsrechts, denn Art. 10 Abs. 2 und 3 EGBGB ermöglichte Mehrstaatern zu diesem Zeitpunkt bereits eine Rechtswahlmöglichkeit, sodass diese sich ohne Probleme für den Namenserwerb oder die Namensänderung nach einem anderen Heimatrecht entscheiden konnten.[360]

b. Vermeidung hinkender Namensführung bei unterschiedlichen Anknüpfungspunkten in den Mitgliedsstaaten – Grunkin Paul

Eine Konstellation der hinkenden Namensführung, die nicht bereits über die in der *Garcia Avello*-Entscheidung herausgebildeten Grundsätze aufzulösen war, bildete der Fall *Grunkin Paul.*

Stefan Grunkin und seine Ehefrau Dorothee Regina Paul, beide ausschließlich deutsche Staatsbürger aber mit gewöhnlichem Aufenthalt in Dänemark, bekamen dort 1998 einen gemeinsamen Sohn. Dieser besitzt ebenfalls ausschließlich die deutsche Staatsbürgerschaft, erhielt jedoch auf Wunsch der Eltern nach dänischem Recht den Geburtsnamen „Grunkin Paul“, da in Dänemark, anders als in den meisten Mitgliedsstaaten, für die Ermittlung des anwendbaren Rechts nicht an die Staatsangehörigkeit, sondern an den Wohnsitz angeknüpft wird.[361] Das deutsche Standesamt lehnte eine Anerkennung dieses Namens jedoch mit der Begründung ab, dass gem. Art. 10 Abs. 1 EGBGB für deutsche Staatsbürger deutsches

---

356 EuGH Urt. v. 2.10.2003 – C-148/02 „Garcia Avello“ Rn. 45.

357 *Dutta* FamRZ 2016, 1213, 1214.

358 *Mansel* RabelsZ 70 (2006) 654, 692 f.; *Mörsdorf-Schulte* IPRax 2004, 315, 323; *Henrich* in FS Heldrich S. 667, 672 f.

359 Ob dies durch eine Änderung des Kollisionsrechts (wie es bspw. Spanien handhabte) oder über eine rein administrative Umsetzung (wie in Belgien) zu erfolgen hatte, ließ der EuGH offen, vgl. BeckOGK/*Kroll-Ludwigs* Art. 10 EGBGB Rn. 70.

360 BT-Drs. 17/11049 S. 12; *Dutta* FamRZ 2016, 1213, 1214.

361 *Ring/Olsen-Ring* § 38 Rn. 928.

Namensrecht anwendbar sei und dieses einen Doppelnamen, gebildet aus den Familiennamen der Eltern, nicht kenne bzw. billige. Obwohl zwischenzeitlich eine Namensänderung in „Grunkin-Paul" zur Debatte stand, blieb es aus Sicht des Amtsgerichts Flensburg bei der Frage, ob es mit Gemeinschaftsrecht vereinbar sei, wenn ein Unionsbürger aus diesen Gründen gezwungen war, in zwei Mitgliedsstaaten unterschiedliche Namen zu führen.

Der EuGH rief in seiner Entscheidung zunächst die Grundsätze aus der Entscheidung *Garcia Avello* in Erinnerung: So könne eine hinkende Namensführung zu „schwerwiegende[n] Nachteile[n] beruflicher und privater Art" für den Namensinhaber führen.[362] Diese seien unabhängig davon zu befürchten, ob sich diese hinkende Namensführung aufgrund der Anknüpfung an die Staatsangehörigkeit bei Mehrstaatern ergebe (wie im Fall *Garcia Avello*) oder aufgrund der unterschiedlichen Anknüpfungspunkte im Heimatstaat und im Staat des gewöhnlichen Aufenthalts.[363] Insbesondere in Fällen, in denen der Namensinhaber nur eine Staatsangehörigkeit und damit einen offiziellen Identitätsnachweis besitzt, würde eine hinkende Namensführung zu der untragbaren Situation führen, dass der Namensinhaber sich im Staat seines Wohnsitzes nur mit dem „falschen" Namen ausweisen könnte, offizielle Dokumente oder Zeugnisse, die er in diesem Staat unter seinem dort erteilten Namen erhalte, hingegen wiederum im Heimatstaat zu Zweifeln an seiner Identität führen könnten.[364] Der EuGH kam daher zu dem Ergebnis, dass die Verpflichtung, in seinem Heimatstaat einen anderen Namen führen zu müssen als den, der ihm von seinem Wohnsitzstaat erteilt wurde, den Namensinhaber in seinem gem. Art. 21 AEUV (ehemals Art. 18 EG) verankerten Recht sich innerhalb des Hoheitsgebiets der Mitgliedsstaaten frei zu bewegen und aufzuhalten verletze.[365]

c. Die Reaktion des deutschen Gesetzgebers: Einführung von Art. 48 EGBGB

Deutschland war an dem Fall *Grunkin Paul* direkt beteiligt, sodass die Schwächen des deutschen Namensrechts eindeutig aufgezeigt wurden und der deutsche Gesetzgeber somit angehalten war, eine Lösung insbesondere für die namensrechtliche Behandlung von Doppelstaatern zu entwickeln.[366] Wie eine solche Lösung aussehen könnte, wurde in den Jahren nach den Entscheidungen *Garcia Avello* und *Grunkin Paul* in der Literatur rege diskutiert. So wurden unter anderem eine Lösung über die öffentlich-rechtliche Namensänderung nach § 3 NamÄndG[367]

362 EuGH Urt. v. 2.10.2003 – C-148/02 „Garcia Avello" Rn. 36.

363 EuGH Urt. v. 14.10.2008 – C-353/06 „Grunkin Paul" Rn. 24.

364 EuGH Urt. v. 14.10.2008 – C-353/06 „Grunkin Paul" Rn. 25 ff.

365 EuGH Urt. v. 14.10.2008 – C-353/06 „Grunkin Paul" Rn. 22 ff.

366 Vgl. zu der Motivation des Gesetzgebers BT-Drs. 17/11049 S. 12.

367 Insbesondere mit Blick auf Nr. 49 NamÄndVwV, nach dem die Beseitigung hinkender Namensverhältnisse typischerweise einen „wichtigen Grund" i.S.d. § 3 NamÄndG

angedacht, aber auch die Einführung einer Rechtswahl- oder Namenswahlmöglichkeit waren im Gespräch.[368] Der deutsche Gesetzgeber entschied sich im Ergebnis für letztere Möglichkeit und somit für die Einführung einer neuen Norm, dem Art. 48 EGBGB, der dem Namensinhaber die Möglichkeit geben sollte, einen im EU-Ausland erworbenen Namen mittels unmittelbarer Namenswahl auch in Deutschland führen zu können. Art. 48 EGBGB wurde somit – ähnlich wie Art. 47 EGBGB – als Sachnorm ausgestaltet und daher ebenfalls im relativ neuen 3. Kapitel des EGBGB verortet.[369] Dabei hat sich der deutsche Gesetzgeber im Ergebnis jedoch so stark an der Entscheidung *Grunkin Paul* orientiert, dass sich im Ergebnis weitere Probleme im Hinblick auf die Anerkennung von im Ausland erworbenen Namen ergaben.[370]

2. Inhalt des Art. 48 EGBGB: Möglichkeit der Wahl eines im EU-Ausland erworbenen Namens

Art. 48 EGBGB räumt dem Namensinhaber eine sachrechtliche Wahlmöglichkeit zwischen dem im EU-Ausland erworbenen und registrierten Namen und seinem – davon abweichenden – Namen, den er nach seinem deutschen Heimatrecht in Deutschland führt, ein.[371] Das bedeutet im Umkehrschluss, dass sich der Namensinhaber durchaus auch für eine hinkende Namensführung entscheiden kann, denn unionsrechtlich besteht keine Pflicht diese beseitigen zu müssen, sondern lediglich ein Recht auf eine einheitliche Namensführung innerhalb der Europäischen Union.[372]

a. Anwendbarkeit des deutschen Namensrechts

Voraussetzung für die Anwendbarkeit des Art. 48 EGBGB ist zum einen, dass der Name der betreffenden Person deutschem Namensrecht unterliegt. Aus welchem Grund deutsches Recht für den Erklärenden einschlägig ist, ist für die Anwendbarkeit des Art. 48 EGBGB unerheblich, so kann deutsches Recht beispielsweise gem. Art. 10 Abs. 1 EGBGB aufgrund der Staatsangehörigkeit anwendbar sein, durch Rechtswahl gem. Art. 10 Abs. 2 und 3 EGBGB oder auch aufgrund einer

---

darstellt, vgl. *Lipp* StAZ 2010, 1,8; *Martiny* DNotZ 2009, 453, 458; eine Übersicht weiterer Befürworter findet sich bei Staudinger/*Hausmann* Art. 10 EGBGB Rn. 531 f.

368 Vgl. dazu die Übersicht bei Staudinger/*Hausmann* Art. 10 EGBGB Rn. 535 ff.

369 Staudinger/*Hausmann* Art. 48 EGBGB Rn. 3; MüKo/*Lipp* Art. 48 Rn. 2.

370 Vgl. dazu die Ausführungen in Kapitel 5 E. III. 2.

371 Staudinger/*Hausmann* Art. 48 EGBGB Rn. 2.

372 Staudinger/*Hausmann* Art. 10 EGBGB Rn. 530; dafür spricht auch die Formulierung des Gesetzgebers: „Die betroffene Person kann […] bestimmen, dass sie […] den im EU-Ausland erworbenen Namen führen *will.*“, vgl. BT-Drs. 17/11049 S. 12.

Rückverweisung auf deutsches Recht gem. Art. 4 Abs. 1 S. 2 EGBGB.[373] Ist deutsches Namensrecht aufgrund einer Rechtswahl nach Art. 10 Abs. 2 oder 3 EGBGB anwendbar, können sich auch ausländische Staatsangehörige aus Nicht-EU-Staaten auf Art. 48 EGBGB berufen.[374] In dieser Hinsicht geht Art. 48 EGBGB somit über die unionsrechtlichen Vorgaben hinaus. Deutsches Namensrecht muss für denjenigen, der sich auf Art. 48 EGBGB berufen will, zum Zeitpunkt der Erklärung nach Art. 48 EGBGB anwendbar sein, unabhängig davon, wann der Name im ausländischen Staat eingetragen wurde.[375]

b. Namenserwerb und Registrierung während eines gewöhnlichen Aufenthaltes in einem EU-Mitgliedsstaat

Der gewünschte Name muss zudem für die Wahl nach Art. 48 EGBGB während eines gewöhnlichen Aufenthalts des Namensinhabers in einem anderen EU-Mitgliedsstaat erworben und dort registriert worden sein.

aa. Der „Name" i.S.d. Art. 48 EGBGB

Art. 48 EGBGB spricht von dem „Namen einer Person", den der Antragsteller auch in Deutschland rechtmäßig führen möchte. Der Begriff „Name" ist dabei kollisionsrechtlich zu verstehen, sodass auch Ehenamen und der durch Adoption erworbene Name vom Anwendungsbereich des Art. 48 EGBGB erfasst sind.[376] Zudem ist der Anwendungsbereich des Art. 48 EGBGB nicht auf die dem deutschen Recht bekannten Namensbestandteile beschränkt, sodass auch Zwischen- oder Vatersnamen in dieser Funktion erworben werden können.[377] Dies bestätigte der BGH in einer jüngeren Entscheidung insbesondere für den dänischen Mittelnamen.[378] In diesem Fall erhielten zwar die beiden in Deutschland geborenen Kinder eines Ehepaars, welches den Ehenamen „Mo." führt, nach § 1616 BGB ebenfalls den Familiennamen „Mo.", für das in Dänemark geborene Kind, eine Tochter, bestimmten die Eltern jedoch einen Vornamen, den Mittelnamen „Mo.", der dem Familiennamen

373 Staudinger/*Hausmann* Art. 48 EGBGB Rn. 8 f.; BeckOK/*Mäsch* Art. 48 EGBGB Rn. 4 m.w.N.

374 *Hepting/Dutta* II-432; MüKo/*Lipp* Art. 48 EGBGB Rn. 9; *Freitag* StAZ 2013, 69, 71 f.

375 Staudinger/*Hausmann* Art. 48 EGBGB Rn. 9a; *Hepting/Dutta* II-433; *Freitag* StAZ 2013, 69, 72.

376 MüKo/*Lipp* Art. 48 EGBGB Rn. 4; Staudinger/*Hausmann* Art. 48 EGBGB Rn. 19 f.; *Freitag* StAZ 2013, 69, 70; *Wall* StAZ 2013, 237, 239.

377 Dafür spricht bereits der Verweis es Art. 48 S. 4 EGBGB auf Art. 47 Abs. 1 Nr. 3 EGBGB, nachdem ein Namensbestandteil, den das deutsche Recht „nicht vorsieht" abgelegt werden kann, Staudinger/*Hausmann* Art. 48 EGBGB Rn. 20; MüKo/*Mäsch* Art. 48 EGBGB Rn. 13.

378 BGH FamRZ 2017, 1179.

der Eltern entsprach und als Nachnamen den nach dänischem Recht gebildeten Vatersnamen „Jankosdatter".

bb. Erwerb und Eintragung im anderen Mitgliedsstaat

Gemäß dem Wortlaut des Art. 48 EGBGB muss der gewünschte Name im Ausland „erworben" worden sein. Die Art des Namenserwerbs – aufgrund familienrechtlicher Statusänderung, durch öffentlich-rechtliche oder privatautonome Namensänderung – spielt dabei keine Rolle.[379] Diese Auslegung ist auch unionskonform, da der EuGH in seiner Entscheidung „Bogendorff von Wolffersdorff" klargestellt hat, dass auch eine Namensänderung mittels privatautonomer Namensänderung in Form des „deed poll" grds. von dem Recht auf Freizügigkeit gem. Art. 21 AEUV erfasst sei.[380] Ein Erwerb i.S.d. Art. 48 EGBGB hat zweifelsfrei dann stattgefunden, wenn der Name im ausländischen Staat nach dessen Recht rechtmäßig erworben wurde.[381] Wie es im Falle eines Namenserwerbs aussieht, der nach dem Recht des Staats des Namenserwerbs nicht rechtmäßig erworben wurde, ist umstritten.

Der BGH hat jüngst entschieden, dass eine Nachprüfung der Rechtmäßigkeit des Erwerbs zumindest in bestimmten Fällen zu erfolgen hat und dass Art. 48 EGBGB zumindest dann nicht anwendbar sein soll, wenn der Name rechtswidrig nicht nach deutschem Namensrecht gebildet wurde, obwohl aus der kollisionsrechtlichen Sicht des ausländischen EU-Mitgliedstaats deutsche Sachvorschriften zur Anwendung berufen waren.[382] Nach Ansicht eines Teils der Lehre soll aber auch ein rechtswidrig erworbener Name dann vom Anwendungsbereich des Art. 48 EGBGB erfasst sein, wenn dieser Name im Staat des Namenserwerbs als der rechtlich maßgebliche Name angesehen wird und der Namensinhaber durch das unbeanstandete Führen dieses Namens über einen längeren Zeitraum auf dessen Bestand vertrauen durfte.[383]

Art. 48 EGBGB fordert neben dem Erwerb des Namens, dass dieser im Ausland in ein „Personenstandsregister" eingetragen wurde. Unter diesen Begriff fallen nach allgemeiner Auffassung alle Register eines Mitgliedstaates und die aus diesen Registern erteilten Auszüge, die verbindlich über den Personenstand und den

379 Staudinger/*Hausmann* Art. 48 EGBGB Rn. 22 f.; BeckOK/*Mäsch* Art. 48 EGBGB Rn. 10; *Hepting/Dutta* II-437 m.w.N.; für die Erfassung von der privatautonomen Namensänderung in Form des „deed poll" vgl. BGH BeckRS 2018, 32623 Rn. 15.

380 EuGH Urt. v. 2.6.2016 – C-438/14 „Bogendorff von Wolffersdorff" Rn. 52 ff.

381 MüKo/*Lipp* Art. 48 EGBGB Rn. 12; *Freitag* StAZ 2013, 69, 70.

382 BGH NJW 2019, 2313, zustimmend *Kienemund* NZFam 2019, 508; allerdings für Fälle in denen ausländisches Sachrecht einschlägig ist offengelassen in BGH FamRZ 2017, 1179.

383 Staudinger/*Hausmann* Art. 48 EGBGB Rn. 28 f.; MüKo/*Lipp* Art. 48 EGBGB Rn. 12; BeckOK/*Mäsch* Art. 48 EGBGB Rn. 11; *Mankowski* StAZ 2014, 97, 103 f.; a.A. *Hepting/Dutta* II-437; *Wall* StAZ 2013, 237, 241 ff.

zivilrechtlichen Namen einer Person Auskunft geben und dies auch hauptsächlich bezwecken.[384] Die Eintragung in Register, die primär andere Zwecke verfolgt, wie beispielsweise ein Handelsregister oder ein Grundbuch, genügt hingegen den Anforderungen des Art. 48 EGBGB ebenso wenig, wie die Eintragung in behördliche Dokumente wie den Reisepass oder den Führerschein.[385]

cc. Der „gewöhnliche Aufenthalt" als Ausdruck der engen Verbindung zum anderen Mitgliedsstaat

Art. 48 EGBGB gewährt dem Antragsteller lediglich eine Wahlfreiheit hinsichtlich eines Namens, der während eines gewöhnlichen Aufenthalts im anderen Mitgliedsstaat erworben und dort eingetragen wurde. An dieser Beschränkung auf den „gewöhnlichen Aufenthalt" als Ausdruck einer hinreichend engen Verbindung zum Staat des Namenserwerbs, die eine „Anerkennung" des Namens auch in Deutschland rechtfertigt, lässt sich auch die enge Anlehnung des Art. 48 EGBGB an Sachverhalten erkennen, die ähnlich dem im Fall *Grunkin Paul* sind.[386] Einer hinreichend engen Verbindung und insbesondere einem hinreichend gewichtigen Kriterium bedarf es schon aus dem Grund, um dem sogenannten „Namenstourismus" vorzubeugen, bei dem sich eine Person gezielt — ggf. nur übergangsweise — in einem anderen Staat aufhält, um dort von den für sie günstigen Regelungen des Namensrechts zu profitieren.[387] Um einen solchen zu verhindern, sollte beispielsweise der Geburtsort einer Person isoliert nicht als hinreichend enge Verbindung zu einem anderen Staat ausreichen, weil in diesem Fall die Eltern durch die bewusste Auswahl eines anderen Geburtslandes auch die Wahl eines anderen anwendbaren Namensrechts mit dem Ziel der Umgehung der Anwendung deutscher namensrechtlicher Vorschriften herbeiführen könnten.[388]

Wann genau ein gewöhnlicher Aufenthalt begründet wird, ist nach den allgemeinen Kriterien des nationalen Rechts zu bestimmen.[389] Nach herrschender

---

384 BGH BeckRS 2018, 32623 Rn. 19; BeckOK/*Mäsch* Art. 48 EGBGB Rn. 7; MüKo/*Lipp* Art. 48 EGBGB Rn. 14; *Hepting/Dutta* II-436; *Freitag* StAZ 2013, 69, 70.

385 *Hepting/Dutta* II-436; *Freitag* StAZ 2013, 69, 70; BeckOK/*Mäsch* Art. 48 EGBGB Rn. 7 m.w.N; für den Fall des Führerscheins vgl. AG Meiningen StAZ 2016, 114 f.; a.A. Staudinger/*Hausmann* Art. 48 EGBGB Rn. 21, der sich in einigen Fällen für eine analoge Anwendung des Art. 48 EGBGB ausspricht.

386 Staudinger/*Hausmann* Art. 48 EGBGB Rn. 15, 17; dass eine solche Vergleichbarkeit mit dem Fall *Grunkin Paul* gewünscht war, vgl. BT-Drs. 17/11049 S. 12.

387 Staudinger/*Hausmann* Art. 48 EGBGB Rn. 15 m.w.N.

388 In diese Richtung zumindest die Generalanwältin am EuGH *Sharpston* in den Schlussanträgen zur Rechtssache EuGH Urt. v. 14.10.2008 – C-353/06 „Grunkin Paul" Rn. 86.

389 MüKo/*Lipp* Art. 48 EGBGB Rn. 11; Staudinger/*Hausmann* Art. 48 EGBGB Rn. 16; allerdings sollte aufgrund des Bezugs zum europäischen Recht die im Bereich der

Auffassung handelt es sich bei dem gewöhnlichen Aufenthalt einer Person um den Ort, an dem ihr Daseinsmittelpunkt, also der Schwerpunkt der familiären und beruflichen Bindungen liegt und der daher nicht nur vorübergehend, sondern auf eine gewisse Dauer angelegt ist.[390] Ein Wechsel des gewöhnlichen Aufenthalts nach Eintragung hat keine Auswirkungen auf die Anwendbarkeit des Art. 48 EGBGB.[391]

Der gewöhnliche Aufenthalt stellt daher unbestritten ein hinreichend gewichtiges Kriterium dar,[392] zum einen, weil eben nicht irgendein beliebiger Aufenthalt im anderen Staat zur Begründung eines gewöhnlichen Aufenthalts genügt, sondern eine gewisse Intensitätsschwelle überschritten sein muss. Zum anderen hat sich der gewöhnliche Aufenthalt auf der Ebene des Kollisionsrechts, insbesondere im Rahmen europäischer Verordnungen, aber auch auf nationaler Ebene, als Anknüpfungspunkt etabliert.[393]

c. *Ordre-Public-Vorbehalt*

Die Wahlmöglichkeit, den im Ausland erworbenen und eingetragenen Namen auch in Deutschland zu führen, ist dem Namensinhaber jedoch gem. Art. 48 S. 1 a.E. EGBGB dann verwehrt, wenn dies mit den wesentlichen Grundsätzen des deutschen Rechts offensichtlich unvereinbar ist. Dieser Vorbehalt entspricht, obwohl es sich bei Art. 48 EGBGB um eine Sachnorm handelt, dem kollisionsrechtlichen ordre-public-Vorbehalt des Art. 6 EGBGB, sodass auf die hierzu entwickelten Grundsätze auch im Rahmen des Art. 48 EGBGB zurückgegriffen werden kann.[394] So ist der ordre-public-Vorbehalt grundsätzlich zurückhaltend anzuwenden und bleibt aufgrund des durch Grund- und Menschenrechte garantierten Namensschutzes lediglich Einzelfällen vorbehalten.[395] Einschlägig wird der ordre-public-Vorbehalt jedoch aus Gründen des Kindeswohls in den Fällen sein, in denen ein im Ausland erteilter Vorname aus deutscher Sich anstößig oder lächerlich ist.[396] Dass der Vorname nicht geschlechtsspezifisch ist, verstößt hingegen nicht gegen den ordre public.[397] Der Erwerb eines dänischen Mittelnamens, der in Deutschland als

---

europäischen Verordnungen entwickelten Grundsätze herangezogen werden, vgl. *Mankowski* StAZ 2014, 97, 100 ff.

390 BGH NJW 2019, 1605 Rn. 19; BeckOK/*Lorenz* Art. 5 EGBGB Rn. 16.

391 *Mankowski* StAZ 2014, 97, 102.

392 Staudinger/*Hausmann* Art. 48 EGBGB Rn. 15 m.w.N.

393 So z.B. Art. 4 I a) Rom-I-VO bzw. Art. 8 I a) Rom-III-VO oder auf nationaler Ebene Art. 10 II Nr. 2 und III Nr. 2 EGBGB.

394 Staudinger/*Hausmann* Art. 48 EGBGB Rn. 32; MüKo/*Lipp* Art. 48 EGBGB Rn. 32.

395 MüKo/*Lipp* Art. 10 EGBGB Rn. 52; *Hepting/Dutta* II-442.

396 Staudinger/*Hausmann* Art. 10 EGBGB Rn. 171; MüKo/*Lipp* Art. 10 EGBGB Rn. 56; BeckOK/*Mäsch* Art. 10 EGBGB Rn. 13.

397 Staudinger/*Hausmann* Art. 10 EGBGB Rn. 171; ob ein Vorname „geschlechtsgegenteilig“ ist, ist zudem nicht aus deutscher Sicht, sondern aus Sicht des namenserteilenden Landes zu beurteilen, vgl. BeckOK/*Mäsch* Art. 10 EGBGB Rn. 13 m.w.N.

männlicher Vorname geführt werden kann, verstößt zumindest dann nicht gegen den ordre public, wenn der Vorname das weibliche Geschlecht der Namensinhaberin eindeutig erkennen lässt und somit die nötige Identifizierbarkeit mit dem eigenen Geschlecht ermöglicht.[398] Ebenso wenig verstößt es gegen den ordre public, dass das ausländische Namensrecht im Hinblick auf den Familiennamenserwerb weiterhin zwischen ehelichen und nicht ehelichen Kindern unterscheidet.[399] Allerdings ist bei der Anwendung im Rahmen des Art. 48 EGBGB zu berücksichtigen, dass nicht auf die rein deutsche Sicht abgestellt werden kann, sondern auch den unionsrechtlichen Vorgaben Rechnung getragen werden muss.[400]

d. Wirkung: Grundsätzlich ab Zeitpunkt des Namenserwerbs im Ausland

Art. 48 S. 2 1. HS EGBGB stellt klar, dass die Wirkung der Namenswahl grds. rückwirkend eintreten soll. Während der Wortlaut für eine Rückwirkung auf den Zeitpunkt der Eintragung des Namens im ausländischen Personenstandsregister spricht, wird in der Literatur jedoch vertreten, dass – um das gesetzgeberische Ziel der Einnamigkeit zu erreichen – eine Rückwirkung auf den Zeitpunkt des Namenserwerbs im Ausland zu bevorzugen ist.[401] Wenn der Namensinhaber die Wirkung der Namenswahl nur für die Zukunft wünscht, muss er dies gem. Art. 48 S. 2 2. HS EGBGB ausdrücklich erklären. Die Namenswahl unterliegt keiner Frist, sodass sie zeitlich nicht mit dem Namenserwerb oder der Registrierung im Ausland erfolgen muss.[402] Zudem besteht für den Namensinhaber auch keine Pflicht zur Namenswahl nach Art. 48 EGBGB. Er kann sich ebenso gut dafür entscheiden, keine Erklärung nach Art. 48 EGBGB abzugeben und an der hinkenden Namensführung festzuhalten, da die Einnamigkeit zwar das übergeordnete Ziel ist, diese dem Namensinhaber aber nach allgemeiner Auffassung nicht aufgezwungen werden darf.[403]

---

398 Denn der Mittelname dient, anders als ein zweiter Vorname, in seiner Funktion bereits nicht als Rufname und einem geschlechtsgegenteiligen Mittelnamen kommt im Hinblick auf die Identifikation mit dem eigenen Geschlecht nur eine untergeordnete Rolle zu, vgl. dazu BGH FamRZ 2017, 1179 3 Rn. 29 f.

399 Staudinger/*Hausmann* Art. 10 EGBGB Rn. 171; Grüneberg/*Thorn* Art. 10 EGBGB Rn. 20.

400 MüKo/*Lipp* Art. 48 EGBGB Rn. 32; *Hepting/Dutta* II-443.

401 Staudinger/*Hausmann* Art. 48 EGBGB Rn. 42 f.; MüKo/*Lipp* Art. 48 EGBGB Rn. 27; *Hepting/Dutta* II-446.

402 BeckOK/*Mäsch* Art. 48 EGBGB Rn. 20; Staudinger/*Hausmann* Art. 48 EGBGB Rn. 39.

403 BGH StAZ 2017, 139 Rn. 38; Staudinger/*Hausmann* Art. 10 EGBGB Rn. 530 m.w.N.

e. *Das Schicksal von dem deutschen Recht unbekannten Namensbestandteilen*

Fraglich ist auch, was in Folge der Wahl eines in einem anderen Mitgliedsstaat erworbenen Namens mit den dem deutschen Recht unbekannten Namensbestandteilen, wie z.B. Zwischennamen in Form von Vaters- oder Mittelnamen, geschieht. Der BGH musste sich jüngst mit einem Fall befassen, in dem es um die „Übernahme" eines in Dänemark erworbenen Mittelnamens ging.[404]

Die deutschen Staatsbürger Lydia und Janko Mo., wohnhaft in Dänemark, bekamen dort im Juli 2010 eine gemeinsame Tochter, für die in Dänemark nach dänischem Recht ein Vorname (*Fornavn*) „Lo.", der Familienname der Eltern „Mo." als Mittelname (*Mellemnavn*) und der aus dem Vornamen des Vaters gebildete Vatersname „Jankosdatter" als Nachnamen (*Efternavn*) in Gestalt eines Patronyms eingetragen wurde. Anfang 2014 gaben die Eltern auf einem Formular der Deutschen Botschaft in Kopenhagen die öffentlich beglaubigte Erklärung zur Namensführung des Kindes ab, nach der für das Kind nach Art. 48 EGBGB der in Dänemark erworbene und dort ins Personenstandsregister eingetragene Namen „Jankosdatter" zum Familiennamen bestimmt werden soll. Da das Formular lediglich die Felder „Vorname" und „Familienname" enthielt, trugen die Eltern die übrigen Namen in das Feld „Vorname" ein, jedoch mit dem Zusatz „(Mittelname)" hinter dem Namen „Mo.". Das Standesamt beurkundete daraufhin, dass der Name, der von diesem zuvor als Lo. Mo. eingetragen war, rückwirkend neu bestimmt wurde und nun „Lo. Mo. Jankosdatter" lautete, wobei „Lo." „Mo." als Vornamen und „Jankosdatter" als Familienname eingetragen wurde. Die Eltern beantragten sodann, den Namen „Mo." als Mittelnamen und nicht als Vornamen einzutragen. Während das Ausgangsgericht diesen Antrag zurückwies, wies das Beschwerdegericht das Standesamt an, die Folgebeurkundung dahingehend zu berichtigen, dass das Kind den Namen „Mo." als Mittelnamen führe.[405] Diese Entscheidung wurde auch vom BGH bestätigt. Der BGH teilt somit die Auffassung, dass Art. 48 EGBGB in unionskonformer Auslegung nicht nur auf die dem deutschen Recht bekannten Namensbestandteile beschränkt ist, sondern der gesamte im Ausland erworbene Name mit allen (landesspezifischen) Namensbestandteilen wählbar ist.[406]

---

404 BGH FamRZ 2017, 1179.

405 KG FamRZ 2016, 1281 ff.

406 BGH FamRZ 2017, 1179.

Kapitel 4: Das Namensrecht in Schweden

In Schweden existiert keine mit dem BGB vergleichbare „zivilrechtliche Gesamtkodifikation", vielmehr werden die unterschiedlichen Rechtmaterien in einzelnen Gesetzen geregelt.[407] So finden sich auch die aktuellen namensrechtlichen Regelungen in dem dafür geschaffenen „Lag om personnamn"[408], dem schwedischen Namensgesetz (Namnlag), wieder. Ähnlich wie auch die namensrechtlichen Regelungen in Deutschland, erfuhr auch das schwedische Namensgesetz im Laufe der Jahre einige kleinere, aber auch größere Veränderungen, wobei das Namensgesetz insgesamt drei Mal komplett neu gefasst wurde (1963, 1982, 2017).

A. Entwicklung und Geschichte des schwedischen Namensrechts

I. Namensrechtliche Gebräuche und Sitten ohne Kodifizierung

Vor dem 12. Jahrhundert trugen die Menschen in Schweden – ähnlich wie in Mitteleuropa – nur einen Einzelnamen, dem jedoch ein individueller Zusatz beigefügt werden konnte, der z.B. auf die familiäre Stellung oder ein besonderes Merkmal des Namensinhabers Bezug nahm.[409] Ab dem 11. Jahrhundert fanden auch christliche Namen Einzug in den schwedischen Rechtskreis, zunächst nur in der oberen Bevölkerungsschicht, von wo aus sie sich nach und nach weiterverbreiteten.[410] Auch die Entstehung der Hanse beeinflusste die Namensgebung in Schweden, denn bereits ab dem 13. Jahrhundert verbreiteten sich deutsche Vornamen in Schweden.[411] Die deutsche Namensgebung wirkte sich zudem auch auf die schwedischen Nachnamen aus, allerdings zu einem deutlich späteren Zeitpunkt, da der

---

407 *Ring/Olsen-Ring* § 2 Rn. 21.

408 Lag (2016:1013) om personnamn (SFS 2016:1013).

409 So z.B. der Zusatz Baltha „den djärve" (Baltha der Kühne), vgl. *Brylla* Andersson, Pettersson, Lundström och ... Beachman S. 9; Beinamen konnten auch einen Bezug zum Heimatort der Person oder einen Hofnamen darstellen, vgl. *Franck* StAZ 2020, 97, 98.

410 *Brylla* Das schwedische Personennamensystem, in: Europäische Personennamensysteme, S. 661.

411 *Brylla* Das schwedische Personennamensystem, in: Europäische Personennamensysteme, S. 661.

Brauch patronymischer Namensbildung, insbesondere in Form der Sohn-Namen (-*son*), lange dominierte.[412]

Der Gebrauch fester Nachnamen entwickelte sich in Schweden erst im 16. Jahrhundert in Adelskreisen und breitete sich im 17. Jahrhundert auch auf die bürgerliche Schicht aus.[413] Auch unter Gelehrten und Soldaten verbreitete sich der Gebrauch bestimmter fester Nachnamen bereits zu dieser Zeit.[414] Auf dem Land hingegen dauerte es bis ins 19. Jahrhundert hinein, bis sich feste Familiennamen in Form von Patronymen bildeten.[415] Während diese bis zu diesem Zeitpunkt sowohl als nicht vererbbare Sohn- und Tochtersnamen mit den Endungen -*son* und -*dotter* geläufig waren, so begannen in der zweiten Hälfte des 19. Jahrhunderts lediglich die Sohnnamen zu übertragbaren Familiennamen zu erstarren, wohingegen die Tochternamen fast vollständig verdrängt wurden.[416]

Verbindliche Regelungen über die Namensführung existierten hingegen bis zum Anfang des 20. Jahrhunderts überwiegend nicht. Lediglich Adelsnamen wurden vor der unrechtmäßigen Annahme durch andere Adelsfamilien, Betrüger oder Soldaten durch die Ritterhausordnung von 1626 und einzelne königliche Verordnungen geschützt.[417] Im 19. Jahrhundert kam den namensrechtlichen Belangen dann mehr Beachtung zu. So wurden für Soldaten und Seeleute Regelungen eingeführt, die sich zumeist damit befassten, ob Namensänderungen für diese Gruppen generell möglich waren und wenn ja, von wem sie vorzunehmen waren.[418] Auch das Markengesetz von 1884 enthielt Regelungen zum Firmennamen, der in der Regel vom bürgerlichen Namen des Unternehmers abgeleitet wurde und dessen Änderungsmöglichkeiten aus Gründen der Rechtssicherheit eingeschränkt wurden.[419] Für die breite Bevölkerung gab es jedoch lange keine Regelungen.[420] Erst mit der Namensverordnung von 1901 änderte sich dies allmählich.

---

412 *Brylla* Andersson, Pettersson, Lundström och ... Beachman S. 10.

413 *Brylla* Das schwedische Personennamensystem, in: Europäische Personennamensysteme, S. 663 ff.

414 *Brylla* Andersson, Pettersson, Lundström och ... Beachman S. 40 ff., 47 ff.

415 *Brylla* Das schwedische Personennamensystem, in: Europäische Personennamensysteme, S. 665 f.

416 *Brylla* Andersson, Pettersson, Lundström och ... Beachman S. 46.

417 § 23 der Ritterhausordnung (*Riddarhusordningen*) besagte: „ingen adelsman „... må taga en annans adelsmans namn eller vapen, han vare lefvandes eller utdödh, och confundera i så måtto ätterna"" (kein Adelsmann ... kann den Namen oder das Wappen eines anderen Adligen, sei er lebend oder verstorben, annehmen und die Familien in diesem Ausmaß verwirren), vgl. *Brylla* Andersson, Pettersson, Lundström och ... Beachman S. 52 sowie *Entzenberg* S. 10.

418 SOU 1960:5 S. 46 ff.; *Entzenberg* S. 11.

419 SOU 1960:5 S. 48; *Höglund* S. 17.

420 SOU 1960:5 S. 48; *Höglund* S. 17.

II. Die Entwicklung namensrechtlicher Regelungen ab 1901

Bereits 1896 stellte das Reichstagsmitglied Sigfrid Wieselgren einen Antrag auf Erarbeitung eines Namensgesetzes, um in Schweden eine zeitgemäße und verlässliche Namensführung zu etablieren, der jedoch abgelehnt wurde.[421] Ein Gesetz, welches die Pflicht zur Führung eines bestimmten Namens enthielt, wurde von der Mehrheit der Reichstagsmitglieder als ein zu großer und nicht notwendiger Eingriff in das persönliche Selbstbestimmungsrecht der Bürger angesehen.[422] Man konnte sich jedoch darauf einigen, dass eine gewisse staatliche Kontrolle über die Namensführung wünschenswert war, woraufhin 1901 eine erste Namensverordnung[423] erlassen wurde, die die Bürger dazu ermutigen sollte, feste und vererbbare Familiennamen anzunehmen.[424] Diese führte dazu, dass insbesondere die in den ländlichen Regionen weit verbreiteten patronymischen Namen zu vererbbaren Familiennamen „erstarrten" und sich so eine große Anzahl von Menschen einige wenige Familiennamen teilten, ohne dass sie eine familiäre Verbindung zueinander hatten.[425] Zudem wurden Regeln zum Namensschutz eingeführt, die es einer Person untersagten, einen bereits existenten Familiennamen anzunehmen, wenn er keine familiäre Verbindung zu diesem Namen nachweisen konnte.[426] Um der Familiennamensarmut entgegenzuwirken wurde die Bevölkerung ab den 1920ern daher ermutigt, neu gebildete, nicht-patronymische Familiennamen anzunehmen.[427] Zudem wurden in der Namensverordnung von 1901 zunächst nicht alle Bereiche des Namensrechts geregelt. Die Regelungen, welche den Namen in der Ehe betrafen, wurden hingegen ab 1920 im Ehegesetz[428] angesiedelt, nach denen die Frau nach Eheschließung nun den Mannesnamen verpflichtend anzunehmen

421 *Entzenberg* S. 11 f.; SOU 1960:5 S. 49.

422 *Entzenberg* S. 12; SOU 1960:5 S. 50.

423 Namnförordning (SFS 1901:125).

424 *Leibring* in FS Kremer/Greule S. 409; *Brylla/Entzenberg* S. 36; Entzenberg S. 22 f.; *Franck* StAZ 2020, 97, 98.

425 *Leibring* in FS Kremer/Greule S. 409. Diese „Namensarmut" ist im Laufe der Zeit bestehen geblieben. So waren nach einer Erhebung von Statistics Sweden in 2016 die 16 häufigsten Nachnamen immer noch solche, die aus Patronymen gebildet wurden. Diese 16 häufigsten Namen wurden dabei von 17% der Bevölkerung getragen, ebenso *Franck* StAZ 2020, 97, 98.

426 *Leibring* in FS Kremer/Greule S. 409.

427 *Leibring* in FS Kremer/Greule S. 410; als Inspiration oder Vorlage diente dafür das ab 1921 von Adolf Noreen und Anders Grape herausgegebene „Svensk Namnbok" (schwedisches Namensbuch), vgl. *Brylla* Andersson, Petersson, Lundström och ... Beachman S. 54.

428 Giftermålsbalk (SFS 1920:405).

hatte.[429] Regeln für den Namenserwerb von Kindern fanden sich im Elterngesetz.[430] Das staatliche Interesse an der eindeutigen Identifizierbarkeit der Bürger zu steuerlichen Zwecken wurde zunächst durch die Einführung einer Personennummer im Jahr 1947 befriedigt,[431] und erst in den 1950er Jahren wurden der Mangel an eindeutigen Regelungen zur Namensführung und der unzureichende Namensschutz wieder ernsthaft im Reichstag thematisiert.[432]

Das erste Namensgesetz, welches eine Reihe von allgemeingültigen Regelungen der Namensführung enthielt, wurde in Schweden erst knapp 20 Jahre später durch das Namnlag 1963[433] eingeführt. Dieses war primär von dem öffentlichen Interesse an einer verlässlichen und stabilen Namensführung geprägt.[434] Aus diesem Grund enthielt das Namnlag 1963 erstmals auch eine Pflicht zur Führung eines festen Familiennamens (*släktnamn*).[435] Den Bürgern blieb eine Übergangsfrist von 2 Jahren, in denen sie einen Familiennamen annehmen mussten, taten sie dies nicht, so wurde ihnen kraft Gesetzes ihr bisheriger ins Kirchenregister eingetragener Beiname als Familienname zugeteilt.[436] Im Wesentlichen übernommen wurden die Regelungen zum Vorrang des Mannesnamens. Die Ehefrau erhielt mit der Eheschließung grds. den Familiennamen des Mannes, § 6 Abs. 1 S. 1 Namnlag 1963, allerdings wurde ihr die Möglichkeit gegeben ihren Geburtsnamen als sogenannten „Zusatznamen" (*tillägsnamn*) voranzustellen, § 6 Abs. 3 S. 1 Namnlag 1963, oder ihren Geburtsnamen als ausschließlichen Familiennamen zu behalten, wenn sie dies vor der Eheschließung dem Pastor (*pastor*) oder dem Standesbeamten (*vigselförrättare*) mitteilte, § 6 Abs. 1 S. 1 Namnlag 1963. Auch der Geburtsname eines ehelichen Kindes bestimmte sich grds. nach dem Familiennamen des Vaters, § 1 Abs. 1 S. 1 Namnlag 1963. Ein nicht eheliches Kind erhielt dagegen den Familiennamen der Mutter, § 2 Abs. 1 S. 1 Namnlag 1963; für den Fall, dass die Eltern bereits verlobt waren, bestand aber die Möglichkeit, dass der Vater einem Namenserwerb seines Familiennamens zustimmen konnte, § 2 Abs. 2 Namnlag 1963.

---

429 *Brylla/Entzenberg* S. 37; Der Ehefrau stand es jedoch weiterhin frei ihren Geburtsnamen gesellschaftlich als Gebrauchsnamen weiter zu verwenden, vgl. *Brattström* S. 126 f.

430 *Föräldrabalk* (1949:381). Auch dieses war von patriarchalischen Strukturen geprägt, so erwarb das ehelich geborene Kind gem. § 5 grds. den Mannesnamen.

431 Einführung zum 1.1.1947 durch die Bevölkerungsregisterverordnung (*Folkbokföringsförordning)* 1946:469.

432 *Entzenberg* S. 29 f.

433 Namnlag (SFS 1963:521).

434 *Brylla* Das schwedische Personennamensystem, in: Europäische Personennamensysteme, S. 659.

435 *Franck* StAZ 2020, 97, 98.

436 Vgl. § 46 Abs. 2 des Namnlag 1963; *Höglund* S. 30; SOU 2013:35, S. 145.

Da bis zum Namensgesetz von 1963 die Kirche für die Registrierung und Änderung von Namen zuständig war, blieben diese auch weiterhin zuständig. Daneben wurde jedoch das schwedische Patent- und Registrierungsamt (*patent- och registeringsverket*) als zentrale „Benennungsbehörde" (*namnmyndigheten*) bestimmt, § 43 Namnlag 1963, die insbesondere für Namensänderungen zuständig war, §§ 30 f. Namnlag 1963.

Doch bereits einige Jahre nach Inkrafttreten wurde Kritik an den Regelungen laut. So wurden die geltenden Regelungen als zu umständlich und kompliziert angesehen, zudem entsprächen insbesondere die familienrechtlichen Regelungen nicht mehr dem gesellschaftlich immer weiter fortschreitenden Streben nach der Gleichstellung von Mann und Frau, weil das Gesetz den Mannesnamen i.d.R. favorisierte.[437] Eine bereits 1972 in Auftrag gegebene und sieben Jahre später veröffentlichte Untersuchung der namensrechtlichen Regelungen (SOU 1979:25) kam zu dem Ergebnis, dass viele dieser Regelungen nicht mehr zeitgemäß waren und dass die Reformvorschläge so umfassend seien, dass zu einer Neufassung des Namensgesetzes auf Grundlage der aktuellen Fassung geraten wurde.[438]

1982 wurde dann auf der Grundlage dieses Untersuchungsberichts eine überarbeitete Version des Namensgesetzes erlassen.[439] Während das Namnlag 1963 geprägt war vom Grundsatz der Namenskontinuität, gestatte das neue Namnlag 1982 dem Einzelnen weitaus mehr Freiheiten in Bezug auf seine Namenswahl und Namensänderung, wenn auch nicht alle liberalen Vorschläge aus dem Untersuchungsbericht übernommen wurden.[440] Der Vorrang des Mannesnamens wurde jedoch abgeschafft. Um der Gleichstellung der Geschlechter gerecht zu werden, entschied man sich dafür, dass die Eheleute ausdrücklich einen Ehenamen bestimmen mussten, taten sie dies nicht, behielt jeder Ehegatte seinen Geburtsnamen. Ebenso wurde der Zusatzname abgeschafft. Dessen Funktion – bei einem gemeinsamen Ehenamen dem Ehegatten, dessen Familienname nicht Ehename wurde, die Möglichkeit zu geben seine bereits bestehende familiäre Zugehörigkeit durch Weiterführung des Geburtsnamens auszudrücken – wurde nun durch die Einführung sogenannter Mittelnamen (*mellenamn*) genüge getan. Während das Namnlag 1963

---

437 SOU 2013:35 S. 154; so bestand für die Ehefrau sowie die minderjährigen Kinder zwar die Möglichkeit, den Familiennamen der Frau durch Anmeldung beim Pfarrer bzw. mit Zustimmung des Gerichts zu erhalten, einfacher und vom Gesetzgeber angestrebt war jedoch weiterhin der automatische Erwerb des Mannesnamens, vgl. § 1 Namnlag 1963 für den Kindsnamen sowie § 6 Namnlag 1963 für den Namen der Ehefrau.

438 SOU 1979:25 S. 150.

439 Namnlag (1982:670).

440 So wurden bspw. die im Untersuchungsbericht vorgeschlagenen Möglichkeiten der Namensänderung durch den Regierungsvorschlag eingeschränkt, vgl. SOU 2013:35 S. 183.

noch den Begriff „Familiennamen" (*släktnamn*) verwendete, wurde dieser durch das Namnlag 1982 durch den auch heute noch verwendeten Begriff „Nachnamen" (*efternamn*) ersetzt. Grund dafür war, dass der Gesetzgeber dem Einzelnen durch das Namnlag 1982 mehr Freiheiten im Hinblick auf die wählbaren Nachnamen geben wollte, die nicht mehr notwendigerweise eine direkte Verbindung zu der Kernfamilie haben mussten und man sich daher einen neutraleren Begriff für diesen Namensbestandteil wünschte.[441] Auch nach dem Gesetz von 1982 war es noch möglich, familienrechtliche namensrechtliche Vorgänge durch Eintragung in die Kirchenbücher (*kyrkebok*) vornehmen zu lassen, §§ 33 f. Namnlag 1982. Daneben bestand auch die Möglichkeit, sich an das schwedische Patent- und Registrierungsamt als zuständige Behörde zu wenden, §§ 35 ff. Namnlag 1982.

B. Die Regelungen des „Namnlag 2016"

Nachdem das Namnlag 1982 fast 25 Jahre in Kraft war, ohne dass daran größere grundlegende Veränderungen vorgenommen wurden, und bereits in den 1990er Jahren die ersten Stimmen für eine grundlegende Überarbeitung laut wurden, wurde Ende 2009 ein parlamentarischer Ausschuss (*parlamentarisk kommitté*) einberufen, der bis zum 1.3.2013 die geltenden Regelungen untersuchen und bei Bedarf Änderungsvorschläge unterbreiten sollte.[442] Dazu wurden unter anderem auch Gerichtsentscheidungen ausgewertet, die beteiligten Behörden gehört und eine Bevölkerungsumfrage zu den wichtigsten namensrechtlichen Themen durchgeführt, um sich so ein umfassendes Bild über die aktuelle Lage zu machen.[443]

Aufgrund dieser Untersuchungen kam der Ausschuss 2013 zu dem Ergebnis, dass es nicht nur punktuellen Änderungen des Namensrechts, sondern vielmehr einer grundsätzlichen Überarbeitung und Neufassung des Namensgesetzes bedürfe.[444] Auf Grundlage des Namnlag 1982 schlug der Ausschuss dem Gesetzgeber daher etliche Veränderungen und Neuerungen vor, die dieser weitestgehend für seinen Gesetzesentwurf[445] übernahm.[446]

---

441 Prop. 1981/82:156 S. 15.

442 Kommittédirektiv 2009:129; *Leibring* in FS Kremer/Greule S. 408, 412 f.

443 SOU 2013:35 S. 44; *Leibring* in FS Kremer/Greule S. 408, 413.

444 SOU 2013:35 S. 45.

445 Prop. 2015/16:180.

446 Interessanterweise wurden dabei Veränderungen vom Gesetzgeber in den Entwurf übernommen, die bereits im Rahmen der Neufassung des Namnlag 1982 von dem damaligen Justizminister *Olle Höglund* aufgeworfen wurden, von dem Gesetzgeber Anfang der 1980er Jahre jedoch als zu weitreichend und radikal angesehen und nicht in den damaligen Gesetzesentwurf übernommen wurden, wie bspw. dass eine Namensänderung eines oder beider Ehegatten nur auf Antrag bei oder nach Eheschließung erfolgen sollte sowie die Abschaffung einer Begrenzung für Namensänderungen, vgl. *Abrahamson* SvJT 2013, 709 u. 712.

Das Hauptargument für eine umfassende Neufassung des Gesetzes war, dass durch die immer weiter fortschreitende Verwendung von personenbezogenen Identifikationsnummern zum Zwecke der Identifizierung von Bürgern durch staatliche und private Stellen, die Regelungen des Namnlag 1982 nun keinen angemessenen Ausgleich mehr zwischen diesem öffentlichen Interesse an Namensstabilität und dem Interesse des Einzelnen seinen Namen frei und nach seinen Vorstellungen wählen zu können darstellten, sondern das Recht des Einzelnen zu stark einschränkten.[447] Zudem hatten sich die Gesellschaft und deren Bedürfnisse an eine angemessene Regelung der Namensführung seit Einführung des Namnlag 1982 verändert und das Namnlag 1982 war an vielen Stellen missverständlich und zum Teil für die zuständigen Behörden schwer anzuwenden.[448] Die neuen Regelungen sollten daher unter Beachtung von drei Leitideen geschaffen werden: Einfachheit, Vorhersehbarkeit und Wahlfreiheit.[449]

Mit Inkrafttreten am 1.7.2017 ersetzte das „Lag (2016:1013) om personnamn"[450] – kurz Namnlag 2016 – somit das Namnlag 1982 und brachte dabei zahlreiche Veränderungen mit sich, die die Grundsätze des schwedischen Namensrechts zum Teil gänzlich neu ausrichteten. So verabschiedete man sich von dem Konstrukt des Mittelnamens, gestattete nun jedoch das Führen von Doppelnamen. Zudem wurde auch der Vorgang des Namenserwerbs grundlegend reformiert. Bestand nach dem Namnlag 1982 noch die Möglichkeit einen Namen automatisch durch Geburt oder eine andere Statusänderung zu erwerben, so muss nun – selbst bei der Geburt – eine Namenserklärung abgegeben werden. Grund dafür ist, dass Kritiker befürchteten, dass ein Kind durch den automatischen Namenserwerb unter Umständen einen Geburtsnamen erhält, den weder die Eltern wünschen noch der die tatsächliche familiäre Situation bzw. Lebensrealität des Kindes widerspiegelt und lediglich auf einer veralteten traditionellen Sichtweise beruht.[451] Ferner gestattet das Namnlag 2016 wiederholte Namensänderungen ohne dabei auf Sperrregelungen hinsichtlich der Anzahl möglicher Namensänderungen zurückzugreifen. Denn ein Festhalten an solchen Sperrregelungen erschien dem schwedischen Gesetzgeber aufgrund der gesteigerten Relevanz der Personennummer zur Identifizierung der Bürger nicht mehr zeitgemäß.[452] Zudem wurde durch die Neufassung des Namensgesetzes die Behördenstruktur verschlankt. Da die Zweiteilung der Zuständigkeit zwischen der schwedischen Steuerbehörde (*skatteverket*) und dem Patent- und Registrierungsamt bereits länger dahingehend kritisiert wurde, dass sie zum einen

447 Prop. 2015/16:180 S. 20f.
448 Prop. 2015/16:180 S. 21.
449 Prop. 2015/16:180 S. 22.
450 SFS 2016:1013.
451 Prop. 2015/16:180 S. 27.
452 Prop. 2015/16:180 S. 21 f., 38; Auch die Rückkehr zu einem früher geführten Namen ist daher jetzt jederzeit möglich, vgl. Prop. 2015/16:180 S. 53.

zu einer ineffizienten und komplizierten Behandlung von Namensangelegenheiten führte als auch, dass es für den Bürger häufig unklar war, an welche Behörde er sich zu wenden hatte, übernimmt mit dem Inkrafttreten des Namnlag 2016 die schwedische Steuerbehörde die Aufgabe als alleinige Namensbehörde.[453]

I. Der Nachname

Die Regelungen den Nachnamen (*efternamn*) betreffend befinden sich in den §§ 4–28 des Namnlag 2016 und nehmen somit den größten Teil des Gesetzes ein. Geregelt werden darin insbesondere die Namensführung in der Ehe (1.), die Namensführung des leiblichen Kindes (2.), die Namensführung des Adoptivkindes (3.) sowie die Namensführung des Pflegekindes (4.).

1. Die Namensführung in der Ehe

a. Die Entwicklung des ehelichen Namensrechts in Schweden

Das schwedische Namensrecht sah für die Ehegatten seit Beginn der Kodifizierung keine starren Regelungen im Hinblick auf den Ehenamen vor. Bereits das Ehegesetz von 1921 sah vor, dass die Ehefrau mit der Eheschließung zwar verbindlich den Familiennamen des Mannes erwarb, allerdings konnte ihr gestattet werden, ihren Geburtsnamen dem Mannesnamen hinzuzufügen.[455] Auch das Namensgesetz von 1963 sah gewisse Freiheiten für die Ehefrau hinsichtlich der Namensführung in der Ehe vor. Zwar erwarb nach § 6 Abs. 1 1. HS Namnlag 1963 die Ehefrau mit der Eheschließung den Familiennamen des Mannes, allerdings war es ihr möglich, gem. § 6 Abs. 1 2. HS Namnlag 1963 ihren Familiennamen weiterzuführen, sofern sie dies vor der Eheschließung kundtat. Entschied sie sich dafür, ihren Geburtsnamen weiterzuführen stand es ihr jedoch gem. § 6 Abs. 2 Namnlag 1963 auch nach der Eheschließung offen, durch Mitteilung an den Pastor ihren Familiennamen in den Mannesnamen zu ändern. Zudem war es gem. § 6 Abs. 3 Namnlag 1963 möglich, sowohl im Falle der Namensänderung als auch im Falle des Weiterführens des Geburtsnamens, den jeweils anderen Namen dem Familiennamen als sogenannten „Zusatznamen“ (*tillägsnamn*) voranzustellen. Bei Annahme des Mannesnamens war es ihr gem. § 7 S. 1 Namnlag 1963 im Falle der Scheidung oder des Todes des Ehemannes zudem gestattet, den Familiennamen, welchen sie vor der Eheschließung führte, wieder anzunehmen. Gem. § 7 S. 2 Namnlag 1963 konnte sie jedoch

---

453 Prop. 2015/16:180 S. 74.

454 Prop. 2015/16:180 S. 74.

455 Vgl. Kap. 5 § 15 des Ehegesetzes; zudem sah der Rechtsausschuss bereits die Möglichkeit vor, dass Frauen, die gesellschaftlich unter ihrem Geburtsnamen bekannt waren, diesen als Gebrauchsnamen weiterführen konnten, vgl. dazu und zu den Hintergründen der Gesetzgebung *Brattström* S. 125 ff.

auch unter Umständen den Ehenamen weiterführen. Der Frau stand somit bereits früh die Möglichkeit offen, ihren Geburtsnamen auch isoliert weiterzuführen.

Die Regelung des § 6 Abs. 1 Namnlag 1963 wurde jedoch bereits in den 1970er Jahren als „veraltet“ angesehen und im Hinblick auf die Gleichstellung von Mann und Frau angedacht, dass jeder Ehegatte grundsätzlich seinen eigenen Namen auch nach Eheschließung weiterführen sollte, sofern nichts anderes bestimmt wurde.[456] Der Gesetzentwurf für das Namnlag 1982 enthielt daher einen Vorschlag, wonach die Ehegatten nur dann denselben Nachnamen führen würden, wenn sie diesen Wunsch vor oder während der Ehe ausdrücklich geäußert und angemeldet hatten.[457] Allerdings äußerte der damalige Rechtsausschuss (*Lagutskottet*)[458] Bedenken dahingehend, dass ein solches einseitiges Mitteilungserfordernis die immer noch wünschenswerte Namenseinheit in der Ehe erschweren könnte, wenn z.B. Ehegatten nicht bewusst war, dass sie einen gemeinsamen Nachnamen durch Mitteilung wählen konnten und daher automatisch ihre ursprünglichen Namen behielten.[459] Daraufhin wurde in § 9 Abs. 2 Namnlag 1982 festgelegt, dass die Ehegatten in jedem Fall eine Mitteilung darüber abzugeben hatten, welche(n) Namen sie nach der Eheschließung (weiter)führen wollen. Entschied sich ein Ehegatte bei der Eheschließung dafür, seinen ursprünglichen Nachnamen weiterzuführen, so stand es ihm gem. § 10 Abs. 1 Namnlag 1982 jedoch auch nach der Eheschließung frei, den Nachnamen des anderen Ehegatten anzunehmen. Dafür war jedoch die Zustimmung des anderen Ehegatten erforderlich. Ähnliches galt für den Ehegatten, der sich bei der Eheschließung für den Nachnamen des anderen Ehegatten entschieden hatte. Dieser konnte gem. § 10 Abs. 2 Namnlag 1982 auch wieder zu seinem ursprünglichen Namen zurückkehren. Allerdings gab es eine Beschränkung dahingehend, dass grds. nur eine Namensänderung während der Ehe durch einfache Anmeldung bei der schwedischen Steuerbehörde vorgenommen werden durfte.[460] Hatte ein Ehegatte bei der Eheschließung den Nachnamen des anderen Ehegatten angenommen und war anschließend gem. § 10 Abs. 2 Namnlag 1982 zu seinem ursprünglichen Namen zurückgekehrt, so war es ihm grds. versagt erneut zu einem gemeinsamen Nachnamen mit dem Ehegatten zu wechseln.[461]

---

456 SOU 2013:35 S. 271.

457 Prop. 1981/82:156 S. 20.

458 Der Rechtsauschuss (*Lagutskottet*) wurde 2006 mit dem Wohnungsausschuss (*Bostadsutskottet*) verschmolzen und bildet seitdem den Ausschuss für zivile Angelegenheiten (*Civilutskottet*), der sich mit der Wohnungspolitik, der Verbraucherpolitik und dem Zivilrecht befasst.

459 LU 1981/82:41 S. 15.

460 SOU 2013:35 S. 275.

461 Es bestand zwar noch die Möglichkeit, eine Namensänderung bei dem schwedischen Patent- und Registrierungsamt (*Patent- och registreringsverket*) zu beantragen, die anschließend einen solchen Anspruch auf Namensänderung prüfte, Prop. 2015/16:180 S. 38; SOU 2013:35 S. 275.

Gleiches galt auch für den Ehegatten, der sich erst nach der Eheschließung für einen gemeinsamen Nachnamen entschied. Dieser konnte dann grds. nicht mehr zu seinem ursprünglichen Nachnamen zurückkehren. Auch in den Fällen, in denen ein Ehegatte während der Ehe seinen Nachnamen aus anderem Grund änderte, „verbrauchte" er damit seine einmalige Möglichkeit der Namensänderung während der Ehe, sodass er gem. § 10 Abs. 3 S. 1 Namnlag 1982 grds. nicht mehr den Nachnamen des anderen Ehegatten annehmen konnte.

Eine weitere Einschränkung gab es für die Fälle, in denen ein Ehegatte bereits einmal verheiratet war und auch nach Ende dieser Ehe den Namen seines ehemaligen Ehegatten weiterführte. Dieser Name konnte von dem anderen Ehegatten nicht gem. § 9 oder § 10 Namnlag 1982 angenommen werden. Gleiches galt, wenn ein Ehegatte während der Ehe gem. § 5 oder § 7 Namnlag 1982 zu einem aus einer früheren familiären Verbindung hergeleiteten Namen zurückkehrte.

Während § 6 Abs. 3 Namnlag 1963 lediglich der Ehefrau die Möglichkeit bot, im Rahmen der Eheschließung ihren Geburtsnamen dem durch die Eheschließung erworbenen Mannesnamen als sogenannten Zwischennamen (*tilläggsnamn*) voranzustellen,[462] wurde diese Regelung mit Einführung des Namnlag 1982 abgeschafft und stattdessen ein neuer Namensbestandteil nach dänischem bzw. norwegischem Vorbild geschaffen: der Mittelname (*mellannamn*).[463] Dies führte auch dazu, dass alle bisherigen Zwischennamen in Mittelnamen umgewandelt wurden.[464] Eine Legaldefinition des Begriffs „Mittelname" fand sich im Namnlag 1982 nicht. Aus dem Wortlaut des § 29 Abs. 1 S. 2 Namnlag 1982 – „Der Mittelname muss immer unmittelbar vor dem Nachnamen stehen" – lässt sich jedoch schließen, dass es sich bei dem Mittelnamen gerade nicht um einen Nachnamen handelt, sondern um einen eigenständigen Namensbestandteil, der zwangsläufig zwischen Vor- und Nachnamen geführt werden muss.[465] Eine Verbindung mit dem Nachnamen durch einen Bindestrich war nicht möglich.[466] Zudem bestand keine Pflicht einen Mittelnamen zu führen. Ähnlich wie der Zwischenname war es dem Namensträger vorbehalten, ob und für welche Zeit er einen Mittelnamen führen wollte, um so die Verbindung zu einer anderen Person oder Familie auszudrücken.[467]

---

462 Für den Fall, dass sich die Frau vor der Eheschließung dafür entschied, ihren Geburtsnamen auch nach der Eheschließung weiterzuführen bestand diese Möglichkeit auch für das Voranstellen des Mannesnamens als Zwischenname, vgl. § 6 Abs. 3 S. 2 Namnlag 1963.

463 *Brylla* Das schwedische Personennamensystem, in: Brendler/Brendler (Hrsg.) Europäische Personennamensysteme, S. 659, 662.

464 Vgl. Nr. 4 der Übergangsbestimmungen (*Övergångsbestämmelser*) des Namnlag 1982.

465 *Williams* Mellannamn S. 155, so auch *Höglund* S. 164 f.

466 *Höglund* S. 165.

467 *Höglund* S. 42 f., 165.

Die Regelungen über den Mittelnamen fanden sich in den §§ 24-29 Namnlag 1982 und boten, ähnlich wie der Zwischenname, zunächst gem. § 24 Abs. 1 Namnlag 1982 dem Ehegatten, der im Rahmen der Eheschließung den Nachnamen seines Ehegatten erworben hatte, die Möglichkeit, seinen Geburtsnamen als Mittelnamen weiterzuführen. Auch für den Fall, dass sich die Ehegatten gegen einen gemeinsamen Nachnamen entschieden und ihre bisherigen Nachnamen weiterführten, bestand die Möglichkeit, den Namen des Ehegatten als Mittelname zu führen. Allerdings stellte § 24 Abs. 2 S. 1 Namnlag 1982 klar, dass von dieser Möglichkeit nur ein Ehegatte Gebrauch machen durfte. Das bedeutete, dass Frau Andersson und Herr Svensson nach der Eheschließung die Möglichkeit hatten, entweder für die Ehefrau die Kombination Svensson Andersson oder für den Ehemann die Kombination Andersson Svensson zu wählen. Dass sowohl die Ehefrau Svensson Andersson als auch der Ehemann Andersson Svensson als Namen führten, war nicht gestattet. Eine Namenseinheit konnte somit nicht „über Kreuz“ durch beiderseitige Verwendung von Mittelnamen erreicht werden.[468] Zudem schränkte § 24 Abs. 2 S. 1 a.E. Namnlag 1982 die Möglichkeit des einen Ehegatten, den Nachnamen des anderen als Mittelnamen zu führen auch dahingehend ein, dass der Nachname des anderen Ehegatten dann nicht als Mittelname geführt werden durfte, wenn er aus einer vorherigen Ehe stammte.

b. *Das geltende Recht: Größere Wahlfreiheit und weniger Einschränkungen*

Bei den Überlegungen für eine Reform des Namensrechts standen auch im Hinblick auf den ehelichen Nachnamen die bekannten Gesichtspunkte im Fokus: Vereinfachung der Regelungen für Bürger und Behörden und die Erweiterung der Möglichkeiten des Einzelnen, einen für sich und seine Lebenssituation passenden Namen zu wählen.[469] Unter dieser Prämisse wurde das eheliche Namensrecht zum Teil grundlegend verändert.

Im Gegensatz zu der Regelung des Namnlag 1982 müssen die Ehegatten nun nicht mehr notwendigerweise eine Mitteilung über den gewünschten ehelichen Namen abgeben, sondern nur für den Fall, dass sie eine Namensänderung wünschen.[470] Sofern jeder Ehegatte seinen Namen weiterführen möchte, bedarf es keiner Mitteilung mehr. Ist eine Namensänderung eines oder beider Ehegatten hingegen gewünscht, so kann der Antrag auf Namensänderung nach § 12 Abs. 1 oder Abs. 2 Namnlag 2016 sowohl vor, bei oder nach der Eheschließung gestellt werden.[471] Wird er vor oder am Tag der Eheschließung gestellt, so gilt der Name gem. § 35 Abs. 4 Namnlag 2016 als mit der Eheschließung erworben, wird der

468 *Höglund* S. 168.
469 Prop. 2015/16:180 S. 20 ff.
470 Prop. 2015/16:180 S. 101; *Brossner* in Karnov Kommentarer Rn. 30.
471 Prop. 2015/16:180 S. 101, 125.

Antrag später gestellt, so erfolgt die Namensänderung gem. § 35 Abs. 1 Namnlag 2016 mit der Registrierung.[472]

Die Möglichkeiten eine gemeinsame Namensführung zu erreichen, wurden zudem erweitert. Zum einen kann ein Ehegatte den Nachnamen des anderen Ehegatten annehmen (aa.), eine Namenseinheit kann über die Bildung von Doppelnamen erfolgen (bb.) oder durch die Annahme eines neugebildeten Namens (cc.). Zudem hat der schwedische Gesetzgeber einige Hindernisse und Beschränkungen der freien Namenswahl abgeschafft (dd.).

aa. Annahme des Nachnamens des Ehegattens

Gem. § 12 Abs.1 Namnlag 2016 kann ein Ehegatte weiterhin den Nachnamen des anderen Ehegatten annehmen. Allerdings wurde die Einschränkung, dass es sich dabei nicht um einen durch vorherige Heirat erworbenen Nachnamen handeln darf, abgeschafft.[473] Grund für diese Änderung ist, dass die Möglichkeit der Namensgemeinschaft der Ehegatten, sofern von diesen gewünscht, umfassend ermöglicht werden soll, weil es für die Ehegatten von großer Bedeutung sein kann, ihre familiäre Zugehörigkeit über den gemeinsamen Nachnamen auszudrücken.[474] Das Verbot, einen früher durch Heirat erworbenen Namen nicht an seine „neue" Familie weitergeben zu können, steht diesem Ziel, eine einheitliche Namensführung als Ausdruck familiärer Verbundenheit dort, wo sie gewünscht ist, zu ermöglichen, jedoch entgegen.[475] Die einzige Einschränkung bleibt, dass es sich um einen Nachnamen handeln muss, den der andere Ehegatte selbst aktuell noch trägt.[476] Eine Ausnahme hiervon bildet § 12 Abs. 3 Namnlag 2016, der es im Falle des Todes eines Ehegatten dem überlebenden Ehegatten erlaubt, den Nachnamen des Verstorbenen auch nachträglich anzunehmen. Grund dafür ist, dass die Ehegemeinschaft hier durch den Tod eines Ehegatten „unfreiwillig" aufgelöst wird, wohingegen dies bspw. im Falle einer Scheidung freiwillig erfolgt.[477]

---

472 Prop. 2015/16:180 S. 125.

473 Prop. 2015/16:180 S. 101; *Brossner* in Karnov Kommentarer Rn. 30.

474 Prop. 2015/16:180 S. 36 ff.

475 Prop. 2015/16:180 S. 38; dahinter muss dann im Ergebnis auch das Interesse des ehemaligen Ehegatten, dass der von ihm abgeleitete Nachname nicht Familienname für eine „neue" Familie und evtl. Nachkommen wird, zurückstehen, SOU 2013:35 S. 274.

476 Früher getragene Namen, wie sie z.B. beim Namenserwerb des Kindes gem. § 4 Abs. 2 Nr. 2 zur Verfügung stehen, sind somit ausgeschlossen, Prop. 2015/16:180 S. 101.

477 Prop. 2015/16:180 S. 36.

bb. Bildung eines Doppelnamens

Es steht den Ehegatten auch frei, gem. § 12 Abs. 2 Namnlag 2016 einen Doppelnamen aus ihren vor der Eheschließung geführten Nachnamen i.S.d. § 20 Namnlag 2016 neu zu bilden. Dabei gilt wie bei allen Doppelnamen die Begrenzung des § 20 Abs. 2 Namnlag 2016 auf zwei Einzelnamen.[478]

Die Möglichkeit einen Doppelnamen anzunehmen, ersetzt dabei nach Abschaffung des Mittelnamens i.S.d § 24 Namnlag 1982 die Möglichkeit beide Einzelnamen der Ehegatten zu „verbinden". Denn Probleme mit dem Mittelnamen traten schon kurz nach dessen Einführung sowohl bei den zuständigen Behörden als auch in der Bevölkerung auf: Obwohl der Mittelname faktisch ein eigenständiger Namensbestandteil war, und keinen Teil des Nachnamens darstellte, kam es in der Praxis nicht selten vor, dass in öffentlichen Registern oder Namenslisten die alphabetische Reihenfolge anhand des Anfangsbuchstabens des Mittelnamens bestimmt wurde, oder dass auf öffentlichen Dokumenten oder durch den Namensinhaber selbst Mittelname und Nachname durch einen Bindestrich verbunden wurden.[479] Diese Schwierigkeiten in der praktischen Anwendung wurden darauf zurückgeführt, dass der Mittelname nach seinem äußeren Erscheinungsbild einem Nachnamen ähnele und er daher von einem Großteil der Bevölkerung auch als ein solcher wahrgenommen werde.[480] Zudem führte insbesondere die Regelung, dass nur einer der Ehegatten im Falle der getrennten Nachnamensführung den Nachnamen des anderen Ehegatten als Mittelnamen führen durfte, zu Unverständnis.[481] Viele Eltern nahmen auch irrtümlich an, dass sie nicht nur den Nachnamen, sondern auch den Mittelnamen an das Kind weitergeben könnten.[482]

Nachdem bereits nach dem Inkrafttreten des Namnlag 1982 immer wieder Anträge gestellt wurden, die eine Liberalisierung im Hinblick auf den Erwerb von Doppelnamen forderten,[483] kam der schwedische Gesetzgeber bei der jüngsten Namensrechtsreform auf diesen zurück. Nach reiflicher Überlegung entschied man sich aufgrund der praktischen Schwierigkeiten im Ergebnis gegen den Mittelnamen und für die Einführung von Doppelnamen.[484] Grund dafür war zudem, neben dem Interesse ein für die Bevölkerung und die Verwaltung verständliches System zu entwickeln, das Gleichstellungsinteresse. Denn trotz der liberalen Regelungen entschieden sich auch in Schweden noch viele Frauen im Rahmen der

---

478 Prop. 2015/16:180 S. 101.

479 *Williams* Mellannamn S. 156 f.

480 Mit Verweisen auf einen privaten Briefwechsel mit Thomas Erikson, einem Vertreter der Einwohnermeldestelle des schwedischen Steueramtes s. *Williams* Mellannamn S. 156 ff.; Prop. 2015/16:180 S. 24.

481 SOU 2013:35 S. 423.

482 SOU 2013:35 S. 423.

483 SOU 2013:35 S. 424.

484 S. zu den Überlegungen SOU 2013:35 S. 421 ff.

Eheschließung für den Mannesnamen und führten ihren Geburtsnamen – wenn überhaupt – nur als nicht übertragbaren Mittelnamen weiter.[485] Mit der Möglichkeit, diesen als echten Bestandteil des Nachnamens im Rahmen eines Doppelnamens weiterzuführen, soll somit vor allem Frauen die Option gegeben werden, ihren vor der Eheschließung geführten Nachnamen auch danach als echten Nachnamen weiterzuführen.[486]

Bei der Einführung von Doppelnamen handelt es sich streng genommen um eine Wiedereinführung, weil es vor dem Namnlag 1963 durchaus die Tradition gab solche Doppelnamen zu führen.[487] So gab es z.B. eine Vorschrift im Ehegesetz, die es der Ehefrau gestattete, einen Doppelnamen aus dem Mannesnamen und ihrem Geburtsnamen zu führen.[488] Allerdings befürchtete der schwedische Gesetzgeber im Rahmen der Vorarbeiten des Namnlag 1963 erhebliche Schwierigkeiten durch den weiteren Erwerb von Doppelnamen. Unter anderem bestand die Sorge, dass sich aus dem Zusammenschluss mehrerer (Doppel)Namen Nachnamensketten mit mehr als drei Namensbestandteilen bilden könnten und somit den Begriff „Familienname", der sich nach Ansicht des Rechtsausschusses auf nur einen Namen bezog, verwässern könnte.[489] Zwar enthielt das Namnlag 1963 kein ausdrückliches Verbot des Erwerbs neuer Doppelnamen, allerdings spiegelte sich diese ablehnende Haltung in der Praxis wider.[490] Nach einer Diskussion über die Wiedereinführung von Doppelnamen, die jedoch an denselben Argumenten scheiterte, wie im Rahmen des Namnlag 1963, ging der schwedische Gesetzgeber im Rahmen des Namnlag 1982 noch weiter und schuf mit § 12 Nr. 3 Namnlag 1982 eine ausdrückliche Regelung, die den Erwerb von Doppelnamen untersagte.[491] Lange Zeit war somit der Erwerb von Doppelnamen praktisch nicht möglich.

Um die Entstehung überlanger Nachnamensketten, die nicht nur aus zwei, sondern aus drei oder mehr Einzelnamen bestehen könnten, zu verhindern, wurde die Regelung des § 20 Abs. 2 Namnlag 2016 eingeführt: Ein Doppelname darf demnach lediglich aus maximal zwei Einzelnamen bestehen. Zudem steht es gem. § 20 Abs. 2 S. 2 Namnlag 2016 dem Namensinhaber frei, sich für eine Schreibweise mit oder ohne Bindestrich zu entscheiden und die Reihenfolge der zwei Einzelnamen zu bestimmen. Dem schwedischen Gesetzgeber war es ferner wichtig, dem Namensinhaber die Möglichkeit zu geben, die Einzelnamen, aus denen sich der Doppelname

485 So entschieden sich 2005 noch 71% aller Ehepaare für den Mannesnamen als gemeinsamen Nachnamen und lediglich 9% wählten den Nachnamen der Frau, vgl. SOU 2013:35 S. 433.

486 Prop. 2015/16:180 S. 24.

487 Prop. 2015/16:180 S. 23; SOU 2013:35 S. 421f.

488 SOU 2013:35 S. 421f.

489 SOU 1960:5 S. 135; SOU 2013:35 S. 422.

490 SOU 2013:35 S. 422.

491 Prop. 1981/82:156 S. 15f.

zusammensetzt, jederzeit durch Namensänderung auszutauschen bzw. von einem Einzelnachnamen zu einem Doppelnamen bzw. von einem Doppelnamen durch Streichen eines Einzelnamens zu einem Einzelnachnamen zu wechseln, um so maximale Flexibilität im Hinblick auf die aktuellen Lebensumstände des Namensinhabers zu gewähren.[492]

Ein solcher aus den Nachnamen beider Ehegatten neu gebildeter Doppelname kann entweder nur von einem Ehegatten oder von beiden gemeinschaftlich als zukünftiger Nachname gewählt werden.[493] Ist ein Ehegatte verstorben, greift auch hier die Regelung des § 12 Abs. 3 Namnlag 2016, sodass der überlebende Ehegatte einen Doppelnamen aus seinem Nachnamen und dem Nachnamen des Verstorbenen bilden kann. Über die Möglichkeiten des § 12 Abs. 2 Namnlag 2016 hinaus steht es den Ehegatten auch frei, mittels einer administrativen Namensänderung gem. § 13 Namnlag 2016 eine Namenseinheit durch die Annahme eines neugebildeten Einzel- oder Doppelnamens, der nicht aus den bisher geführten Nachnamen der Ehegatten gebildet wurde, sondern aus frei wählbaren Namen besteht, zu erreichen.[494]

Der Vorteil des neuen Systems der Doppelnamen liegt klar auf der Hand: Der äußere Schein des Namens entspricht nun wieder der rechtlichen Handhabung. Ein Name, der aussieht wie ein Doppelname ist nun auch wieder ein doppelter Nachname.[495] Dem Namensinhaber stehen nun diverse Möglichkeiten offen, seine familiären Verbindungen über seinen Nachnamen auszudrücken und diesen an die aktuellen Gegebenheiten anzupassen. So ist nun im Ergebnis eine verständliche und einfach anzuwendende Regelung entstanden, die dem Namensinhaber maximale Freiheit im Hinblick auf seinen Nachnamen gibt und trotzdem den Rechtsverkehr vor zu langen und ausgefallenen Namenskombinationen schützt.

cc. Annahme eines neugebildeten Nachnamens

Eine weitere Möglichkeit, eine einheitliche Namensführung in der Ehe zu erreichen, ist die Annahme eines neugebildeten Nachnamens durch beide Ehegatten im Rahmen der administrativen Namensänderung gem. §§ 13 ff. Namnlag 2016. § 14 Namnlag 2016 gestattet es dem Namensinhaber grds. auch einen neugebildeten Nachnamen, der in dieser Form in Schweden bisher nicht existiert, als Nachnamen zu erwerben, wenn die Voraussetzungen der Norm erfüllt sind.[496] Wünschen die Ehegatten also einen gemeinsamen Nachnamen, der unabhängig von ihren unter Umständen als zu „gewöhnlich“ empfundenen geführten Nachnamen ist, so kann

492 Prop. 2015/16:180 S. 24.

493 Prop. 2015/16:180 S. 101.

494 Prop. 2015:16:180 S. 101.

495 *Franck* spricht daher auch von der Einführung „richtiger“ Doppelnamen, vgl. StAZ 2020, 97, 101.

496 Zu den einzelnen Voraussetzungen vgl. die Ausführungen in Kapitel 4 B. III.

dem Wunsch der Ehegatten über § 14 Namnlag 2016 entsprochen werden. Für ihre neugegründete Familie können sie so einen unverwechselbaren Namen wählen, den andere familienfremde Personen nicht ohne Weiteres erwerben können.[497]

dd. Abschaffung weiterer Beschränkungen

Der schwedische Gesetzgeber hat sich bei der Neuregelung des ehelichen Namensrechts ferner gegen das Zustimmungserfordernis des Ehegatten, dessen Nachnamen der andere Ehegatte annehmen möchte, entschieden, da die Ehe seiner Ansicht nach auf dem beiderseitigen Vertrauen der Ehegatten zueinander fuße und ein solches Zustimmungserfordernis eine unnötige bürokratische Hürde darstellen würde.[498] Auch von der Begrenzung der Anzahl der Namensänderungen während der Ehe hat man sich verabschiedet, sodass wiederholte Namensänderungen nun ohne bürokratischen Aufwand möglich sind. Denn zum einen führten diese Regelungen zu Verwirrung und Missverständnissen, zum anderen überwiegt heute das Interesse des Einzelnen, seinen Namen frei wählen und an seine derzeitige Lebenssituation anpassen zu können, aufgrund der Entwicklungen der letzten Jahrzehnte und insbesondere der Einführung der Personennummern das Interesse des schwedischen Gesetzgebers an der Namenskontinuität.[499]

2. Die Namensführung des leiblichen Kindes

Die Hauptregel den familienrechtlichen Erwerb des Geburtsnamens betreffend findet sich in § 4 Namnlag 2016. Im Vergleich zu der Vorgängernorm des § 1 Namnlag 1982 hat sich der schwedische Gesetzgeber bei der Neufassung des Namengesetzes für eine Erweiterung der zur Wahl stehenden Nachnamen für Kinder entschieden. Neben der Erweiterung der Auswahlmöglichkeiten stellt die Abschaffung des automatischen Namenserwerbs durch die Geburt wohl die größte Veränderung dar. Nach § 1 Abs. 1 Namnlag 1982 erhielten Kinder, deren Eltern einen gemeinsamen Nachnamen führten, mit der Geburt automatisch diesen Nachnamen. Ähnlich stellte sich die Situation dar, wenn es bereits ältere Geschwisterkinder gab: In diesem Fall erhielt das neugeborene Kind gem. § 1 Abs. 2 Namnlag 1982 automatisch den Namen des älteren Geschwisterkindes.[500] Im Ergebnis kam den Eltern somit

---

497 *Brylla/Leibring*, in: Nyström, Staffan (Hrsg.) Namn och namnforskning S. 216.

498 Prop. 2015/16:180 S. 36; SOU 2013:35 S. 272f.

499 Prop. 2015/16:180 S. 38; gerade auch weil die Namensstabilität früher als Voraussetzung für die Verhütung und Verfolgung von Straftaten und finanziellen Unregelmäßigkeiten als wichtig angesehen wurde und diese Funktion heute primär durch die personenbezogenen Identifikationsnummern ausgefüllt wird, vgl. SOU 2013:35 S. 275.

500 Das neugeborene Kind erhält bei mehreren älteren Geschwisterkindern den Namen des zuletzt geborenen Kindes, nicht des erstgeborenen.

nur ein beschränkter Spielraum bei der Auswahl des Kindsnamens zu, und zwar lediglich in den Fällen, in denen sie keinen gemeinsamen Nachnamen führten und es zudem keine Geschwister gab.[501]

Der Gesetzgeber hat sich nun jedoch für eine Gleichstellung aller Auswahlmöglichkeiten und gegen den Vorrang einer dieser Möglichkeiten, z.B. den gemeinsam geführten Nachnamen der Eltern, entschieden. Führen die Eltern einen gemeinsamen Nachnamen, halten für ihr Kind jedoch einen abweichenden Nachnamen, bspw. einen neu gebildeten patronymischen Nachnamen i.S.d. § 4 Abs. 2 Nr. 4 Namnlag 2016 für passender, steht es ihnen also frei diesen für das Kind zu wählen.

Grund für die Abkehr von dem automatischen Namenserwerb innerhalb der Kernfamilie war zum einen der Wunsch, vielfältigere Familienstrukturen abbilden zu können, zum anderen empfand es der schwedische Gesetzgeber als nicht mehr zeitgemäß, dass der Namenserwerb automatisch auf Grundlage einer traditionellen Sichtweise, was genau „Familie“ darstellt, erfolgen soll.[502] Vielmehr soll den Eltern, die für das Kind Sorge tragen und seine Lebensumstände am besten kennen, die Entscheidung für das Kind überlassen werden, welcher Name seinen familiären Strukturen am besten entspricht.[503] Denn – und dies war einer der größten Kritikpunkte an dem Konstrukt des automatischen Namenserwerbs – durch die bisherigen Regelungen erhielten Kinder zum Teil automatisch Nachnamen, welche die Eltern als nicht passend für das Kind oder seine Lebenssituation empfanden.[504]

Da der Namenserwerb des Kindes nun nicht mehr automatisch durch die Geburt erfolgt, muss auch in diesem Fall ein Antrag auf Namenserwerb an die schwedische Steuerbehörde gestellt werden. Dieser ist gem. § 5 Abs. 1 Namnlag 2016, innerhalb von drei Monaten ab dem Zeitpunkt der Geburt, von dem oder den Sorgeberechtigten des Kindes (*barnets vårdnadshavare*) einzureichen.[505]

Das Namnlag 2016 bietet den Eltern weitreichende Möglichkeiten für die Auswahl eines Nachnamens für ihr Kind. Zum einen kann das Kind einen von den Eltern abgeleiteten Nachnamen erwerben, den die Eltern oder ein Elternteil aktuell führt (a.), den ein Elternteil früher einmal geführt hat (b.), einen aus den Elternnamen gebildeten Doppelnamen (c.), ein aus dem Vornamen eines Elternteils abgeleitetes Patronym/Matronym (d.) oder einen Namen den ein Geschwisterkind aktuell führt (e.). Maßgeblich für die Bestimmung der zur Auswahl stehenden Namen sind dabei die Umstände zum Zeitpunkt der Antragstellung.[506] Auch das Ausbleiben

501 Prop 2015/16:180 S. 27.

502 Prop. 2015/16:180 S. 27.

503 Prop. 2015/16:180 S. 27.

504 Prop. 2015/16:180 S. 27.

505 Prop. 2015/16:180 S. 94 f.; wer sorgeberechtigt ist bestimmt sich nach Kapitel 6 des Elterngesetzes (Föräldrabalk 1949:381), sind beide Elternteile sorgeberechtigt so müssen sie den Antrag gemeinsam stellen, *Brossner* in Karnov Kommentarer Rn. 8.

506 *Brossner* in Karnov Kommentarer Rn. 9.

einer Namenswahl (f.) sowie die nachträglichen Namensänderungsmöglichkeiten (g.) sind geregelt.

a. Weitergabe eines von den Eltern abgeleiteten Nachnamens an das gemeinsame Kind

Den Eltern[507] steht es frei, ihrem gemeinsamen Kind einen von ihrem eigenen Nachnamen abgeleiteten Geburtsnamen zu erteilen. So ermöglicht es § 4 Abs. 2 Nr. 1 Alt. 1 Namnlag 2016 den Eltern, die einen gemeinsamen Nachnamen führen, weiterhin diesen an das Kind weiterzugeben. Auf der anderen Seite können Eltern, die keinen gemeinsamen Nachnamen führen gem. § 4 Abs. 2 Nr. 1 Alt. 2 Namnlag 2016 den Nachnamen eines Elternteils an das Kind weitergeben. Führt dieser Elternteil einen Doppelnamen kann das Kind entweder den Doppelnamen oder auch nur einen der im Doppelnamen enthaltenen Namen als Nachnamen erhalten.[508] So wird hinsichtlich des von den Eltern ableitbaren Namens maximale Flexibilität hergestellt. Maßgeblich für die Bestimmung welchen Nachnamen die Eltern oder ein Elternteil i.S.d. § 4 Abs. 2 Nr. 1 Namnlag 2016 aktuell führt ist der Zeitpunkt der Antragstellung, sodass das Kind auch einen Nachnamen erwerben kann, den kein Elternteil zum Zeitpunkt der Geburt trug.[509]

b. Weitergabe eines Nachnamens, der früher von einem Elternteil geführt wurde

Die Eltern können sich jedoch nicht nur für einen von ihnen aktuell geführten Nachnamen, sondern gem. § 4 Abs. 2 Nr. 2 Namnlag 2016 auch für einen solchen Nachnamen entscheiden, den ein Elternteil früher einmal geführt hat, aktuell aber nicht mehr trägt. Für den Fall, dass die Eltern z.B. aufgrund der Eheschließung fortan einen gemeinsamen Nachnamen führen, besteht nun die Möglichkeit, für das gemeinsame Kind den vor der Eheschließung geführten Nachnamen des Elternteils zu wählen, dessen Nachname nicht der gemeinsam geführte Nachname geworden ist. Es wird dabei nicht zwischen familienrechtlich erworbenen Namen wie dem Geburtsnamen und Nachnamen, die im Rahmen einer

---

507 Zwar obliegt die Auswahl des Namens dem oder den Sorgeberechtigten des Kindes, die nicht notwendigerweise auch die Eltern sein müssen, da dies jedoch den Regelfall darstellt wird der Einfachheit halber im Folgenden auf die Eltern als gemeinsam Sorgeberechtigte abgestellt.

508 Prop. 2015/16:180 S. 93; *Brossner* in Karnov Kommentarer Rn. 10.

509 *Brossner* in Karnov Kommentarer Rn. 16. Dies kann z.B. der Fall sein, wenn die Eltern erst nach der Geburt heiraten und sich gemeinsam für einen neugebildeten Nachnamen gem. §§ 13 Namnlag 2016 entscheiden.

administrativen Namensänderung auf eigenen Wunsch des Elternteils erworben wurden, unterschieden.[510]

Nachnamen, welche der Elternteil gem. § 21 Namnlag 2016 durch gerichtliche Entscheidung verloren hat, z.B. weil er diesen Namen unrechtmäßig geführt hat, können hingegen nicht im Rahmen des § 4 Abs. 2 Nr. 2 Namnlag 2016 als Nachname für das Kind gewählt werden.[511] Eine weitere Ausnahme stellen gem. § 4 Abs. 3 Namnlag 2016 Namen dar, die der betreffende Elternteil selbst erst durch eine Heirat und die aufgrund dessen vorgenommene Namensänderung erworben hat und den er heute nicht mehr führt. Auch solche Namen dürfen nicht an Kinder weitergegeben werden. Allerdings gibt es auch von dieser Ausnahme eine Ausnahme: Wenn der betreffende Elternteil verstorben ist und zum Zeitpunkt seines Todes den durch Heirat erworbenen Namen noch führte, kann dieser Name doch als Nachname für das Kind bestimmt werden.[512] Hintergrund dieser Ausnahme ist der Gedanke, dass ein verstorbener Elternteil faktisch keinen Namen mehr führt und dieser Name somit nach dem Wortlaut des § 4 Abs. 3 HS. 1 Namnlag 2016 nicht als Name für das Kind bestimmt werden könnte. Dies empfand der schwedische Gesetzgeber jedoch als unbillige Härte, da es naheliegt, dass sich das Kind über den Nachnamen mit seinem verstorbenen Elternteil identifizieren und die familiäre Verbindung nach außen darstellen will.[513] Diese Rückausnahme ist auch insofern sinnvoll, da in diesen Fällen, anders als bei der freiwilligen Aufgabe eines Namens durch Namensänderung, der Name grundsätzlich zur Auswahl gestanden hätte, würde der Elternteil noch leben.

c. Neubildung eines Doppelnamens aus den Nachnamen der Eltern

Den Eltern steht es zudem gem. § 4 Abs. 2 Nr. 3 Namnlag 2016 frei, für das Kind einen Doppelnamen bestehend aus einer Kombination der Nachnamen der Elternteile zu bilden. Tragen beide Elternteile jeweils nur einen Nachnamen, können sie für das Kind somit einen Doppelnamen aus diesen beiden Namen bilden. Die Entscheidung über die Reihenfolge sowie darüber, ob die beiden Namen mittels eines Bindestrichs verbunden werden sollen oder nicht, obliegt ebenfalls den Eltern als Antragsteller.[514] Sofern ein Elternteil oder sogar beide selbst einen Doppelnamen tragen, können sie frei aus den zur Verfügung stehenden Einzelnamen einen Doppelnamen für das Kind zusammensetzen.[515] Auch hier wird den Eltern eine maximale Freiheit hinsichtlich der Zusammenstellung des Doppelnamens aus den zur

510 Prop. 2015/16:180 S. 93; *Brossner* in Karnov Kommentarer Rn. 11.

511 Prop. 2015/16:180 S. 93.

512 *Brossner* in Karnov Kommentarer Rn. 11.

513 Prop. 2015/16:180 S. 28.

514 Vgl. dazu § 20 Abs. 2 Namnlag 2016, der dem Antragsteller diese Entscheidungen überlässt, Prop. 2015/16:180 S. 113.

515 Prop. 2015/16:180 S. 93f.

Verfügung stehenden Einzelnamen zuerkannt. Es gilt jedoch, wie bei jedem anderen Doppelnamen auch, die Begrenzung des § 20 Abs. 2 S. 1 Namnlag 2016 auf zwei Einzelnamen.[516]

d. Neubildung eines Patronyms

Seit Inkrafttreten des Namnlag 2016 steht es Eltern gem. § 4 Abs. 2 Nr. 4 Namnlag 2016 wieder frei, für ihr Kind einen patronymischen Nachnamen, gebildet aus dem Vornamen eines Elternteils und einer geschlechtsspezifischen Endung, z.B. *-son* (Sohn) oder *-dotter* (Tochter) zu wählen. Patronyme spielen in der schwedischen Namensvielfalt schon lange eine große Rolle. Bis zum Namnlag 1963 spielten patronymisch gebildete, nicht übertragbare Beinamen gerade in den ländlichen Gebieten eine zentrale Rolle. Durch das Namnlag 1963 erstarrten diese zu festen, übertragbaren Familiennamen. Eine Möglichkeit, seinem Kind einen „echten" patronymisch gebildeten Familiennamen zu geben bestand ab diesem Zeitpunkt praktisch nicht mehr.[517]

Mit der Neufassung des Namensgesetzes von 2016 sah der schwedische Gesetzgeber keine Notwendigkeit mehr, neue patronymisch gebildete Nachnamen zu verbieten. Denn durch die Einführung der Personennummer, die eine eindeutige und namensunabhängige Identifikation in allen Lebensbereichen ermöglicht, ist das Interesse des Staates an einer generationsübergreifenden Namenskontinuität zur Identifikation der Bürger deutlich in den Hintergrund getreten.[518] Erfasst werden neben den in Schweden gebräuchlichen Endungen *-son* und *-dotter* auch andere vergleichbar gebildete geschlechtsspezifische Endungen aus anderen Rechtskreisen, z.B. den anderen nordischen Staaten oder dem slawischen Raum.[519] Führt ein Elternteil mehr als einen Vornamen, so kann nicht nur der der Rufname (*tilltalsnamn*) als Grundlage für den patronymisch gebildeten Nachnamen herangezogen werden, sondern auch jeder weitere Vorname.[520]

e. Weitergabe eines Nachnamens, den ein Geschwisterkind trägt

Eine weitere Auswahlmöglichkeit findet sich in § 4 Abs. 2 Nr. 5 Namnlag 2016. Für den Fall, dass ein Geschwisterkind einen Nachnamen trägt, den beide Elternteile weder aktuell führen, noch früher geführt haben, kann auch dieser Name zum Nachnamen des Kindes bestimmt werden. Aufgrund der weitgehenden Auswahlmöglichkeiten der Nummern 1 bis 4 wird diese Alternative in der Praxis wohl weniger relevant werden, sie wurde jedoch insbesondere mit Blick auf Familien

516 Prop. 2015/16:180 S. 93 f.; *Brossner* in Karnov Kommentarer Rn. 12.
517 *Höglund* S. 39f.
518 Prop. 2015/16:180 S. 27.
519 Prop. 2015/16:180 S. 94.; *Brossner* in Karnov Kommentarer Rn. 13.
520 *Brossner* in Karnov Kommentarer Rn. 13.

aus Ländern eingeführt, in denen das Kind den Vornamen des Vaters als Nachnamen erhält, z.B. dem arabischer Rechtskreis.[521] Im Gegensatz zur Regelung des § 1 Abs. 2 Namnlag 198*2* kann hier nicht nur der Nachname des zuletzt geborenen Geschwisterkindes, sondern bei mehreren Geschwistern der Nachname jedes zuvor geborenen Geschwisterkindes herangezogen werden.[522] Unter den Begriff Geschwisterkind (*syskon*) fallen neben den leiblichen Geschwistern auch die von den Eltern gemeinsam adoptierten Kinder.[523] Einzige Einschränkung ist, dass das Kind zum Zeitpunkt der Antragstellung noch am Leben sein muss.[524]

f. Ausbleiben einer Namenswahl

Für den Fall, dass die Eltern innerhalb der dreimonatigen Frist keine Namenswahl für ihr Kind treffen, erhält das Kind gem. § 5 Abs. 2 Namnlag 2016 den Nachnamen des Elternteils, welcher das Kind geboren hat. Diese Formulierung stellt eine Veränderung zu der des Namnlag 1982 dar. War in § 1 Namnlag 1982 noch die Rede davon, dass das Kind im Zweifel den Namen der Mutter erhält, verabschiedet sich der schwedische Gesetzgeber mit der Namensrechtsreform 2016 von dem Begriff „Mutter“ und ersetzt ihn durch „Elternteil, welcher das Kind geboren hat“. Für diesen neutraleren Begriff setzte sich vor allem die RFSL Ungdom,[525] eine Jugendvereinigung für die Rechte von Homosexuellen, Bisexuellen, Transgender- und Queer-Menschen ein.[526] Das Kammergericht Jönköping (*Kammarrätten i Jönköping)* schlug vor, dass das Kind aus Gleichberechtigungsgesichtspunkten im Zweifel einen Doppelnamen, gebildet aus den Nachnamen der Eltern, erhalten solle. Dieser Vorschlag wurde jedoch mit Blick auf die Abkehr des Voraussetzens einer „klassischen Familienstruktur“ und im Hinblick auf die Zunahme alternativer Familienmodelle wie alleinstehender Frauen, die aufgrund künstlicher

---

521 Prop. 2015/16:180 S. 28.

522 Prop. 2015/16:180 S. 28.

523 Prop. 2015/16:180 S. 94.

524 Anders als bei dem von einem verstorbenen Elternteil abgeleiteten Nachnamen, welcher über § 4 Abs. 2 Nr. 2 Namnlag 2016 erworben werden kann, kann somit der Nachname den ein bereits verstorbenes Geschwisterkind trägt nicht nach § 4 Abs. 2 Nr. 5 Namnlag 2016 erworben werden, *Brossner* in Karnov Kommentarer Rn. 14. Möglich bleibt jedoch unter Umständen der Weg über die administrative Namensänderung gem. §§ 13 ff.

525 RFSL steht dabei für „Riksförbundet för homosexuellas, bisexuellas, transpersoners och queeras rättigheter“. Neben dieser Vereinigung wurden im Laufe der Reformuntersuchungen eine Vielzahl von Institutionen und Vereinigungen zu den einzelnen Reformbestrebungen befragt, u.a. Gerichte, die schwedische Steuerbehörde oder die Behörde für internationale Adoptionsfragen (*Myndigheten för internationella adoptionsfrågor).*

526 Prop. 2015/16:180 S. 29.

Befruchtung ein Kind zur Welt gebracht haben oder der Unbekanntheit des biologischen Vaters abgelehnt.[527] § 5 Abs. 2 Namnlag 2016 enthält zudem eine Regelung wie im Falle des Todes dieses Elternteils zu verfahren ist. In dem Fall erhält das Kind den Namen, den das Elternteil, welches das Kind geboren hat, zum Zeitpunkt seines Todes trug.[528]

g. *Spätere familienrechtliche Namensänderung des leiblichen Kindes*

Das Kind kann gem. § 9 Namnlag 2016, unabhängig davon, ob es noch minderjährig oder schon erwachsen ist, seinen Nachnamen ohne weitere Prüfung in einen Namen ändern, der einen familienrechtlichen Bezug zu seinen Eltern herstellt. Die Wahlmöglichkeiten ähneln denen des § 4 Abs. 2 Namnlag 2016. Zum einen kann gem. § 9 Abs. 1 Nr. 1 Namnlag 2016 der gemeinsame Nachname der Eltern oder der Nachname eines Elternteils gewählt werden. Ebenfalls kann gem. § 9 Abs. 1 Nr. 2 Namnlag 2016 ein Nachname gewählt werden, den ein Elternteil früher einmal trug, sofern dieser den Namen nicht aufgrund gerichtlicher Entscheidung gem. § 21 Namnlag 2016 verloren hat und der Name nicht durch Heirat erworben wurde.[529] Für den letzten Fall sieht § 9 Abs. 2 Namnlag 2016 jedoch ebenfalls eine Rückausnahme für den Fall vor, dass der Elternteil zu einem Zeitpunkt verstorben ist, zu dem er den betreffenden Nachnamen noch führte. Die Möglichkeit, einen Doppelnamen aus jeweils einem Nachnamen jedes Elternteils zu bilden, bietet § 9 Abs. 1 Nr. 3 Namnlag 2016. Allerdings sind in diesem Fall nicht nur die aktuell geführten Nachnamen der Eltern wählbar, wie dies beim Ersterwerb des Kindsnamens nach § 4 Abs. 2 Nr. 3 Namnlag 2016 der Fall ist, sondern dem Wortlaut nach auch Nachnamen, welche die Eltern früher einmal geführt haben. Auch § 9 Abs. 1 Nr. 3 Namnlag 2016 verweist auf § 20 Namnlag 2016, sodass ein Doppelname nur maximal aus zwei Einzelnamen bestehen darf, die in beliebiger Reihenfolge angeordnet sein und bei Bedarf mit einem Bindestrich verbunden werden können.[530] Das Kind kann gem. § 9 Abs. 1 Nr. 4 Namnlag 2016 seinen Nachnamen auch in ein neugebildetes Patronym aus dem Vornamen eines Elternteils mit der Endung *-son* oder *-dotter* als Nachnamen ändern.

Nicht möglich ist jedoch die spätere familienrechtliche Namensänderung in einen Nachnamen, den ein Geschwisterkind trägt, so wie es § 4 Abs. 2 Nr. 5 Namnlag 2016 für den Ersterwerb des Kindsnamens vorsieht. Grund dafür ist, dass die namensrechtliche Verbindung zur ursprünglichen Kernfamilie freiwillig aufgegeben wird, um eine eigene Familie zu gründen.[531] Zu dieser neuen Familie besteht

---

527 Prop. 2015/16:180 S. 28f.

528 Gleiches gilt auch, wenn das Kind vor Antragsstellung verstirbt, vgl. *Brossner* in Karnov Kommentarer Rn. 17.

529 Prop. 2015/16:180 S. 98.

530 Prop. 2015/16:180 S. 98.

531 Prop. 2015/16:180 S. 32.

nicht automatisch auch eine enge familiäre Verbindung seitens der Geschwister. Daneben bleibt aber die Möglichkeit einer administrativen Namensänderung weiter bestehen. Die Voraussetzen dafür finden sich in den § 13 ff. Namnlag 2016.[532]

Ist das Kind bei Beantragung der familienrechtlichen Namensänderung noch minderjährig, muss der Antrag von dem oder den Sorgeberechtigten des Kindes gestellt werden.[533] Hat das minderjährige Kind bereits das 12. Lebensjahr vollendet, so muss es der beantragten Namensänderung in der Regel zustimmen, außer es ist aufgrund einer psychischen Erkrankung oder eines ähnlichen Zustands dauerhaft daran gehindert eine solche Zustimmung zu erteilen, vgl. § 46 Abs. 1 Namnlag 2016. Für den Fall, dass das Kind den Nachnamen eines Elternteils als Geburtsnamen trägt und dieser Elternteil nicht sorgeberechtigt ist, muss dieser der Namensänderung des Kindes zustimmen, vgl. § 34 Abs. 1 Namnlag 2016. Insbesondere wird dies Fälle betreffen, in denen nur ein Elternteil sorgeberechtigt ist, das Kind jedoch gem. § 4 Namnlag 2016 den Nachnamen des anderen Elternteils als Geburtsnamen oder als Teil eines Doppelnamens erworben hat und der sorgeberechtigte Elternteil nun einen anderen Namen für das Kind wünscht oder den Nachnamen des nicht sorgeberechtigten Elternteils aus dem Doppelnamen entfernen will. Verweigert der namensgebende Elternteil seine Zustimmung oder kann diese aus anderen Gründen nicht erteilen,[534] entscheidet das Gericht über die Namensänderung unter Berücksichtigung des Kindeswohls.[535] Bei dieser Entscheidung hat das Gericht gem. § 46 Abs. 2 Namnlag 2016 auch die Ansichten des Kindes unter Beachtung seines Alters und seiner Reife zu berücksichtigen.[536] So sollen die Rechte des Kindes, um dessen Namen es geht, gewahrt und sichergestellt werden, dass seine Meinung unabhängig von den Wünschen des Sorgeberechtigten gehört wird.[537] Hat das Kind das 12. Lebensjahr vollendet, so muss es gem. § 46 Abs. 1 Namnlag 2016 der Namensänderung in der Regel zustimmen, damit sie erfolgen kann. Verweigert das Kind die Zustimmung kann es so die Namensgemeinschaft mit dem nicht sorgeberechtigten Elternteil, im Zweifel auch gegen den Willen des sorgeberechtigten Elternteils, aufrechterhalten.[538]

Es sind mit Inkrafttreten des Namnlag 2016 nun auch mehrere familienrechtliche Namensänderungen im Laufe der Zeit möglich. Während die Anzahl der familienrechtlichen Namensänderungen nach dem Namnlag 1982 für Erwachsene auf eine begrenzt war und lediglich für minderjährige Kinder die Möglichkeit der

---

532 Vgl. zu den Voraussetzungen die Ausführungen in Kapitel 4 B. III.

533 Prop. 2015/16:180 S. 99.

534 Z.B. wenn der Elternteil verstorben ist oder sich an einem unbekannten Ort befindet, vgl. Prop. 2015/16:180 S. 124.

535 Prop. 2015/16:180 S. 123 f.; *Brossner* in Karnov Kommentarer Rn. 27.

536 Prop. 2015/16:180 S. 123, 134.

537 Prop. 2015/16:180 S. 134.

538 Prop. 2015/16:180 S. 124.

mehrfachen Namensänderung bestand, sah der Gesetzgeber bei der Neuregelung keinen Bedarf mehr für eine solche Einschränkung, weil er das Missbrauchsrisiko, welches mit wiederholten Namensänderungen einhergehen könnte, durch die Verwendung von personenbezogenen Identifikationsnummern zu Identifikationszwecken, als gering einschätzte.[539]

3. Die Namensführung des Adoptivkindes

Die Hauptregel den Nachnamen eines Adoptivkindes betreffend findet sich in § 6 Namnlag 2016. Grundsätzlich muss das Kind gem. § 6 Abs. 1 Namnlag 2016 mit der Adoption auch einen neuen Namen erhalten.[540] Dieser kann, ähnlich wie bei leiblichen Kindern, gem. § 6 Abs. 2 Nr. 1 Namnlag 2016 der Nachname sein, den die Adoptiveltern gemeinsam führen oder ein Adoptivelternteil allein als Nachnamen führt. Zudem stehen auch früher von einem Adoptivelternteil geführte Namen zur Auswahl, § 6 Abs. 2 Nr. 2 Namnlag 2016, auch hier jedoch mit der Einschränkung, dass dieser Name nicht durch Heirat erworben sein darf, es sei denn, der Adoptivelternteil ist bereits verstorben, § 6 Abs. 3 Namnlag 2016. Ferner kann ein Doppelname aus den Nachnamen der Adoptiveltern, § 6 Abs. 2 Nr. 3 Namnlag 2016 oder ein Patronym aus dem Vornamen eines Adoptivelternteils mit der Endung *-son* oder *-dotter* gebildet werden, § 6 Abs. 2 Nr. 4 Namnlag 2016. Auch der Nachname, den ein Geschwisterkind aber keines der Adoptivelternteile trägt, kann gem. § 6 Abs. 2 Nr. 5 Namnlag 2016 zum Nachnamen des Adoptivkindes bestimmt werden. Wird das Kind nur von einer Person adoptiert, kommen lediglich die Nummern 1, 2 und 4 in Betracht, vgl. § 6 Abs. 4 Namnlag 2016. Auch hier ist der maßgebliche Zeitpunkt zur Bestimmung der zur Auswahl stehenden Namen die Antragstellung.[541]

Von der Grundregel, dass das Adoptivkind mit der Adoption einen neuen Nachnamen zu erhalten hat, finden sich in § 6 Abs. 1 S. 2 Namnlag 2016 jedoch zwei Ausnahmen. Zum einen muss im Falle der Adoption des Kindes des Ehegatten (*make*) oder des Lebensgefährten (*sambo*) kein neuer Name für dieses Kind bestimmt werden. Zum anderen bedarf es einer neuen Namenswahl dann nicht, wenn gem. § 8 Namnlag 2016 durch gerichtliche Entscheidung festgestellt wird, dass das Kind seinen Geburtsnamen trotz der Adoption behält oder lediglich einen Doppelnamen, bestehend aus dem Geburtsnamen und dem Nachnamen eines oder beider Adoptivelternteile, erhält. Die Ausnahme des § 8 Namnnlag 2016 wurde im

---

539 Dafür sprechen auch die Erfahrungswerte aus Dänemark, wo ebenfalls personenbezogene Identifikationsnummern verwendet werden und eine solche namensrechtliche Beschränkung bereits 2005 aufgehoben wurde, Prop. 2015/16:180 S. 33.

540 Prop. 2015/16:180 S. 95; Dies gilt auch für den Fall, dass ein ausländisches Gericht die Adoptionsentscheidung trifft und das Adoptivkind durch die Adoption die schwedische Staatsbürgerschaft erlangt, vgl. *Brossner* in Karnov Kommentarer Rn. 19.

541 *Brossner* in Karnov Kommentarer Rn. 20.

Hinblick auf Fälle geschaffen, in denen das Kind sich selbst bereits über seinen Geburtsnamen identifiziert und an diesem daher auch nach der Adoption festhalten möchte.[542] Dies kann insbesondere bei der Erwachsenenadoption der Fall sein, aber auch wenn das Kind nach dem Tod der leiblichen Eltern von Verwandten adoptiert wurde, oder eine andere ethnische Herkunft als die Adoptiveltern hat.[543] In der Regel erfolgt die Prüfung durch das Gericht auf Antrag der Adoptiveltern, im Einzelfall kann diese jedoch auch von Seiten des Gerichts anberaumt werden, wenn es Anhaltspunkte dafür gibt, dass das Adoptivkind seinen Geburtsnamen behalten möchte.[544] Fällt die Entscheidung des Gerichts nicht zugunsten des Geburtsnamens aus, so steht es dem Kind jedoch frei, zu diesem Namen später im Rahmen der administrativen Namensänderung zurückzukehren oder ihn gem. § 10 Namnlag 2016 mit dem bei der Adoption erworbenen Namen zu einem Doppelnamen zu verbinden.

Auch im Falle einer Adoption muss der Antrag auf den Namenserwerb des Adoptivkindes, wie auch bei dem Namenserwerb leiblicher Kinder, innerhalb von drei Monaten nach der positiven Adoptionsentscheidung gestellt werden, § 7 Abs. 1 Namnlag 2016. Hat das Adoptivkind das 18. Lebensjahr noch nicht vollendet, muss der Antrag von den nun sorgeberechtigen Adoptiveltern gestellt werden.[545] Auch hier gilt: Hat das minderjährige Kind das 12. Lebensjahr vollendet, so muss es der Namensänderung gem. § 46 Namnlag 2016 zustimmen.[546] Wird innerhalb dieser Frist kein Antrag gestellt oder können sich die Adoptiveltern nicht auf einen Nachnamen einigen, so erhält das Adoptivkind im Falle einer Einzeladoption den Nachnamen des Adoptivelternteils, im Falle einer Adoption durch ein Ehepaar den Nachnamen, den der ältere Adoptivelternteil führt, § 7 Abs. 2 Namnlag 2016.

4. Die Namensführung des Pflegekindes

Das schwedische Namensgesetz enthält ferner auch Regelungen hinsichtlich des Nachnamens eines Pflegekindes (*fosterbarn*). Zwar gibt es keine mit § 6 Namnlag 2016 für das Adoptivkind vergleichbare Regelung zur zwingenden Namensänderung, allerdings eröffnet § 11 Namnlag 2016 dem Pflegekind die Möglichkeit einer familienrechtlichen Namensänderung, um den Nachnamen eines Pflegeelternteils

542 Prop. 2015/16:180 S. 97; praktisch wird diese Ausnahme wohl überwiegend im Fall der Erwachsenenadoption einschlägig sein, so auch *Brossner* in Karnov Kommentarer Rn. 25.

543 Prop. 2015/16:180 S. 97; *Brossner* in Karnov Kommentarer Rn. 25.

544 Prop. 2015/16:180 S. 97; *Brossner* in Karnov Kommentarer Rn. 25.

545 Prop. 2015/16:180 S. 96.

546 Prop. 2015/16:180 S. 96.

(*familjehemsförälder*)[547] bzw. der Pflegeeltern anzunehmen und so seine Verbindung zu den Pflegeeltern nach außen sichtbar zu machen.[548]

Auch hier besteht hinsichtlich der wählbaren Namen eine Nähe zu den Möglichkeiten des Adoptivkindes bzw. des leiblichen Kindes. Gem. § 11 Nr. 1 Namnlag 2016 kann der Nachname eines Pflegeelternteils oder der gemeinsam geführte Nachname der Pflegeeltern angenommen werden. Führen die Pflegeeltern keinen gemeinsamen Nachnamen, so besteht gem. 11 Nr. 2 Namnlag 2016 zudem die Möglichkeit, einen aus diesen beiden Nachnamen neugebildeten Doppelnahmen anzunehmen. Ferner besteht gem. § 11 Nr. 3 Namnlag 2016, ähnlich wie bei § 10 Namnlag 2016 für das Adoptivkind, die Möglichkeit einen Doppelnamen aus dem Geburtsnamen des Pflegekindes und dem Nachnamen eines Pflegeelternteils bzw. dem gemeinsamen Nachnamen der Pflegeeltern zu bilden.

Allerdings ist § 11 Namnlag 2016 nur anwendbar, wenn das Pflegekind noch in der Pflegefamilie untergebracht ist. Möchte ein Erwachsener den Nachnamen seiner früheren Pflegeeltern annehmen, so ist ihm dies nur im Rahmen der administrativen Namensänderung gem. §§ 13 ff. Namnlag 2016 möglich.[549] Ferner ist gem. § 34 Abs. 2 Namnlag 2016 die Zustimmung der Person oder der Personen erforderlich, deren Nachnamen das in einer Pflegefamilie untergebrachte Kind erwerben möchte, sowie eine gerichtliche Entscheidung darüber, dass die Namensänderung mit dem Kindeswohl vereinbar ist.[550] Der Antrag auf Namensänderung muss auch im Rahmen des § 11 Namnlag 2016 bei minderjährigen Kindern von dem oder den Sorgeberechtigten gestellt werden und Kinder, die das 12. Lebensjahr vollendet haben müssen der Namensänderung gem. § 46 Namnlag 2016 zustimmen.[551]

II. Der Vorname

Die Regelungen über den Vornamenserwerb und die Vornamensänderung finden sich in den §§ 26-28 Namnlag 2016.

1. Der Vornamenserwerb

Grundsätzlich besteht in Schweden eine Pflicht zur Führung eines Vornamens. Jedes Kind muss daher gem. § 26 Abs. 1 Namnlag 2016 mindestens einen Vornamen erhalten, der von der sorgeberechtigten Person oder den sorgeberechtigten

---

547 Unter einem Pflegeelternteil versteht man gem. § 16 des Sozialversicherungsgesetzes (*Socialförsäkringsbalk (2010:110)*) eine Person die „ein Kind zur dauerhaften Pflege und Erziehung in seinem Heim aufgenommen hat, welches keinem Elternteil des Kindes oder einer anderen sorgeberechtigten Person gehört."

548 Prop. 2015/16:180 S. 33 f.; *Brossner* in Karnov Kommentarer Rn. 29.

549 Prop. 2015/16:180 S. 100 f.

550 Prop. 2015/16:180 S. 100; *Brossner* in Karnov Kommentarer Rn. 29.

551 Prop. 2015/16:180 S. 100; *Brossner* in Karnov Kommentarer Rn. 29.

Personen bei der schwedischen Steuerbehörde beantragt werden muss.[552] Eine Begrenzung, wie viele Vornamen eine Person tragen darf, gibt es hingegen nicht.[553] Dieser Antrag muss gem. § 26 Abs. 2 Namnlag 2016 innerhalb von drei Monaten gestellt werden. Der Vorname gilt als zum Zeitpunkt der Registrierung erworben.[554] Wenn der Sorgeberechtigte des Kindes nicht innerhalb der vorgeschriebenen Frist einen Antrag stellt, kann die schwedische Steuerbehörde ihn gem. § 43 Abs. 1 Namnlag 2016 auffordern, dieser Verpflichtung innerhalb einer bestimmten Frist nachzukommen. Wird auch diese Frist nicht eingehalten, kann eine neue Anordnung mit einer Geldbuße verbunden werden, vgl. § 43 Abs. 2 Namnlag 2016. Führt eine Person mehr als einen Vornamen, so steht es ihr frei, ihren Rufnamen (*tilltalsnamn*) im Personenstandsregister als solchen zu kennzeichnen, um deutlich zu machen, mit welchem Namen sie angesprochen werden will.[555]

Als Vorname darf gem. § 28 Namnlag 2016 nur ein Name gewählt werden, der weder Anstoß erregen kann (Nr. 1), noch befürchten lässt, dass dieser Name dem Träger unangenehm sein könnte (Nr. 2) oder aus anderen Gründen als Vorname ungeeignet ist (Nr. 3).

Ob ein Vorname Anstoß erregen kann, bestimmt sich dabei – wie auch im Rahmen des § 14 Nr. 3 Namnlag 2016 – nicht aus der Sicht des Einzelnen, sondern aus der der Öffentlichkeit.[556] Auf die subjektive Sicht des Namensträgers kommt es hingegen im Rahmen des Ausschlussgrunds des § 28 Nr. 2 Namnlag 2016 an.[557] Diese Einschränkung ist insbesondere bei dem Namenserwerb von Kindern relevant, da sie – anders als Erwachsene – ihren Vornamen nicht selbst bestimmen und daher besonders schutzwürdig sind.[558] Unter den Auffangtatbestand des § 28 Nr. 3 Namnlag 2016 fallen hingegen Vornamen die irreführend sind, als unangemessene Titel wahrgenommen werden könnten oder die i.d.R. als Nachname geführt werden.[559] Allerdings zeigt sich auch hier die liberale Haltung der schwedischen Rechtsprechung. So wurde im Falle des Vornamens „Prins“ (Prinz) eine Verwechslungsgefahr mit dem gleichlautenden und in der schwedischen Monarchie verwendeten Titel für ein männliches Mitglied der königlichen Familie verneint, da die Mitglieder der königlichen Familie in der Gesellschaft wohl bekannt sind.[560] Zudem ist auch ein aus nur einem Buchstaben bestehender Vorname nicht grds. als

---

552 *Brossner* in Karnov Kommentarer Rn. 69.

553 Prop. 2015/16:180 S. 119; *Brossner* in Karnov Kommentarer Rn. 69.

554 Prop. 2015/16:180 S. 119.

555 Prop. 2015/16:180 S. 65.

556 Prop. 2015/16:180 S. 119.

557 Prop. 2015/16:180 S. 119; auch hier besteht eine vergleichbare Regelung in § 14 Nr. 4.

558 Prop. 2015/16:180 S. 119; *Brossner* in Karnov Kommentarer Rn. 72.

559 Prop. 2015/16:180 S. 119; *Brossner* in Karnov Kommentarer Rn. 73.

560 Der Name „Prins“ wurde daher vom Höchsten Verwaltungsgericht als Vorname genehmigt, vgl. HFD 2019 ref. 57 II.

Vorname ungeeignet.[561] Grds. wird ein Name wohl immer dann als Vorname anerkannt, wenn er in Schweden nicht ausschließlich oder weit überwiegend als Nachname verwendet wird.[562] Bei der Einordnung des Namens als Vor- oder Nachname ist grds. auf die schwedische Sichtweise abzustellen, bei Namen aus einem anderen Sprachraum ist jedoch die dort geltende Einordnung zu berücksichtigen.[563]

2. Die Vornamensänderung

Eine Vornamensänderung i.S.d. § 27 Namnlag kann durch unterschiedliche Veränderungen des bzw. der Vornamen erfolgen. Zum einen können gem. § 27 Nr. 1 Namnlag 2016 ein oder mehrere Vornamen dem bisherigen Vornamen hinzugefügt werden. Zudem kann gem. § 27 Nr. 2 Namnlag 2016 der bestehende Vorname oder – sofern mehr als ein Vorname geführt wird – mehrere Vornamen geändert werden, ohne dass sich die Anzahl der Vornamen ändert. Weiterhin kann gem. § 27 Nr. 3 Namnlag 2016 ein Vorname oder mehrere Vornamen nachträglich gelöscht werden, jedoch mit der Einschränkung, dass mindestens ein Vorname erhalten bleiben muss. Zu guter Letzt besteht für den Fall, dass mehr als ein Vorname geführt wird, gem. § 27 Nr. 4 Namnlag 2016 die Möglichkeit, die Reihenfolge dieser Vornamen zu ändern. Eine mit § 13 Abs. 2 Namnlag 2016 vergleichbare Regelung existiert jedoch für die Vornamensänderung nicht, sodass auch eine einfache Änderung der Schreibweise immer eine Namensänderung i.S.d. § 27 Namnlag 2016 erfordert.[564] Für den neu gewählten Vornamen gelten ebenfalls die Einschränkungen des § 28 Namnlag 2016.

---

561 So wurde durch das Höchste Verwaltungsgericht u.a. der Vorname „J“ genehmigt, vgl. HFD 2019 ref. 57 III; ebenso der Vorname „Q“ nach der Star-Trek-Figur bzw. „A-C“ als Abkürzung von Ann-Christine, vgl. RÅ 2009 ref. 55 I und II.

562 So wird der Name „Ford“, der in Schweden wenig verbreitet ist, dort überwiegend als Nachname verwendet. Die Antragssteller, die für ihren Sohn den Vornamen „Ford“ wünschten, stammten jedoch aus Kanada, wo der Name „Ford“ zwar auch mehrheitlich als Nachname verwendet wird, jedoch auch ein bekannter und verbreiteter Vorname ist. Da der Name sowohl in Schweden als auch in Kanada als Vorname verwendet wird, stimmte das Höchste Verwaltungsgericht dem Erwerb des Namens Ford als Vorname zu, vgl. die Entscheidung HFD ref. 2019-57 I. Anders jedoch im Fall des Namens „Papich“, der von der Rechtsprechung nicht als weiblicher Vorname zugelassen wurde, weil dieser in Schweden weder als Vor- noch als Nachname und im osteuropäischen Sprachraum lediglich als Nachname geläufig ist, vgl. die Entscheidung des Kammergerichts Stockholm Fall-Nr. 7189-17.

563 Im Fall des Namens „Ford“ wurde die kanadische Herkunft der Antragsteller berücksichtigt, HFD ref. 2019-57 I; im Fall des Namens „Papich“ wurde auf dessen sprachliche Herkunft im osteuropäischen Sprachraum abgestellt, vgl. die Entscheidung des Kammergerichts Stockholm Fall-Nr. 7189-17.

564 *Brossner* in Karnov Kommentarer Rn. 6.

Eine Person, egal ob Erwachsener oder Kind, kann seinen Vornamen auch jederzeit in einen „geschlechtsgegenteiligen“ Vornamen (*könskonträrt förnamn*), also einen Vornamen, der traditionell mit dem anderen Geschlecht assoziiert wird, ändern.[565] Damit ermöglicht der schwedische Gesetzgeber nun ausdrücklich, was die höchstrichterliche Rechtsprechung bereits 2009 genehmigte, als das Höchste Verwaltungsgericht einem Mann gestattete den Vornamen „Madeleine“ als weiteren Vornamen zu führen.[566] Denn die Wahl des Vornamens sei eine so persönliche Angelegenheit, dass dem Einzelnen eine umfassende Wahlfreiheit eingeräumt werden muss. Dies gelte insbesondere dann, wenn ein Erwachsener einen Vornamen ändern oder hinzufügen möchte.[567] Zudem soll es Menschen durch die Annahme eines geschlechtsgegenteiligen Namens ermöglicht werden, ihr Leben und damit auch ihren Namen in Übereinstimmung mit ihrer Geschlechtsidentität zu gestalten.[568]

III. Die administrative Nachnamensänderung

Personen können ganz unterschiedliche Gründe für eine administrative Namensänderung[569] haben. Zum einen, weil sie sich mit ihrem derzeitigen Nachnamen nicht (mehr) identifizieren, zum anderen aber auch, weil sie eine Verbindung zu anderen Personen ausdrücken wollen und ihnen dies über die familienrechtliche Namensänderung nicht möglich ist, wie es z.B. bei unverheirateten Lebenspartnern der Fall ist.[570] Die Regelungen der administrativen Nachnamensänderung finden sich in den §§ 13 ff. Namnlag 2016, wobei § 13 die Zentralnorm darstellt. Erfasst werden die Änderung in einen neu gebildeten Nachnamen, also einen

565 Gemeint sind Vornamen, die typischerweise von einer Frau getragen werden, in diesem Falle aber von einem Mann erworben werden wollen bzw. Vornamen, die typischerweise von einem Mann getragen werden, in diesem Falle aber von einer Frau erworben werden wollen, Prop. 2015/16:180 S. 119.

566 RÅ 2009:55 III.; anders urteilten noch 2001 das Kammergericht in Göteborg, welches einem transsexuellen Mann untersagte den Namen „Malin“ als weiteren Vornamen zu erwerben, weil dieser ein typischerweise weiblicher Vorname und somit offensichtlich unangemessen für einen Mann sei, vgl. Fall-Nr. 2053-2001, sowie 2003 das Kammergericht in Jönköping, welches einer Frau untersagte den Namen „Allan” als weiteren Vornamen zu erwerben, vgl. Fall-Nr. 810-03 (SOU 2013:35 S. 635 f.). Das Höchste Verwaltungsgericht wies in seiner Urteilsbegründung jedoch darauf hin, dass die Einordnung eines Vornamens als offensichtlich unangemessen durch die gesellschaftliche Sicht erfolge, welche sich über die Jahre und insbesondere seit dem Inkrafttreten des Namnlag 1982 verändert habe.

567 RÅ 2009:55 III.

568 Prop. 2015/16:180 S. 64 f.

569 Diese Übersetzung verwendet auch *Franck* StAZ 2020, 97, 101.

570 Prop. 2015/16:180 S. 49 f.

Nachnamen, der zuvor noch nicht als Nachname in Schweden verwendet wurde, oder in einen bestehenden Nachnamen, der in Schweden bereits als Nachname verwendet wurde.[571] Allerdings ist die administrative Namensänderung nach § 13 Namnlag 2016 nach dem Wortlaut der Norm subsidiär zu den familienrechtlichen Erwerbstatbeständen der §§ 4-12 Namnlag 2016 sowie der unter Umständen für internationale Sachverhalte einschlägigen Regelung des § 30 Namnlag 2016. Sind diese nicht anwendbar, so eröffnet § 13 Abs. 1 Alt. 1 Namnlag 2016 dem Namensinhaber die Möglichkeit seinen Nachnamen im Rahmen der administrativen Namensänderung ändern zu lassen, sofern die Bedingungen der §§ 14-19 Namnlag 2016 erfüllt sind. Scheidet eine Namensänderung nach § 13 Abs. 1 Alt. 1 Namnlag 2016 aus, so besteht nach § 13 Abs. 1 2. Alt. Namnlag 2016 weiterhin die Möglichkeit einer Namensänderung, sofern besondere Gründe (*särskilda skäl*) für eine solche sprechen. Zudem führt § 13 Abs. 2 Namnlag 2016 Fälle auf, in denen zwar formal die Schreibweise des Nachnamens geändert wird, jedoch rechtlich keine Namensänderung i.S.d. Namnlag 2016 vorliegt.

1. Die Nachnamensänderung gem. § 13 Abs. 1 Alt. 1 Namnlag 2016

Gem. § 13 Abs. 1 Alt. 1 Namnlag 2016 kann eine administrative Nachnamensänderung zunächst dann erfolgen, wenn die Bedingungen der §§ 14-19 Namnlag 2016 erfüllt sind. Dabei ist es sowohl möglich, seinen Namen in einen bereits in Schweden als Nachnamen bekannten Namen zu ändern, als auch einen gänzlich neuen Namen zu bilden, der in dieser Form in Schweden noch nicht existiert.

In den § 14 und § 15 Namnlag 2016 sind die grundsätzlichen Voraussetzungen für eine solche Namensänderung normiert, wobei die Eignung als Nachname gem. § 14 Namnlag 2016 dem Wortlaut nach nur für neu gebildete Namen überprüft wird. Sowohl von neu gebildeten als auch von bereits bestehenden Nachnamen darf zudem gem. § 15 Namnlag 2016 keine Verwechslungsgefahr mit anderen Nachnamen ausgehen. Allerdings finden sich in den §§ 16-19 Namnlag 2016 Ausnahmen für die Fälle, in denen die Verwechslungsgefahr i.S.d. § 15 Namnlag 2016 einer administrativen Namensänderung nach § 13 Abs. 1 1. Alt. Namnlag 2016 nicht entgegenstehen soll.

a. Eignung als Nachname

Ein neu gebildeter Nachname i.S.d. § 14 Namnlag 2016 ist dann als Nachname ungeeignet, wenn er typischerweise als Vorname verwendet wird (Nr. 1), aus mehr als einem Wort besteht (Nr. 2), Anstoß erregen kann (Nr. 3), bei dem Namensinhaber Unbehagen auslösen könnte (Nr. 4) oder aus anderem Grund als Nachname ungeeignet ist (Nr. 5).

---

571 Prop. 2015/16:180 S. 102; *Brossner* in Karnov Kommentarer Rn. 31 f.

Für die Einschlägigkeit der Einschränkung, dass ein neu gebildeter Nachname nicht typischerweise als Vorname verwendet werden darf (Nr. 1) ist es ausreichend, dass der Name tatsächlich als Vorname verwendet wird.[572] Dass ein neu gebildeter Nachname gem. § 14 Nr. 2 Namnlag 2016 nicht aus mehr als einem Wort bestehen darf, schließt auch den Erwerb eines neu gebildeten Doppelnamens nach § 13 Abs. 1 Alt. 1 Namnlag 2016 aus.[573] Ein solcher kann jedoch gem. § 20 Abs. 1 Namnlag 2016 erworben werden.[574] Ob ein Name anstößig i.S.d. § 14 Nr. 3 Namnlag 2016 ist, bemisst sich objektiv nach den allgemeinen gesellschaftlichen Wertevorstellungen.[575] Dazu zählen Namen, die eine Ähnlichkeit mit Schimpfwörtern oder anderen obszönen Ausdrücken haben, oder durch eine Änderung der Schreibweise haben könnten.[576] Ob ein Name bei dem Namensinhaber Unbehagen auslösen kann (Nr. 4), bemisst sich hingegen subjektiv aus der Sicht des Einzelnen.[577] So wird ein Erwachsener durch den eigenen Antrag auf Namensänderung i.d.R. klargestellt haben, dass er sich mit dem Namen nicht unwohl fühlen wird, bei dem Antrag der Sorgeberechtigten für ihr minderjähriges Kind ist jedoch aus Kindeswohlgesichtspunkten eine genauere Prüfung nötig.[578] Ein Name kann zudem, trotz der großen Liberalität des schwedischen Namensrechts, dann als Nachname i.S.d. § 14 Nr. 5 Namnlag 2016 ungeeignet sein, wenn er in Bezug auf seine Bildung, Rechtschreibung oder Aussprache mit den schwedischen Namenskonventionen nicht vereinbar ist.[579]

Ist ein neu gebildeter Name nicht als Nachname geeignet, scheidet eine administrative Namensänderung nach § 13 Abs. 1 Alt. 1 Namnlag 2016 somit aus, unter Umständen kommt jedoch eine Namensänderung nach § 13 Abs. 1 Alt. 2 Namnlag 2016 aus besonderen Gründen in Betracht.[580]

---

572 Nicht erforderlich ist, dass dieser Vorname zum Zeitpunkt der Antragstellung rechtmäßig von einer anderen Person getragen wird, Prop. 2015/16:180 S. 105.

573 *Brossner* in Karnov Kommentarer Rn. 34.

574 Auch der Doppelnamenserwerb gem. § 20 Abs. 1 ist subsidiär zu den familienrechtlichen Erwerbstatbeständen und § 30 Namnlag 2016, Prop. 2015/16:180 S. 112 f.; *Brossner* in Karnov Kommentarer Rn. 34.

575 Dabei sind zeitliche und gesellschaftliche Veränderungen zu beachten, Prop. 2015/16:180 S. 105; *Brossner* in Karnov Kommentarer Rn. 40.

576 Prop. 2015/16:180 S. 105; *Brossner* in Karnov Kommentarer Rn. 40.

577 Prop. 2015/16:180 S. 105.

578 Gleiches gilt auch dann, wenn der geänderte Name eines Erwachsenen an dessen minderjährige Kinder weitergegeben werden kann, vgl. Prop. 2015/16:180 S. 105; *Brossner* in Karnov Kommentarer Rn. 41.

579 So. z.B. ein Name, der aus zwei miteinander verbunden Namen besteht wie „Lind-Ström" oder das Wort „Fahrradpedal" (*Cykelpedal*), welches zwar eine korrekte Wortbildung darstellt, jedoch keinen Namen i.S.d. schwedischen Namenskonvention, Prop. 2015/16:180 S. 106.

580 Prop. 2015/16:180 S. 106. *Brossner* in Karnov Kommentarer Rn. 38.

b. Keine Verwechslungsgefahr

Der gewünschte neu gebildete oder bestehende Nachname darf zudem nicht solch eine Ähnlichkeit zu anderen Nachnamen aufweisen, dass eine Verwechslung zu befürchten ist. Ein Verwechslungsrisiko besteht dann, wenn der gewünschte Name identisch mit einem nach § 15 Namnlag 2016 relevanten Namen ist, oder aufgrund der Schreibweise oder Aussprache Ähnlichkeiten aufweist, die eine Verwechslung befürchten lassen.[581] § 15 Namnlag 2016 bestimmt, dass zu diesen anderen Namen zunächst einmal alle Nachnamen zählen, die eine andere Person bereits aktuell führt (Nr. 1). Einzige Bedingung ist, dass die Person noch nicht verstorben sein darf.[582] Zudem ist auch die Bekanntheit und Verbreitung des bestehenden Namens zu berücksichtigen. So wurde der Name „Berneckow" wegen der sprachlichen Ähnlichkeit zu dem bereits bestehenden und in der betreffenden Region verbreiteten Nachnamen „Barnekow" nicht genehmigt,[583] der Name „Magård" hingegen schon, da die früher geläufige und auch in Dänemark bekannte ähnliche Aussprache von „aa" und „ å" allein noch keine Verwechselung mit dem bereits bestehenden Namen „Magaard" befürchten lässt.[584]

Ferner darf keine Verwechslungsgefahr mit Nachnamen bestehen, die – selbst, wenn sie heute von keiner Person mehr geführt werden – aufgrund ihrer früheren Träger historische Bedeutung erlangt haben (Nr. 2). Ob ein Name aufgrund seines Trägers historische Bedeutung erlangt hat, bemisst sich nach den Informationen, die zum Zeitpunkt der Antragstellung über den Namen bekannt sind.[585] Auch in Schweden allgemein bekannte ausländische Nachnamen (Nr. 3), z.B. aus Politik, Sport oder Kultur,[586] sowie allgemein bekannte Künstlernamen (Nr. 4) zu denen auch Pseudonyme oder Paraphen zählen,[587] bergen eine Verwechslungsgefahr i.S.d. § 15 Namnlag 2016. Weiterhin auch Namen von Stiftungen, Vereinen oder Verbänden (Nr. 5), Firmen- oder Warenkennzeichen (Nr. 6) sowie Bezeichnungen aus literarischen Werken (Nr. 7), wie bspw. Personen- oder Ortsnamen.[588]

---

581 Prop. 2015/16:180 S. 107; *Brossner* in Karnov Kommentarer Rn. 44.

582 Prop. 2015/16:180 S. 107.

583 RÅ 2003 ref. 97.

584 HFD 2020 ref. 41.

585 Dabei kommt es nicht darauf an, ob der Name der breiten Öffentlichkeit bekannt ist oder auf die Dauer des Wirkens des Namensträgers, vgl. Prop. 2015/16:180 S. 107.

586 Allerdings sind gebräuchliche Namen wie bspw. „Smith" nicht geschützt, Prop. 2015/16:180 S. 108; *Brossner* in Karnov Kommentarer Rn. 46.

587 Prop. 2015/16:180 S. 108.

588 Ein solcher Schutz gilt jedoch nur für die Werke, die eine gewisse Werkhöhe aufweisen und sie die Anforderungen für den Erhalt des Urheberrechtsschutzes gemäß Kapitel 1 des Gesetzes (1960: 729) über das Urheberrecht an literarischen und künstlerischen Werken erfüllt (*Lagen (1960:729) om upphovsrätt till litterära och konstnärliga verk)*, Prop. 2015/16: 180 S. 109; *Brossner* in Karnov Kommentarer Rn. 50.

Ist der gewünschte Name zwar gem. § 14 Namnlag 2016 als Nachname geeignet, besteht jedoch gem. § 15 Namnlag 2016 die Gefahr der Verwechslung mit einem der in § 15 Namnlag 2016 genannten Namen, besteht weiterhin die Möglichkeit einer Nachnamensänderung, wenn einer der Ausnahmetatbestände der §§ 16-19 Namnlag 2016 einschlägig ist.

c. Die Ausnahmetatbestände der §§ 16-19 Namnlag 2016

Insbesondere § 15 Nr. 1 Namnlag 2016, der die Änderung in einen Nachnamen untersagt, der eine Verwechslung mit einem derzeit von einer anderen Person geführten Nachnamen befürchten lässt, stellt eine große Einschränkung für die Namenswahlfreiheit dar. Faktisch würden also alle Nachnamen, die in Schweden von irgendeiner anderen Person aktuell geführt werden, als potentielle neue Nachnamen ausscheiden. Um jedoch auch den Erwerb bestimmter bereits existierender Nachnamen zu ermöglichen, sehen die §§ 16-19 Namnlag 2016 Ausnahmen für solche Fälle vor, in denen ein neuer Nachname eigentlich aufgrund der Vorschrift des § 14 oder des § 15 Namnlag 2016 nicht erworben werden darf, die besonderen Umstände eine Namensakquisition durch Dritte generell jedoch rechtfertigen.

aa. Nachnamensänderung in einen „geläufigen“ Namen

Gem. § 16 Abs. 1 Namnlag 2016 gelten die Einschränkungen, insbesondere die des § 15 Nr. 1 Namnlag 2016, nicht für Nachnamen, die in Schweden von mindestens 2.000 Personen getragen werden.[589] Grund dafür ist, dass man es den Bürgern erleichtern will, auch bereits existierende Nachnamen im Rahmen der administrativen Namensänderung erwerben zu können. Denn vor der Reform des schwedischen Namensrechts waren grds. alle Nachnamen zugleich geschützte Namen, sodass derjenige, der einen neuen Nachnamen mittels administrativer Namensänderung erwerben wollte, zwangsläufig einen gänzlich neuen Nachnamen bilden musste.[590] Bei den Überlegungen, welche Namen auch in Zukunft noch geschützt werden sollten, einigte man sich im Ergebnis darauf, dass ein Name, der von mehr als 2.000 Menschen getragen wird, als so geläufig anzusehen ist, dass von ihm keine individuelle Aussagekraft über den einzelnen Träger bzw. seine Familie mehr ausgeht und somit einem freien Erwerb dieses Namens keine ausreichend gewichtigen Interessen entgegenstehen.[591]

---

589 Wie viele Menschen einen bestimmten Nachnamen tragen kann man auf der Internetseite der schwedischen Steuerbehörde nachschauen, vgl. https://www.skatteverket.se/privat/folkbokforing/namn/bytaefternamn/ sokhurmangasomharettvisstnamn.4.515a6be615c637b9aa413027.html#!/start; vgl. auch die Hinweise bei *Franck* StAZ 2020, 97, 104.

590 Prop. 2015/16:180 S. 49.

591 Dies betraf bei Inkrafttreten des Gesetzes etwa 530 Nachnamen, vgl. Prop. 2015/16:180 S. 49f.

Ein Nachname, der zu einem Zeitpunkt von mindestens 2.000 Personen getragen wurde, fällt gem. § 16 Abs. 2 Namnlag 2016 auch selbst dann nicht mehr unter die Einschränkung des § 15 Nr. 1 Namnlag 2016, wenn ihn zu einem späteren Zeitpunkt weniger als 2.000 Menschen tragen. Zudem stellt § 16 Abs. 3 Namnlag 2016 klar, dass im Fall von Doppelnamen jeder Einzelname bei der Berechnung, wie viele Personen diesen Nachnamen in Schweden führen, separat gezählt wird. Das bedeutet, sowohl Personen die den Nachnamen „Andersson" als auch solche die den Nachnamen „Andersson-Lundberg" tragen, werden als Personen mit dem Nachnamen „Andersson" gezählt.

bb. Nachnamensänderung aufgrund Namensänderung eines Familienmitglieds

Eine weitere Ausnahme von den Einschränkungen des § 15 Namnlag 2016 stellt § 17 Namnlag 2016 dar, der es den Eltern, Geschwistern, Nichten und Neffen einer Person, die nach dem Namnlag 2016 einen Nachnamen erworben hat, ermöglicht, diesen Nachnamen ebenfalls zu erwerben. Diese Regelung soll insbesondere die namensrechtliche Einheit innerhalb der weiteren Familie für die Fälle ermöglichen, in denen eine Person gem. § 14 Namnlag 2016 einen neu gebildeten Nachnamen erwirbt.[592] Dieser neu gebildete Nachname, den es in dieser Form so zuvor in Schweden noch nicht gab, wird grds. von § 15 Nr. 1 Namnlag 2016 geschützt, sodass eine andere Person diesen Nachnamen aufgrund der Verwechslungsgefahr nicht im Rahmen der administrativen Namensänderung erwerben darf. Die Regelung des § 16 Namnlag 2016 würde aufgrund der Einzigartigkeit ebenfalls nicht greifen.[593] Während Ehegatten und Kinder des Namensinhabers den neu gebildeten Nachnamen über die familienrechtlichen Erwerbstatbestände des § 9 bzw. § 12 Namnlag 2016 erwerben können, gibt es für Personen, die in einem anderen verwandtschaftlichen Verhältnis zu dem Namensinhaber stehen, keine familienrechtliche Möglichkeit des Namenserwerbs. Für diese Fälle bietet § 17 Namnlag 2016 den Eltern, Geschwistern, Nichten und Neffen des Namensinhabers nun die Möglichkeit, diesen neu gebildeten Nachnamen durch eine administrative Namensänderung i.S.d. § 13 Namnlag 2016 zu erwerben. Allerdings nur in den Fällen, in denen der Namensinhaber dieser Namensänderung auch zustimmt, vgl. § 17 S. 1 a.E Namnlag 2016.

cc. Nachnamensänderung aufgrund familiärer Tradition

§ 18 Namnlag 2016 beschreibt einen weiteren Fall, in dem aufgrund von familiärer Verbundenheit zu einem bestimmten Nachnamen der Erwerb eines grds. gem. § 15 Namnlag 2016 geschützten Nachnamens gestattet ist. Gem. § 18 Namnlag 2016

---

592 Prop. 2015/16:180 S. 110.

593 Prop. 2015/16:180 S. 110.

kann eine Person einen Nachnamen dann erwerben, wenn dieser Nachname von mindestens zwei Personen unterschiedlicher Generationen innerhalb der letzten vier Generationen in seiner Familie getragen wurde. So kann eine Person bspw. den Nachnamen erwerben, den sowohl die Urgroßmutter als auch die Großmutter getragen haben, unbeschadet dessen, dass der eigene Elternteil diesen Nachnamen nie geführt hat.[594] Diese familiäre Verbundenheit zu einem bestimmten Nachnamen stellte unter dem Namnlag 1982 bereits einen herausragenden Grund (*synnerliga skäl*) dar, sodass in diesen Fällen der Name ebenfalls ein durch administrative Namensänderung gem. § 14 Abs. 2 Namnlag 1982 erworben werden konnte.[595] Grund für die Aufnahme in das neue Namensgesetz als selbstständigen Ausnahmetatbestand ist, dass so das Ziel des schwedischen Gesetzgebers, ein für Behörden und Bürger verständliches Namensgesetz zu schaffen, erreicht werden kann, weil dieser in der Praxis anerkannte Grund nun direkt aus dem Gesetzeswortlaut herauszulesen ist.[596]

dd. Nachnamensänderung zu einem früher geführten Namen

Zu einem bereits zuvor geführten Nachnamen kann eine Person gem. § 19 Abs. 1 Namnlag 2016 immer zurückkehren, auch wenn dieser Nachname grds. gem. § 15 Namnlag 2016 geschützt ist. Einzige Bedingung ist, dass die Person den betreffenden Nachnamen nicht gem. § 21 Namnlag 2016 durch gerichtliche Entscheidung verloren haben darf. Ein Namensinhaber verliert seinen Nachnamen gem. § 21 Namnlag 2016 durch gerichtliche Entscheidung, wenn er keinen Anspruch auf den betreffenden Nachnamen hat und dies zu Unannehmlichkeiten für einen anderen führt.[597] Grund für die Regelung des § 19 Abs. 1 Namnlag 2016 ist, dass es Personen ermöglicht werden soll, ihren Namen an die jeweilige Lebenssituation anzupassen und zu ändern, ohne befürchten zu müssen, dass ihr bisher rechtmäßig geführter Nachname nach einer Namensänderung „verloren" geht.[598] § 19 Abs. 2 Namnlag 2016 stellt zudem klar, dass eine Person immer frei darin ist, einen Bestandteil ihres Doppelnamens abzulegen und einen der Einzelnamen als alleinigen Nachnamen zu bestimmen.

594 Prop. 2015/16:180 S. 111.

595 Prop. 2015/16:180 S. 111.

596 Prop. 2015/16:180 S. 53.

597 Keinen Anspruch auf einen Namen hat bspw. eine Person, die ihren Nachnamen von den Eltern ableitet und es sich nachträglich herausstellt, dass zu der namensgebenden Person kein verwandtschaftliches Verhältnis besteht, weil z.B. die Vaterschaft widerrufen wurde, vgl. Prop. 2015/16:180 S. 114.

598 Prop. 2015/16:180 S. 55.

2. Die Nachnamensänderung aus besonderen Gründen

Sofern eine administrative Nachnamensänderung an einer der Voraussetzungen der §§ 14, 15 Namnlag 2016 scheitert und auch kein Ausnahmetatbestand der §§ 16 ff. einschlägig ist, besteht jedoch noch die Möglichkeit den gewünschten Nachnamen wegen des Vorliegens besonderer Gründe (*särskilda skäl*) gem. § 13 Abs. 1 a.E. Namnlag 2016 zu erwerben. Es handelt sich somit bei § 13 Abs. 1 a.E. Namnlag 2016 um einen Auffangtatbestand. Besondere Gründe liegen dann vor, wenn im Einzelfall Gründe mit einem gewissen Gewicht vorliegen, die eine Namensänderung trotz entgegenstehender Hindernisse der § 14 bzw. § 15 Namnlag 2016 rechtfertigen.[599] Dies ist insbesondere dann der Fall, wenn der Antragsteller eine „beachtenswerte" (*beaktansvärd*) Verbindung zu dem gewünschten Namen hat.[600] Um dies zu ermitteln, muss in jedem Fall eine Interessenabwägung im Einzelfall vorgenommen werden.[601] Ein solcher besonderer Grund kann beispielsweise dann vorliegen, wenn eine Person einen Nachnamen schon lange faktisch trägt und diesen nun auch offiziell als Nachnamen eintragen lassen möchte.[602] Auch ein neu gebildeter Name, der grds. gem. § 14 Namnlag 2016 als Nachname ungeeignet ist kann unter Umständen aus besonderen Gründen gem. § 13 Abs. 1 Alt. 2 Namnlag 2016 erworben werden.[603]

Eine ähnliche Regelung fand sich bereits im Namnlag 1982: Während § 12 und § 13 Namnlag 1982 ähnliche Anforderungen an den neu gewählten Nachnamen stellten wie § 14 und § 15 Namnlag 2016, sah § 14 Abs. 2 Namnlag 1982, ähnlich wie § 13 Abs. 1 a.E. Namnlag 2016, eine Möglichkeit der Namensänderung vor, wenn diesen Anforderungen nicht genügt wurde. Allerdings mit dem Unterschied, dass gem. § 14 Abs. 2 Namnlag 1982 eine Namensänderung unbeschadet der § 12 und § 13 Namnlag 1982 vorgenommen werden konnte, wenn bedeutsame bzw. außerordentliche Gründe (*synnerliga skäl*) dafür vorlagen.

Die Abkehr des schwedischen Gesetzgebers von der strengeren Anforderung der bedeutsamen Gründe (*synnerliga skäl*) hin zu dem Genügen von besonderen Gründen (*särskilda skäl*) stellt somit eine Abschwächung dar. Begründet wurde diese damit, dass sich unter dem Namnlag 1982 eine Praxis herausgebildet hatte, die den Begriff der „bedeutsamen Gründe" wesentlich weiter auslegte und regelmäßig einer Namensänderung zustimmte, als dies dem Wortlaut nach nahelag.[604] Dieser Liberalisierung in der Rechtsanwendung wollte der schwedische Gesetzgeber, der

599 Prop. 2015/16:180 S. 103; *Brossner* in Karnov Kommentarer Rn. 33.

600 Prop. 2015/16:180 S. 103; *Brossner* in Karnov Kommentarer Rn. 33.

601 Dabei müssen im Rahmen einer Gesamtwürdigung die Interessen des Antragstellers und die Recht Dritter gegeneinander abgewogen werden, vgl. *Brossner* in Karnov Kommentarer Rn. 33; Prop. 2015/16:180 S. 103.

602 Prop. 2015/16:180 S. 103.

603 *Brossner* in Karnov Kommentarer Rn. 33.

604 Prop. 2015/16:180 S. 54; SOU 2013:35 S. 384; *Höglund* S. 130.

in seinem Vorhaben ebenfalls der Freiheit des Einzelnen mehr Raum einräumen wollte, nun mit der Änderung des Wortlauts Rechnung tragen.[605]

3. *Die lediglich formale Änderung des Nachnamens, § 13 Abs. 2 Namnlag 2016*

Nicht jede formale Namensänderung stellt jedoch auch eine Namensänderung im rechtlichen Sinne dar. Während die §§ 4-12 Namnlag 2016 für familienrechtliche Namensänderungen, § 30 Namnlag 2016 für Namensänderungen mit internationalem Bezug sowie § 13 Abs. 1 Namnlag 2016 für die administrative Namensänderung Voraussetzungen normieren, stellt § 13 Abs. 2 Namnlag 2016 klar, dass es für bestimmte Fälle der Veränderung des Nachnamens keiner solchen Voraussetzungen bedarf. In diesen Fällen muss lediglich ein Antrag bei der schwedischen Steuerbehörde, der gem. § 3 Namnlag 2016 zuständigen Behörde für die Namensänderung, auf Änderung des Nachnamens gestellt werden.[606]

Gem. § 13 Abs. 2 Nr. 1 Namnlag 2016 stellt zunächst einmal eine Änderung der Schreibweise des Nachnamens, die die Aussprache nicht verändert, keine Namensänderung im rechtlichen Sinne dar. So kann der Nachname „Lövdal“ beispielsweise ohne weiteres in „Lövdahl“ oder „Löwdal“ geändert werden.[607] Weitere Beispiele für Änderungen der Schreibweise des Namens, die keiner Namensänderung i.S.d. Namnlag 2016 bedürfen ist das Hinzufügen oder Verändern einzelner Buchstaben, bspw. „aa“ zu „ae“, „å“ oder „ä“ bzw. „w“ zu „v“.[608] Auch das Hinzufügen oder Löschen des Bindestrichs bei einem Doppelnamen stellt i.d.R. lediglich eine einfache formale Namensänderung dar.[609] Ob es sich um eine solche einfache formale Namensänderung oder eine umfangreichere bzw. kompliziertere handelt, bestimmt sich im Ergebnis danach, ob der Nachname nach der Änderung als neuer

605 SOU 2013:35 S. 385.

606 Prop. 2015/16:180 S. 103.

607 Prop. 2015/16:180 S. 104.

608 Ebenso „oe“ zu „ö“, „ü“ zu „y“ oder „ss“ zu „s“, vgl. die offizielle Leitlinie der für Namensänderungen zuständigen schwedischen Steuerbehörde unter https://www4.skatteverket.se/rattsligvagledning/edition/ 2022.1/361312.html; *Brossner* in Karnov Kommentarer Rn. 36.

609 So ist die Änderung des Namens „Andersson-Lind“ in „Andersson Lind“ unproblematisch möglich, allerdings nicht in „AnderssonLind“, weil dies keinen gültigen Doppelnamen nach schwedischem Recht darstellt, vgl. *Brossner* in Karnov Kommentarer Rn. 36; eine einfache formale Änderung der Schreibweise von Doppelnamen stellt auch die „Umwandlung“ vergleichbarer ausländischer Verbindungszeichen wie das spanische „y” dar, vgl. die offizielle Leitlinie der für Namensänderungen zuständigen schwedischen Steuerbehörde unter https://www4.skatteverket.se/rattsligvagledning/edition/2022.1/361312.html.

Name wahrgenommen wird oder nicht.[610] Ausgangspunkt dafür ist grds. die in Schweden gängige Aussprache des Namens, etwas anderes kann jedoch gelten, wenn der Name seinen Ursprung in einem anderen Sprachraum hat.[611] So entschied bspw. das Kammergericht Göteborg, dass die Änderung des aus Ungarn stammenden Nachnamens „Takazs“ in „Takats“ lediglich eine einfache formale Namensänderung darstellt, weil diese aus ungarischer Sicht gleich ausgesprochen werden.[612] Allerdings bedarf es wohl immer dann einer Namensänderung nach den §§ 13 Namnlag 2016 ff., wenn nicht lediglich ein Bindestrich zu einem bestehenden Doppelnamen hinzugefügt werden soll, sondern dadurch ein einheitlicher Name aufgespalten wird, wie es im Falle der Änderung des Namens „MacDonald“ in „Mac-Donald“ der Fall ist.[613]

Einen weiteren Fall der lediglich formalen Änderung des Nachnamens beschreibt § 13 Abs. 2 Nr. 2 Namnlag 2016. Danach stellt eine Änderung der Geschlechtsform des Nachnamens keine Namensänderung im rechtlichen Sinne dar. Zwar kennt die schwedische Namenskonvention keine nachnamensbezogene Unterscheidung danach, ob der Name von einer weiblichen oder einer männlichen Person geführt wird, da jedoch andere Rechtskreise wie bspw. der slawische Rechtskreis solche geschlechtsbezogenen Nachnamen kennen, wollte der schwedische Gesetzgeber mit der Regelung des § 13 Abs. 2 Nr. 2 Namnlag 2016 der zunehmenden Internationalisierung der Namensführung Rechnung tragen.[614] Die Ehegatten können also einen gemeinsamen Nachnamen führen, der sich lediglich hinsichtlich seiner geschlechtsspezifischen Endungen formal unterscheidet, rechtlich jedoch weiterhin als einheitlicher Nachname angesehen wird.[615]

§ 13 Abs. 2 Nr. 3 Namnlag 2016 normiert zudem, dass eine Änderung der Reihenfolge der Einzelnamen, aus denen sich ein Doppelname gem. § 20 Abs. 1 S. 1 zusammensetzt, ebenfalls nur eine formale Änderung des Nachnamens darstellt, auf welche die Voraussetzungen der §§ 14-19 Namnlag 2016 keine Anwendung finden. So kann Frau Andersson-Lundberg ihren Nachnamen durch Antrag unproblematisch in Lundberg-Andersson ändern lassen. Auch hier war der schwedische Gesetzgeber der Auffassung, dass der Nachname, unabhängig von der Reihenfolge der Einzelnamen, nicht als ein anderer Name angesehen werden soll.[616]

---

610 Prop. 2016/16:180 S. 104; *Brossner* in Karnov Kommentarer Rn. 36.

611 Vgl. *Brossner* in Karnov Kommentarer Rn. 36.

612 Vgl. das Urteil des Kammergerichts Göteborg Fall-Nr. 3413-21. Vgl. auch, die Entscheidung des Kammergerichts Göteborg Fall-Nr. 5189-17 in der die einfache formale Änderung des Namens „Djidjia“ zu „Djidia“ genehmigt wurde.

613 Vgl. die offizielle Leitlinie der für Namensänderungen zuständigen schwedischen Steuerbehörde unter https://www4.skatteverket.se/rattsligvagledning/edition/2022.1/361312.html.

614 Prop. 2015/16:180 S. 104; *Brossner* in Karnov Kommentarer Rn. 37.

615 Prop. 2015/16:180 S. 104.

616 Prop. 2015/16:180 S. 104.

C. Das schwedische internationale Namensrecht

Im Gegensatz zu anderen nordischen Staaten wie Dänemark oder Norwegen, deren Kollisionsrecht hauptsächlich von Rechtsprechung und Lehre geprägt wurde, existieren in Schweden eine Reihe von kollisionsrechtlichen Regelungen, die jedoch das Kollisionsrecht nicht umfassend regeln und sich – sofern sie existieren – in den jeweiligen Einzelgesetzen finden. Eine Gesamtkodifikation der kollisionsrechtlichen Regelungen existiert hingegen nicht.[617] Im schwedischen Namensgesetz finden sich mit den §§ 30-33 Namnlag 2016 eine Reihe von Regelungen, die sich mit der Anwendbarkeit schwedischen Rechts in Sachverhalten mit Auslandsbezug befassen und welche die gewohnheitsrechtlich anerkannten Grundsätze ergänzen. Die §§ 30-33 Namnlag 2016 entsprechen im Wesentlichen den §§ 49a-52 Namnlag 1982. Dass die Regelungen grds. unverändert übernommen wurden lag daran, dass diese aus Sicht des Gesetzgebers gut funktionierten, zudem war die Überarbeitung der internationalen Regelungen kein Bestandteil der Reform des Namensgesetzes.[618] Denn zum Zeitpunkt der Einberufung eines parlamentarischen Ausschusses zur Überprüfung des Namensgesetzes 2009 war bereits eine separate Überprüfung der internationalen namensrechtlichen Regelungen eingeleitet worden.[619] Diese führte im Ergebnis zu der Einführung des § 49a Namnlag 1982, dem heutigen § 30 Namnlag 2016.[620] Zu beachten ist, dass es im schwedischen Kollisionsrecht grds. keine Rück- und Weiterverweisung kraft Gewohnheitsrechts gibt und eine Verweisung auf ausländisches Recht somit in der Regel eine Sachnormverweisung darstellt.[621]

I. Grundsätzliche Anknüpfung an die Staatsangehörigkeit

Im Gegensatz zu den westnordischen Staaten wie Norwegen und Dänemark knüpft das Kollisionsrecht Schwedens im Bereich des Familienrechts – und somit auch

---

617 *Hellner* Schweden in: Basedow/Rühl/Ferrari/Asensio (Hrsg.) Encyclopedia of Private International Law (Volume 3) S. 2535; Staudinger/*Henrich* Anh. zu Art. 4 EGBGB Rn. 137; *Bogdan* Rn. 19ff.

618 Prop. 2015/16:180 S. 70.

619 Mit dieser wurde *Michael Hellner*, Professor an der Universität Stockholm, im Dezember 2008 beauftragt, vgl. dazu den Inhalt der Beauftragung des parlamentarischen Ausschusses Kommittédirektiv 2009:129. Seine Ergebnisse stellt er im April 2011 vor, s. DS 2011:39.

620 Zu den Einzelheiten vgl. die Ausführungen in Kapitel 4 C.III.

621 *Ring/Olsen-Ring* § 39 Rn 932; *Hellner* Schweden in: Basedow/Rühl/Ferrari/Asensio (Hrsg.) Encyclopedia of Private International Law (Volume 3) S. 2542; *Bogdan* Rn. 29; *Giesen* Länderbericht Schweden, in: Bergmann/Ferid/Henrich (Hrsg.) Internationales Ehe- und Kindschaftsrecht S. 19.

des Namensrechts – traditionell an die Staatsangehörigkeit an.[622] Grundsätzlich kommt daher bei ausländischen Staatsbürgern deren Heimatrecht zur Anwendung und nicht das schwedische Namensrecht, während im Falle von im Ausland lebenden Schweden davon ausgegangen wird, dass schwedisches Namensrecht auf diese anwendbar ist.[623] Dieser Grundsatz ist jedoch nicht im Namensgesetz normiert, sondern Ausfluss einer im schwedischen Familienrecht gewohnheitsrechtlich anerkannten allgemeinen Lehre.[624] Allerdings ist zu beachten, dass im Falle eines ausländischen Staatsbürgers, der nicht auch die schwedische Staatsbürgerschaft besitzt und der seinen Namen in Schweden im Rahmen einer zivilrechtlichen oder administrativen Namensänderung aufgrund seines Heimatrechts ändern möchte, die schwedischen Behörden dieses ausländische Recht nicht anwenden, sondern sich vielmehr als nicht zuständig sehen und ihn an die Behörden seines Heimatlandes verweisen.[625] Eine Zuständigkeit der schwedischen Behörden ergibt sich dann nur für die Fälle, in denen aufgrund einer Rechtswahl gem. §§ 31-33 Namnlag 2016 schwedisches Namensrecht zur Anwendung kommt. Besitzt ein ausländischer Staatsbürger auch die schwedische Staatsbürgerschaft, so genießt diese Vorrang und es kommt ebenfalls zur Anwendung des schwedischen Namensrechts.[626]

II. Wachsender Einfluss des Wohnsitzprinzips

Sowohl im Namensrecht als auch insgesamt im Familienrecht hat jedoch das Wohnsitzprinzip in der Vergangenheit an Einfluss gewonnen.[627] So wurde bereits in den 70er und 80er Jahren durch die Gerichte zugunsten des Wohnsitzprinzips von der Anknüpfung an die Staatsangehörigkeit abgewichen.[628] Mit Inkrafttreten des Namnlag 1982 wurden dann auch spezielle Regelungen für internordische Sachverhalte bzw. Ausländer mit Wohnsitz in Schweden eingeführt, die an den Wohnsitz in Schweden für die Anwendbarkeit des schwedischen Namensrechts

622 *Ring/Olsen-Ring* § 39 Rn. 931; *Höglund* S. 226; *Bogdan* Rn. 29; *Giesen* Länderbericht Schweden, in: Bergmann/Ferid/Henrich (Hrsg.) Internationales Ehe- und Kindschaftsrecht S. 18; *Brossner* in Karnov Kommentarer Rn. 77.

623 *Hellner* DS 2011:39 S. 22; so bereits auch SOU 1979:25 S. 214f.

624 Staudinger/*Henrich* Anh. zu Art. 4 EGBGB Rn. 137; *Bogdan* Rn. 29.

625 *Höglund* S. 232; Prop. 1982/83:38 S. 8; Eine Ausnahme von dieser grds. Unzuständigkeit gibt es lediglich für den Fall des Namenserwerbs, dieser erfolgt zwar ebenfalls nach dem Heimatrecht des ausländischen Staatsbürgers, ist jedoch von der schwedischen Steuerbehörde zu beachten und einzutragen, vgl. Prop. 2011/12:12 S. 9.

626 Prop. 2015/16:180 S. 69, 122; Prop. 2011/12:12 S. 1, 9; *Bogdan* Rn. 35.

627 *Höglund* S. 227; *Ring/Olsen-Ring* § 39 Rn. 931; für das IPR insgesamt *Bogdan* Rn. 28, 32; *Giesen* Länderbericht Schweden, in: Bergmann/Ferid/Henrich (Hrsg.) Internationales Ehe- und Kindschaftsrecht S. 18; so auch bereits bei den Vorarbeiten für das Namnlag 1982, vgl. SOU 1979:25 S. 218.

628 *Höglund* S. 227 f. mit Erläuterungen zu den Entscheidungen.

anknüpften.[629] Ein Wohnsitz in Schweden wird i.d.R. dann begründet, wenn der Aufenthalt im Land nach Dauer und Umständen als dauerhaft anzusehen ist.[630]

1. *Verbindliche Anwendung des Wohnsitzprinzips bei internordischen Sachverhalten*

Mitte der 70er Jahre, in der Zeit, in der die Überarbeitung des Namnlag 1963 vorgenommen wurde, trafen sich Vertreter aller nordischer Länder mit Ausnahme von Island (also Schweden, Dänemark, Norwegen, Finnland) im Rahmen einer nordischen Zusammenarbeit (*nordiskt samarbete*), um sich gegenseitig über die aktuellen Bestrebungen hinsichtlich der namensrechtlichen Entwicklungen in den jeweiligen Ländern zu informieren.[631] In diesem Rahmen wurde vereinbart, dass das Wohnsitzprinzip zumindest bei internordischen Sachverhalten die Namensgebung betreffend verbindlich anzuwenden sei, um eine Vereinheitlichung der IPR-Regeln zwischen den nordischen Staaten, die traditionell eng miteinander verbunden sind,[632] zu erreichen.[633] Dies führt auch heute noch dazu, dass gem. § 31 Namnlag 2016 schwedisches Namensrecht nicht auf Schweden mit Wohnsitz in Dänemark, Finnland oder Norwegen angewendet wird, sondern das jeweilige Namensrecht des Wohnsitzstaats. Zudem wird der Namenserwerb oder die Namensänderung von dänischen, finnischen oder norwegischen Staatsbürgern mit Wohnsitz in Schweden gem. § 32 Abs. 1 Namnlag 2016 nach schwedischem Recht vollzogen.

2. *Wahlmöglichkeit von Ausländern mit Wohnsitz in Schweden*

Auch Ausländern, die aus einem anderen als den nordischen Staaten stammen, können gem. § 32 Abs. 2 Namnlag 2016[634] ihren Namen nach schwedischem Namensrecht ändern bzw. erwerben. Im Gegensatz zu Namensinhabern aus den nordischen Ländern besteht jedoch keine Verpflichtung, sondern lediglich eine

629 S. die heutigen §§ 31-33 Namnlag 2016, ehemals §§ 50-52 Namnlag 1982.

630 *Bogdan* Rn. 38 ff.; *Giesen* Länderbericht Schweden, in: Bergmann/Ferid/Henrich (Hrsg.) Internationales Ehe- und Kindschaftsrecht S. 18 f.; Dabei muss nicht die Absicht bestehen, für immer in Schweden bleiben zu wollen, auch bei geplanten befristeten Aufenthalten kann ein Wohnsitz in Schweden begründet werden, vgl. Prop. 1982/83:38 S. 12.

631 SOU 1979:25 S. 72f.

632 So lebt bspw. in Schweden eine große Gruppe finnischer Einwanderer, Prop. 1982/83:38 S. 9.

633 Es handelt sich dabei jedoch lediglich um eine informelle Absprache, vgl. *Franck* StAZ 2020, 97, 107.

634 Der im Wesentlichen dem § 51 Abs. 2 Namnlag 1982 entspricht.

Wahlmöglichkeit.[635] Es steht ihnen somit frei sich entweder auf die namensrechtlichen Regelungen ihres Heimatlandes oder auf das schwedische Namensrecht zu berufen.

Von diesem Wahlrecht werden in der Praxis wohl die meisten ausländischen Staatsbürger mit Wohnsitz in Schweden Gebrauch machen, denn das schwedische Namensrecht ist nach der Namensrechtsreform 2016 so liberal gestaltet worden, dass die meisten denkbaren Namen auch nach schwedischem Recht erworben werden können und somit bei der Anmeldung bei der schwedischen Steuerbehörde gem. § 32 Abs. 2 Namnlag 2016 unabhängig von der Staatsbürgerschaft des Antragsstellers schwedisches Recht zur Anwendung kommen wird. Lediglich für den Fall, dass ein ausländischer Staatbürger einen Namen wünscht, der nicht nach schwedischem Recht erworben werden kann, hat er sich an eine Behörde seines Heimatlandes zu wenden, da die schwedischen Behörden grds. kein ausländisches Namensrecht anwenden.[636]

Bei der Einführung der Norm wurde auch darüber diskutiert, ob die schwedischen Behörden, für den Fall, dass schwedisches Namenrecht gewählt wurde, der Namensänderung nur dann zustimmen sollten, sofern der Name auch nach dem Heimatrecht gewählt werden konnte oder die Namenswahl im Heimatland zu keinen großen Unannehmlichkeiten für den Namensinhaber führte.[637] Allerdings wurde angemerkt, dass insbesondere letzterer Fall für die schwedischen Behörden nur schwer überprüfbar sei.[638] Im Ergebnis wurde auf eine solche Einschränkung verzichtet und entschieden, dass sich die schwedischen Behörden nicht in die Namensangelegenheiten eines Ausländers in Bezug auf sein Heimatland einmischen sollten, da der Namensinhaber selbst am besten wisse, welche Folgen eine Namensänderung in Schweden nach schwedischem Recht für ihn in seinem Heimatland bedeute.[639]

III. Der Einfluss der Europäischen Union

Auch das schwedische Namensrecht wurde von den Entscheidungen des EuGH beeinflusst. Insbesondere die Entscheidungen *Garcia Avello* und *Grunkin Paul* haben erheblichen Einfluss auf die heutige Regelung des § 30 Namnlag 2016 gehabt und zu umfassenden Überlegungen hinsichtlich der internationalen Regelungen geführt.

---

635 Das schwedische Namensrecht gilt für Ausländer aus nicht-nordischen Staaten somit nicht automatisch, vgl. *Höglund* S. 231; Prop. 1982/83:38 S. 8.

636 *Höglund* S. 232; Prop. 1982/83:38 S. 8.

637 SOU 1979:25 S. 219.

638 Prop. 1982/83:38 S. 8.

639 Prop. 1982/83:38 S. 8; ob dies wirklich so ist, darf jedoch bezweifelt werden.

1. Das Vertragsverletzungsverfahren „Andersson Benedet"[640]

Susana Benedet Perea, eine spanische Staatsangehörige und ihr Ehemann Christian Andersson, ein schwedischer Staatsangehöriger, beide wohnhaft in Schweden, bekamen einen Sohn, der den Vornamen Roque erhielt und sowohl die schwedische als auch die spanische Staatsangehörigkeit besitzt. Das Ehepaar stellte bei der schwedischen Steuerbehörde einen Antrag für den Erwerb des Namens „Roque Andersson Benedet" nach spanischem Recht. Die schwedische Steuerbehörde lehnte diesen Antrag jedoch ab, da das schwedische Namensrecht, das Namnlag 1982, den Erwerb von Doppelnamen, anders als heute unter dem Namnlag 2016, nicht gestattete. Daraufhin legte das Ehepaar beim Verwaltungsgericht mit Verweis auf die Entscheidung des EuGH *Garcia Avello* Berufung ein, welche mit Verweis auf § 14 Namnlag 1982 zurückgewiesen wurde.[641] Dieser Ansicht schlossen sich auch die weiteren Instanzen des *Kammarrätten* und *Regeringsrätten* an.[642]

Die Europäische Kommission leitete daraufhin ein Vertragsverletzungsverfahren gegen Schweden ein.[643] Denn die Kommission war der Auffassung, dass es für ein Kind mit doppelter Staatsbürgerschaft diskriminierend sei, dass es in den Staaten, dessen Staatsangehörigkeit es besitzt, zwei unterschiedliche Nachnamen führt und dieses hinkende Namensverhältnis erst nachträglich durch eine Namensänderung behoben werden kann, die zusätzlich noch kostenpflichtig ist. Kinder mit doppelter Staatsbürgerschaft würden so schlechter gestellt als Kinder, welche allein die schwedische Staatsbürgerschaft besitzen.[644]

2. Die Überlegungen zu einem neuen internationalen Namensrecht

Als Reaktion auf die Mitteilung der Europäischen Kommission über die Einleitung des Vertragsverletzungsverfahrens erklärte die schwedische Regierung, dass sie eine Änderung der namensrechtlichen Regelungen beabsichtige, um Bürgern mit doppelter Staatsbürgerschaft einen Namenserwerb oder eine Namensänderung welche innerhalb der EU erfolgt ist, zu erleichtern.[645] Daraufhin wurde Michael Hellner, ein schwedischer Universitätsprofessor, mit der Überprüfung der internationalen namensrechtlichen Regelungen beauftragt.

---

640 Die folgende Beschreibung des Sachverhalts sowie des Verfahrens beruht auf den Ausführungen von *Hellner* DS 2011:39 S. 53 f.

641 Gem. § 14 Namnlag 1982 konnte eine administrative Namensänderung zu einem neuen Namen, der eigentlich nicht nach den §§ 11 ff. erworben werden konnte, doch vorgenommen werden, wenn besondere Gründe dies rechtfertigten.

642 Die Verwaltungsgerichtsbarkeit Schwedens hat einen dreistufigen Aufbau: Lansrätt - Kammarrätt - Högsta förvaltningsdomstolen, das bis 2009 Regeringsrätten hieß.

643 INFR(2006)4454 nach *Hellner* DS 2011:39 S. 54.

644 Nach *Hellner* DS 2011:39 S. 54.

645 *Hellner* DS 2011:39 S. 9 f.

Im Herbst 2010 legte Hellner sein Memorandum dem Justizministerium vor.[646] Darin enthalten war neben einer Übersicht über die Probleme und die aktuelle Rechtslage in den nordischen Staaten sowie der EU auch ein Vorschlag über ein internationales Namensgesetz, welches unter anderem Regelungen zur Zuständigkeit der schwedischen Behörden und Gerichte, dem anwendbaren Recht und der Anerkennung von ausländischen Entscheidungen enthielt. Im Ergebnis entschied sich der schwedische Gesetzgeber jedoch lediglich für die Einführung einer Norm, die – vor dem Hintergrund des laufenden Vertragsverletzungsverfahrens – die aktuelle Situation regeln sollte und vertagte Diskussionen über weitere internationale Regelungen auf einen späteren Zeitpunkt.[647]

3. Einführung des heutigen § 30 Namnlag 2016 (ehemals § 49a Namnlag 1982)

Im Jahr 2012 wurde im Teil des Namensgesetzes über die internationalen Bedingungen (*Internationella förhållanden*) der § 49a Namnlag 1982 eingeführt,[648] der im Wesentlichen dem heutigen § 30 Namnlag 2016 entspricht. § 30 Namnlag 2016 gibt einer Person das Recht, einen Namen, den sie in einem anderen Staat des Europäischen Wirtschaftsraums (EWR) oder in der Schweiz durch Geburt, Familienstandsänderung oder aufgrund eines sonstigen familienrechtlichen Verhältnisses erworben hat, auch in Schweden zu führen, wenn sie in dem ausländischen Staat ihren Wohnsitz hatte oder eine andere besondere Verbindung zu dem Staat des Namenserwerbs besteht. Zu beachten ist, dass der Namenserwerb im Ausland tatsächlich stattgefunden haben muss, die bloße Möglichkeit des Namenserwerbs genügt hingegen nicht.[649] Allerdings gab es durchaus kritische Stimmen, denen die Änderungen durch die Einführung von § 49a Namnlag 1982 nicht weit genug gingen und es demnach nicht auszuschließen sei, dass es auch in Zukunft zu Konflikten mit der EU-Rechtsprechung kommen könnte.[650]

---

646 *Hellner* DS 2011:39.

647 Lagrådsremiss „Rätt att bära namn som förvärvats i en annan stat inom EES" S. 6. *Hellner* bezeichnet seinen Vorschlag, der schwedische Gesetzgeber solle ein eigenes Gesetz erlassen, welches die Fragen der internationalen Namensgebung unter Berücksichtigung der Zuständigkeiten vollständig neu regelt, als „zu ehrgeizig", insbesondere weil es dem Gesetzgeber bei der Beauftragung *Hellners* mit der Überprüfung der internationalen namensrechtlichen Regelungen primär darum ging, auf die Veränderte Rechtslage auf EU-Ebene nach den EuGH-Entscheidungen *Garcia Avello* und *Grunkin Paul* zu reagieren, vgl. *Hellner* SvJT 2011, 388, 410 f.

648 Durch SFS 2012:66 Lag om ändring i namnlagen (1982:670) v. 9. Februar 2012.

649 Prop. 2011/12:12 S. 17.

650 So *Hellner*, der jedoch nicht weiter auf die Thematik bzw. die möglichen Fallstricke der Norm eingeht, SvJT 2011, 388, 411 insb. Fn. 72.

a. Namenserwerb in einem EWR-Staat oder der Schweiz

Dem Wortlaut des § 30 Abs. 1 Namnlag 2016 ist zu entnehmen, dass eine Anerkennung des Namens nach dieser Vorschrift nur für Namen möglich ist, die in einem Mitgliedsstaat des Europäischen Wirtschaftsraums (EWR) oder der Schweiz erworben wurden. Im Rahmen der Vorarbeiten wurde auch in Schweden diskutiert, ob sich eine solche „Anerkennung" von Namen nicht lediglich auf solche beschränken sollte, die innerhalb der EU bzw. des EWR-Raums erworben wurden, sondern sämtliche Entscheidungen aus Drittstaaten umfasst sein sollten.[651] Diesem Vorschlag, für den sich unter anderem die schwedische Steuerbehörde und der Verein „Schweden in der Welt" (*Svenskar i Världen*)[652] aussprachen, schloss sich jedoch die schwedische Regierung unter Berücksichtigung von Einschätzungen anderer Einrichtungen nicht an. Grund dafür war, dass die Einbeziehung aller Drittstaaten zu praktischen Schwierigkeiten führen könnte, deren Umfang zu diesem Zeitpunkt noch nicht einschätzbar sei.[653] Zu dieser Einschätzung kamen sowohl die schwedische Steuerbehörde als auch das schwedische Patent- und Registrierungsamt, wie aus der Begutachtung des Gesetzgebungsrats (*Lagrådsremiss*)[654] vom 16. Juni 2011 hervorgeht.[655] So befürchtete man, dass es schwierig sein könnte, zuverlässige Auskünfte bzw. Unterlagen zu Namensänderungen aus Drittstaaten zu erhalten. Zudem würde die Erfassung sämtlicher Namensentscheidungen aus sämtlichen Drittstaaten auch solche Staaten umfassen, in denen einen Namensänderung ohne große Voraussetzungen möglich sei.[656] Man einigte sich somit darauf, dass die Erfassung von Namensentscheidungen aus Drittstaaten nicht vorschnell, sondern, wenn überhaupt, erst nach Überprüfung der Konsequenzen erfolgen sollte.[657] Daher werden von § 30 Namnlag 2016 aktuell lediglich Namenserwerbe aus EWR-Staaten oder der Schweiz erfasst.

---

651 Prop. 2011/12:12 S. 11f.

652 Der Verein „Svenskar i Världen" ist eine unabhängige, gemeinnützige Organisation, die sich seit 1938 für Schweden im Ausland einsetzt, indem sie ihre Interessen und Anliegen überwacht, informiert und beeinflusst, für mehr Informationen vgl. https://www.sviv.se.

653 Prop. 2011/12:12 S. 12.

654 Der übersetzte Begriff wird auch von *Franck* verwendert s. StAZ 2020, 97, 100.

655 Vgl. Lagrådsremiss „Rätt att bära namn som förvärvats i en annan stat inom EES" S. 10f.

656 Lagrådsremiss „Rätt att bära namn som förvärvats i en annan stat inom EES" S. 10f.

657 Prop. 2011/12:12 S. 12, befürwortet auch durch den Gesetzgebungsrat, vgl. Lagrådsremiss „Rätt att bära namn som förvärvats i en annan stat inom EES" S. 11.

b. Anwendbarkeit nur bei familienrechtlichem Namenserwerb

§ 30 Namnlag 2016 enthält jedoch eine Einschränkung hinsichtlich der Anwendbarkeit der Norm: Lediglich der Erwerb oder die Änderung eines Namens im Ausland, der bzw. die aufgrund einer familienrechtlichen Statusänderung, Geburt oder eines sonstigen familienrechtlichen Verhältnisses erfolgt ist, kann nach § 30 Namnlag 2016 durch eine Meldung bei der schwedischen Steuerbehörde auch in das schwedische Namensregister eingetragen werden. Dies bedeutet im Umkehrschluss, dass eine im Ausland vorgenommene öffentlich-rechtliche Namensänderung, z.B. nach § 3 NamÄndG, nicht gem. § 30 Namnlag 2016 in Schweden „anerkannt" werden kann.[658] Grund für diese Einschränkung ist, dass der schwedische Gesetzgeber die Gefahr sah, dass Namensinhaber, deren Antrag auf Namensänderung in Schweden abgelehnt wurde, die Regelungen des schwedischen Namensrechts durch eine öffentlich-rechtliche Namensänderung im Ausland umgehen könnten.[659] Zudem sei nicht immer gewährleistet, dass bei der Namensänderung in einem anderen Staat die gleichen Faktoren berücksichtigt werden, die auch für die schwedischen Behörden von Bedeutung sind und welche der Sicherung der Interessen des schwedischen Gesetzgebers Rechnung tragen.[660]

Hat ein Namensinhaber also im Ausland einen neuen Namen durch öffentlich-rechtliche Namensänderung oder sonstige nicht-familienrechtliche Namensänderung erhalten und möchte diesen Namen auch in Schweden führen, so muss er in Schweden eine administrative Namensänderung nach §§ 13 ff. Namnlag 2016 vornehmen lassen, bei der die zuständige Behörde eine eigene Überprüfung des Namens durchführt.[661] Eine solche Namensänderung ist auch für die Fälle denkbar, in denen der gewünschte Name eigentlich nicht durch eine administrative Namensänderung erworben werden kann, z.B. weil gem. § 15 Namnlag 2016 eine Verwechslung mit einem anderen Namen zu befürchten ist, denn gem. § 13 Abs. 1 a.E. Namnlag 2016 kann das Vorliegen besonderer Gründe eine solche Namensänderung ausnahmsweise rechtfertigen.[662] Ein solcher besonderer Grund liegt auch dann vor, wenn ein starker Bezug zu einem anderen Land besteht, in dem der gewünschte Name bereits erworben wurde.[663] So entschied das Höchste Verwaltungsgericht, dass ein in Frankreich durch öffentlich-rechtliche Namensänderung erworbener Nachname einer schwedisch-französischen Doppelstaaterin in Einklang mit der Rechtsprechung des EuGH auch in Schweden gem. § 13 Abs. 1 a.E.

---

658 Prop. 2011/12:12 S. 11 f.; *Brossner* in Karnov Kommentarer Rn. 75.

659 Prop. 2011/12:12 S. 12 f.

660 Prop. 2011/12:12 S. 12 f.

661 Prop. 2011/12:12 S. 13.

662 Vgl. für die Voraussetzungen der administrativen Namensänderung die Ausführungen in Kapitel 4 B. III.

663 Vgl. dazu zu dem ehemaligen § 14 Abs. 2 Namnlag 1982, der in seinen Anforderungen noch strenger war *Hellner* DS 2011:39 S. 34 f.; Prop. 2011/12:12 S. 11.

Namnlag 2016 erworben werden kann.[664] Allerdings fallen in diesem Fall zusätzliche Kosten an,[665] zudem wird der Name erst durch die administrative Namensänderung in Schweden und somit zeitlich nach der Namensänderung im Ausland erworben.[666]

c. *Anknüpfungspunkt: Wohnsitz oder eine andere besondere Verbindung zum Staat des Namenserwerbs*

Eine Anerkennung des im Ausland erworbenen Namens gem. § 30 Namnlag 2016 kommt jedoch nur dann in Betracht, wenn der Namensinhaber eine besondere Verbindung zu dem Staat des Namenserwerbs hat. Diese Verbindung muss von besonderem Gewicht und besonderer Dauer sein und zum Zeitpunkt des Namenserwerbs bestehen.[667] Als Beispiel für eine solche besondere Verbindung nennt § 30 Namnlag 2016 den Wohnsitz des Namensinhabers im Staat des Namenserwerbs. Ein Wohnsitz wird nach schwedischem Recht dann angenommen, wenn der Aufenthalt als dauerhaft anzusehen ist.[668] Aber auch die Staatsangehörigkeit des Staats des Namenserwerbs kann eine solche besondere Verbindung darstellen.[669] Zudem lässt das Erfordernis „irgendeiner" besonderen Verbindung eine auf den jeweiligen Einzelfall zugeschnittene Entscheidung zu.

Eine rein vorübergehende Verbindung reicht hingegen nicht aus.[670] Auch dass zwei schwedische Staatsbürger in einem anderen Land heiraten und dort aufgrund der Eheschließung einen neuen Namen erwerben, stellt keine ausreichende Verbindung zu diesem Staat dar.[671]

---

664 In der Entscheidung wurde explizit auf die Rechtsprechung des EuGH eingegangen, aus der eindeutig hervor geht, dass eine Beschränkung der Freizügigkeit nicht allein damit gerechtfertigt werden kann, dass sich eine Person freiwillig für eine Namensänderung in einem anderen Mitgliedstaat entschieden hat, vgl. HFD 2021 ref. 36.

665 Gem. § 3 Förordning (2017:120) om personnamn fallen für eine Änderung des Nachnamens aufgrund öffentlich-rechtlicher Namensänderung 1800 SEK, ca. 180 Euro, an. Die Regelung stellt zudem klar, dass diese Kosten bei einem Namenserwerb nach § 30 Namnlag 2016 nicht anfallen.

666 Prop. 2011/12:12 S. 11.

667 Prop. 2011/12:12 S. 18.

668 Prop. 2011/12:12 S. 18 mit Verweis auf die Legaldefinition in Kapitel 7 § 2 des Gesetzes über bestimmte internationale Rechtsbeziehungen betreffend Ehe und Vormundschaft (7 kap. 2 § lagen [1904:26 S. 1] om vissa internationella rättsförhållanden rörande äktenskap och förmynderskap).

669 Prop. 2011/12:12 S. 18.

670 Prop. 2011/12:12 S. 13.

671 Prop. 2011/12:12 S. 18.

d. *Einschränkungen für im Ausland erworbene Vornamen*

Für im Ausland erworbene Vornamen enthält § 30 Abs. 2 Namnlag 2016 zudem noch einige Einschränkungen. Demnach kann ein Vorname, selbst wenn grds. die Voraussetzungen des § 30 Abs. 1 Namnlag 2016 vorliegen, dann nicht in Schweden geführt werden, wenn er anstößig wirkt (Nr. 1), zu befürchten ist, dass er dem Namensinhaber Unbehagen bereitet (Nr. 2) oder aus einem anderen Grund als Vorname ungeeignet ist (Nr. 3). Die Einschränkungen entsprechen somit denen, die auch für den Erwerb eines Vornamens nach schwedischem Recht gem. § 28 Namnlag 2016 bestehen und sollen, trotz der allgemeinen Formulierung, insbesondere Kinder schützen.[672] Allerdings ist bei der Anwendung von § 30 Abs. 2 Namnlag 2016 zu beachten, dass die Beurteilung des Vornamens im internationalen Kontext vorzunehmen ist und insbesondere berücksichtigt werden muss, dass der Namensinhaber im Ausland bereits einen Vornamen trägt und daher ein Interesse an einer grenzüberschreitenden einheitlichen Namensführung hat.[673] Auch die Tatsache allein, dass es sich nicht ohne Weiteres feststellen lässt, ob es sich bei dem Namen um einen Vor- oder Nachnamen handelt, sollte kein Hindernis für eine Namensführung als Vorname in Schweden darstellen.[674] Und auch, dass ein im Ausland erworbener männlicher Name in Schweden als weiblich wahrgenommen werden könnte, soll für sich allein noch keine offensichtliche Unangemessenheit begründen.[675] Die Einschränkungen des § 30 Abs. 2 Namnlag 2016 gelten jedoch, wie dem Wortlaut zu entnehmen ist, nur für Vornamen. Für Nachnamen gibt es keine vergleichbare Einschränkung.[676]

---

672 Prop. 2011/12:12 S. 13 f., 19.

673 Prop. 2015/16:180 S. 122; *Brossner* in Karnov Kommentarer Rn. 76.

674 *Brossner* in Karnov Kommentarer Rn. 76.

675 Prop. 2011/12:12 S. 19.

676 Prop. 2015/16:180 S. 122.

Kapitel 5: Rechtsvergleichende Betrachtung des deutschen und schwedischen Namensrechts unter dem Gesichtspunkt einer deutschen Namensrechtsreform

A. Die namensrechtliche Entwicklung im Vergleich

Vergleicht man die Entwicklung des deutschen und schwedischen Namensrechts, so kann man zumindest bis zum Ende des 19. Jahrhunderts einen gewissen Gleichlauf erkennen. Bis ins Mittelalter hinein existierten sowohl in Deutschland als auch in Schweden vorwiegend Einzelnamen, die ggf. noch von einem Begleitnamen flankiert wurden.[677] Erst zum Ende des Mittelalters begann sich der Brauch fester Familiennamen in Europa auszubreiten, zunächst in einzelnen Ländern wie Italien und Frankreich und anschließend über Deutschland bis zuletzt nach Skandinavien.[678] Bis auf einzelne Vorschriften, die in der Regel nur gewisse Bevölkerungsgruppen, vorwiegend den Adel schützen sollten, gab es hingegen bis zum Ende des 19. Jahrhunderts nur wenige verbindliche Regelungen.[679]

Einer der größten Unterschiede zwischen den den Namen betreffenden Bräuchen war, dass sich in Deutschland feste vererbbare Familiennamen in den überwiegenden Teilen des Reichsgebiets etablierten, wohingegen dies in Schweden weiterhin nur für bestimmte Bevölkerungsgruppen der Fall war.[680] Ein großer Teil des Landes war zu diesem Zeitpunkt immer noch ländlich geprägt, und unter den Bauern hielt sich der Brauch, von Generation zu Generation wechselnde Vatersnamen zu führen. Dies führte dazu, dass sich zum Ende des 19. Jahrhunderts in der Bevölkerung ein ernsthaftes Identifikationsproblem entwickelt hatte, da sich Menschen mit demselben Vatersnamen aufgrund des Bevölkerungszuwachses nicht mehr allein anhand ihres Vornamens unterscheiden ließen. Als bedenklich wurde zudem wahrgenommen, dass insbesondere Kriminelle von der unbeschränkten Möglichkeit der Namensänderung häufig Gebrauch machten.[681] Die

677 Für Deutschland vgl. die Ausführungen in Kapitel 3 A. I.; für Schweden in Kapitel 4 A. I.

678 *Brylla* Andersson, Pettersson, Lundström och... Beachman S. 10.

679 Vgl. dafür die Ausführungen in Kapitel 3 A. I. sowie Kapitel 4 A. I.

680 Vgl. dafür und für die folgenden Ausführungen die Ausführungen mit Nachweisen in Kapitel 3 A. I. und Kapitel 4 A. I.

681 *Höglund* S.18.

auf den verbreiteten Vatersnamen beruhende „Namensarmut" wurde somit zu einem ernsthaften Problem.

Interessant ist, dass man sich in Schweden trotz dieses Problembewusstseins schwer damit tat, eine verbindliche Lösung für dieses Problem zu schaffen. Lange wurden Bestrebungen für eine Namensführungspflicht abgelehnt und die Führung fester und unterscheidbarer Familiennamen lediglich empfohlen.[682] Erst die durch das Wirtschaftswachstum der 1950er Jahre geprägten gesellschaftlichen Veränderungen führten dazu, dass eine solche Pflicht zur Namensführung und ein umfassender Namensschutz für notwendig erachtet und im Namnlag 1963 verankert wurden. So wurde bspw. eine eindeutige Identifizierung der Bürger mit der Entwicklung der Wohlfahrtsgesellschaft und ihrer Institute wie z.B. der 1959 eingeführten allgemeinen Betriebsrente immer wichtiger, um einen Missbrauch des Bezugs von Sozialleistungen zu verhindern.[683]

In Deutschland hingegen hatte man mit solchen Problemen nicht zu kämpfen, zum einen, weil eine auf Vatersnamen beruhende Namensarmut sich aufgrund der geringen Bedeutung von Vatersnamen nie eingestellt hatte, zum anderen, weil man zu Beginn des 20. Jahrhunderts und bei der Erarbeitung des BGB bereits auf einige feste universale Namensbräuche zurückgreifen konnte, die sich in den vergangenen Jahrhunderten etabliert hatten.[684]

I. Die Gleichberechtigungsbestrebungen in Deutschland und Schweden

Sowohl in Deutschland als auch in Schweden wurde das Namensrecht, insbesondere die Regelungen zur Namensführung in der Ehe, stark von den gesellschaftlichen Veränderungen im Hinblick auf die Gleichberechtigung von Männern und Frauen geprägt. Anfang des 20. Jahrhunderts waren sowohl Schweden als auch Deutschland patriarchalisch geprägt. Der Mann war das Oberhaupt der Familie und als solches gab er selbstverständlich seinen Familiennamen an Frau und eheliche Kinder weiter.[685] Doch während in Schweden bereits 1920 gesetzlich verankert war, dass die Frau ausnahmsweise ihren Geburtsnamen als Zusatznamen neben dem Mannesnamen weiterführen durfte,[686] wurde diese Möglichkeit für Ehefrauen in Deutschland erst 1958 mit den Veränderungen des Gleichberechtigungsgesetzes

---

682 Vgl. dazu die Ausführungen in Kapitel 4 A. II.

683 *Entzenberg* S. 30 f.

684 Vgl. dafür die Ausführungen in Kapitel 3 A. I.

685 In Schweden erwarb die Frau gem. § 15 des Ehegesetztes von 1920 (Giftermålsbalk (SFS 1920:405) mit der Heirat grds. den Mannesnamen, die ehelichen Kinder gem. § 5 des Elterngesetzes von 1949 (Föräldrabalk (SFS 1949:381). In Deutschland regelte § 1355 BGB a.F. den Namenserwerb der Frau.

686 Vgl. dazu § 15 2. HS des schwedischen Ehegesetzes von 1920.

eingeführt.[687] Für den deutschen Gesetzgeber spielte folglich der Aspekt Gleichberechtigung, verglichen mit dem schwedischen Gesetzgeber, erst zu einem späteren Zeitpunkt eine so gewichtige Rolle, dass er zu größeren Veränderungen der Rechtslage bereit war.[688]

Dieser Eindruck bestätigt sich in der weiteren Entwicklung der Regelungen zur Namensführung in der Ehe: Während in Deutschland 1977 durch das 1. EheRG die Pflicht zur Führung eines Ehenamens unangetastet blieb und lediglich die Möglichkeit der Wahl des Geburtsnamens der Ehefrau eingeführt wurde, so wurde in Schweden dieser „Zwischenschritt" gänzlich übersprungen und mit der Neufassung des Namensgesetzes von 1982 eine solche Pflicht zur Führung eines gemeinsamen Nachnamens direkt ganz aufgegeben. Wünschten die Ehegatten einen gemeinsamen Nachnamen, so stand dem Ehegatten, dessen Nachname nicht gewählt wurde, der mit dem ehelichen Begleitnamen vergleichbare Mittelname zur Verfügung, der – wie sein Vorgänger, der im Namnlag 1963 enthaltene Zwischenname – einen nicht übertragbaren Namensbestandteil darstellte.[689] Damit wurde in Schweden bereits 1982 der Vorrang des Mannesnamens effektiv abgeschafft und ein gemeinsamer Nachname von den Ehegatten nur noch dann geführt, wenn sie dies ausdrücklich bestimmten. Diese Abkehr vom patriarchalisch geprägten Vorrang des Mannesnamens fand in Deutschland hingegen erst knapp ein Jahrzehnt später statt und bedurfte zudem der Entscheidung des Bundesverfassungsgerichts, das den Vorrang des Mannesnamens in den Fällen, in denen sich Ehegatten nicht auf einen Ehenamen einigen konnten, nicht als mit dem Gleichheitsgrundsatz des Art. 3 GG vereinbar sah.[690]

Auch die jüngste Reform des schwedischen Namensrechts durch das Namnlag 2016 zeigt, dass der schwedische Gesetzgeber sich des gesellschaftlichen Wandels und der Relevanz von Gleichberechtigungsbestrebungen bewusst ist. So wurde die Einführung von Doppelnamen auch aus Gründen des Gleichstellungsinteresses erwogen, weil sich die deutliche Mehrheit der Ehepaare immer noch für einen gemeinsamen Nachnamen entscheidet und für diesen überwiegend den Mannesnamen wählt.[691] Mit der Einführung von Doppelnamen und der Abschaffung des nicht übertragbaren Mittelnamens soll damit insbesondere Frauen ermöglicht

687 Vgl. dafür die Ausführungen in Kapitel 3 B. I. 1. a. bb.

688 Zur weiteren Auseinandersetzung mit den Auswirkungen des Gleichberechtigungsgesetzes und der Einstellung des deutschen Gesetzgebers zum Thema Gleichberechtigung vgl. *Arndt* S. 68 f.

689 Vgl. dazu die Ausführungen in Kapitel 4 B. I. 1.

690 Vgl. dazu die Ausführungen in Kapitel 3 B. I.

691 So entschieden sich in Schweden 2005 noch 71% aller Ehepaare für den Mannesnamen als gemeinsamen Ehenamen und lediglich 9% für den Nachnamen der Ehefrau, vgl. SOU 2013:35 S. 433.

werden „ihren" Namen zu einem gleichberechtigten Teil des gemeinsamen Nachnamens zu bestimmen.[692]

In Deutschland lässt sich ein vergleichbareres Ungleichgewicht feststellen. So entschieden sich 2016 noch 75 % der Ehepaare für den Mannesnamen als Ehenamen, für den Namen der Frau entschieden sich hingegen nur 6 %.[693] Von der Möglichkeit, einen ehelichen Begleitnamen zu führen, machen ebenfalls weit überwiegend Frauen Gebrauch.[694] Dies zeigt, dass auch in Deutschland der patriarchalisch geprägte Brauch, den Mannesnamen als Ehenamen zu wählen, stark verbreitet ist und dass die Einführung der Möglichkeit, als Ehenamen auch den Familiennamen der Frau wählen zu können, allein nicht geeignet ist, die volle Gleichberechtigung von Mann und Frau auf namensrechtlicher Ebene herbeizuführen. Der Doppelname hingegen, der es den Eheleuten gestattet eine gemeinsame, einheitliche Namensführung zu erreichen, ohne dass einer der Ehegatten seinen Namen aufgeben muss, scheint hierfür das Mittel der Wahl zu sein, wenn der Gesetzgeber die Gleichberechtigungsbestrebungen tatsächlich ernst nimmt.[695]

II. Der Funktionswandel des Personennamens

1. Der Name als Ausdruck familiärer Verbindung und als primäres Identifikationsmerkmal in Deutschland und Schweden

Auch im Hinblick auf die Funktionen des Personennamens lässt sich feststellen, dass sowohl in Deutschland als auch in Schweden zu Beginn des 20. Jahrhunderts insbesondere mit dem Familiennamen der familialen Zuordnungsfunktion Rechnung getragen werden sollte.[696] Zum einen durch den in beiden Rechtsordnungen vorherrschenden Vorrang des Mannesnamens bei Eheschließung, zum anderen aber auch durch die in ländlichen Gebieten Schwedens immer noch weit verbreitete Verwendung von Vatersnamen, die eine nach außen erkennbare Verbindung zu der Vatersfamilie darstellte. Auch dem staatlichen Identifikationsinteresse,

692 Prop. 2015/16:180 S. 24.

693 Das zeigt eine Studie der Gesellschaft für deutsche Sprache e.V. Die restlichen 19% beziehen sich auf Ehepaare mit getrennter Namensführung und solche, die keine Angaben gemacht haben, vgl. https://gfds.de/familiennamen-bei-der-heirat-und-vornamenprognose-2018/.

694 In lediglich 12 % der Fälle, in denen sich ein Ehegatte für einen ehelichen Beinamen entschied, war dies der Mann, vgl. die Studienergebnisse der Gesellschaft für deutsche Sprache e.V. https://gfds.de/familiennamen-bei-der-heirat-und-vornamenprognose-2018/.

695 Vgl. zu den Argumenten für die Einführung von Doppelnamen die Ausführungen in Kapitel 5 B. I. 2. d. cc.

696 Vgl. dazu und für die folgenden Ausführungen die Ausführungen mit Nachweisen in Kapitel 3 A. II. sowie Kapitel 4 A. II.

meist getrieben durch fiskalische Interessen des Staates, kam sowohl in Deutschland als auch in Schweden ein hoher Stellenwert zu. Während sich in Deutschland bei Inkrafttreten des BGB jedoch bereits die Tradition übertragbarer Familiennamen etabliert hatte und diese somit bei der Erarbeitung der namensrechtlichen Regelungen vorausgesetzt wurden, hatte sich diese Sitte in Schweden zu Beginn des 20. Jahrhunderts noch nicht flächendeckend verbreitet. Das Interesse an der einwandfreien Identifizierbarkeit seiner Bürger bestand jedoch auch beim schwedischen Gesetzgeber und so wurden die Bürger zunächst angehalten, feste vererbbare Familiennamen anzunehmen und mit Inkrafttreten des Namnlag 1963 wurden diese, verhältnismäßig spät, für alle Bürger verpflichtend. Sowohl in Deutschland als auch in Schweden waren somit Mitte des letzten Jahrhunderts die Möglichkeiten des Einzelnen, seinen Namen nach seinen Vorstellungen und Wünschen zu gestalten bzw. zu ändern, äußerst begrenzt. Das Interesse des Namensinhabers, seiner eigenen Persönlichkeit mittels seines Namens Ausdruck zu verleihen, spielte sowohl für den deutschen als auch den schwedischen Gesetzgeber nur eine untergeordnete Rolle.

2. Funktionswandel durch die Einführung personenbezogener Identifikationsnummern

Dies änderte sich jedoch in Schweden mit der Einführung der Personennummer im Jahr 1947, der im Laufe der Jahre eine immer größere Relevanz für die staatlichen Einrichtungen zukam.[697] Grund dafür war wohl auch die Namensarmut in der schwedischen Bevölkerung, denn je weniger unterscheidungskräftige Namen es gibt, desto wichtiger wird eine personenbezogene Identifikationsnummer zur einwandfreien Identifikation der Bürger. Diese Namensarmut in Schweden zeigt sich auch heute noch deutlich. So tragen ca. 10% aller Schweden einen der acht häufigsten Nachnamen, die allesamt patronymischen Ursprungs sind. Allein die Namen „Andersson“ und „Johansson“ werden jeweils von knapp 220.000 Menschen geführt, in einem Land mit etwas mehr als zehn Millionen Einwohnern.[698] Da sich die Personennummer nach und nach als sicheres Mittel zur einwandfreien Identifizierung der Bürger etablierte, trat das staatliche Interesse an Namenskontinuität zu Identifikationszwecken immer weiter in den Hintergrund, sodass diesem bei der Erarbeitung des Namnlag 1982 nur noch ein geringes Gewicht zukam.[699] Während dem Interesse des Namensinhabers, seinen Namen eigenverantwortlich

---

697 Vgl. dazu und für die folgenden Ausführungen die Ausführungen mit Nachweisen in Kapitel 4 A. II.

698 Vgl. die Statistik des statistischen Zentralamts Schwedens (SCB) für das Jahr 2021 unter https://www.scb.se/ hitta-statistik/sverige-i-siffror/namnsok/; ebenso *Franck* StAZ 2020, 97, 98.

699 Prop. 1981/82:156 S. 14, 99.

mitzugestalten unter dem Namnlag 1963 nur eine geringe Bedeutung beigemessen wurde, stand dieses Interesse nun beim Namnlag 1982 im Fokus des Gesetzgebers und drängte das staatliche Identifikationsinteresse und die familiale Zuordnungsfunktion in den Hintergrund.[700]

Währenddessen kam die Liberalisierung des Namensrechts in Deutschland, insbesondere aus Gründen des Interesses des Namensinhabers, nur schwer in Gang.[701] Da sich zunächst keine mit der schwedischen Personennummer vergleichbare personenbezogene Identifikationsnummer o.ä. etablierte, war das staatliche Interesse an Namenskontinuität zur Identifizierung seiner Bürger weiterhin ein wesentlicher Faktor, Namensänderungen nur eingeschränkt zuzulassen.[702] Die familiale Zuordnungsfunktion trat zwar auch in Deutschland nach und nach zugunsten der persönlichen Interessen des Namensinhabers in den Hintergrund, allerdings nicht immer, weil auch der deutsche Gesetzgeber hinter der Modernisierung stand, sondern weil das Bundesverfassungsgericht die alten Regelungen für verfassungswidrig hielt. So verabschiedete man sich Anfang der 90er Jahre gezwungenermaßen von der Pflicht der Ehegatten, einen Ehenamen wählen zu müssen, nachdem das Bundesverfassungsgericht die Regelung des § 1355 Abs. 2 S. 2 BGB a.F., nach der im Falle eines Ausbleibens der Ehenamensbestimmung der Mannesname automatisch Ehename wurde, für nicht vereinbar mit dem Grundsatz der Gleichberechtigung gem. Art. 3 Abs. 2 GG hielt.[703]

Während sich also die schwedischen Bürger und Behörden bereits seit 1947 an die Personennummer gewöhnt haben, steht in Deutschland die Einführung einer vergleichbaren „Bürgernummer" noch bevor. Zwar hat man mit der jüngsten Ausweitung des Anwendungsbereichs der steuerlichen Identifikationsnummer durch das Registermodernisierungsgesetz nun einen ersten Schritt in diese Richtung getan, dieses sah sich jedoch bereits vor Inkrafttreten deutlicher Kritik ausgesetzt. So wurde, häufig mit Verweis auf das Volkszählungs-Urteil des Bundesverfassungsgerichts,[704] die Verfassungsmäßigkeit des Gesetzes in Frage gestellt sowie datenschutzrechtliche Bedenken geäußert.[705] Zwar gibt es auch Stimmen,

---

700 So wurde bspw. die zwingende Führung eines gemeinsamen Nachnamens mit dem Namnlag 1982 abgeschafft, vgl. dazu die Ausführungen in Kapitel 4 B. I. 1.

701 Vgl. zu den Hintergründen auch hinsichtlich der folgenden Ausführungen die Ausführungen mit Nachweisen in Kapitel 3 A. II.

702 Die „rechtspolitische Prämisse" des deutschen Namensrechts war bzw. ist die Identifikation von Personen, vgl. *Franck* StAZ 2020, 97, 107 f.

703 BVerfGE 84,9 = NJW 1991, 1602.

704 BVerfGE 65, 1 = NJW 1984, 419.

705 So z.B. *Sorge/von Lucke/Spiecker gen. Döhmann* in ihrem Gutachten i.R.d. Stellungnahme zum geplanten RegModG S. 14 ff., die ebenso wie *Bock* in ihrer Stellungnahme zum RegModG S. 3 ff. an der Verfassungsmäßigkeit des Gesetzes zweifeln; auch der Bundesbeauftragte für den Datenschutz und die Informationsfreiheit *Kelber* äußerte datenschutzrechtliche Bedenken, vgl. dazu die Pressemitteilung v.

die keine verfassungsrechtlichen Probleme sehen,[706] diese ausgeprägte Auseinandersetzung insbesondere mit datenschutzrechtlichen Aspekten und die darin zu erkennenden Skepsis gegenüber einer Identifikation mittels personenbezogenen Identifikationsnummern scheint in Deutschland jedoch deutlich größer, als es dies in dem häufig eher pragmatisch erscheinenden Schweden der Fall ist. Offen bleibt daher zunächst, inwieweit nicht nur das Bundesverfassungsgericht die Verfassungsmäßigkeit einer solchen „Bürgernummer" bewertet, sondern vielmehr auch wie die Öffentlichkeit eine solche annehmen wird. Mit der Ausweitung der steuerlichen Identifikationsnummer hat der deutsche Gesetzgeber jedoch einen weiteren Beitrag zu dem Funktionswandel des Personennamens insbesondere mit Blick auf die dadurch immer weiter in den Hintergrund tretende Identifizierungsfunktion des Namens geleistet.

3. Anpassung des Namensrechts an den Funktionswandel des Namens

Die Bestrebungen bei der Konzeption des Namnlag 1982, der zunehmenden Relevanz des persönlichen Interesses des Namensinhabers an „seinem" Namen gerecht zu werden und trotzdem den Einfluss der Namensstabilität nicht komplett außer Acht zu lassen, führten allerdings dazu, dass die Regelungen zum Namenserwerb und der Namensführung zunächst komplizierter wurden.[707] Gerade der durch das Namnlag 1982 eingeführte Mittelname führte immer wieder zu Schwierigkeiten und wurde gerade von der Bevölkerung häufig als Teil eines gleichberechtigten Doppelnamens wahrgenommen.[708] Dieser Trend lässt sich auch in Deutschland feststellen. Insbesondere durch das Urteil des Bundesverfassungsgerichts 1991[709] und die darauffolgenden Änderungen durch den deutschen Gesetzgeber durch das Familiennamensrechtsgesetz bzw. das Kindschaftsrechtsreformgesetz wurden die namensrechtlichen Regelungen nach und nach verändert bzw. an die neuen gesellschaftlichen und verfassungsrechtlichen Entwicklungen angepasst.[710] Dies führte zu einem Namensrecht, welches vielmals als kompliziert oder widersprüchlich beschrieben wurde.[711]

28.7.2020, abrufbar unter https://www.bfdi.bund.de/SharedDocs/Pressemitteilungen/DE/2020/21_ Registermodernisierung.html.

706 S. die veröffentlichte Stellungnahme von *von Lewinsky Gülker* DVBl 2021, 633 ff.; ebenfalls für eine Verfassungsmäßigkeit *Knauff/Lehmann* DÖV 2022, 159, 161 ff.

707 So *Höglund* S. 35.

708 *Williams* Mellannamn S. 156 ff.; Prop. 2015/16:180 S. 24.

709 BverfGE 84,9 = NJW 1991. 1602 f.

710 Vgl. dazu die Ausführungen in Kapitel 3 A. II. sowie Kapitel 3 B. I. 1. a.

711 *Hepting* StAZ 1996, 1; *Sturmhöfel* S. 1; *Battes* in FS Westermann S. 93, 96.

Aufgrund dieser „Kompliziertheit" des schwedischen Namnlag 1982 stand die jüngste Namensrechtsreform, die das Namnlag 2016 hervorbrachte, unter der Prämisse, Vereinfachung und Vorhersehbarkeit der Regelungen für die Bürger und die das Recht anwendenden Behörden zu schaffen.[712] Die Regelungen sollten insbesondere durch die Abschaffung des Mittelnamens, des automatischen Namenserwerbs und einiger anderer bürokratischer Hürden, sowie der Einführung von Doppelnamen, für alle Beteiligten verständlicher und liberaler gestaltet werden. Mit Blick auf die komplizierten und zum Teil widersprüchlichen deutschen Regelungen ist eine solche Ausrichtung auch für die Reform des deutschen Namensrechts wünschenswert.

III. Fazit

Es lässt sich also feststellen, dass sich das Namensrecht sowohl in Deutschland als auch in Schweden im Laufe des letzten Jahrhunderts in einem stetigen Wandel befunden hat, der gerade in jüngster Zeit durch mehr und mehr in den Fokus tretende Gleichberechtigungsgesichtspunkte und die – zumindest geplante – Digitalisierung der öffentlichen Verwaltung geprägt ist. Im direkten Vergleich kann man dabei den Eindruck gewinnen, dass der schwedische Gesetzgeber dem deutschen dabei stets „einen Schritt voraus" ist. So wurden Aufweichungen des patriarchalisch geprägten Familiennamensrechts meist einige Jahre früher durchgeführt und die Liberalisierung des Namensrechts fiel insgesamt aufgrund der frühen Einführung von personenbezogenen Identifikationsnummern weitreichender aus, als dies in Deutschland der Fall war. Und auch die Bestrebung des schwedischen Gesetzgebers, das neue Namensrecht deutlich verständlicher und einfacher in seiner Anwendung zu gestalten ist ein Aspekt, der bei einer Reform des häufig als zu kompliziert und widersprüchlich bezeichneten deutschen Namensrechts nicht vernachlässigt werden sollte.

B. Die Regelungen zum Familiennamen

I. Die Namensführung in der Ehe

Gerade die Rechtslage im Hinblick auf die Namensführung in der Ehe wurde in den letzten Jahrzehnten stark von Gleichberechtigungsgesichtspunkten beeinflusst. Denn wie bereits aufgezeigt, war es sowohl in Schweden als auch in Deutschland zu Beginn des 20. Jahrhunderts selbstverständlich, dass die Frau mit der Eheschließung den Mannesnamen erwarb und dieser auch an alle gemeinsamen ehelichen Kinder weitergegeben wurde. Trotz zeitlicher Unterschiede haben sich sowohl das schwedische als auch das deutsche Namensrecht aufgrund gesellschaftlicher Veränderungen, insbesondere im Hinblick auf die Gleichstellung von Mann und Frau,

712 Prop. 2015/16:180 S. 22.

in eine vergleichbare Richtung entwickelt.[713] So wurde in beiden Rechtsordnungen der Vorrang des Mannesnamens abgeschafft, ebenso wie die Pflicht einen gemeinsamen Ehenamen zu wählen, und es haben sich sowohl in Schweden mit dem Mittelnamen gem. § 24 Namnlag 1982 als auch mit dem ehelichen Begleitnamen gem. § 1355 Abs. 4 BGB in Deutschland zwei Namensbestandteile herausgebildet, die zumindest auch eine Art Zugeständnis an den Ehegatten darstellen sollten, der seinen Namen im Rahmen der Eheschließung „verliert". Durch die jüngste Namensrechtsreform in Schweden, insbesondere durch die Einführung von Doppelnamen, bieten sich für Ehegatten nach deutschem und schwedischem Recht nun jedoch erheblich unterschiedliche Möglichkeiten hinsichtlich der Namensführung in der Ehe (1), die im Folgenden mit Blick auf eine deutsche Namensrechtsreform und eine potentielle Liberalisierung des deutschen Namensrechts auf ihre Übertragbarkeit überprüft werden sollen (2).

1. *Aktuelle Möglichkeiten hinsichtlich der Namensführung in der Ehe in Deutschland und Schweden*

Sowohl in Schweden als auch in Deutschland stehen den Ehegatten hinsichtlich ihrer Namensführung in der Ehe verschiedene Möglichkeiten zur Verfügung.

a. Getrennte Namensführung

Zum einen können die Ehegatten ihre jeweiligen Familiennamen unverändert weiterführen. Nach schwedischem Recht stellt dies den Regelfall dar, der sich im Umkehrschluss aus der Formulierung des § 12 Abs. 1 Namnlag 2016 ergibt und auch § 1355 BGB sieht nur Handlungsbedarf für die Ehegatten, sofern sie einen gemeinsamen Familiennamen, einen Ehenamen, wünschen. Frau Schmidt und Herr Meier können daher, ebenso wie Frau Lund und Herr Andersson, auch nach der Eheschließung diese Namen wie gewohnt weiterführen.

b. Führen eines einheitlichen Familiennamens

Wünschen die Ehegatten hingegen eine Namenseinheit, weil sie bspw. die Veränderung ihrer familiären Zugehörigkeit auch durch eine einheitliche Namensführung nach außen ausdrücken wollen oder gemeinsame Kinder bekommen möchten, für die sie eine mit den Eltern einheitliche Namensführung wünschen, so steht ihnen sowohl nach schwedischem als auch nach deutschem Recht die Möglichkeit offen, einen „gemeinsamen" Familiennamen zu wählen. Denn gem. § 12 Abs. 1 Namnlag 2016 „darf" (*får*) ein Ehegatte seinen Nachnamen in den Nachnamen des anderen Ehegatten ändern. Den gesetzlich vorgesehenen Normalfall stellt

---

713 Vgl. dazu und für die folgenden Ausführungen die Ausführungen mit Nachweisen in Kapitel 3 B. I. 1. für Deutschland und in Kapitel 4 B. I. 1. a. in Schweden.

somit die getrennte Namensführung dar, es besteht jedoch für jeden Ehegatten die Möglichkeit einer familienrechtlichen Namensänderung, um eine Namenseinheit mit dem anderen Ehegatten zu erreichen. Der deutsche Gesetzgeber ging bei der Formulierung des § 1355 Abs. 1 BGB – „Die Ehegatten sollen einen gemeinsamen Familiennamen (Ehenamen) bestimmen" – noch weiter und stellte klar, dass der Wunsch nach ehelicher Namenseinheit weiterhin dem gesetzlichem „Leitbild" entspricht.[714] Der Ehename i.S.d. § 1355 Abs. 1 BGB bezeichnet jedoch nicht nur den gleichlautenden Individualnamen jedes Ehegatten, sondern ihm kommt auch eine darüberhinausgehende eigenständige Rechtsqualität zu.[715]

Die Wahl eines Ehenamens ist daher in Deutschland nur durch gemeinsame Entscheidung der Ehegatten möglich. Beide Ehegatten müssen die Wahl eines Ehenamens erklären.[716] So können Frau Schmidt und Herr Meier erklären, fortan als Herr und Frau Schmidt in Erscheinung zu treten.[717] In Schweden ist für das Erreichen der Namenseinheit hingegen nur eine Namensänderung auf Seiten des Ehegatten nötig, der seinen Nachnamen zugunsten des Nachnamens des anderen Ehegatten ändern möcht.[718] Wünschen Frau Lund und Herr Andersson die einheitliche Führung des Nachnamens „Lund", so ist lediglich eine Erklärung i.S.d. § 12 Abs. 1 Namnlag 2016 von Herrn Andersson nötig.

c. *Führen eines Doppelnamens*

Unterschiede hinsichtlich der Namensführung in der Ehe sind jedoch im Hinblick auf das Führen von Doppelnamen zu erkennen.

Während der schwedische Gesetzgeber mit Neufassung des Namensgesetzes nun beiden Ehegatten gem. § 12 Abs. 2 Namnlag 2016 die Möglichkeit einräumt, ihrem Nachnamen den Nachnamen des anderen Ehegatten hinzuzufügen, und somit faktisch beide Ehegatten einen gleichlautenden Doppelnamen aus ihren jeweiligen Nachnamen bilden können, besteht diese Möglichkeit nach deutschem Recht nicht. Der deutsche Gesetzgeber hat sich bisher trotz zahlreicher

---

714 Vgl. BT-Drs. 12/3163 S. 15.

715 BeckOGK/*Kienemund* § 1355 Rn. 48; *Dutta* spricht in diesem Rahmen von einer „verdeckten Namensänderung", da auch der Ehegatte, dessen Familienname sich als Ehename durchsetzt, nun einen zumindest rechtlich vom Geburtsnamen abweichenden Ehenamen („Dutta geborener Dutta") führt, vgl. *ders.* Reform des deutschen Namensrechts S. 1.

716 Diese Erklärung kann gemeinsam oder getrennt erfolgen, sie muss allerdings gleichlautend sein, vgl. MüKo/*v. Sachsen Gessaphe* § 1355 BGB Rn. 27.

717 Frau Meier geborene Schmidt und Herr Meier geborener Meier, vgl. *Dutta* Reform des deutschen Namensrechts S. 1.

718 Trotz gemeinsamer Namensführung handelt es sich damit auch nicht um einen „Ehenamen", vgl. *Franck* StAZ 2020, 97, 110.

Reformvorschläge wiederholt gegen die Einführung von Doppelnamen als Ehenamen ausgesprochen.[719]

Eine Gemeinsamkeit des schwedischen und deutschen Namensrechts gibt es hingegen bei der einseitigen Führung eines Doppelnamens. Denn § 12 Abs. 2 Namnlag 2016 ermöglicht es auch nur einem Ehegatten, einen Doppelnamen aus dem eigenen Nachnamen und dem Nachnamen des anderen Ehegatten zu bilden, während der andere Ehegatte an seiner Namensführung festhält. Eine solche Konstellation ermöglicht auch § 1355 Abs. 4 BGB. Für den Fall, dass die Ehegatten einen Ehenamen gem. § 1355 Abs. 1 BGB wählen, ermöglicht Abs. 4 dem Ehegatten, dessen Familienname nicht Ehename wird, seinen Geburtsnamen oder den zum Zeitpunkt der Erklärung über die Bestimmung des Ehenamens geführten Familiennamen dem Ehenamen hinzuzufügen. Bei dem so entstehenden Doppelnamen handelt es sich um einen sogenannten „unechten" Doppelnamen, d.h. Ehename und ehelicher Begleitname sind nicht untrennbar miteinander verbunden und der eheliche Begleitname ist infolgedessen nicht auf gemeinsame Kinder übertragbar.[720]

Eine solche Unterscheidung zwischen „echten" und „unechten" Doppelnamen kennt das schwedische Recht hingegen nicht. § 20 Abs. 2 S. 1 Namnlag 2016 stellt klar, dass ein „doppelter Nachname" (*dubbelt efternamn*) aus zwei „einfachen Nachnamen" (*enkla efternamn*) besteht, die die Person nach dem Namnlag 2016 getrennt erwerben kann. Der Doppelname i.S.d. § 20 Namnlag 2016 ist daher ein aus zwei Einzelnamen zusammengesetzter Nachname, dessen Bestandteile beliebig voneinander getrennt werden können, der aber auch als Namenseinheit an bspw. die eigenen Kinder weitergegeben werden kann.[721]

Lediglich unter dem Namnlag 1982, welches den Erwerb von Doppelnamen nicht gestattete, gab es ein mit dem „unechten" Doppelnamen vergleichbares Pendant. § 24 Abs. 1 Namnlag 1982 gestattete zunächst dem Ehegatten, der gem. § 9 Namnlag 1982 mit der Eheschließung den Nachnamen des anderen Ehegatten erworben hatte, seinen bis zur Eheschließung geführten Nachnamen als Mittelnamen und somit als eigenen Namensbestandteil zwischen Vor- und Nachnamen weiterzuführen. Wünschten Herr Andersson und Frau Lund also den gemeinsamen Nachnamen „Lund", so konnte Herr Andersson nach der Eheschließung den Namen „Andersson Lund" führen, in dem „Andersson" den Mittelnamen und „Lund" den Nachnamen bildete. Die aktuelle rechtliche Situation im Hinblick auf die Führung eines ehelichen Begleitnamens gem. § 1355 Abs. 4 BGB in Deutschland entspricht daher der eines Mittelnamens unter dem Namnlag 1982. Darüber

719 Vgl. dazu die Ausführungen in Kapitel 5 B. I. 2. d. aa.

720 S. dazu aber die Besonderheiten eines zu einem echten Doppelnamen „mutierten" unechten Doppelnamens, vgl. dazu die Ausführungen in Kapitel 3 B. I. 1. b. bb.

721 Denn § 4 Nr. 1 Namnlag 2016 erfasst als potentiellen Geburtsnamen des Kindes auch den Doppelnamen, der von beiden Eltern oder einem Elternteil geführt wird.

hinaus gestattete § 24 Abs. 2 Namnlag 1982 zumindest einem der Ehegatten das Führen des Nachnamens des anderen Ehegatten als Mittelnamen auch für die getrennte Namensführung in der Ehe.[722] Wollten Herr Andersson und Frau Lund auch nach der Eheschließung an einer getrennten Namensführung festhalten, so konnte entweder Herr Andersson den Namen „Lund Andersson“ oder Frau Lund den Namen „Andersson Lund“ führen. Die Regelungen des Namnlag 1982 hinsichtlich des ehelichen Mittelnamens gingen somit bereits über die aktuelle deutsche Regelung des § 1355 Abs. 4 BGB hinaus.

Mit der jüngsten Namensrechtsreform in Schweden und der Einführung von Doppelnamen wurden Freiheit und Flexibilität in der Namensführung noch einmal erweitert, um den Ehegatten eine Namensführung zu ermöglichen, die ihre jeweiligen Lebensumstände bestmöglich abbildet. So kann bspw. ein Ehegatte, der bereits ein Kind aus einer früheren Beziehung hat, durch die Bildung eines Doppelnamens die zumindest partielle Namenseinheit sowohl mit dem neuen Ehegatten als auch mit dem Kind herstellen. Diese Möglichkeit erspart es somit dem Namensinhaber, sich zwischen der Namenseinheit mit dem neuen Partner oder dem Kind entscheiden zu müssen.[723] Dagegen ist das Führen eines ehelichen Doppelnamens nach deutschem Recht weiterhin nur in dem eng abgesteckten Rahmen des § 1355 Abs. 4 BGB und somit im Ergebnis auch nur für einen Ehegatten möglich. Dies wird jedoch insbesondere dem Wunsch von immer mehr Ehepaaren, nach einem gleichberechtigten und von beiden geführten Doppelnamen nicht mehr gerecht.[724]

d. Namensführung nach der Scheidung oder dem Tod des Ehegatten

Für den Fall, dass die Ehegatten sich für einen Ehenamen i.S.d. § 1355 Abs. 1 BGB entschieden haben, führt der geschiedene oder überlebende Ehegatte diesen Ehenamen grds. auch nach der Scheidung bzw. dem Tod des anderen Ehegatten weiter, vgl. § 1355 Abs. 5 S. 1 BGB. Um auf die veränderten Lebensumstände zu reagieren, steht es ihm jedoch gem. § 1355 Abs. 5 S. 2 BGB ebenfalls frei, seinen Geburtsnamen oder den vor der Bestimmung des Ehenamens geführten Namen wieder anzunehmen oder diesen dem Ehenamen als ehelichen Begleitnamen hinzuzufügen.

Während § 1355 Abs. 5 BGB somit abschließend die Möglichkeiten des geschiedenen oder überlebenden Ehegatten auch im Hinblick auf eine weitere

---

722 Allerdings nur mit Zustimmung des anderen Ehegatten, zudem konnte nur einer der Ehegatten von dieser Regelung Gebrauch machen, ein „gemeinsamer” Doppelname „durch die Hintertür“ war daher auch unter dem Namnlag 1982 nicht möglich, vgl. § 24 Abs. 2 S. 1 Namnlag 1982.

723 Und gleichermaßen auch dem Kind, für den Fall, dass der Elternteil den Namen des neuen Ehegattens annimmt, die Entscheidung für die weitere Namenseinheit mit diesem Elternteil mittels Einbenennung oder das Festhalten an dem bisher geführten Namen, mit dem sich das Kind ggf. bereits identifiziert.

724 Vgl. dazu die Ausführungen in Kapitel 5 B. I. 2.d.

Namensänderung aufzeigt, gibt es in § 12 Namnlag 2016 keine vergleichbare Regelung. § 12 Namnlag 2016 befasst sich allein mit den Möglichkeiten einer Namensänderung aufgrund der Eheschließung, nicht aufgrund der Beendigung der Ehe durch Scheidung oder Tod. Allerdings stehen auch dem geschiedenen und überlebenden Ehegatten verschiedene Optionen der Namensänderung zur Verfügung. Zum einen kann er zu über die familienrechtliche Namensänderung des § 9 Namnlag 2016 zu seinem Geburtsnamen zurückkehren.[725] Zu einem anderen, vor der Eheschließung geführten Nachnamen, z.B. einem durch eine vorherige Heirat erworbenen Nachnamen, kann der geschiedene oder überlebende Ehegatte zudem im Rahmen der administrativen Namensänderung nach § 13 Namnlag 2016 zurückkehren, da diese gem. § 19 Namnlag 2016 immer dann möglich ist, wenn die betreffende Person diesen Nachnamen bereits früher einmal geführt und nicht gem. § 21 Namnlag 2016 verloren hat. Dieser Name kann dann auch zu einem Doppelnamen i.S.d. § 20 Namnlag 2016 mit dem in der Ehe geführten Nachnamen kombiniert werden.

Im Ergebnis kann der geschiedene oder überlebende Ehegatte somit sowohl nach deutschem als auch nach schwedischem Recht die eheliche Namensführung beibehalten, zu einem früheren Familiennamen zurückkehren oder – im rechtlich möglichen Rahmen – einen neuen Doppelnamen bilden.

Im Hinblick auf die Namensänderungsmöglichkeiten nach dem Tod eines Ehegatten gewährt § 12 Abs. 3 Namnlag 2016 zudem dem überlebenden Ehegatten die Möglichkeit einer Namensänderung zur Erreichung einer Namenseinheit aufgrund der ehelichen Verbindung, auch nach dem rechtlichen Ende der Ehe durch den Tod des anderen Ehegatten. Damit soll dem überlebenden Ehegatten, der während der Ehe seinen bisherigen Nachnamen weitergeführt hat, auch nach dem Tod des anderen Ehegatten die Möglichkeit offengehalten werden, den Nachnamen des verstorbenen Ehegatten als alleinigen Nachnamen oder als Teil eines Doppelnamens zu erwerben. Denn anders als im Falle einer Scheidung wird hier die Familiengemeinschaft nicht auf Wunsch der Ehegatten, sondern durch ein äußeres Ereignis, den Tod, aufgelöst.[726] Eine solche Möglichkeit des nachträglichen familienrechtlichen Namenserwerbs besteht nach § 1355 BGB hingegen nicht.

e. Namensänderungen während der Ehe

Während § 9 Abs. 2 Namnlag 1982 zwar die Möglichkeit der Rückkehr zu dem vorehelich geführten Nachnamen gestattete, wurde die Anzahl der Namensänderungen

725 Denn dieser wird in der Regel aktuell noch von den Eltern oder eines Elternteils getragen (Nr. 1), wurde von den Eltern oder eines Elternteils in der Vergangenheit getragen (Nr. 2), ist ein aus den Nachnamen der Eltern gebildeter Doppelname (Nr. 3) oder entspricht einem auf dem Vornamen eines Elternteils basierenden Patronyms (Nr. 4).

726 Prop. 2015/16:180 S. 36 f.

während der Dauer der Ehe durch § 9 Abs. 3 Namnlag 1982 begrenzt. Danach konnte ein Ehegatte, der sich einmal für einen gemeinsamen Nachnamen gem. § 9 Abs. 1 Namnlag 1982 entschieden hatte, zwar gem. § 9 Abs. 2 Namnlag 1982 einmalig zu seinem vor der Eheschließung geführten Nachnamen zurückkehren, eine erneute Namensänderung in den Nachnamen des anderen Ehegatten und somit die Rückkehr zur Namenseinheit in der Ehe wurde ihm jedoch gem. § 9 Abs. 3 Namnlag 1982 versagt.

Mit der jüngsten Namensrechtsreform hat sich der schwedische Gesetzgeber von sämtlichen Begrenzungen hinsichtlich der Anzahl der Namensänderungen verabschiedet, so auch von der Regelung des § 9 Namnlag 1982. Den Ehegatten ist es daher nun unabhängig von dem Bestand der Ehe unbegrenzt möglich, ihre Nachnamen anzugleichen oder zu getrennter Namensführung überzugehen und somit den Nachnamen zu führen, der am besten zu ihrer Lebenssituation passt.[727]

Eine solche Namenswahlfreiheit sucht man im deutschen Recht vergeblich. Denn eine Namensänderung während der Ehe ist nur in engen Grenzen möglich. Wenn die Ehegatten bei der Eheschließung keinen Ehenamen i.S.d. § 1355 Abs. 1 BGB bestimmt haben, so steht es ihnen frei einen solchen auch noch zu einem späteren Zeitpunkt zu bestimmen, vgl. § 1355 Abs. 3 BGB. Wurde ein Ehename jedoch einmal bestimmt, so sind die Ehegatten für den Bestand der Ehe an diesen gebunden, eine Rückkehr zur getrennten Namensführung ist nicht möglich.[728] Lediglich der Ehegatte, dessen Familienname nicht Ehename wird, kann diesem auch nachträglich noch einen ehelichen Begleitnamen hinzufügen bzw. den hinzugefügten ehelichen Begleitnamen gem. § 1355 Abs. 4 S. 4 BGB einmalig widerrufen und zur ausschließlichen Führung des Ehenamens als alleinigem Familiennamen übergehen bzw. zurückkehren. In diesem Falle ist jedoch das wiederholte Hinzufügen eines ehelichen Begleitnamens gem. § 1355 Abs. 4 S. 1 BGB untersagt.

2. *Überlegungen für eine Reform des Namensrechts in Deutschland*

a. *Abkehr vom gesetzgeberischen Leitbild des Ehenamens*

Sowohl in Schweden als auch in Deutschland steht es den Ehegatten also frei, sich im Rahmen der Eheschließung für eine einheitliche Namensführung zu entscheiden oder an ihren jeweiligen Familiennamen festzuhalten und eine getrennte Namensführung beizubehalten. Dass dieser Wunsch nach einer einheitlichen Namensführung in der Ehe sowohl in Deutschland als auch in Schweden trotz aller Liberalisierungen weiterhin groß ist, zeigt sich auch darin, dass sich sowohl in Schweden 2005 als auch in Deutschland 2016 noch etwa 80% der Ehepaare für eine gemeinsame Namensführung entschieden.[729]

---

727 So die Zielsetzung des schwedischen Gesetzgebers, vgl. Prop. 2015/16:180 S. 38.

728 MüKo/*v. Sachsen Gessaphe* § 1355 Rn. 34; BeckOGK/*Kienemund* § 1355 BGB Rn. 42.

729 Für Schweden vgl. SOU 2013:35 S. 433; für Deutschland vgl. z.B. die Studie der Gesellschaft für deutsche Sprache e.V., abrufbar unter https://gfds.de/familienna

Unterschiede gibt es jedoch insbesondere im Hinblick auf die rechtliche Ausgestaltung der konkreten namensrechtlichen Regelungen und der damit verfolgten Intention des Gesetzgebers. Während der deutsche Gesetzgeber mit der Formulierung des § 1355 Abs. 1 S. 1 BGB – „Die Ehegatten sollen einen gemeinsamen Familiennamen (Ehenamen) bestimmen" – klarstellt, dass der Wunsch nach ehelicher Namenseinheit weiterhin dem gesetzlichem Leitbild entspricht,[730] „darf" (*får*) gem. § 12 Abs. 1 Namnlag 2016 ein Ehegatte seinen Nachnamen in den Nachnamen des anderen Ehegatten ändern. Den gesetzlich vorgesehenen Normalfall stellt somit die getrennte Namensführung dar.

Der Ehename i.S.d. § 1355 Abs. 1 BGB bezeichnet jedoch nicht nur der gleichlautende Individualnamen jedes Ehegatten, sondern ihm kommt auch eine darüberhinausgehende eigenständige Rechtsqualität zu.[731] Zum einen hat dies Auswirkungen auf die Namensführung beider Ehegatten, auch desjenigen, dessen Familienname zum Ehenamen wird,[732] zum anderen entwickelt der Ehename auch im Hinblick auf den Namenserwerb gemeinsamer Kinder eine Bindungswirkung.[733] Vor der jüngsten schwedischen Namensrechtsreform sah § 9 Namnlag 1982 ebenfalls noch einen „gemeinsamen Nachnamen" (*gemensamt efternamn*) vor. Gem. § 9 Abs. 1 Namnlag 1982 konnten die Ehegatten wählen, ob sie einen gemeinsamen Nachnamen führen, oder ihren Nachnamen, den sie zum Zeitpunkt der Eheschließung führten, beibehalten wollen. Für den Fall, dass ein gemeinsamer Nachname gewünscht wurde, behielt allerdings gem. § 9 Abs. 2 Namnlag 1982 der Ehegatte, dessen Name gemeinsamer Nachname werden sollte, seinen Nachnamen und lediglich der andere Ehegatte musste sich einer Namensänderung unterziehen. Mit der jüngsten Namensrechtsreform hat sich der der schwedische Gesetzgeber allerdings von der Formulierung des „gemeinsamen Nachnamens" verabschiedet.[734]

Eine solche Abkehr vom Ehenamen i.S.d. § 1355 BGB ist auch für Deutschland denkbar und wünschenswert.[735] Denn spätestens mit der Abschaffung der Pflicht

---

men-bei-der-heirat-und-vornamenprognose-2018/, sowie *Lettmaier* FamRZ 2020, 1, 7.

730 Vgl. BT-Drs. 12/3163 S. 15.

731 BeckOGK/*Kienemund* § 1355 BGB Rn. 48.

732 *Dutta* spricht in diesem Rahmen von einer „verdeckten Namensänderung", vgl. *ders.* Reform des deutschen Namensrechts S. 1.

733 So wird der Ehename gem. § 1616 BGB automatisch Geburtsname der gemeinsamen Kinder.

734 Somit ist eine einheitliche Namensführung heute nicht mehr mit einem „Ehenamen" gleichzusetzen, vgl. *Franck* StAZ 2020, 97, 110.

735 Auch die vom BMI und BMJV eingesetzte Expertengruppe spricht nicht mehr vom Ehenamen, sondern lediglich von einer Namensänderung aufgrund einer familienrechtlichen Statusänderung wie der Eheschließung, vgl. Eckpunkte zur Reform des Namensrechts S. 6, abrufbar unter: https://www.bmi.bund.de/SharedDocs/pressem

zur Führung eines gemeinsamen Familiennamens ist die Wahl eines Ehenamens nur noch eine von mehreren namensrechtlich gleichberechtigt nebeneinanderstehenden Möglichkeiten, die sich den Ehegatten im Hinblick auf die Namensführung in der Ehe bietet.[736] Durch die aktuelle Formulierung des 1355 Abs. 1 S. 1 BGB – „die Ehegatten sollen einen gemeinsamen Familiennamen (Ehenamen) bestimmen“ – wird den Eheschließenden jedoch suggeriert, die Wahl eines Ehenamens stelle die bevorzugte Möglichkeit der Namensführung in der Ehe dar.[737] In einer Zeit, in der es zwar eine hohe Zustimmung für eine einheitliche Namensführung in der Ehe gibt, daneben jedoch eine Vielzahl von alternativen Lebensmodellen existieren und zudem jede dritte Ehe geschieden wird, erscheint es nicht mehr zeitgemäß, dass der deutsche Gesetzgeber eine der Möglichkeiten der Namensführung in diesem Maße „bewirbt“, wie er es mit der derzeitigen Formulierung des § 1355 Abs. 1 S. 1 BGB tut.[738] Zudem hat der Ehename nicht nur Auswirkungen auf die Namensführung in der Ehe, z.B. den ehelichen Begleitnamen, sondern darüber hinaus auch auf den Namen gemeinsamer Kinder. Eine Abkehr vom Ehenamen und eine daraus resultierende Vereinfachung der gesetzlichen Regelung über die Namensführung in der Ehe öffnet somit auch die Tür für eine Vereinfachung des Namensrechts für Kinder.[739]

Um eine Liberalisierung und Modernisierung des deutschen Namensrechts voranzubringen, sollte sich der deutsche Gesetzgeber daher von dem Konstrukt des Ehenamens verabschieden und stattdessen eine Regelung nach schwedischem Vorbild schaffen. Denn eine an § 12 Namnlag 2016 angelehnte Regelung würde eine große Flexibilität hinsichtlich der wählbaren Familiennamen bieten und ermöglicht zugleich eine Vereinfachung der gesetzlichen Regelung und somit wohl auch eine bessere Verständlichkeit und Akzeptanz in der Bevölkerung. Sicherlich birgt diese Abkehr von dem Konstrukt des Ehenamens, wie ihn § 1355 Abs. 1 BGB derzeit vorsieht, die Gefahr, dass die Ehegatten bei der Namensänderung im Rahmen einer Eheschließung nicht per se daran gebunden wären, ihren Familiennamen in einen gleichlautenden Namen zu ändern. Theoretisch wäre dann auch

---

itteilungen/DE/2020/03/namensrecht.html; auch *Bornhofen* lobt den Mut mit Blick auf eine Abkehr vom Begriff des „Ehenamens“, StAZ 2020, 162, 165.

736 Bereits vor den Änderungen durch das Familiennamensrechtsgesetz hat das Bundesverfassungsgerecht mit Beschluss vom 8.3.1988 klargestellt, dass Art. 6 Abs. 1 GG die Wahl eines einheitlichen Familiennamens nicht zwingend vorschreibt und lediglich im Rahmen von Wertungsgesichtspunkten von einem Gesetzgeber, der einen einheitlichen Familiennamen der Ehegatten favorisiert herangezogen werden kann, vgl. BVerfGE 78, 38 Rn. 49.

737 Der Ehename als „Leitbild“, vgl. dazu BeckOGK/*Kienemund* § 1355 BGB Rn. 19 m.Verw. auf BT-Drs. 12/3136 S. 15.

738 Ebenso wohl auch *Lettmaier*, Stellungnahme zu BT-Drs. 19/18314 S. 2.

739 Vgl. dazu die Ausführungen in Kapitel 5 B. II. 2.

eine Namensführung „über Kreuz" möglich: Frau Meier und Herr Schmidt heiraten, und werden zu Frau Meier-Schmidt und Herrn Schmidt-Meier. Im Extremfall könnte sogar Frau Meier zu Frau Schmidt und Herr Schmidt zu Herrn Meier werden. Allerdings ist fraglich, wie relevant solche Gedankenspiele in der Praxis tatsächlich sind. Wie bereits mehrfach erwähnt entscheidet sich der Großteil der deutschen Ehepaare auch heute noch für eine gemeinsame Namensführung in der Ehe. Der Wunsch nach einer Namenseinheit, um die neue familiäre Verbindung auch nach außen darzustellen, ist scheinbar ungebrochen. Zudem würde eine solche Namensführung „über Kreuz" zwar von dem traditionellen Verständnis der Namensführung in der Ehe abweichen, allerdings sollte die geplante Liberalisierung des deutschen Namensrechts grds. Raum für die z.T. auch speziellen Wünsche der Ehegatten lassen. Da auch durch eine solch ungewöhnliche Namenswahl die familiale Zuordnungsfunktion weiter bestehen bleibt, sollte diese etwas exotisch anmutende Möglichkeit einer grds. Abkehr von dem Konstrukt des „Ehenamens" nicht entgegenstehen.

b. *Abschaffung der Möglichkeit einer gemeinsamen Namensführung insgesamt*

Zum Teil wird jedoch nicht nur die Abkehr vom gesetzgeberischen Leitbild des Ehenamens, sondern vielmehr eine darüberhinausgehende vollständige Abschaffung des Ehenamens und somit auch der einheitlichen Namensführung gefordert.[740] Damit soll erreicht werden, dass jeder Ehegatte unabhängig von der Eheschließung seinen Familiennamen weiterführt, eine einheitliche Namensführung wird den Ehegatten somit zumindest rechtlich untersagt. Als Zugeständnis wird z.T. vorgesehen, dass die Ehegatten den Familiennamen des jeweils anderen Ehegatten dem eigenen Familiennamen anfügen, nicht aber voranstellen dürfen.[741] Allerdings kann durch eine solche Regelung keine einheitliche Doppelnamensführung, sondern lediglich eine Doppelnamensführung „über Kreuz" erreicht werden. Weiterhin wird vorgeschlagen, den Ehegatten durch die Nutzung von Gebrauchsnamen, wie sie u.a. in Frankreich geläufig sind, eine einheitliche Familiennamensführung zumindest im gesellschaftlichen Bereich zu ermöglichen.[742] Die rechtlichen Familiennamen, die in offiziellen Ausweisdokumenten oder auf Zeugnissen vermerkt wären, würden aber weiterhin voneinander abweichen.

Eine solche radikale Abschaffung des Ehenamens und der einheitlichen Namensführung kann jedoch nicht überzeugen. Denn zum einen kann die Doppelnamensführung „über Kreuz" oder das Führen von Gebrauchsnamen dem Interesse eines

---

740 *Battes* FamRZ 2008, 1037, 1038; *Sperling* S. 193 f.; *Hepting* StAZ 1996, 1, 9 ff.

741 *Battes* FamRZ 2008, 1037, 1038; Bei der Eheschließung von Frau Weber und Herrn Müller könnte Frau Weber nun den Familiennamen „Weber-Müller" und Herr Müller den Familiennamen „Müller-Weber" wählen.

742 *Hepting* StAZ 1996, 1, 10; *Sperling* S. 194.

Großteils der Eheschließenden an einer – auch rechtlich – einheitlichen Namensführung nicht gerecht werden. Zudem widersprächen solche Lösungen der deutschen Namensrechtstradition, die gerade keine Gebrauchsnamen kennt und würden daher vermutlich auf wenig Zustimmung in der Bevölkerung stoßen.[743]

c. *Wahl eines gänzlich neugebildeten Namens*

Auch die Wahl eines gänzlich neu gebildeten Namens durch beide Ehegatten kommt zur Erreichung einer einheitlichen Namensführung in der Ehe in Betracht. So bietet das schwedische Recht Personen die Möglichkeit, einen neu gebildeten Namen, also einen Namen, der so bisher in Schweden noch nicht existiert, durch administrative Namensänderung gem. §§ 13 ff. Namnlag 2016 anzunehmen, sofern dieser Name die Voraussetzungen des § 14 Namnlag 2016 erfüllt und keine Verwechslungsgefahr i.S.d. § 15 Namnlag 2016 besteht.[744] Durch eine solche administrative Namensänderung beider Ehegatten kann somit eine einheitliche Namensführung auch dann erreicht werden, wenn beide Ehegatten ihren bisher geführten Nachnamen aufgeben wollen. Allerdings stellt dies lediglich eine unter vielen Möglichkeiten dar, eine einheitliche Namensführung in der Ehe zu erreichen.

Für eine solche Möglichkeit des Erwerbs eines neu gebildeten Namens beider Ehegatten spricht der Gleichberechtigungsgedanke. Denn wenn beide Ehegatten ihren ursprünglichen Familiennamen zugunsten des neugebildeten Namens aufgeben, findet auch keine Bevorzugung eines Namens statt, die – wie die Erfahrung zeigt – häufig zugunsten des Mannesnamens ausfällt.[745] Allerdings lässt sich aus den Erfahrungen in Schweden schließen, dass der Großteil der Ehegatten zwar eine einheitliche Namensführung in der Ehe wünscht, diese jedoch weit überwiegend durch die Wahl eines der beiden Nachnamen der Ehegatten herbeigeführt wird.[746] Zudem muss dabei berücksichtigt werden, dass die nach schwedischem Recht bestehende Möglichkeit, einen neugebildeten Nachnamen gem. § 14 Namnlag 2016 unkompliziert mittels der administrativen Namensänderung zu erwerben, auf eine Zeit zurückgeht, in der man die schwedischen Bürger dazu ermutigen wollte, Nachnamen anzunehmen, die noch nicht in Schweden gebräuchlich waren, um so der vorherrschenden Namensarmut entgegenzuwirken, die aus der Erstarrung verbreiteter Sohn-Namen resultierte.[747] Eine solche Namensarmut bestand in Deutschland nie und somit verfestigte sich auch keine

---

743 So auch *Gaaz* StAZ 2006, 157, 165.

744 Vgl. dazu die Ausführungen in Kapitel 4 B. III.

745 Ebenso *Arndt* S. 130. So entscheiden sich heute noch ca. 90% der Ehepaare, die einen Ehenamen wählen, für den Mannesnamen, vgl. *Lettmaier* FamRZ 2020, 1, 7.

746 2005 entschieden sich noch 80 % aller Ehepaare für einen gemeinsamen Nachnamen (71 % für den Mannesnamen, lediglich 9 % wählten den Nachnamen der Frau), vgl. SOU 2013:35 S. 433.

747 Vgl. dazu die Ausführungen mit Nachweisen in Kapitel 4 A. II.

daraus resultierende „Tradition" neugebildeter Namen.[748] Es ist daher zu erwarten, dass lediglich ein kleiner Teil der deutschen Bevölkerung von einer solchen Wahlmöglichkeit Gebrauch machen würde.

Ferner besteht die Möglichkeit der Namensänderung in einen neu gebildeten Nachnamen gem. § 14 Namnlag 2016 nach dem schwedischen Recht nicht nur für Ehegatten hinsichtlich der Namensführung in der Ehe, sondern für alle Bürger. Eine isolierte Einführung einer solchen Wahlmöglichkeit in Deutschland würde die Frage aufwerfen, wieso Ehepaare ihren Namen im Rahmen einer Eheschließung in einen neu gebildeten Familiennamen ändern dürfen, nicht aber Einzelpersonen unabhängig von einer solchen Statusänderung. Um eine unnötige Kompliziertheit des deutschen Namensrechts bzw. Unverständnis bei den Bürgern zu verhindern, sollte daher entweder auch eine allgemeine „freie" Namensänderungsmöglichkeit in einen neu gebildeten Familiennamen eingeführt werden oder von beiden Möglichkeiten Abstand genommen werden. Von einer generellen Einführung eines solchen „freien" Namenänderungstatbestands in einen neu gebildeten Namen sollte jedoch aufgrund der Struktur des deutschen Namensänderungsrechts abgesehen werden und somit auch von der Einführung einer Wahlmöglichkeit für Ehegatten.[749]

Wenig überzeugend ist in diesem Zusammenhang auch der Vorschlag, eine einheitliche Namensführung in der Ehe ausschließlich über die Wahl eines neu gewählten Familiennamens erreichen zu können.[750] Zwar spräche dafür insbesondere der Gleichberechtigungsgedanke, weil dadurch mit dem in der Gesellschaft verankerten Vorzug des Mannesnamens gebrochen werden würde, allerdings würde die familiale Zuordnungsfunktion damit auch fast vollständig an Bedeutung verlieren. Denn die Ehegatten müssen sich zwangsläufig entscheiden, ob sie ihre familiäre Verbundenheit über den neu gewählten Familiennamen ausschließlich zu ihrem Ehegatten und den noch nicht verheirateten Kindern oder durch Festhalten an ihrem Geburtsnamen ausschließlich zu der Ursprungsfamilie ausdrücken wollen.[751] Zudem würde das Problem, dass derzeit eine einheitliche Namensführung nicht ohne die Aufgabe des Familiennamens auf Seiten eines Ehegatten möglich ist, nicht behoben, sondern vielmehr noch erweitert, weil nun beide Ehegatten ihre Namen aufgeben müssten.

---

748 Denn in Deutschland etablierten sich bereits früh vererbbare Familiennamen nicht-partronymischen Ursprungs, vgl. dazu die Ausführungen in Kapitel 3 A. I.

749 Vgl. dazu die Ausführungen in Kapitel 5 D. II. 2. a.

750 Diese zumindest theoretisch denkbare Möglichkeit wird von *Arndt* aufgeworfen, vgl. *dies.* S. 129 f.

751 *Arndt* S. 130.

d. Einführung von Doppelnamen

aa. Die jahrzehntelange Diskussion um den Doppelnamen

Im Hinblick auf eine Reform des deutschen Namensrechts wurden gerade in den letzten Jahren die Rufe um die Einführung von Doppelnamen als Ehenamen laut. So sprach sich nicht nur die vom Bundesministerium der Justiz und für Verbraucherschutz und dem Bundesministerium des Innern, für Bau und Heimat eingesetzte Arbeitsgruppe in ihrem Eckpunktpapier zur Reform des Namensrechts für eine solche Einführung aus.[752] Auch die FDP-Fraktion im Bundestag brachte Anfang April 2020 einen Gesetzentwurf ein, der vorsah, dass § 1355 Abs. 2 BGB dahingehend abgeändert werden sollte, dass neben den Geburtsnamen und den zum Zeitpunkt der Erklärung über die Bestimmung des Ehenamens geführten Familiennamen auch ein aus diesen zusammengesetzter Name zum Ehenamen bestimmt werden können sollte.[753]

Doch die Diskussion um den Doppelnamen ist keineswegs eine moderne Erscheinung. Bereits Anfang der 1930er Jahre wurde auf dem 36. Deutschen Juristentag die Wahlmöglichkeit eines solchen Doppelnamens vorgeschlagen, der Vorschlag blieb jedoch aufgrund mangelnder Zustimmung ohne Konsequenzen.[754] Nach Ende des 2. Weltkrieges entwickelte sich der Doppelname dann bei jeder größeren Ehenamensrechtsreform zu einem „Dauerbrenner".

In den Reformvorschlägen, die dem Gleichberechtigungsgesetz von 1957 vorausgingen, wurde die Einführung von Doppelnamen mit der Begründung vorgetragen, dass dieser zum einen das Festhalten an einem einheitlichen Ehenamen ermögliche und zum anderen die Gleichberechtigung der Geschlechter vorantreibe.[755] Jedoch setzte sich dieser Vorschlag ebenso wenig durch wie einige Jahre zuvor ein ähnlicher Vorschlag der SPD zum im Ergebnis nie verabschiedeten Familienrechtsgesetz[756], der damals mit der Begründung abgelehnt wurde, eine solche Regelung würde zu „Erschwernissen im täglichen Verkehr" führen und den „Gedanken der Familieneinheit" gefährden und es sei auch nicht anzunehmen, dass sich Doppelnamen in der Bevölkerung durchsetzen würden.[757] So wurde im

---

752 S. Eckpunkte zur Reform des Namensrechts, S. 8, abrufbar unter: https://www.bmi.bund.de/SharedDocs/pressemitteilungen/DE/2020/03/namensrecht.html.

753 BT-Drs. 19/18314 S. 3.

754 Interessant auch, dass insbesondere Frauen eher den konservativen patriarchalisch geprägten Vorschlägen zugetan schienen, vgl. dazu die Ausführungen bei *Arndt* S. 59.

755 *Krüger* AcP 156 (1957) 232, 257; *Arndt* S. 62 m.w.N.

756 Entwurf eines Gesetzes über die Gleichberechtigung von Mann und Frau auf dem Gebiete des bürgerlichen Rechts und über die Wiederherstellung der Rechtseinheit auf dem Gebiete des Familienrechts (Familienrechtsgesetz) BT-Drs. 1/3802.

757 BT-Drs. 1/3802 S. 46 m. Verweis auf *Curtius* Verhandlungen des 38. Deutschen Juristentags Teil B S. 74.

Ergebnis durch das Gleichberechtigungsgesetz lediglich die Möglichkeit des ehelichen Begleitnamens für die Ehefrau eingeführt, der jedoch in Verbindung mit dem Festhalten an der Pflicht zur Führung eines Ehenamens wohl effektiv weniger Gleichberechtigung mit sich brachte als es der Doppelname vermocht hätte.[758]

Doch die Stimmen, die eine Einführung von Doppelnamen befürworteten, verstummten auch nach diesem Rückschlag nicht. In der Zeit nach dem Inkrafttreten des Gleichberechtigungsgesetzes bis zu zum 1. EheRG 1976 gab es immer wieder Fürsprecher für eine solche Lösung.[759] Und auch der erste Regierungsentwurf enthielt die Möglichkeit, dass die Ehegatten als Ehenamen auch einen Doppelnamen bestimmen konnten, der sich aus den Geburtsnamen beider Ehegatten zusammensetzte.[760] Doch erneut setzten sich die Gegner des Doppelnamens im Ergebnis mit einer Vielzahl von mehr oder weniger stichhaltigen Bedenken durch: So würden Doppelnamen trotz einer Beschränkung auf zwei Einzelnamen die Gefahr von Namensketten, insbesondere in Verbindung mit Mehrfachnamen wie Hof- oder Adelsnamen, bergen, die Probleme der familialen Zuordnungsfunktion würden lediglich auf die nächste Generation verschoben und überhaupt sei aufgrund der großen Anzahl von Kombinationsmöglichkeit in dem Fall, dass beide Ehegatten bereits einen Doppelnamen als Geburtsnamen führten, die Verwirrung vorprogrammiert.[761] So führte das 1. EheRG im Hinblick auf die Gleichberechtigung von Mann und Frau namensrechtlich lediglich dazu, dass nun neben dem bisher verbindlichen Mannesnamen auch der Geburtsname der Frau zum Ehenamen bestimmt werden konnte.

Die Entscheidung des Bundesverfassungsgerichts vom 5.3.1991,[762] welche die letzte Bastion des Vorrangs des Mannesnamens aus § 1355 Abs. 2 S. 2 BGB a.F. aus Gesichtspunkten des Gleichheitsgrundsatzes gem. Art. 3 Abs. 2 GG für verfassungswidrig erklärte, brachte erneut frischen Wind in die Diskussion um den Doppelnamen. Zum einen ermöglichte die Entscheidung für die Übergangszeit einen Doppelnamen als Geburtsnamen für Kinder von Ehegatten, die keinen Ehenamen führten. Zum anderen wurde auch die Diskussion über die Einführung von Doppelnamen als Ehename wieder aufgenommen. Denn es gab weiterhin Befürworter, die an der Pflicht zur Führung eines Ehenamens festhalten wollten und in diesem Rahmen auch bereit waren, dies über eine Einführung von Doppelnamen verfassungskonform abzusichern.[763] Von den Gegnern der Doppelnamenlösung kamen

---

758 Gerade mit Blick auf die Zielsetzung des „Gleichberechtigungs“ gesetzes wirkt dies widersprüchlich, so auch *Arndt* S. 67 f.

759 So z.B. *Ramm* FamRZ 1963, 337, 340; *Voigt* FamRZ 1972, 187, 188; *Arndt* S. 73 m.w.N.

760 BT-Drs. 7/650 S. 6, 96.

761 Vgl. *Arndt* S. 74 m. den jeweiligen Nachweisen und darüberhinausgehenden Bedenken.

762 BVerfGE 84, 9 = NJW 1991, 1602.

763 *Boemke* FuR 1991, 181, 184; *Arndt* S. 98 m.w.N.

erneut die Argumente, die bereits in den vorangegangenen Diskussionen vorgebracht worden waren, wie z.B. die Verwässerung der familialen Zuordnungsfunktion des Familiennamens und die Probleme, die entstünden, wenn ein Ehegatte oder beide Ehegatten bereits einen mehrgliedrigen Namen führten.[764] Im Ergebnis entschied sich der Gesetzgeber erneut gegen die Einführung von Doppelnamen, obwohl ein erster Regierungsentwurf diese noch vorgesehen hatte,[765] und stattdessen für die Möglichkeit der getrennten Namensführung in der Ehe, sodass man das Thema „Doppelname“ erneut ad acta legen konnte.

Heute, knapp 30 Jahre später, scheint die Einführung von Doppelnamen nun doch in greifbarer Nähe, sprechen sich doch sowohl die Expertenkommission in ihrem Eckpunktpapier zur Reform des Namensrechts[766] als auch die Bundesrechtsanwaltskammer[767] sowie diverse Parteien[768] für eine solche aus. Aber auch kritische Stimmen sind noch zu hören, die zumeist durch bereits bekannte Argumente wie der Aufweichung der familialen Zuordnungsfunktion und überlangen Namensketten begründet werden.[769]

bb. Die schwedische Abkehr vom Mittelnamen als Vorbild für eine deutsche Reform?

Mit der jüngsten Namensrechtsreform von 2016 hat sich der schwedische Gesetzgeber gegen den Mittelnamen und für die Einführung von Doppelnamen unter anderem auch für beide Ehegatte entschieden.[770] Auch in Schweden stand man dem Thema „Doppelname“ bis zur Namensrechtsreform von 2016 kritisch gegenüber. Bereits bei den Vorarbeiten zum ersten Namensgesetz von 1963 nahm der Gesetzgeber eine ablehnende Haltung ein, sodass sich im Namnlag 1963 keine Erwerbstatbestände für Doppelnamen fanden, ebenso wurden diese von der

764 Vgl. dazu im Einzelnen die Nachweise bei *Arndt* S. 98ff.

765 BT-Drs. 12/3163.

766 Eckpunkte zur Reform des Namensrechts S. 3, 7, abrufbar unter: https://www.bmi.bund.de/SharedDocs/pressemitteilungen/DE/2020/03/namensrecht.html.

767 Stellungnahme Nr. 48 (Eckpunktpapier zur Reform des Namensrechts) v. Juli 2021, abrufbar unter https://brak.de/zur-rechtspolitik/stellungnahmen-pdf/stellungnahmen-deutschland/2021/juli/stellungnahme-der-brak-2021-48.pdf.

768 Neben dem Gesetzentwurf der FDP, BT-Drs. 19/18314 S. 3, der auch von der Partei „Die Linke“ unterstützt wurde, vgl. vgl. BT-Drs. 19/26605 S. 6., haben sich auch die Grünen, trotz Enthaltung in der Abstimmung, für die Einführung von Doppelnamen ausgesprochen, s. das Transkript der Stellungnahme von Katja Keul, MdB abrufbar unter https://www.gruene-bundestag.de/parlament/bundestagsreden/aenderung-von-familiennamen-und-vornamen.

769 So z.B. die Fraktion der AfD, vgl. BT-Drs. 19/26605 S. 6; aber auch *Gaaz*, der den Doppelnamen als „sperrig“ bezeichnet StAZ 2008, 365,370.

770 Vgl. dazu die Ausführungen in Kapitel 4 B. I. 1. b. bb.

Benennungsbehörde abgelehnt.[771] Im Namnlag 1982 wurde mit § 12 sogar ein eigener Verbotstatbestand eingeführt. Die scheinbar unkontrollierbare Länge von Doppelnamen und deren Handhabung stellten dabei für den schwedischen Gesetzgeber – ähnlich wie für sein deutsches Pendant – im Hinblick auf die Erlaubnis von Doppelnamen die Hauptsorge dar.[772] Dass diese jedoch keinen ausreichenden Grund für ein Verbot von Doppelnamen darstellt zeigt bereits, dass die neue schwedische Regelung des § 20 Abs. 2 Namnlag 2016 diesem Problem quasi zuvorkommt, indem sie einen Doppelnamen von vorneherein auf zwei Einzelnamen beschränkt. In Kauf genommen hat man dadurch jedoch, dass insbesondere dann, wenn beide Partner bereits vor Eheschließung einen Doppelnamen führen eine Vielzahl von potentiellen neuen Doppelnamen in Betracht kommt.[773] Allerdings bestand dieses „Problem" des Variantenreichtums bereits zu Zeiten des Mittelnamens, da dieser häufig als eine Art Nachname wahrgenommen wurde.[774]

Vergleichbar mit der Situation in Deutschland im Hinblick auf den ehelichen Begleitnamen gem. § 1355 Abs. 4 BGB wurden auch in Schweden Personen, die Interesse an einem Doppelnamen hatten, lange auf die Möglichkeit des Führens eines Zusatznamen (Namnlag 1963) oder eines Mittelnamens (Namnlag 1982) verwiesen.[775] Allerdings wurden diese Namensbestandteile dem Interesse des Namensinhabers nur dann gerecht, wenn es ihm z.B. im Rahmen der Namensänderung aufgrund einer Eheschließung gerade nur auf das eigene Weiterführen seines Geburtsnamens neben dem neu angenommenen Nachnamen, der vom Ehegatten abgleitet wurde, ankam. In den Fällen, in denen beide Ehegatten beide Nachnamen als „doppelten Namen" führen wollten, konnten sowohl der Zusatznamen als auch der Mittelname – ähnlich wie der eheliche Begleitname gem. § 1355 Abs. 4 BGB – keine Lösung bieten. Zudem war der Zusatzname bzw. der Mittelname personengebunden und nicht übertragbar.[776] Problematisch war zudem, dass die Bevölkerung – und zum Teil sogar die Behörden – die Natur des Mittelnamens nicht immer erkannten und somit dem äußeren Erscheinungsbild des Namens nach fälschlicherweise von einem Doppelnamen ausgingen. Dies führte jedoch z.T. zu praktischen Problemen, weil Menschen bspw. mit einer Kombination aus Mittelnamen und Nachnamen angeschrieben wurden oder in öffentlichen Registern nach dem Anfangsbuchstaben des Mittelnamens anstatt ihres Nachnamens eingeordnet wurden.[777]

---

771 *Höglund* S. 39.

772 *Abrahamson* SvJT 2013, 709, 711.

773 Vgl. dazu die Glosse von *Schwab*, die eindrucksvoll die unterschiedlichen Kombinationsmöglichkeiten anhand von Beispielen darstellt, FamRZ 1992, 1015, 1016 ff.

774 Vgl. dafür die Ausführungen mit Nachweisen in Kapitel 4 B. I. 1. b. bb.

775 *Höglund* S. 39.

776 *Höglund* S. 39.

777 *Williams* Mellannamn S. 157 f.

cc. *Einführung von Doppelnamen als Konsequenz gesellschaftlicher und rechtlicher Entwicklungen*

Fraglich ist daher, ob eine Einführung von Doppelnamen als Option für eine einheitliche Namensführung in der Ehe nach schwedischem Vorbild auch in Deutschland als sinnvoll und wünschenswert erachtet werden kann. Dass der Einführung von Doppelnamen zumindest aus verfassungsrechtlicher Sicht nichts im Wege stehen würde, hat das Bundesverfassungsgericht bereits ausdrücklich bestätigt.[778] Aber auch eine daraus folgende Vereinfachung der Rechtslage (i.), eine Förderung der Gleichberechtigung von Mann und Frau (ii.) und die Stärkung der familialen Zuordnungsfunktion (iii.) sprechen u.U. für die Einführung einer solchen Option.

i. *Die Einführung von Doppelnamen führt zu einer Vereinfachung der Rechtslage*

Die schwedische Namensrechtsreform stand unter anderem unter der Prämisse, die namensrechtlichen Regelungen einfacher und für Bürger und Behörden verständlicher zu gestalten.[779] Dazu sollte unter anderem auch die Abschaffung des Mittelnamens und die Einführung von Doppelnamen dienen. Denn die Unterscheidung von Mittel- und Nachnamen gestaltete sich für den onomastischen Laien häufig schwierig, was zu praktischen Problem u.a. in der Registerführung und bei Anschreiben führte.[780]

Auch wenn sich in Deutschland durch die Einordnung des ehelichen Begleitnamens als Teil des Familiennamens eine Einordnungsproblematik in Registern wie in Schweden nicht stellt, trägt das aktuelle Dickicht an Vorschriften und Verboten im Hinblick auf echte und unechte Doppelnamen in Deutschland doch massiv zu einer unnötigen Kompliziertheit des Namensrechts bei. Denn obwohl ein ehelicher Begleitname i.S.d. § 1355 Abs. 4 BGB in Kombination mit dem Ehenamen wie ein Doppelname aussieht, so ist er doch nur ein „unechter" Doppelname, der nicht an die ehelichen Kinder weitergegeben werden kann.[781] Allerdings besteht die Möglichkeit, nach einer Scheidung einem zukünftigen Ehegatten oder Kindern, die aus einer anderen Verbindung als der ersten Ehe hervorgehen, diesen „unechten" Doppelnamen als nun „echten" untrennbaren Doppelnamen weiterzugeben.[782] Diese „Mutation" des ehelichen Begleitnamens ist nicht nur rechtlich kompliziert, sondern für den juristischen Laien schier unverständlich. Alle bürokratischen Hürden außer Acht gelassen könnte ein Ehepaar, welches gerne einen Doppelnamen, gebildet aus den bisher geführten Familiennamen der Ehegatten, als Ehenamen

778 BVerfGE 104, 373= FamRZ 2002, 306, 309.

779 Vgl. dafür die Ausführungen mit Nachweisen in Kapitel 4 B.

780 Vgl. *Williams* Mellannamn S. 156 ff.; Prop. 2015/16:180 S. 24; SOU 2013:35 S. 423.

781 Vgl. dazu die Ausführungen in Kapitel 3 B. I. 1. b. bb.

782 MüKo/*v. Sachsen Gessaphe* § 1355 BGB Rn. 52.

führen möchte, durch ein Vorgehen aus Eheschließung, Scheidung und erneuter Eheschließung eine Mutation des ehelichen Begleitnamens und somit einen Doppelnamen als Ehenamen erzwingen. Dafür müsste Herr Müller bei der ersten Eheschließung mit Frau Schmidt, bei der Schmidt zum Ehenamen i.S.d. § 1355 Abs. 1 BGB bestimmt wird, seinen Familiennamen „Müller“ fortan als ehelichen Begleitnamen und somit den Familiennamen „Müller-Schmidt“ führen. Diesen könnte er nach einer Scheidung gem. § 1355 Abs. 5 BGB weiterführen und dieser könnte bei einer erneuten Eheschließung mit Frau Schmidt nun in Gänze zum Ehenamen bestimmt werden.[783]

Die Einführung von Doppelnamen als Ehenamen und die damit verbundene Abschaffung von Mittelnamen kann somit auch in Deutschland zu einer Vereinfachung der namensrechtlichen Regeln beitragen. Insbesondere durch die damit verbundene Abschaffung der Unterscheidung von „echten“ und „unechten“ Doppelnamen und eine Festlegung, ob Doppelnamen nun trennbar oder untrennbar miteinander verbunden werden sollen.

ii. Doppelnamen fördern die Gleichberechtigung von Mann und Frau

Der Vorrang des Mannesnamens gem. § 1355 Abs. 2 S. 2 BGB a.F. wurde 1991 vom Bundesverfassungsgericht aus Gesichtspunkten der Gleichberechtigung von Mann und Frau gem. Art. 3 Abs. 2 GG für verfassungswidrig erklärt. Insbesondere wies das Bundesverfassungsgericht in seinem Beschluss darauf hin, dass sich die Namenseinheit auch ohne Verstoß gegen das Gleichberechtigungsgebot verwirklichen lasse.[784] Einen Teil dieser verfassungskonformen Lösung kann auch die Einführung von Doppelnamen im Rahmen der ehelichen Namensführung darstellen.

Denn der Wunsch nach einem „gemeinsamen“ Namen ist nach wie vor ungebrochen. Allerdings entspricht es heute wohl dem allgemeinen Bild, dass eine Partnerschaft, insbesondere eine Ehe, eine „gleichberechtigte Einheit“ darstellt.[785] Die Einführung von Doppelnamen würde es den Ehegatten ermöglichen, eine Namenseinheit zu bilden, ohne dass einer von ihnen seinen bisherigen Familiennamen, mit dem und über den er sich bereits identifiziert, zwangsläufig aufgeben muss.[786] Eine solche „echte“ Gleichberechtigung vermag jedoch nur die Einführung von Doppelnamen zu verwirklichen, denn nur er gestattet das Führen eines Doppelnamens beiden Ehegatten gleichermaßen und führt auch nicht zu Hindernissen der

---

783 Vgl. dazu die Ausführungen in Kapitel 3 B. I. 1. b. bb.

784 BVerfGE 84,9 = NJW 1991, 1602 Rn. 37.

785 BT-Drs. 12/3163 S. 12.

786 So auch *Lugani* StAZ 2021, 161, 163; sowie *Lettmaier*, die in diesem Zusammenhang noch drastischer davon spricht, dass ein Ehegatte seinen Namen „opfern“ müsse, FamRZ 2020, 1, 2.

Übertragbarkeit, wie sie bspw. der eheliche Begleitname i.S.d. § 1355 Abs. 4 BGB mit sich bringt.[787]

iii. Doppelnamen stärken die familiale Zuordnungsfunktion des Namens

Bei dem Argument, Doppelnamen würden die familiale Zuordnungsfunktion des Namens schwächen,[788] und somit auch den Namen als Ausdruck der Familienzugehörigkeit, handelt es sich jedoch seit jeher um ein Scheinargument, um an vermeintlichen Traditionen wie dem Vorrang des Mannesnamens weiterhin festhalten zu können.[789] Denn gerade der Doppelname vermag es, einen Ausgleich zwischen Ursprungsfamilie und der „neuen" durch die Ehe gebildeten Familie herzustellen. So wäre es auch Kindern, die als Geburtsnamen den Doppelnamen ihrer Eltern erhalten haben möglich, bei einer eigenen Eheschließung einen Teil ihres Geburtsnamens beizubehalten und mit einem Teil des Geburtsnamens des Ehegatten zu einem neuen Doppelnamen zusammenzusetzen, der beiden familiären Verbindungen Rechnung trägt.

Die Wahl des Familiennamens nur eines Ehegatten zum Ehenamen stellt zudem eine viel einschneidendere Zäsur im Hinblick auf die familiale Zuordnungsfunktion des Namens zumindest für den Ehegatten dar, dessen Familienname nicht Ehename wird. Dass es in der Regel die Frau ist, die durch den Namenswechsel ihre familiäre Verbundenheit zu der Ursprungsfamilie aufgibt, wurde allerdings über Jahrzehnte unter dem Deckmantel einer patriarchalischen Tradition hingenommen.[790] Die „Klarheit der Abstammungsverhältnisse" wird von dem derzeitigen System des Ehenamens daher wesentlich stärker beeinträchtigt, als dies aufgrund der Einführung von Doppelnamen und der daraus resultierenden Kombinationsmöglichkeiten der Fall wäre.[791]

dd. Einführung einer Längenbegrenzung zur Vorbeugung überlanger Namensketten

Dass auch die Furcht vor überlangen Namensketten der Einführung von Doppelnamen nicht entgegen stehen sollte, hat bereits der schwedische Gesetzgeber gezeigt.

---

787 Vgl. dazu auch *Lugani* StAZ 2021, 161, 163 f.; so im Ergebnis auch *Dutta* Reform des deutschen Namensrechts S. 18 ff.

788 Weil z.B. die Kinder bei ihrer Eheschließung mindestens einen Namen ablegen müssten, vgl. u.a. BT-Drs. 1/3802 S. 46; ausführlich mit Nachweisen auf die Argumente eingehend auch *Arndt* S. 99.

789 So auch *Arndt* S. 67 f.

790 Dass es bisher die Frau war, die auf ihre „Erkennbarkeit im deutschen Namensrecht" verzichten musste erkannte der deutsche Gesetzgeber bereits in seinem Regierungsentwurf zum 1. EheRG, vgl. BT-Drs. 7/650 S. 96.

791 So bereits *Schwenzer* FamRZ 1991, 390, 395.

Dieser hat für das Namnlag 2016 eine gesetzliche Begrenzung für die Länge von Doppelnamen eingeführt. Gem. § 20 Abs. 1 S. 1 Namnlag 2016 darf ein doppelter Nachname lediglich aus zwei Einzelnamen bestehen, die der Namensinhaber nach dem Namnlag 2016 separat erwerben kann. Eine solche Begrenzung auf zwei Einzelnamen lässt sich auch bei einer Reform des deutschen Namensrechts ohne Weiteres einführen. So hat bereits das Bundesverfassungsgericht angemerkt, dass eine Vermeidung von Namensketten nicht nur durch den Ausschluss von Doppelnamen, sondern auch durch eine Begrenzung der Anzahl von Namen, aus denen ein Familienname maximal zusammengesetzt werden darf, erreicht werden kann.[792] Und auch *Otto* merkte hinsichtlich der Zurückhaltung des Gesetzgebers im Hinblick auf die Einführung von Doppelnamen treffend an, dass „die Vorsicht des Gesetzgebers [...] weniger mit juristischen oder politischen Argumenten als mit einer Vorsicht in gesellschaftlichen Fragen zu tun [habe]".[793] Ob jedoch ein Doppelname als ästhetisch oder wünschenswert empfunden wird, sollte allein dem Namensinhaber überlassen werden.

Gleiches gilt auch für die Problematik des Variantenreichtums. Insbesondere dann, wenn beide Ehegatten vor der Eheschließung bereits Doppelnamen führen, stehen ihnen eine Vielzahl von Möglichkeiten zur Verfügung, um eine einheitliche Namensführung in der Ehe zu erreichen.[794] Wie diese dann zusammengesetzt werden und ob daraus notwendigerweise eine einheitliche Namensführung in der Ehe resultiert, sollte auch in diesem Fall den Ehegatten überlassen werden. Abgesehen von der allgemeinen Längenbegrenzung von Doppelnamen sollte sich der deutsche Gesetzgeber mit Reglementierungsbestrebungen zurückhalten und den Bürgern mehr Vertrauen dahingehend entgegenbringen, dass diese mit den ihnen zur Verfügung stehenden Möglichkeiten verantwortungsvoll umgehen.

ee. Möglichkeit des Verkürzens eines Doppelnamens in einen eingliedrigen Namen

§ 19 Abs. 2 Namnlag 2016 gestattet es dem Namensinhaber, einen Namen seines aus zwei einzelnen Namen zusammengesetzten Doppelnamens ohne weitere Prüfung im Rahmen der administrativen Namensänderung abzulegen. Eine solche Regelung wäre auch im deutschen Recht nach der Einführung von Doppelnamen denkbar. Insbesondere würde dem Namensinhaber dadurch für den Fall, dass er den Doppelnamen zu einem späteren Zeitpunkt doch als zu „sperrig" empfindet, ermöglicht, seine Namensführung zu vereinfachen und gleichzeitig seine familiäre Verbundenheit, zumindest zu einer namensgebenden Familie, nicht aufgeben zu müssen. Diese Möglichkeit bietet sich insbesondere für Kinder an, die aufgrund

792 BVerfGE 104, 373 = FamRZ 2002, 306, 309.

793 *Otto* StAZ 2019, 257, 263.

794 Vgl. dazu die von *Schwab* in seiner Glosse beispielhaft aufgezeigten Kombinationsmöglichkeiten, FamRZ 1992, 1015, 1016 ff.

der getrennten Namensführung ihrer Eltern einen Doppelnamen als Geburtsnamen erhalten haben, diesen jedoch zu einem späteren Zeitpunkt zugunsten eines Einzelnamens ablegen möchten, weil dieser ihre Lebensumstände und ihre Identität besser widerspiegelt. Während diese Möglichkeit nach schwedischem Recht im Rahmen der administrativen Namensänderung besteht, sollte sie im deutschen Recht, aufgrund des Regel-Ausnahme-Verhältnisses von zivilrechtlicher und öffentlich-rechtlicher Namensänderung hingegen als zivilrechtlicher Änderungstatbestand ausgestaltet werden.

ff. Fazit

Der ehemals führende Beamte im Justizministerium Olle Abrahamson, der dem Ausschuss, welcher mit der Überprüfung des Namnlag 1982 und der Ausarbeitung eines neuen Namensgesetzes betraut wurde, als unparteiischer Vorsitzender vorstand, bezeichnete die Einführung bzw. das Festhalten am Verbot des Doppelnamens als eine „monumentale Fehleinschätzung des [schwedischen] Gesetzgebers".[795] Auch in Deutschland gibt es, zumindest nach den Entwicklungen der letzten Jahrzehnte, gute Gründe für die Einführung von Doppelnamen. Zuvörderst die Erkenntnis, dass nur der Doppelname es vermag, eine echte Gleichberechtigung zwischen den Ehegatten herzustellen und zudem der familialen Zuordnungsfunktion besser Rechnung tragen kann, weil nur der Doppelname eine namentliche Verbindung sowohl zur Ursprungsfamilie als auch zu der Familie des Ehegatten herstellen kann.[796] Auch die Argumente, die seit bald nunmehr 100 Jahren gegen die Einführung einer solchen Wahlmöglichkeit angebracht werden, erweisen sich in den allermeisten Fällen als substanzlos. Insbesondere der Angst vor langen Namensketten kann durch eine Begrenzung auf zwei Namen entgegengewirkt werden. Und auch die Möglichkeit, jederzeit wieder zu einem eingliedrigen Familiennamen zurückkehren zu können, beugt dieser vor.

Gerade auch mit Blick auf die Bestrebungen des Registermodernisierungsgesetzes und die daraus resultierende verstärkte Nutzung einer personenbezogenen Nummer als Identifikationsmittel durch Behörden, stellt sich die Frage, wieso den Ehegatten nicht eine weitere Möglichkeit zum Erreichen einer einheitlichen Namensführung in der Ehe offenstehen sollte. Denn eine solche einheitliche Namensführung entspricht auch heute noch dem Wunsch der überwiegenden Mehrheit der Ehepaare. Mit Blick auf eine deutsche Reform des Namensrechts, die unter der Maxime der Liberalisierung und Vereinfachung steht, sollte sich der deutsche Gesetzgeber der Einführung des Doppelnamens daher nicht verwehren.[797]

---

795 *Abrahamson* SvJT 2013, 709, 711.

796 Ebenso *Arndt* S. 67 f.

797 Ebenso die Arbeitsgruppe in ihren Eckpunkten zur Reform des deutschen Namensrechts S. 7, abrufbar unter: https://www.bmi.bund.de/SharedDocs/pressemitteilungen/DE/2020/03/namensrecht.html; *Lugani* StAZ 2021, 161, 168 f.; *Lettmaier* Stellungnahme zu BT- Drucks. 19/18314 S. 1 f.; *Otto* StAZ 2019, 257, 264; *Dutta* Reform

e. Abschaffung des ehelichen Begleitnamens

Im Falle der Einführung von Doppelnamen ist zugleich auch über das Schicksal des ehelichen Begleitnamens gem. § 1355 Abs. 4 BGB zu entscheiden. Zum Teil wird im Zuge der Einführung von Doppelnamen als Ehenamen die Beibehaltung des ehelichen Begleitnamens empfohlen, um für die Fälle in denen sich Ehegatten weiterhin für einen eingliedrigen Ehenamen i.S.d. § 1355 Abs. 1 BGB entscheiden, dem Ehegatten, dessen Name nicht Ehename wird, weiterhin die Möglichkeit zu eröffnen, seinen Geburtsnamen oder den zum Zeitpunkt der Bestimmung des Ehenamens geführten Familiennamen diesem hinzuzufügen.[798]

Problematisch an dieser Lösung ist jedoch, dass eine solche „Doppellösung" mit einem Nebeneinander von „echtem" Doppelnamen und „unechtem" Doppelnamen mit ehelichem Begleitnamen zu mehr Verwirrung und Komplexität führen würde, als sie derzeit sowieso schon besteht. Zudem würden sich die Probleme des ehelichen Begleitnamens, z.B. Gleichberechtigungsgesichtspunkte und die fehlende Möglichkeit der Weitergabe dieses Doppelnamens an die gemeinsamen Kinder, so nun zumindest in dieser einen Variante der ehelichen Namensführung weiter fortsetzen. Bei der Entscheidung für eine solche Lösung müsste daher im Rahmen des Kindsnamensrechts geregelt werden, dass im Falle einer gemeinsamen Namensführung der Eltern, bei der jedoch ein Ehegatte einen Doppelnamen mit einem ehelichen Begleitnamen i.S.d. § 1355 Abs. 4 BGB führt, dieser Doppelname ebenfalls Geburtsname des Kindes werden kann, um sicherzustellen, dass eine gleichberechtigte Namensführung auch im Hinblick auf die Weitergabe dieser Namen gesichert ist. Diese Lösung wäre jedoch um ein Vielfaches komplizierter und wenig nachvollziehbar für die Bürger.

Vorzugswürdiger erscheint die vollständige Abschaffung des ehelichen Begleitnamens und des Art. 1355 Abs. 4 BGB in der bekannten Form nach schwedischem Vorbild.[799] Denn die Abschaffung des Mittelnamens durch das Namnlag 2016, der insbesondere in der Bevölkerung immer wieder zu Unsicherheiten und Missverständnissen geführt hatte und der nach Ansicht des schwedischen Gesetzgebers nicht mehr in ein „modernes Gesetz" passte,[800] fiel dem schwedischen Gesetzgeber wohl auch deswegen so leicht, weil dieser sich bei der Einführung von Doppelnamen gerade im Hinblick auf die Namensführung in der Ehe für eine sehr weite Regelung entschieden hat und all jene Variationen, die durch die Kombination aus Mittelnamen und Nachnamen nach außen hin wie ein Doppelname wirkten, sich nun auch durch den „richtigen" Doppelnamen verwirklichen lassen.

---

des deutschen Namensrechts S. 18 ff.; auch *Franck* StAZ 2020, 97, 112; bereits früh auch *Schwenzer* StAZ 1991, 390, 395.

798 Dafür *Lugani* StAZ 2021, 161, 166; so bereits früh auch *Schwenzer* FamRZ 1991, 390, 395.

799 In diese Richtung wohl auch *Helms* Stellungnahme zu BT- Drucks. 19/18314 S. 4 f.

800 Prop. 2015/16:180 S. 25; SOU 2013:35 S. 423.

Das wäre auch bei einer Einführung von Doppelnamen und gleichzeitiger Abkehr vom Konstrukt des Ehenamens bzw. der rechtlich gemeinsamen Namensführung in der Ehe der Fall.

Denn im Unterschied zum deutschen § 1355 BGB, der rechtlich streng zwischen der gemeinsamen Namensführung (§ 1355 Abs. 1 BGB) und der getrennten Namensführung (§ 1355 Abs. 2 BGB) unterscheidet, und in dessen Rahmen der eheliche Begleitname als eine Art „Bindeglied“ fungiert, weil er mittels eines selbstständigen Namensbestandteils eine individualisierte Namensführung bei gleichzeitiger gemeinsamer Namensführung ermöglicht, wird im Rahmen des die eheliche Namensführung betreffenden § 12 Namnlag 2016 nicht mehr zwischen gemeinsamer und getrennter Namensführung in diesem Sinne unterschieden, sondern jeder Ehegatte trifft für sich selbstständig eine Entscheidung hinsichtlich seiner Namensführung.[801] Somit sind bereits durch die Einführung von Doppelnamen zugleich auch die Fälle abgedeckt, in denen ein Ehegatte seinen Nachnamen weiterführt und lediglich der andere Ehegatte einen Doppelnamen aus seinem Nachnamen und dem Nachnamen des anderen Ehegatten führt. Während in Schweden also der Ehegatte, der sich allein für einen Doppelnamen entscheidet, den Nachnamen des anderen Ehegatten seinem eigenen Nachnamen hinzufügt, fügt in Deutschland der Ehegatte, der einen solchen Doppelnamen wünscht, seinen eigenen Familiennamen dem gemeinsam gewählten Ehenamen hinzu.

Für die Abschaffung des ehelichen Begleitnamens spricht ferner, dass dieser, der Mitte des 20. Jahrhunderts als eine Art Zugeständnis an die Ehefrau gedacht war,[802] mit der Einführung von „echten“ Doppelnamen seine Daseinsberechtigung im rechtlichen Sinne vollends verliert. Denn obwohl es der Optik des Doppelnamens keinen Abbruch tut, ob es sich dabei um einen „echten“ oder einen aus Familiennamen und ehelichem Begleitnamen gebildeten „unechten“ Doppelnamen handelt, so lässt sich eine rechtliche Trennung innerhalb der Namensführung in der Ehe nur schwer erklären und rechtfertigen, insbesondere, wenn sich eine einfachere und verständlichere Lösung anbietet.

Durch die Einführung echter Doppelnamen und der Abschaffung des ehelichen Begleitnamens nach schwedischem Vorbild lässt sich so eine Regelung schaffen, bei der alle Möglichkeiten der Namensführung in der Ehe gleichberechtigt nebeneinander stehen: gemeinsamer eingliedriger Familienname, gemeinsamer Doppelname, vollständig getrennte Namensführung, bei der jeder Ehegatte ausschließlich seinen eigenen Familiennamen weiterführt und teilweise getrennte Namensführung, in der ein Ehegatte seinen bisherigen Familiennamen weiterführt und der andere Ehegatte einen Doppelnamen, gebildet aus dem eigenen Familiennamen und dem des anderen Ehegatten, führt.

801 Vgl. dazu insbesondere den Wortlaut des § 12 Namnlag 2016 „ein Ehegatte darf seinen Nachnamen […] ändern“ („en make får byta“).

802 BeckOGK/*Kienemund* § 1355 Rn. 58.

f. Wiederholte Namensänderungen auch während der Ehe

Mit der Namensrechtsreform 2016 hat sich der schwedische Gesetzgeber auch von der Begrenzung der Anzahl möglicher Namensänderungen während der Ehe verabschiedet.[803] Einerseits, weil die Regelungen zu komplizierten und teils widersprüchlichen Ergebnissen in der Praxis geführt hatten, andererseits weil das staatliche Interesse an Namenskontinuität, welches die Begrenzung von mehrfachen Namensänderungen unter dem Namnlag 1982 rechtfertigte, nicht mehr die Begrenzung der Namenswahlfreiheit des Einzelnen und die mit der Begrenzung einhergehenden Unannehmlichkeiten überwog.[804]

In Deutschland sind Namensänderungen während der Ehe nur in einem sehr begrenzten Umfang möglich und verfolgen i.d.R. den Zweck, den Ehegatten auch nachträglich eine einheitlichen Namensführung zu ermöglichen.[805] Haben sie jedoch einmal einen Ehenamen bestimmt, können sie nicht mehr zu einer getrennten Namensführung zurückkehren. Diese „Einbahnstraße" zum Ehenamen stößt vielfach auf Kritik.[806]

Auch für eine deutsche Namensrechtsreform sollten die Vereinfachung der aktuellen Regelungen sowie die Stärkung der Namenswahlfreiheit des Einzelnen im Vordergrund stehen. Daher sollten auch wiederholte Namensänderungen, insbesondere die Rückkehr zur getrennten Namensführung während der Ehe, durch den deutschen Gesetzgeber ermöglicht werden.[807]

Insbesondere stehen diesem Vorgehen nach schwedischem Vorbild keine Bedenken entgegen, weil die Wahlmöglichkeiten im Hinblick auf die Namensführung in der Ehe durch die Namensführung der beiden Ehegatten begrenzt sind. Effektiv stehen lediglich der Familienname des einen sowie der Familienname des anderen Ehegatten und die sich daraus ergebenden Kombinationsmöglichkeiten für Doppelnamen zur Wahl. Wenn man sich nun also für eine grundsätzliche Liberalisierung im Hinblick auf Namensänderungen durch eine familienbezogene

---

803 Diese erschien dem schwedischen Gesetzgeber nicht mehr zeitgemäß, vgl. Prop. 2015/16:180 S. 21 f., 38.

804 Prop. 2015/16:180 S. 38; zu den einzelnen Problemfällen vgl. SOU 2013:35 S. 260 ff.; es wurde jedoch zumindest im Rechtsausschuss über eine allgemeine Verbotsregel im Hinblick auf wiederholte Namensänderungen nachgedacht, die sich im Ergebnis jedoch nicht in dem Regierungsvorschlag wiederfand, vgl. SOU 2013:35 S. 273.

805 So kann der Ehename gem. § 1355 Abs. 3 BGB auch nach Eheschließung noch bestimmt werden; für den Fall, dass der Ehegatte, dessen Familienname nicht Ehename wird, einen ehelichen Begleitnamen i.S.d. § 1355 Abs. 4 BGB gewählt hat kann er diesen gem. S. 4 einmalig widerrufen. Eine erneute Rückkehr zum ehelichen Begleitnamen bleibt ihm dann gem. S. 5 jedoch verwehrt.

806 Den Begriff prägte *Gaaz* StAZ 2006, 157, 162; zustimmend auch *Franck* StAZ 2020, 97, 108.

807 Dafür spricht sich auch *Franck* aus, vgl. StAZ 2020, 97, 108.

Namensänderung ausspricht, um Personen den Wechsel zu einem Familiennamen zu ermöglichen, den ein Eltern- oder Geschwisterteil führt,[808] sollte diese auch vor dem Namenswechsel im Rahmen der ehelichen Verbindung nicht haltmachen, da durch die Ehe gerade eine neue familiäre Verbindung zu dem Ehegatten und dessen Familie hergestellt wird.

Im Ergebnis sollte es einem Ehegatten, der sich einmal für eine gemeinsame Namensführung oder das Führen eines Doppelnamens entschieden hat, offenstehen, zu seinem Geburtsnamen oder seinem zum Zeitpunkt der Bestimmung der Namensführung in der Ehe geführten Familiennamen zurückzukehren oder eine anderweitige Namensänderung im Rahmen der zur Verfügung stehenden Möglichkeiten – z.B. der Bildung eines Doppelnamens – vorzunehmen.

g. *Zustimmungserfordernis des anderen Ehegatten?*

Fraglich ist auch, ob die Abkehr vom Konstrukt des Ehenamens erfordert, dass hinsichtlich der Namensänderung des einen Ehegatten in den Familiennamen des anderen Ehegatten oder zu einem aus den Familiennamen beider Ehegatten gebildeten Doppelnamen die Zustimmung des namensgebenden Ehegatten erforderlich sein sollte. Zwar fordert § 1355 Abs. 1 BGB derzeit keine ausdrückliche Zustimmung des Ehegatten, da jedoch die Bestimmung des Ehenamens durch beide Ehegatten getätigt werden muss kommt dies einer Zustimmung gleich. Denn es kann gerade nicht ein Ehegatte im Alleingang seinen Familiennamen in den Familiennamen des anderen Ehegatten ändern oder diesen zu einem Teil seines neuen Doppelnamens bestimmen.[809]

Das schwedische Recht sah bis zur Namensrechtsreform von 2016 ein solches Zustimmungserfordernis des einen Ehegatten für den Fall vor, dass der andere eine Namensänderung in seinen Namen vornehmen wollte, vgl. § 10 Abs. 1 Namnlag 1982. Grund für die Abkehr von diesem Zustimmungserfordernis war, dass die Ehe nach Ansicht des schwedischen Gesetzgebers „auf dem Vertrauen zwischen den Ehegatten" basiere und man das Risiko, dass ein Ehegatte einen unfreiwilligen „Rechtsverlust" hinsichtlich seines Namensrechts durch eine nicht abgesprochene Namensänderung erleide, daher als äußerst gering einstufte.[810]

Grundsätzlich sind diese Überlegungen auch auf eine deutsche Reform des Namensrechts übertragbar. Denn auch nach deutschem Verständnis fußt eine Ehe wohl maßgeblich auf dem Vertrauen zwischen den Ehegatten. Zu diesem Vertrauen wird man wohl auch die umsichtige und rücksichtsvolle Verständigung über die

---

808 Vgl. dazu die Ausführungen in Kapitel 5 B. II. 2. e.

809 Denn die Erklärung muss hinsichtlich des gewünschten Ehenamens übereinstimmend sein, vgl. MüKo/*v. Sachsen Gessaphe* § 1355 BGB Rn. 27; BeckOGK/*Kienemund* § 1355 BGB Rn. 45.

810 Prop. 2015/16:180 S. 36.

Namensführung in der Ehe zählen können.[811] Zwar sind auch Fallkonstellationen denkbar, in denen dieses eheliche Vertrauensverhältnis zerrüttet ist, oder eine Ehe lediglich noch auf dem Papier besteht, weil die Ehegatten sich bereits auseinandergelebt haben, allerdings werden diese nicht den Großteil der Ehen in Deutschland darstellen. Auch daran, dass ca. ein Drittel der Ehen in Deutschland aktuell wieder geschieden werden, lässt sich ablesen, dass Ehen, in denen ebendieses Vertrauensverhältnis abhandengekommen ist, in aller Regel geschieden werden, sodass der Schutz des eigenen Namens jedes Ehegattens wiederhergestellt wird. Zudem stellt bereits die heutige Regelung, dass der zum Ehenamen bestimmte Familienname auch nach der Scheidung von dem Ehegatten weitergeführt werden darf, der diesen Namen erst durch die Eheschließung erlangt hat, eine weitaus größere „Gefahr" für das nicht mehr gewollte (Weiter)Führen eines „fremden" Familiennamens dar. Wer seinen Namen umfänglich vor dem Führen durch seinen Partner schützen will, muss daher bereits heute auf eine Eheschließung gänzlich verzichten.

In den allermeisten Fällen wird jedoch das Vertrauen, welches in der Regel zwischen Ehegatten besteht, wohl nicht zu einem, von dem ursprünglichen Namensinhaber missbilligten Namenserwerb missbraucht werden, sondern die Namensführung in der Ehe wird auch weiterhin eine gemeinschaftliche Entscheidung der Ehegatten darstellen. Wenn es der deutsche Gesetzgeber mit der Liberalisierung des Namensrechts daher ernst meint, sollte im Zuge dessen auch auf ein solches Zustimmungserfordernis verzichtet werden.[812]

h. Fazit

Während die Namensführung in der Ehe früher ausschließlich die neue familiäre Verbundenheit, meist der Frau, nach außen darstellen sollte, hat sich gerade in den letzten 25 Jahren nicht nur das Verständnis von Ehe, sondern auch von der ehelichen Namensführung verändert. Heute werden Ehen auf die verschiedensten Weisen gelebt, insbesondere auch aufgrund der Gleichberechtigungsbestrebungen und der unterschiedlichen Lebensmodelle. Diese Vielfalt des Eheverständnisses sollte sich daher auch in den Möglichkeiten die Namensführung in der Ehe betreffend widerspiegeln. Dabei sollten sowohl Ehegatten, die eine traditionelle

---

811 Interessanterweise wurde dieses Argument im Laufe der Jahrzehnte wiederholt gegen die Einführung von Doppelnamen und für die Erhaltung der Pflicht zur Führung eines Ehenamens angeführt. Denn nach Ansicht einiger Kritiker sollten Paare, die sich nicht einmal auf eine gemeinsame Namensführung einigen konnten, die Eheschließung doch besser noch einmal in Gänze überdenken. So zuletzt im Rahmen der Überlegungen zum Familiennamensrechtsgesetz vorgebracht, u.a. durch *Köhler* FamRZ 1991, 1030. Vgl. dazu auch *Arndt* S. 95 m.w.N.

812 A.A. *Franck* StAZ 2020, 97, 108, der auf die Bedeutung des Namens für den „namensgebenden" Ehegatten und auf dessen berechtigte Gründe für eine Nichtweitergabe seines Namens hinweist und sich für ein Zustimmungserfordernis ausspricht.

Namensführung wünschen, sprich, eine einheitliche Namensführung, als auch Ehegatten, die ihre ganz individuellen Vorstellungen von der Namensführung in der Ehe haben, gleichermaßen berücksichtigt werden. Denn auch wenn die Ehe zu einer Verbindung der Ehegatten in sozialer, gesellschaftlicher und rechtlicher Hinsicht führt, so bleiben beide Ehegatten Individuen mit eigenen Wünschen und Bedürfnissen. Um diesen gerecht zu werden sollten daher zum einen das Konstrukt des Ehenamens aufgegeben werden und stattdessen jedem Ehegatten separat das Recht zugestanden werden, seinen Familiennamen in einem der Ehe angemessenen Rahmen zu ändern und aus einer begrenzten Anzahl von Möglichkeiten den Namen zu wählen, der seiner Lebensrealität und der der Ehe am besten gerecht wird. Dazu sollte insbesondere die Möglichkeit der Wahl eines aus den Familiennamen der Ehegatten gebildeten Doppelnamens für einen oder beide Ehegatten zählen. Die Einführung von Doppelnamen macht zudem den ehelichen Begleitnamen obsolet. Zudem sollte den Ehegatten ermöglicht werden, ihren Namen auch während der Ehe ändern zu können, um so auch während einer langjährigen Ehe jederzeit einen Namen führen zu können, der zu der aktuellen Lebenssituation der Ehegatten passt.

II. Der Geburtsname des Kindes

Bis zur schwedischen Namensrechtsreform von 2016 gab es einen gewissen Gleichlauf zwischen den schwedischen und den deutschen Regelungen hinsichtlich des Geburtsnamens des Kindes. In beiden Rechtsordnungen erhielten Kinder, deren Eltern einen gemeinsamen Nachnamen bzw. Ehenamen trugen, diesen Namen mit der Geburt automatisch als Geburtsnamen. Die schwedische Regelung fand sich in § 1 Abs. 1 Namnlag 1982, die deutsche findet sich in § 1616 BGB. Während sich die Regelungen zum Geburtsnamen des Kindes in Deutschland im letzten Jahrhundert kaum verändert haben, und zumeist lediglich eine Anpassung an die Veränderungen bspw. im Hinblick auf das Ehenamensrecht und Gleichberechtigungsbestrebungen erfolgten, erfuhr die schwedische Regelung mit der Namensrechtsreform 2016 eine grundsätzliche Änderung:[813] Der schwedische Gesetzgeber verabschiedete sich nicht nur vom automatischen Namenserwerb durch die Geburt, sondern auch von dem Vorrang der Weitergabe des elterlichen gemeinsamen Nachnamens. Gleiches gilt für den automatischen Erwerb des Nachnamens, den ein älteres Geschwisterkind bereits führt. Vielmehr sind die Eltern in ihrer Entscheidung, welchen der zur Wahl stehenden Nachnamen sie für ihr jeweiliges Kind auswählen, völlig frei. Dies stellt einen deutlichen Unterschied zu den deutschen Regelungen dar und wirkt sich daher auch auf die den Eltern zur Verfügung stehenden Wahlmöglichkeiten hinsichtlich des Geburtsnamens ihres Kindes aus.

---

813 Vgl. dazu und für die folgenden Ausführungen die Ausführungen mit Nachweisen in Kapitel 4 B. I. 2.

1. *Aktuelle Situation hinsichtlich des Geburtsnamens des Kindes in Deutschland und Schweden*

a. *Der Familienname, den beide Eltern bei der Geburt des Kindes gemeinsam führen, als Geburtsname des Kindes*

Sowohl nach schwedischem als auch nach deutschem Recht kann der von den Eltern, aufgrund ihres Wunsches nach Namenseinheit zum Zeitpunkt der Geburt des Kindes, geführte „gemeinsame" Familienname Geburtsname des Kindes werden. Diese Namenseinheit wird i.d.R. aufgrund einer Namensänderung im Hinblick auf die Eheschließung erlangt worden sein.[814]

Haben sich die Eltern gem. § 1355 Abs. 1 BGB für einen Ehenamen entschieden, so verbleibt ihnen nach deutschem Recht keine Wahlmöglichkeit hinsichtlich des Geburtsnamens des nach der Eheschließung geborenen Kindes. Denn § 1616 BGB ordnet den automatischen Namenserwerb des elterlichen Ehenamens als Geburtsnamen des Kindes an.

Eine vergleichbare Rechtslage bestand nach schwedischem Recht unter dem Namnlag 1982. Gem. § 1 Namnlag 1982 erhielt das Kind, dessen Eltern einen gemeinsamen Nachnamen (*gemensamnt efternamn*) führten, diesen Nachnamen automatisch als Geburtsnamen. Mit der Reform des Namensrechts hat sich der schwedische Gesetzgeber nun von dem automatischen Namenserwerb insgesamt verabschiedet und lässt auch Eltern, die sich für eine einheitliche Namensführung in der Ehe entschieden haben, im Hinblick auf die Auswahl des Geburtsnamens ihres Kindes freie Hand.[815] Ein automatischer Namenserwerb wurde als nicht mehr zeitgemäß angesehen, da dieser auf einer veralteten Sichtweise was genau „Familie" sei beruhe und so verhindere, vielfältigere Familienstrukturen und Lebensmodelle auch auf namensrechtlicher Ebene abzubilden.[816] Daher stellt gem. § 4 Abs. 2 Nr. 1 Namnlag 2016 der Nachname, der von den Eltern gemeinsam geführt wird, zwar weiterhin eine Wahlmöglichkeit im Hinblick auf den Geburtsnamen des Kindes dar, allerdings steht diese gleichberechtigt neben den weiteren Wahlmöglichkeiten.

Im Gegensatz zu § 1616 BGB lässt § 4 Abs. 2 Namnlag 2016 den Eltern somit auch im Falle der gemeinsamen Namensführung eine Wahlmöglichkeit hinsichtlich des Geburtsnamens des Kindes. Sie können sich, passend zu ihren individuellen Lebensumständen und denen des Kindes, für den Elternnamen oder einen anderen der nach § 4 Abs. 2 Namnlag 2016 zur Verfügung stehenden Namen entscheiden.

---

814 Vgl. dazu ausführlich die Darstellung zur Namensführung in der Ehe in Kapitel 5 B. I.

815 Vgl. dazu die Ausführungen mit Nachweisen in Kapitel 4 B. I. 2.

816 Prop. 2015/16:180 S. 27.

b. Der Familienname eines Elternteils als Geburtsname des Kindes

Führen die Eltern unterschiedliche Familiennamen, weil sie nicht verheiratet sind oder weil sie keine gemeinsame Namensführung in der Ehe wünschen und an einer getrennten Namensführung festhalten, so besteht nach deutschem und schwedischem Recht die Möglichkeit, den Familiennamen eines Elternteils zum alleinigen Geburtsnamen des Kindes zu bestimmen. Grundsätzlich kommen sowohl nach deutschem Recht als auch nach schwedischem sowohl der Name der Mutter als auch der des Vaters gleichberechtigt in Betracht.

Hinsichtlich der Ausübung des Namensbestimmungsrechts knüpft das deutsche Recht jedoch an die Sorgeberechtigung der Eltern an. Sind sie gemeinsam sorgeberechtigt, so haben sie den Namen gem. § 1617 Abs. 1 S. 1 BGB gemeinsam zu bestimmen, ist nur ein Elternteil sorgeberechtigt, so erhält das Kind gem. § 1617a Abs. 1 BGB grds. den Familiennamen dieses Elternteils. Es besteht aber gem. § 1617a Abs. 2 S. 1 BGB ein Wahlrecht zugunsten des Familiennamens des anderen Elternteils, sofern dieser der Namenserteilung zustimmt, vgl. § 1617a Abs. 2 S. 2 BGB. Für den Fall der Alleinsorge eines Elternteils kommt es somit nach deutschem Recht zu einem automatischen Namenserwerb des Kindes zugunsten des Familiennamens des allein sorgeberechtigten Elternteils, der jedoch durch eine Namenswahl nach § 1617 Abs. 2 S. 1 BGB abbedungen werden kann.

Eine solche Anknüpfung an die elterliche Sorge im Hinblick auf den Namenserwerb des Kindes kennt das schwedische Recht nicht. Aber auch nach schwedischem Recht kann gem. § 4 Abs. 2 Nr. 1 Alt. 2 Namnlag 2016 der Nachname, den ein Elternteil aktuell führt, zum Geburtsnamen des Kindes bestimmt werden. Führt der namensgebende Elternteil einen Doppelnamen, so kann dieser in Gänze oder auch nur einer der zwei Einzelnamen zum Geburtsnamen des Kindes bestimmt werden.[817] Nachdem sich der schwedische Gesetzgeber mit dem Namnlag 2016 gänzlich vom automatischen Namenserwerb verabschiedet hat, besteht diese Wahlmöglichkeit gleichberechtigt neben den anderen zur Auswahl stehenden Namen.[818]

c. Ein aus den Familiennamen der Eltern gebildeter Doppelname als Geburtsname des Kindes

Deutliche Unterschiede hinsichtlich der Wahl des Geburtsnamens des Kindes gibt es mit Blick auf Doppelnamen. Insbesondere in Zeiten, in denen Familien nicht automatisch aus zwei verheirateten Elternteilen mit gemeinsamer Namensführung bestehen, rückt auch die Möglichkeit den gemeinsamen Kindern bei getrennter Namensführung der Eltern einen aus den Familiennamen beider Elternteile

817 Prop. 2015/16:180 S. 93.

818 Vgl. dazu die Ausführungen mit Nachweisen in Kapitel 4 B.I.2.

gebildeten Doppelnamen als Geburtsnamen erteilen zu können, in den Fokus der Gesellschaft und auch der Gesetzgeber.

Der schwedische Gesetzgeber hat mit seiner Entscheidung, Mittelnamen zugunsten der Einführung von Doppelnamen abzuschaffen und der Neugestaltung des § 4 Namnlag 2016 den Weg für eine solche Wahlmöglichkeit freigemacht. Denn § 4 Abs. 2 Nr. 3 Namnlag 2016 gestattet es den Eltern, einen Doppelnamen, gebildet aus ihren Nachnamen, zum Geburtsnamen des Kindes zu bestimmen. Für den Fall, dass einer oder beide Nachnamen der Elternteile Doppelnamen sind, kann der Geburtsname aus allen zur Verfügung stehenden Einzelnamen frei gebildet werden.[819] Auch steht es ihnen – wie für alle Doppelnamen – frei, die zwei Einzelnamen mit einem Bindestrich zu verbinden und die Reihenfolge der Namen festzulegen.[820] Den Eltern kommt somit maximale Freiheit bei der Namensbestimmung ihres Kindes zu.

Eine solche Wahlmöglichkeit zugunsten eines aus den Familiennamen beider Eltern gebildeten Doppelnamens besteht nach derzeitiger deutscher Rechtslage nicht. Bei getrennter Namensführung der Eltern steht diesen lediglich die Bestimmung eines dieser beiden Elternnamen als Geburtsnamen des Kindes zu Verfügung.[821]

d. *Ein früher von einem Elternteil geführter Familienname als Geburtsname des Kindes*

Gleiches gilt für die Wahl eines Familiennamens eines Elternteils, den dieser aktuell nicht mehr führt, aber zu einem früheren Zeitpunkt einmal führte. Dazu zählt neben dem Geburtsnamen somit auch der Name, den ein vor der Geburt verstorbener Elternteil vor dessen Tod führte.[822] Auch dieser Name steht nach schwedischem Recht gem. § 4 Abs. 2 Nr. 2 Namnlag 2016 als Geburtsname des Kindes zur Auswahl. § 4 Abs. 3 Namnlag 2016 schränkt die zur Auswahl stehenden Namen jedoch dahingehend ein, dass der früher geführte Name nicht durch eine frühere Eheschließung erlangt worden sein darf, mit Ausnahme der Konstellation, dass der betreffende Elternteil verstorben ist.

Eine vergleichbare Regelung kennt das deutsche Recht nicht. Die Namenswahl zugunsten eines Geburtsnamens, der nur von einem Elternteil abgeleitet wird, besteht sowohl nach § 1617 BGB als auch nach § 1617a BGB lediglich für den

---

819 Prop. 2015/16:180 S. 93f.

820 Prop. 2015/16:180 S. 93f.

821 Allerdings besteht auch nach derzeitiger Rechtslage und trotz der offensichtlichen Abneigung des deutschen Gesetzgebers im Hinblick auf Doppelnamen die Möglichkeit, dass ein von einem Elternteil abgeleiteter Doppelname Geburtsname des Kindes wird, vgl. dazu die Ausführungen in Kapitel 3 B. I. 1. b. bb.

822 Denn mit dem Tod „führt“ der Elternteil den Namen nicht mehr i.S.d. § 4 Abs. 2 Nr. 1 Namnlag 2016, Prop. 2015/16: 180 S. 93.

Familiennamen, welchen der betreffende Elternteil zum Zeitpunkt der Namensbestimmung aktuell noch führt.[823] Nach überwiegender Auffassung scheidet damit auch die Wahl des Familiennamens eines Elternteils aus, welcher vor der Geburt des Kindes bzw. der Abgabe der Namenserklärung verstorben ist.[824]

e. Der Einfluss des Familiennamens eines Geschwisterkindes

Bis zur jüngsten Namensrechtsreform in Schweden hatte der Name eines älteren Geschwisterkindes maßgeblichen Einfluss auf den Namenserwerb nachfolgender Vollgeschwister. Gem. § 1 Abs. 2 Namnlag 1982 erhielt das Kind, sofern die Eltern keinen gemeinsamen Nachnamen führten und dieser bereits gem. § 1 Abs. 1 Namnlag 1982 Geburtsname des Kindes wurde, für den Fall, dass die Eltern bereits ältere gemeinsame Kinder hatten, automatisch den Nachnamen des letztgeborenen Geschwisterkindes. Somit bestand auch für Eltern ohne gemeinsamen Nachnamen eine Wahlfreiheit hinsichtlich des Geburtsnamens ihrer Kinder faktisch lediglich für das erstgeborene Kind.

Auch wenn § 1617 Abs. 1 S. 2 BGB für den Namenserwerb eines nachgeborenen Kindes nicht wie § 1 Abs. 2 Namnlag 1982 an das zuletzt geborene Kind, sondern vielmehr auf das erstgeborene abstellt, entsteht dadurch faktisch eine ebenso gelagerte Bindungswirkung. Denn auch nach deutschem Recht kommt den Eltern, die keinen Ehenamen führen, in der Regel lediglich ein Wahlrecht hinsichtlich des Geburtsnamens des erstgeborenen Kindes zu. Dass dieser vom deutschen Gesetzgeber forcierte Grundsatz der „Einheitlichkeit des Geschwisternamens“[825] jedoch zu kurz greift und nicht in allen Fällen zu einer innerfamiliären Namenseinheit unter Vollgeschwistern führt, wird durchaus diskutiert.[826]

So kann es bspw., trotz aller Bemühungen des deutschen Gesetzgebers und der über die Jahre gewachsenen Regelungsdichte, zu einer unterschiedlicher Namensführung von Vollgeschwistern insbesondere dann kommen, wenn die Eltern bei der Geburt des ersten Kindes keinen Ehenamen i.S.d. § 1355 Abs. 1 BGB bestimmt haben, das Kind den Familiennamen des einen Elternteils gem. § 1617 Abs. 1 S. 1 BGB als Geburtsnamen erwirbt, anschließend die Eltern den Familiennamen des anderen Elternteils nachträglich als Ehenamen gem. § 1355 Abs. 3 BGB bestimmen, sich das erstgeborene Kind dieser Namensänderung jedoch nicht anschließt, vgl.

---

823 MüKo/*v. Sachsen Gessaphe* § 1617 BGB Rn. 18; Staudinger/*Lugani* § 1617 BGB Rn. 21 m.w.N.

824 Staudinger/*Lugani* § 1617 BGB Rn. 21; MüKo/*v. Sachsen Gessaphe* § 1617 BGB Rn. 10; a.A. *Michalski* FamRZ 1997, 977, 982; zu der daraus resultierenden Problematik s. die Ausführungen in Kapitel 5 B. II. 2. c. bb.

825 So ausdrücklich BT-Drs. 13/4899 S. 90.

826 Zuletzt wieder thematisiert bei *Bornhofen* StAZ 2020, 162, 164; *Kienemund* StAZ 2021, 129, 131; vgl. auch die Fallkonstellationen bei Staudinger/*Lugani* § 1617a BGB Rn. 14.

§ 1617c Abs. 1 S 1 BGB, und nun ein nach Bestimmung des Ehenamens geborenes Kind gem. § 1616 BGB automatisch den Ehenamen der Eltern als Geburtsnamen erhält. Allein die Berücksichtigung dieser Vielzahl von Normen in einem solchen Fall zeigt deutlich die Komplexität und Kompliziertheit der derzeitigen Regelungen auf.

Mit der Neufassung des schwedischen Namensgesetzes hat sich der schwedische Gesetzgeber jedoch für die Abschaffung des automatischen Namenserwerbs entschieden und folglich auch gegen eine mit § 1 Abs. 2 Namnlag 1982 vergleichbare Regelung. Den Eltern steht es nun unabhängig davon, wie viele gemeinsame Kinder sie bereits haben, frei, für jedes Kind eine separate und individuelle Namenswahl nach § 4 Namnlag 2016 zu treffen.[827] Allerdings war dem schwedischen Gesetzgeber, insbesondere mit Blick auf ausländische Rechtsordnungen, bewusst, dass bei einem Abweichen des Nachnamens der Eltern und eines bereits geborenen Geschwisterkindes auch ein Interesse von den nachgeborenen Geschwistern gegeben sein kann, nicht nur den Nachnamen der Eltern, sondern auch den des älteren Geschwisterkindes erwerben zu können.[828] Daher ermöglicht § 4 Abs. 2 Nr. 5 Namnlag 2016 neben den anderen Wahlmöglichkeiten auch den Erwerb des Nachnamens, den ein Geschwisterkind trägt, als Geburtsnamen des Kindes. Bei der Neufassung hat der schwedische Gesetzgeber daher bewusst auf die Beschränkung auf das zuletzt geborene Geschwisterkind verzichtet, um so dem individuellen Zugehörigkeitsgefühl innerhalb der Familie und unter den Geschwistern gerecht zu werden.[829]

Seit der Namensrechtsreform in Schweden besteht somit ein deutlicher Unterschied zwischen den schwedischen und den deutschen Regelungen hinsichtlich des Namenserwerbs eines Kindes für den Fall, dass bereits Geschwisterkinder existieren. Während das schwedische Recht auf maximale Flexibilität und Freiheit hinsichtlich der Namenswahl setzt, bleibt den Eltern im deutschen Recht nur wenig Handlungsspielraum, was jedoch nicht notwendigerweise in jedem Fall zu der damit verfolgten und gewünschten Namenseinheit unter Vollgeschwistern und zum Teil hingegen zu widersprüchlichen Ergebnissen führt.

f. Das Schicksal des Geburtsnamens des Kindes nach Namensänderung der Eltern/eines Elternteils

Die wohl größte Diskrepanz hinsichtlich der gesetzlichen Regelungen in Schweden und Deutschland findet sich im Hinblick auf das Schicksal des Geburtsnamens des Kindes nach einer Namensänderung der Eltern oder eines Elternteils. Während eine Namensänderung der Eltern nach schwedischem Recht grds. keine zwingende Auswirkung auf den Geburtsnamen des Kindes hat und § 9 Namnlag 2016 dem

827 Vgl. dazu die Ausführungen mit Nachweisen in Kapitel 4 B. I. 2. e.

828 Prop. 2015/16:180 S. 28.

829 Prop. 2015/16:180 S. 28.

Kind lediglich ermöglicht, seinen Nachnamen jeder Zeit an den Nachnamen der Eltern oder eines Elternteils „anzugleichen“, sieht das deutsche Recht auch für diese Fälle eine Vielzahl komplizierter Regelungen vor.

Zum einen erstreckt sich eine nachträgliche Bestimmung des Ehenamens der Eltern gem. § 1617c Abs. 1 S. 1 BGB automatisch auch auf das Kind, sofern dieses das 5. Lebensjahr noch nicht vollendet hat.[830] Ältere Kinder müssen sich hingegen der Namensänderung bewusst anschließen, eine Namensänderung auf Seiten des Kindes ist somit – zumindest theoretisch – optional.[831] Gem. § 1617c Abs. 2 BGB erstreckt sich dieser Grundsatz – automatische Namensänderung bei Kindern, die das 5. Lebensjahr noch nicht vollendet haben bzw. Namensänderung nur nach darauf gerichteter Erklärung von älteren Kindern – auch auf die Fälle, in denen sich der Ehename der Eltern nachträglich ändert (Nr. 1) oder sich der Familienname eines Elternteils, von dem das Kind seinen Geburtsnamen ableitet, aus einem anderen Grund als durch Eheschließung nachträglich ändert (Nr. 2). Einen weiteren gesetzlich normierten Sonderfall beschreibt die Einbenennung gem. § 1618 BGB. Ändert sich der Familienname eines Elternteils aufgrund einer Eheschließung mit einer Person, die nicht zugleich Elternteil des Kindes ist, kann das Kind diesen Ehenamen gem. § 1618 BGB als alleinigen Familiennamen oder als Teil eines neu gebildeten Doppelnamens erwerben.

Eine Neubestimmung des Kindsnamens kann zudem auch ohne vorherige Namensänderung der Eltern bzw. eines Elternteils in den Fällen erfolgen, in denen erst nachträglich eine gemeinsame Sorge der Eltern begründet wird. § 1617b Abs. 1 S. 1 BGB ermöglicht es den Eltern, nach Begründung der gemeinsamen Sorge, innerhalb von drei Monaten den Geburtsnamen des Kindes neu zu bestimmen.

Während also nach schwedischem Recht der Name des Kindes nach dessen Erwerb grds. unabhängig vom Namen der Eltern als solcher fortbesteht und dem Kind lediglich die Möglichkeit eingeräumt wird, sich einer Namensänderung der Eltern über den Änderungstatbestand des § 9 Namnlag 2016 – der in seiner Konzeption jedoch über diese Fälle hinausgeht – anzuschließen, bleibt dem Kind nach deutschem Recht, zumindest sofern es das 5. Lebensjahr noch nicht vollendet hat, kaum ein Spielraum an der Weiterführung seines bisherigen Geburtsnamens festzuhalten, sofern sich der Name der Eltern oder eines Elternteils von dem es seinen Geburtsnamen ableitet ändert.

---

830 Staudinger/*Lugani* § 1617c BGB Rn. 7.

831 In der Praxis wird zumindest bis zum Alter von 14 Jahren i.d.R. eine Namensänderung auch auf Seiten des Kindes fast immer stattfinden, da die Eltern als gesetzliche Vertreter des Kindes die Erklärung i.S.d. § 1617c BGB für das Kind abgegeben, vgl. dazu Staudinger/*Lugani* § 1617c BGB Rn. 7, 12 ff.

g. *Sonderfall: Scheinvaterschaft*

Einen Sonderfall stellt die Namensführung des Kindes im Falle einer festgestellten Scheinvaterschaft sowohl in Deutschland als auch in Schweden dar. § 1617b Abs. 2 BGB normiert, dass nach der rechtskräftigen Feststellung, dass ein Mann, dessen Familienname Geburtsname des Kindes geworden ist, nicht der Vater des Kindes ist, das Kind und, sofern dieses das 5. Lebensjahr noch nicht vollendet hat, auch der Mann, eine Namensänderung zugunsten des Familiennamens der Mutter beantragen kann. Das Kind verliert somit nicht automatisch mit der Feststellung der Scheinvaterschaft den Geburtsnamen, den es von dem vermeintlichen Vater abgeleitet hat.

Vergleichbar stellt sich die Rechtslage heute in Schweden dar. Während § 16 Namnlag 1982 für den Fall einer gerichtlich festgestellten Scheinvaterschaft noch den automatischen Namensverlust des Mannesnamens auf Seiten des Kindes und den automatischen Erwerb des Nachnamens der Mutter anordnete,[832] hat sich der schwedische Gesetzgeber mit der jüngsten Namensrechtsreform von diesem automatischen Namensverlust verabschiedet. Denn ein automatischer Namensverlust würde der individuellen Lebenssituation insbesondere des Kindes nicht gerecht.[833] Vielmehr steht es dem Kind frei, eine Namensänderung in bspw. den Nachnamen der Mutter über § 9 Namnlag 2016 herbeizuführen, dem Mann steht darüber hinaus die Möglichkeit der Klage auf Namensverlust gem. § 21 Namnlag 2016 zu, allerdings muss eine solche Klage gem. § 21 Abs. 3 Namnlag 2016 innerhalb eines Jahres nach Widerruf der Vaterschaft erhoben werden.

Somit findet sowohl nach schwedischem als auch nach deutschem Recht kein automatischer Namensverlust nach Feststellung der Scheinvaterschaft statt. Dies erscheint weiterhin zeitgemäß, da eine familiäre Verbindung zwischen Mann und Kind nicht notwendigerweise von der biologischen Abstammung abhängig ist, und insbesondere bei älteren Kindern in der Regel bereits eine Identifikation über den geführten vom vermeintlichen Vater abgeleiteten Namen stattgefunden hat.

Während jedoch das deutsche Recht dem Mann nur ein Antragsrecht auf Namensverlust für den Fall zugesteht, dass das Kind das 5. Lebensjahr noch nicht vollendet hat,[834] hat der Mann nach schwedischem Recht unabhängig vom Alter des Kindes das Recht, eine Klage auf Namensverlust anzustrengen.[835] Eine

832 Wie auch in Deutschland vor dem Kindschaftsrechtsreformgesetz. Zur Rechtslage vor Inkrafttreten s. BeckOGK/*Kienemund* § 1617b BGB Rn. 34.1.

833 So kann seitens des Kindes aufgrund seines Alters bereits eine intensive Identifizierung mit diesem Namen stattgefunden haben oder der Fall gegeben sein, dass weder Kind noch Scheinvater ein Interesse daran haben, dass das Kind den Namen des Mannes verliert, aufgrund der unabhängig von der biologischen Verwandtschaft aufgebauten Beziehung, vgl. Prop. 2015/16:180 S. 57.

834 Staudinger/*Lugani* § 1617b BGB Rn. 31 f.

835 Prop. 2015/16:180 S. 57.

Änderung der Rechtslage in Deutschland zugunsten des Antragsrechts des Mannes auch nach Vollendung des 5. Lebensjahres des Kindes ist jedoch nicht angezeigt. Denn der deutsche Gesetzgeber hat bei Erarbeitung der Regelung zum Namensverlust nach Feststellung der Scheinvaterschaft bereits eine umsichtige Abwägung der Interessen des Kindes an Namensstabilität und Selbstidentifikation mit dem einmal erteilten Geburtsnamen und dem „Distanzierungsinteresse“ des Mannes vorgenommen.[836]

h. Ausbleiben einer Namenswahl durch die Eltern

Sowohl das deutsche als auch das schwedische Recht kennen Regelungen für den Fall, dass die Eltern von dem ihnen zustehenden Namensbestimmungsrecht keinen Gebrauch machen. Während § 5 Abs. 2 Namnlag 2016 festlegt, dass das Kind in einem solchen Fall nach Ablauf der dreimonatigen Frist den Nachnamen des Elternteils erwirbt, welches das Kind geboren hat,[837] hat der deutsche Gesetzgeber in § 1617 Abs. 2 BGB darauf verzichtet, in einem solchen Fall unmittelbar den automatischen Erwerb des Familiennamens eines Elternteils anzuordnen. Vielmehr erfolgt die Übertragung des Namensbestimmungsrechts auf einen Elternteil durch das Familiengericht gem. § 1617 Abs. 2 S. 1 BGB aus Kindeswohlgesichtspunkten nach Ablauf der Monatsfrist.[838] Unterbleibt eine Namensbestimmung auch nach der Übertragung des Namensbestimmungsrecht auf einen Elternteil, so erhält das Kind den Familiennamen des Elternteils, auf den das Namensbestimmungsrecht übertragen wurde, § 1617 Abs. 2 S. 3 BGB.

Unterschiede zeigen sich also bei der Frist. Während § 1617 Abs. 2 S. 1 BGB den Eltern grds. eine Frist von einem Monat setzt, haben Eltern nach § 5 Abs. 2 Namnlag 2016 drei Monate Zeit, um den Namen ihres Kindes zu bestimmen. Und auch die Rechtsfolgen unterscheiden sich: Interessanterweise ordnet § 5 Abs. 2 Namnlag 2016, trotz den generellen Bestrebungen des schwedischen Gesetzgebers den automatischen Namenserwerb abzuschaffen, nach Ablauf der dreimonatigen Frist den automatischen Erwerb des Nachnamens der Person an, die das Kind geboren hat. Im Gegensatz dazu ist der automatische Erwerb des Familiennamens des Namensbestimmungsberechtigten gem. § 1617 Abs. 2 S. 4 BGB lediglich ultima ratio. Nach Ausbleiben einer Namensbestimmung innerhalb der Monatsfrist durch beide Eltern überträgt das Familiengericht zunächst das Namensbestimmungsrecht gem. § 1617 Abs. 2 S. 1 BGB auf einen Elternteil und kann diesem zur Namensbestimmung eine weitere Frist setzen, § 1617 Abs. 2 S. 3 BGB. Erst nach fruchtlosem Ablauf dieser zweiten Frist erwirbt das Kind automatisch den Namen des Elternteils, welchem das Namensbestimmungsrecht übertragen wurde,

836 Diesen Begriff verwendet Staudinger/*Lugani* § 1617b BGB Rn. 31.

837 Zu den Beweggründen für die neue Formulierung anstelle des Wortes „Mutter“ vgl. die Ausführungen in Kapitel 4 B. I. 2. f.

838 Staudinger/*Lugani* § 1617 BGB Rn. 73.

§ 1617 Abs. 2 S. 4 BGB. Das deutsche Recht versucht somit nachdrücklich eine selbstbestimmte Namenswahl durch die Eltern bzw. zumindest einen Elternteil zu erreichen, wohingegen das sonst so auf die freie Entscheidung der Eltern bedachte schwedische Namensrecht in diesem Punkt auf Pragmatismus setzt.

2. Überlegungen für eine deutsche Namensrechtsreform

a. Abkehr vom automatischen Namenserwerb und der Erstreckung einer elterlichen Namensänderung auf das Kind

Das deutsche Recht kennt im Gegensatz zum neuen schwedischen Namensrecht den automatischen Erwerb des Geburtsnamens noch in verschiedenen Fallkonstellationen.[839] Das Geflecht aus automatischem Namenserwerb und Wahlmöglichkeiten führt jedoch im Ergebnis zu einer unübersichtlichen und komplizierten Rechtslage, die im Ergebnis nicht immer zu den gewünschten Ergebnissen führt. Mit Blick auf die jüngste Namensrechtsreform in Schweden, in der sich der schwedische Gesetzgerber für die Abschaffung des automatischen Namenserwerbs aus Gründen der Vereinfachung und als Zugeständnis an die Auswahlkompetenz der Eltern entschieden hat, ist eine solche Abkehr vom automatischen Namenserwerb auch in Deutschland wünschenswert.

b. Einführung von Doppelnamen

Eine der größten Veränderungen im Hinblick auf die mögliche Namensführung in Schweden brachte die Einführung von Doppelnamen durch das Namnlag 2016 und die damit einhergehende Abschaffung von Mittelnamen. Nicht nur Ehegatten können nun – zur Erreichung einer einheitlichen Namensführung beider Ehegatten oder als Nachname eines der Ehegatten – einen Doppelnamen erwerben, sondern gem. § 4 Abs. 2 Nr. 3 Namnlag 2016 steht diese Möglichkeit auch für die Wahl des Geburtsnamens des gemeinsamen Kindes zur Verfügung.

In Deutschland hingegen besteht eine solche Wahlmöglichkeit derzeit nicht. Zwar hat sich der deutsche Gesetzgeber mehrfach gegen die Möglichkeit der Einführung eines Doppelnamens auch für Kinder ausgesprochen.[840] Die Einführung einer Wahlmöglichkeit zugunsten eines aus den Familiennamen der Eltern gebildeten Doppelnamens wäre aber zumindest verfassungsrechtlich unproblematisch.[841]

---

839 So z.B. gem. § 1616, § 1617 Abs. 1 S. 3 oder § 1617a Abs. 1 BGB.

840 Insbesondere nach der Entscheidung des Bundesverfassungsgerichts BVerfG 84,9 = NJW 1991, 1602, die sich auch auf den Kindsnamen ausgewirkt hat, vgl. dazu auch die ausführlichen Erläuterungen zum Gesetzgebungsprozess im Rahmen des Familiennamensrechtsgesetzes und den Diskussionen zu einer Einführung des Doppelnamens für Kinder bei *Arndt* S. 102 ff.

841 So hat das Bundesverfassungsgericht festgestellt, dass sowohl die Zulassung als auch das Verbot von aus den Familiennamen der Eltern gebildeten Doppelnamen

Auch sprechen, wie bereits im Rahmen des Ehenamens erläutert, die besseren Argumente für die Einführung von Doppelnamen im Allgemeinen.[842] Gerade die Einführung von Doppelnamen als Geburtsname des Kindes für den Fall, dass die Eltern nicht verheiratet sind oder sich gegen eine einheitliche Namensführung entschieden haben, würde es dem Kind ermöglicht seine familiäre Verbundenheit nicht nur zu einem sondern zu beiden Elternteilen auszudrücken. Zudem stärkt der Kindsdoppelname die Gleichberechtigung der Elternteile auch im Hinblick auf die Namensgebung des Kindes und kann so dazu beitragen, Konflikte zwischen den Eltern zu vermeiden.[843] Denn bei der Wahl eines aus den Familiennamen der Eltern zusammengesetzten Doppelnamens müsste kein Elternteil auf die namentliche Verbundenheit mit dem Kind verzichten, unabhängig davon, ob die Eltern verheiratet sind bzw. sich für eine einheitliche Namensführung entschieden haben oder ihre jeweiligen Familiennamen weiterführen.[844]

Ein klares Bekenntnis für den Doppelnamen würde zudem zu einer einfacheren und übersichtlicheren Rechtslage führen. Zum einen ist es – ebenso wie beim Ehenamen – auch heute schon möglich, dass ein echter Doppelname Geburtsname des Kindes wird.[845] Der Doppelname als Geburtsname des Kindes ist somit dem deutschen Recht nicht per se unbekannt. Zum anderen würde durch eine solche Wahlmöglichkeit auch das Vorgehen findiger Eltern, welche ihrem Kind den Familiennamen des Elternteils, dessen Name nicht auch Geburtsname des Kindes geworden ist, als weiteren Vornamen eintragen lassen und somit für weitere

als Geburtsname eines gemeinsamen Kindes verfassungsgemäß ist, vgl. BVerfG NJW 2002, 1256.

842 Vgl. dazu die Ausführungen in Kapitel 5 B. I. 2. d.

843 *Sacksofsky* FPR 2004, 371, 375; *Sperling* S. 190; *Battes* FamRZ 2008, 1037, 1040.

844 Denn der Wunsch nach namentlicher Verbundenheit mit dem Kind geht laut *Sackofsky* meist zu Lasten der namentlichen „Freiheit“ der Frau, die im Bewusstsein dieses Dilemmas bereits vorsorglich einem Ehenamen – dem Mannesnamen – zustimmt, vgl. FPR 2002, 121, 125. Ähnlich verhalte es sich danach auch für den Fall der Scheidung, bei der die Frau die Wahl hat zwischen der Rückkehr zu „ihrem“ Familiennamen und der daraus folgenden Namensverschiedenheit zu ihrem Kind oder dem Weiterführen eines Namens „mit dem sie keine Einheit mehr verbindet“. Fraglich ist jedoch, ob diese Annahme nicht zu einseitig ist, denn es ist anzunehmen, dass sich auch der Ehegatte, der mit der Eheschließung einen neuen Familiennamen annimmt, nach einer gewissen Zeit mit diesem „neuen“ Namen identifiziert und ihn als eigenen annimmt.

845 Insbesondere kommt dies in den Fällen vor, in denen ein früher als aus Ehenamen und ehelichem Begleitnamen geführter unechter Doppelname durch erneute Heirat oder Weitergabe an das Kind zu einem echten Doppelnamen „mutiert“, vgl. dazu die Ausführungen bei Kapitel 3 B. I. 1. b. bb.

Verwirrung im Dschungel der Namensgebung sorgen, obsolet.[846] Der BGH hat in diesem Zusammenhang bereits mehrfach darauf hingewiesen, dass eine Umgehung des Verbots der aus den Familiennamen der Eltern zusammengesetzten Kindsdoppelnamen allein noch nicht geeignet ist, einen bestimmten Namen als Vornamen per se auszuschließen.[847] Unter anderem wies der BGH darauf hin, dass ein Kindsdoppelname, unabhängig von der Abneigung des Gesetzgebers gegen Doppelnamen, auch nach heutiger Rechtslage nicht unmöglich sei und somit nicht per se das Kindeswohl gefährde.[848]

Im Zuge einer Reform des deutschen Namensrechts sollte daher für den Fall, dass die Eltern unterschiedliche Familiennamen führen, eine Wahlmöglichkeit dahingehend eingeführt werden, dass nicht nur die jeweiligen Familiennamen der Elternteile, sondern darüber hinaus auch ein aus diesen gebildeter Doppelname zum Geburtsnamen des Kindes bestimmt werden kann, der mit einem Bindestrich zu verbinden ist. Wie auch im Falle der Namensführung in der Ehe sollte die Länge auf zwei Einzelnamen beschränkt werden, handelt es sich bereits bei dem Familiennamen eines oder beider Elternteile um einen Doppelnamen, so ist jeweils ein Einzelname auszuwählen.[849] Mit der Einführung solcher Doppelnamen kann und sollte den Eltern somit die Möglichkeit einer gleichberechtigten Namenswahl für das gemeinsame Kind ermöglicht werden.

---

846 So durfte z.B. der Familienname des Vaters „Bock", welcher nicht Geburtsname der Tochter wurde, von dieser als dritter Vorname geführt werden, vgl. BGH NJW-RR 2011, 1013; auch bei grenzüberschreitenden Sachverhalten, bei denen im Ausland der Familienname des einen Elternteils als dänischer Mittelname gewählt wird, wird dieser als zweiter Vorname in das deutsche Personenstandsregister eingetragen, vgl. BGH FamRZ 2017, 1179.

847 BGH NJW 2008, 2500 Rn. 19 ff.; BGH NJW-RR 2011, 1013, 1014.

848 So bringt der BGH ebenfalls das Beispiel der Ehegatten, die den Namen des einen Ehegatten zum Ehenamen gem. § 1355 Abs. 1 BGB bestimmen, der andere Ehegatte seinen Familiennamen dem Ehenamen gem. § 1355 Abs. 4 S. 1 BGB voranstellt oder anfügt, die Ehegatten sich anschließend scheiden lassen (wobei der eine Ehegatte seinen aus Ehenamen und Begleitnamen bestehenden Namen behält) und erneut heiraten und bei dieser zweiten Eheschließung die Ehegatten den unechten Doppelnamen des einen Ehegatten zum Ehenamen bestimmen. Der durch die Eheschließung zum echten Doppelnamen erstarkte Ehename wird dann gem. § 1616 BGB Geburtsname der gemeinsamen Kinder, vgl. BGH NJW 2008, 2500 Rn. 24.

849 Vgl. dazu die Ausführungen in Kapitel 5 B. I. 2. d. dd.

c. *Einführung weiterer Wahlmöglichkeiten*

aa. *Einführung einer generellen Wahlmöglichkeit zugunsten des Familiennamens, den ein Elternteil früher einmal geführt hat als Geburtsname des Kindes*

Gem. § 4 Abs. 2 Nr. 2 Namnlag 2016 kann Geburtsname des Kindes auch der Nachname werden, den ein Elternteil früher einmal geführt hat, aktuell aber nicht mehr führt. Bereits das Namnlag 1982 sah mit § 1 Abs. 3 S. 2 die Möglichkeit vor, dass die Eltern, die keinen gemeinsamen Nachnamen i.S.d. § 1 Abs. 1 Namnlag 1982 führten und in ihrer Namenswahl nicht durch den Namen eines älteren Geschwisterkindes gem. § 1 Abs. 2 Namnlag 1982 beschränkt waren, neben den aktuell geführten Nachnamen der Elternteile auch den Nachnamen zum Geburtsnamen des Kindes bestimmen konnten, den ein Elternteil „zuletzt als Unverheirateter“ geführt hat. Trotz der etwas umständlichen Formulierung sollte diese Regelung insbesondere verhindern, dass das Kind einen Nachnamen erhält, den ein Elternteil durch eine frühere Ehe mit einer anderen Person als dem anderen Elternteil erworben hat.[850] Dieser Einschränkung ist der schwedische Gesetzgeber auch bei der jüngsten Namensrechtsreform treu geblieben und hat gem. § 4 Abs. 3 Namnlag 2016 solche Namen von der Wahlfreiheit des § 4 Abs. 2 Nr. 2 Namnlag 2016 ausgenommen, die von dem Elternteil durch eine frühere Heirat erworben wurden.[851] Praktisch wird somit i.d.R. der Geburtsname eines Elternteils zur Auswahl stehen, sofern dieser nicht bereits über § 4 Abs. 2 Nr. 1 Namnlag 2016 wählbar ist, aber auch ein durch administrative Namensänderung gem. §§ 13 ff. Namnlag 2016 erworbener Name, der zu einem späteren Zeitpunkt wieder aufgegeben wurde.

Der deutsche Gesetzgeber hat – im Gegensatz zu der Möglichkeit der Wahl des Geburtsnamens eines Ehegatten zum Ehenamen gem. § 1355 Abs. 1 BGB – eine solche Möglichkeit der Wahl eines früher geführten Familiennamens eines Elternteils zum Geburtsnamen des Kindes in § 1617 Abs. 1 BGB nicht vorgesehen. § 1617 Abs. 1 S. 1 BGB stellt lediglich die Namen, die einer der Elternteile zum Zeitpunkt der Bestimmung des Geburtsnamens führt, zur Auswahl. Fraglich ist daher, ob eine solche Ausweitung der Wahlmöglichkeiten auf einen früher einmal geführten Familiennamen eines Elternteils geboten ist.

Im Ergebnis sollte der deutsche Gesetzgeber bei einer Reform des Kindsnamensrechts von einer solchen Ausweitung absehen. Denn die Annahme scheint naheliegend, dass, wenn der Elternteil seinen früheren Familiennamen zugunsten

---

850 Vgl. zu den Hintergründen und insbesondere den praktischen Schwierigkeiten, ob der „zuletzt als Unverheirateter“ geführte Nachname lediglich der Geburtsname oder auch der davon abweichende Nachname ist, der zwischen zwei Ehen geführt wurde SOU 2013:35 S. 263 ff.

851 Prop. 2015/16:180 S. 93, zu der Besonderheit im Falle des vorgeburtlichen Todes vgl. die Ausführungen in Kapitel 4 B. I. 2. b.

eines anderen Namens aufgegeben hat und diesen bisher nicht mehr zurückgenommen hat, die Verbindung zu diesem Namen für den betreffenden Elternteil an Relevanz und Bedeutung verloren hat und daher auch das Interesse, diesen Namen an ein eigenes Kind weiterzugeben, als gering einzuschätzen ist. Anders als bei der Eheschließung, bei der man sich in diesem Zuge vielleicht auf seinen Geburtsnamen „zurückbesinnt“ und infolgedessen auch die eigene Namensführung ändert, wirkt sich die Weitergabe des nicht mehr geführten Geburtsnamens hier ausschließlich auf das Kind aus. Insbesondere käme es in diesen Fällen auch zu einer Namensverschiedenheit zu beiden Elternteilen. Im Ergebnis könnte das Kind durch eine familienrechtliche Namensänderung einen Namen erwerben, der zwar im weiteren Sinne von den Eltern abgeleitet ist, der jedoch die familiären Verhältnisse nicht mehr nach außen darstellt. Dies erscheint widersprüchlich. Lediglich in besonders gelagerten Fällen, wie dem vorgeburtlichen Tod eines Elternteils, sollte ein solcher familienrechtlicher Erwerb des früher einmal geführten Namens eines Elternteils in Betracht kommen, ansonsten ist der Namensinhaber auf die öffentlich-rechtliche Namensänderung aus wichtigem Grund gem. § 3 NamÄndG verwiesen.

bb. Sonderfall: Vorgeburtlicher Tod eines Elternteils

Eine Ausnahme sollte jedoch für die Fälle geschaffen werden, in denen ein grds. auch sorgeberechtigter Elternteil vor der Geburt bzw. der Namensbestimmung des Kindes verstirbt. In diesen Fällen steht die Alleinsorge nun dem überlebenden Elternteil gem. § 1680 Abs. 1 BGB zu, und aufgrund der alleinigen Sorgeberechtigung erhält das Kind automatisch dessen Familiennamen als Geburtsnamen, vgl. § 1617a Abs. 1 BGB. Ein Wahlrecht zugunsten des Familiennamens des verstorbenen Ehegatten besteht nicht.[852] Diese Beschränkung der Namenswahlfreiheit des überlebenden Elternteils wird damit begründet, dass „Pietätsgesichtspunkte“ hinter dem Interesse an einer Namenseinheit der verbleibenden Familienmitglieder zurückzutreten hätten und dass ferner zu befürchten sei, dass sentimentale Gefühle aufgrund des Todesfalls die Wahl zugunsten des Familiennamens des verstorbenen Elternteils beeinflussen und somit diese Namenseinheit gefährden könnten.[853]

Das schwedische Recht ermöglicht hingegen den Erwerb des Nachnamens eines zum Zeitpunkt der Geburt bereits verstorbenen Elternteils über § 4 Abs. 2 Nr. 2 Namnlag 2016.[854] Denn der schwedische Gesetzgeber war der Ansicht, dass gewichtige Interessen für den Erwerb des Namens des verstorbenen Elternteils

852 Staudinger/*Lugani* § 1617a BGB Rn. 32; *Hepting* StAZ 2002, 129, 141 f.; BeckOK/*Pöcker* § 1617a BGB Rn. 11 m.w.N.; so auch die Annahme von *Zimmermann* StAZ 2021, 51 f.

853 Staudinger/*Lugani* § 1617 BGB Rn. 21; *Hepting* StAZ 2002, 129, 142.

854 Eindeutig klarstellend Prop. 2015/16:180 S. 93.

sprechen können, insbesondere damit dem Kind eine Identifikation auch mit dem verstorbenen Elternteil auf namensrechtlicher Ebene erleichtert werden soll.[855] Aus diesem Grund greift für diesen besonderen Fall auch nicht die Einschränkung des § 4 Abs. 3 Namnlag 2016, dass der Name nicht durch vorherige Heirat erworben worden sein darf.

Solche gewichtigen Interessen sind auch in Deutschland denkbar. Eine von vorneherein durch den Gesetzgeber bevorzugte Namenseinheit allein mit dem überlebenden Elternteil verbietet sich daher.[856] Vielmehr sollte mit Blick auf den Einzelfall allein dem überlebenden Elternteil, ggf. in privater Absprache mit der Familie des Verstorbenen, die Entscheidung überlassen werden, welcher Name der Lebenssituation des Kindes am besten gerecht wird. Insbesondere verbietet sich die Annahme, dass eine Entscheidung für den Namen des verstorbenen Elternteils ausschließlich aus einer „sentimentalen Laune" heraus getroffen wird, sondern dass es gute Gründe geben kann, dem Kind über die Namenseinheit mit dem verstorbenen Elternteil eine weitergehende Beziehung und Identifikation mit diesem zu ermöglichen.[857]

Es empfiehlt sich daher, zumindest in Bezug auf den Familiennamen eines vor der Namensbestimmung verstorbenen Elternteils, eine Bestimmung dieses Familiennamens zum Geburtsnamen des Kindes im Rahmen einer Namensrechtsreform zu ermöglichen.

cc. Einführung einer Wahlmöglichkeit zugunsten eines Vaters- oder Muttersnamen als Geburtsname des Kindes

Nachdem insbesondere Vatersnamen in der schwedischen Namensgebung seit jeher eine besondere Stellung einnehmen und deren Relevanz auch durch die Abschaffung echter Vatersnamen gesellschaftlich für die Namensführung nicht nennenswert abgenommen hat – unter den 18 häufigsten Nachnamen in Schweden, die von mehr als 25.000 Menschen geführt werden, findet sich für das Jahr 2020 an Stelle 17 lediglich ein Nachname nicht patronymischen Ursprungs[858] – hat sich der schwedische Gesetzgeber bei der jüngsten Namensrechtsreform für die Wiedereinführung echter Vaters- und Muttersnamen entschieden.[859]

Mit Blick auf eine deutsche Namensrechtsreform ist die Einführung der Wahlmöglichkeit zugunsten eines aus einem Elternvornamen gebildeten echten

855 Prop. 2015/16:180 S. 28.

856 So auch BeckOGK/*Kienemund* § 1617 BGB Rn 39.

857 So auch BeckOGK/*Kienemund* § 1617 BGB Rn 39.

858 Allein der Nachname „Andersson" wird von knapp 220.000 Menschen geführt, vgl. die Statistik des statistischen Zentralamts Schwedens (SCB) für das Jahr 2021 unter https://www.scb.se/hitta-statistik/sverige-i-siffror/namnsok/; ebenso darauf hinweisend *Franck* StAZ 2020, 97, 98.

859 Vgl. dazu die Ausführungen mit Nachweisen in Kapitel 4 B. I. 2. d.

Vaters- oder Muttersnamen hingegen nicht geboten. Im Gegensatz zu Schweden, das bis ins 20. Jahrhundert hinein die Tradition des Vatersnamens kannte und wo sich diese auch heute noch in den geläufigsten Nachnamen widerspiegelt, hat sich ein solcher flächendeckender Brauch in Deutschland nie herausgebildet. Vielmehr sind Vaters- und Muttersnamen dem deutschen Recht grds. fremd.[860] Die Einführung von Vaters- oder Muttersnamen würde somit der gesellschaftlichen Entwicklung keine Rechnung tragen. Zudem würde sich die Folgefrage anschließen, ob es sich bei den daraus entstehenden Namen um übertragbare Familiennamen handeln soll, was jedoch dem eigentlichen Sinn und Zweck von Vaters- und Muttersnamen zuwiderliefe.

d. Der Einfluss des Geschwisternamens auf den Geburtsnamen nachgeborener Kinder

aa. Abschaffung der zwingenden Bindungswirkung durch den Geschwisternamen

Wie bereits aufgezeigt führt das vom deutschen Gesetzgeber verfolgte Ziel der „Einheitlichkeit des Geschwisternamens“[861] bereits heute nicht zu einer ausnahmslosen Namenseinheit unter Geschwistern.[862] Gerade mit Blick auf die jüngsten Änderungen des schwedischen Gesetzgebers und mit Blick auf eine deutsche Namensrechtsreform, die im besten Falle zu einer Vereinfachung der aktuell sehr komplexen Rechtslage im Hinblick auf den Namenserwerb des Kindes führt, sollte sich auch der deutsche Gesetzgeber von der gesetzlich verankerten Bindungswirkung durch den Geschwisternamen verabschieden.

Zum Teil werden für die Beibehaltung der Bindungswirkung durch den Geschwisternamen Kindeswohlgesichtspunkte angeführt, insbesondere, dass ein gemeinsamer Familienname unter Geschwistern zu einer Festigung der Bindung zueinander beiträgt und gerade diese Verbindung unter Geschwistern eine Stabilität in Krisenzeiten bedeutet.[863] Dabei wird jedoch der namentlichen Verbindung ein zu großes Gewicht beigemessen, fußt die im besten Fall starke familiäre Bindung zwischen Geschwistern wohl nicht maßgeblich auf dem gemeinsam geführten Namen, sondern vielmehr auf einem gemeinsam gelebten Alltag und dem über die Jahre gewachsenen Vertrauensverhältnis. Vielmehr sollte sich der deutsche Gesetzgeber auch hier ein Beispiel an seinem schwedischen Pendant nehmen und Eltern ein größeres Maß an Vertrauen und Freiheit bei der Namenswahl ihrer Kinder zukommen lassen, insbesondere weil diese die Lebenssituation der

---

860 Denn dieses kennt lediglich Vor- und Familiennamen, vgl. z.B. Staudinger/*Hausmann* Art. 10 EGBGB Rn. 30.

861 BT-Drs. 13/4899 S. 90.

862 Vgl. dazu die Ausführungen in Kapitel 5 B. II. 1. e.

863 *Dutta* Reform des deutschen Namensrechts S. 32.

Familie bzw. der Kinder am besten kennen und es darüber hinaus durchaus auch berechtigte individuelle Gründe für eine Namensverschiedenheit unter Geschwistern geben kann.[864]

Ob die Einschränkung der elterlichen Wahlfreiheit durch die Namensführung der Geschwister wirklich ein notwendiger Sicherungsmechanismus zum Schutz des Kindeswohls ist, darf daher bezweifelt werden. Vielmehr erscheint der Gesetzgeber sein Leitbild der innerfamiliären Namenseinheit, welches er aus verfassungsrechtlichen Gründen auf Ebene der ehelichen Namensführung aufgeben musste, nun auf die nachfolgende Generation übertragen zu wollen.[865] Der deutsche Gesetzgeber sollte daher bei einer Reform des Namensrechts auf eine mit § 1617a Abs. 1 S. 3 BGB vergleichbare Regelung verzichten.[866]

bb. Stattdessen: Gleichberechtigte Wahlmöglichkeit hinsichtlich des Geschwisternamens

Allerdings ist das Argument, die Geschwisterbeziehung untereinander sei für das Kind mindestens genauso wichtig, wenn nicht in manchen Fällen sogar wichtiger als die zu den Eltern,[867] auch im Hinblick auf eine deutsche Reform des Namensrechts nicht zu vernachlässigen. Denn obwohl berechtigte Interessen für eine Namensverschiedenheit der Geschwister sprechen können,[868] kann sich die Lebenssituation der Familie auch dergestalt darstellen, dass berechtigte Interessen für eine Namensverschiedenheit zu einem Elternteil oder beiden Elternteilen, dafür aber eine Namenseinheit unter den Geschwistern sprechen, z.B. wenn beide Elternteile erneut heiraten und die Familiennamen ihrer Ehegatten annehmen. Ein weiteres Beispiel, das auch der schwedische Gesetzgeber bei der jüngsten Namensrechtsreform im Blick hatte, sind Familien, in denen der Namenserwerb der Kinder aufgrund der Staatsangehörigkeit nach einem ausländischen Recht erfolgt und nach dem das Kind den Vornamen des Vaters als Nachnamen erhält.[869] Im Rahmen

---

864 So weist *Schwenzer* auf die Konstellation hin, in denen Eltern den Mannesnamen gern an die männlichen Abkömmlinge und den Frauennamen an die weiblichen Abkömmlinge (oder umgekehrt) weitergeben wollen, FamRZ 1991, 390, 396.

865 *Bornhofen* spricht gar von einer „Bestrafung" der Eltern, die sich nicht auf einen Ehenamen einigen können oder wollen, da diese so gezwungen sind, eine Namenseinheit zumindest für ihre Kinder herbeizuführen, vgl. StAZ 2020, 162, 164.

866 Ebenso *Bornhofen* StAZ 2020, 162, 164; wohl auch *Franck* StAZ 2020, 97, 108; bereits früh *Schwenzer* FamRZ 1991, 390, 396; a.A. *Dutta* Reform des deutschen Namensrechts S. 32.

867 So argumentiert *Dutta* für eine Beibehaltung der Bindungswirkung des Geschwisternamens, vgl. Reform des deutschen Namensrechts S. 32.

868 Vgl. dazu *Schwenzer* FamRZ 1991, 390, 396.

869 Auf diese Fallkonstellation wies das schwedische Patent- und Registrierungsamt den schwedischen Gesetzgeber explizit hin, vgl. Prop. 2015/16:180 S. 28.

der Reform hat sich der schwedische Gesetzgeber auch von der früheren Beschränkung auf den Nachnamen des zuletzt geborenen Geschwisterteils verabschiedet, und mit der gleichberechtigten Wahlmöglichkeit des § 4 Abs. 2 Nr. 2 Namnlag 2016 nun eine Regelung geschaffen, die bei der Auswahl des Geburtsnamens des Kindes auch die Wahl des Nachnamens ermöglicht, den (irgend)ein Geschwisterteil führt.

Dass eine solche Wahlmöglichkeit durchaus praktische Relevanz hat, zeigt, dass selbst die Bindungswirkung des § 1617 Abs. 1 S. 3 BGB nicht zu dem gewünschten Ergebnis – der Namenseinheit unter Geschwistern – führt, wenn der Elternteil, dessen Familienname gem. § 1617 Abs. 1 BGB zum Geburtsnamen des ersten Kindes bestimmt wird, vor der Geburt eines weiteren nachgeborenen Kindes verstirbt und das Kind nun aufgrund der durch den Tod beendeten gemeinsamen Sorge und Begründung der Alleinsorge des überlebenden Elternteils gem. § 1617a Abs. 1 BGB den Familiennamen dieses Elternteils als Geburtsnamen erhält, obwohl der Familienname des verstorbenen Elternteils, der auch Geburtsname der älteren Geschwister ist, gewünscht wurde.[870] In diesem Fall ist das Kind zur Erreichung der Namenseinheit mit den Geschwistern derzeit auf die öffentlich-rechtliche Namensänderung gem. § 3 NamÄndG verwiesen.

Zwar kann diese Problematik auch über die Einführung einer Wahlmöglichkeit zugunsten des von einem Elternteil früher einmal geführten Familiennamens oder die explizite Erwähnung des Falles, dass der Elternteil vor der Geburt verstorben ist, gelöst werden. Die Beweggründe des schwedischen Gesetzgebers für die Einführung einer generellen Wahlmöglichkeit des Geschwisternamens und die Gefahr, bestimmte Einzelfallkonstellationen, in denen die alleinige Beschränkung auf einen von den Eltern abgeleiteten Namen nicht zu dem gewünschten Ergebnis führt, zum jetzigen Zeitpunkt nur bedingt vorhersehen zu können, sprechen jedoch auch für die Einführung einer solchen Wahlmöglichkeit im Rahmen einer deutschen Namensrechtsreform.

e. *Einführung eines generellen Namensänderungstatbestands aufgrund familiärer Beziehung*

Während das deutsche Recht eine Namensänderung des Kindes i.d.R. nur dann für geboten hält, wenn dieser eine Namensänderung der Eltern oder eine Veränderung der Sorgeberechtigung vorausgegangen ist,[871] so sieht das schwedische Recht mit § 9 Namnlag 2016 einen generellen Namensänderungstatbestand aufgrund familiärer Beziehung zu den Eltern vor. Dieser gestattet es dem Kind seinen Nachnamen jederzeit ohne Anlass in den Nachnamen zu ändern, den die Eltern oder ein Elternteil aktuell führt (Nr. 1) oder früher einmal geführt hat (Nr. 2), einen Doppelnamen aus den Nachnamen der Elternteile zu bilden (Nr. 3) oder einen aus dem Vornamen eines Elternteils gebildeten Vaters- oder Muttersnamen anzunehmen (Nr. 4).

870 Vgl. dazu den Fall aus der Praxis, *Zimmermann* StAZ 2021, 51 f.

871 Vgl. dazu die Ausführungen in Kapitel 5 B. II. 1. f.

Auch für das deutsche Recht bietet sich eine solche Einführung eines generellen Namensänderungstatbestands aufgrund familiärer Beziehung an, gerade weil die derzeitige Situation, in der eine familienrechtliche Namensänderung des Kindes nur in besonders gelagerten Fällen möglich ist, z.B. gem. § 1617c BGB, wenn die Eltern oder ein Elternteil seinen Familiennamen ändert oder gem. § 1617b BGB, wenn eine gemeinsame Sorge der Eltern neu begründet wird, wenig Flexibilität bietet und zu Folgeproblemen wie bspw. der Rückbenennungs- bzw. Scheidungshalbwaisenproblematik führt.[872] Daher bietet sich die Entkopplung der nachträglichen familienrechtlichen Namensänderung des Kindes von der der Eltern bzw. eines Elternteils an.

Fraglich ist allerdings, zu welchen Familiennamen eine Person mittels dieses familienrechtlichen Namensänderungstatbestands wechseln können sollte. Nach schwedischem Vorbild kämen sowohl die Änderung in einen von den Eltern geführten Familiennamen (aa.) und die Änderung in einen von einem Geschwisterteil geführten Familiennamen (bb.) in Betracht. Eine Namensänderung in einen von einem Elternteil früher einmal geführten Familiennamen, sowie in einen Vaters- oder Muttersnamen, sind aus den bereits im Rahmen des Erwerbs des Geburtsnamens aufgeführten Gründen nicht empfehlenswert.[873]

aa. Änderung in einen von den Eltern geführten Familiennamen

Zu den Namen, zu denen eine Person immer wechseln können sollte, gehören der bzw. die Familiennamen der Eltern oder ein aus deren beider Familiennamen gebildeter Doppelname. Ein solcher Änderungstatbestand würde insbesondere Kindern ermöglichen, sich einer Namensänderung der Eltern – sei es aus dem Grund, weil diese sich während der Ehe für eine gemeinsame Namensführung oder einen Doppelnamen entscheiden oder weil ein Elternteil, zu dem das Kind auch namentlich seine Verbindung nach außen kundtun möchte, nach der Scheidung zu seinem Geburtsnamen zurückkehrt – durch eine eigene Namensänderung aufgrund familiärer Beziehung anzuschließen. Durch die Einführung eines solchen Namensänderungstatbestands würde zum einen die Rechtslage vereinfacht (i.), zum anderen würden dadurch die aktuell bestehenden Probleme für den Fall der Rückbenennung (ii.) und der Scheidungshalbwaisen (iii.) gelöst.

i. Vereinfachung der Rechtslage

Eine solche Regelung, die derart liberal ausgestaltet ist, würde zunächst zu einer deutlichen Vereinfachung der Rechtslage beitragen, und eine Reihe von aktuellen Einzelfall-Regelungen obsolet machen.

---

872 Vgl. dafür die Ausführungen in Kapitel 3 B. II. 1. f.

873 Vgl. dafür die Ausführungen in Kapitel 5 B. II. 2. c.

Denn für den deutschen Gesetzgeber war das Leitbild der innerfamiliären Namenseinheit prägend für die Regelungen insbesondere im Kindsnamensrecht.[874] Der automatische Erwerb des Ehenamens der Eltern als Geburtsname des Kindes gem. § 1616 BGB spiegelt dieses Ideal ebenso wider wie der automatische Geschwisternamenserwerb gem. § 1617a Abs. 1 S. 3 BGB. Spätestens seit der Abschaffung der Pflicht zur Führung eines gemeinsamen Familiennamens durch die Ehegatten kann dieses Leitbild jedoch nicht mehr ausnahmslos aufrechterhalten werden. Und auch die gesellschaftlichen Veränderungen schlagen sich auf die Namensführung innerhalb von Familien nieder: In einem Land, in dem jede dritte Ehe geschieden wird und nicht wenige geschiedene Elternteile im Laufe der Zeit erneut heiraten und in diesem Rahmen auch eine Namensänderung vollziehen, ist die innerfamiliäre Namenskontinuität immer häufiger nicht mehr gegeben.[875]

Ein solcher am schwedischen § 9 Namnlag 2016 orientierter genereller Namensänderungstatbestand aufgrund familiärer Beziehung würde somit eine Aufrechterhaltung der einheitlichen Namensführung in der Familie ermöglichen, zumindest zu dem Teil der Familie, zu dem man eine solche aufgrund der persönlichen Beziehung wünscht. Zudem würde er sowohl die Namensänderung von minderjährigen Kindern, die sich einer Namensänderung ihrer Eltern oder des Elternteils, in dessen Haushalt sie leben, anschließen wollen erfassen, als auch die Namensänderung Erwachsener, die aufgrund ihrer persönlichen Lebensverhältnisse bzw. der Beziehung zu ihren Eltern eine Namensänderung wünschen.

ii. Lösung der Rückbenennungs-Problematik

Durch die Einführung eines solchen allgemeinen Änderungstatbestands aufgrund familiärer Beziehung würde sich zudem auf familienrechtlicher Ebene ein Problem lösen lassen, das nicht nur die Standesämter und Gerichte beschäftigt, sondern zuletzt auch die Politik.[876] Wenn ein Kind im Rahmen der Einbenennung nach § 1618 BGB den (neuen) Ehenamen von einem Elternteil erhält, den dieser durch Wiederheirat mit einer anderen Person als dem anderen Elternteil als Familienname oder Begleitname i.S.d. § 1618 BGB annimmt, und es anschließend zu einer Scheidung kommt, nach der der Elternteil diesen Ehenamen gem. § 1355 Abs. 5 S. 2 BGB wieder ablegt und zu seinem Geburtsnamen oder dem vor der Eheschließung geführten Namen zurückkehrt, wird die Namenseinheit zwischen dem Elternteil und dem Kind nachhaltig aufgebrochen. Denn dem Kind steht zumindest kein familienrechtlicher Namensänderungstatbestand zur Verfügung, mittels dessen er eine Namensänderung in diesen neuen Familiennamen des Elternteils

874 Vgl. dazu die Ausführungen mit Nachweisen in Kapitel 3 B. I. 2. c. aa.

875 So lag die Scheidungsrate in 2021 bei 39,9%, vgl. die Angaben des statistischen Bundesamts, abrufbar unter https://de.statista.com/statistik/daten/studie/76211/umfrage/scheidungsquote-von-1960-bis-2008/.

876 BT-Drs. 18/10343.

erreichen könnte. Dadurch wird das Kind „gezwungen", den Familiennamen des Stiefelternteils weiterzuführen. Zwar besteht die Möglichkeit einer öffentlich-rechtlichen Namensänderung aus wichtigem Grund gem. § 3 NamÄndG, bei der die Fallgruppe der sogenannten „Rückbenennung" gem. Nr. 41 NamÄndVwV typischerweise einen wichtigen Grund darstellt, allerdings wird dieser Umweg über die öffentlich-rechtliche Namensänderung teilweise als misslich empfunden.[877]

Der Gesetzgeber hat 2016 die Lösung dieser Rückbenennungs-Problematik in Angriff genommen und die Einführung eines § 1618 Abs. 2 BGB-E angedacht, die dem Kind eine einmalige Option zur Rückbenennung mit Erreichen der Volljährigkeit eingeräumt hätte.[878] Eine Umsetzung dieses Vorhabens fand im Ergebnis jedoch nicht statt.

Allerdings darf bezweifelt werden, dass eine einmalige Option zur Rückbenennung mit Erreichen der Volljährigkeit der Problematik wirklich umfassend gerecht werden kann. Die Idee, Kindern mit Erreichen der Volljährigkeit die Möglichkeit der Namensänderung ohne familienrechtliche Statusänderung zu geben, wird auch im Zusammenhang mit der Reform des Namensrechts genannt.[879] Gem. des geplanten § 1618 Abs. 2 BGB-E sollte diese Namensänderung allerdings nur binnen eines Jahres nach Erreichen der Volljährigkeit bzw. binnen eines Jahres nach Auflösung der Ehe erklärt werden können.

Die Beschränkung auf einen fixen Zeitpunkt, wie bspw. der Volljährigkeit, birgt allerdings die Gefahr, dass dadurch erneut nur eine Teillösung der Problematik erreicht wird, und im Ergebnis Fälle in Kauf genommen werden, die von dieser Regelung erneut nicht erfasst werden.[880] So wäre zum einen ein minderjähriges

877 *Lettmaier* FamRZ 2020, 1, 3; a.A. wohl *Hepting*, nach dem die Einbenennung im Zivilrecht einen „Fremdkörper" darstellt und daher Regelungsdefizite bei der Einbenennung – zu denen wohl auch die Rückbenennung zählt – problemlos über § 3 NamÄndG gelöst werden sollten, StAZ 2002, 129, 135.

878 „Das volljährige Kind kann durch Erklärung gegenüber dem Standesamt den bis zur Einbenennung geführten Namen wieder annehmen, wenn die der Einbenennung nach Absatz 1 Satz 1 zu Grunde liegende Ehe aufgelöst wurde. Die Erklärung kann nur binnen eines Jahres nach Erreichen der Volljährigkeit oder binnen eines Jahres nach Auflösung der Ehe abgegeben werden.", vgl. BT-Drs. 18/10343 S. 8.

879 So enthält das Eckpunktpapier zur Reform des Namensrechts die Anregung, Minderjährigen mit Vollendung des 16. Lebensjahres die Möglichkeit zu geben, zu einem zuvor geführten Familiennamen zurückzukehren, wenn zuvor eine Familiennamensänderung aus einem „anerkennenswerten" Grund stattgefunden hat, vgl. S. 6, abrufbar unter: https://www.bmi.bund.de/SharedDocs/pressemitteilungen/DE/2020/03/namensrecht.html.

880 Kritisch in Bezug auf die Regelung nur für Volljährige auch *Dutta* Reform des deutschen Namensrechts S. 6 f.; bereits im Rahmen des Gesetzgebungsverfahrens s. auch die Stellungnahme des Deutschen Gerichtstags e.V. v. 28.7.2016 S. 5 f. für eine Ausdehnung auch auf minderjährige Kinder; für eine umfassende Regelung der

Kind, dessen Elternteil sich von dem namensgebenden Stiefelternteil scheiden lässt, auch nach Einführung des § 1816 Abs. 2 BGB bis zum Erreichen der Volljährigkeit weiterhin auf die öffentlich-rechtliche Namensänderung gem. § 3 NamÄndG verwiesen. Dieses „Manko" war dem Gesetzgeber jedoch bewusst, da eine Erweiterung der Rückbenennungsmöglichkeit auf Minderjährige als nicht notwendig angesehen wurde, gerade weil für diese Fälle eine öffentlich-rechtliche Namensänderung gem. § 3 NamÄndG mit Verweis auf Nr. 41 NamÄndVwV in Betracht käme.[881]

Dabei wird jedoch die Systematik der namensrechtlichen Regelungen des BGB auf der einen Seite und des Namensänderungsgesetzes auf der anderen Seite verkannt.[882] Denn ein genereller Verweis auf die öffentlich-rechtliche Namensänderung zur Lösung dieser Problematik widerspricht dem Verhältnis von familienrechtlicher und öffentlich-rechtlicher Namensänderung.[883] Nr. 27 Abs. 1 NamÄndVwV stellt klar, dass die Vorschriften des bürgerlichen Rechts das Namensrecht „umfassend und – im Grunde – abschließend" regeln und der öffentlich-rechtlichen Namensänderung lediglich Ausnahmecharakter zukommt, um im Einzelfall Unzulänglichkeiten zu beseitigen. Wenn nun aber der Gesetzgeber auf die Möglichkeit der öffentlich-rechtlichen Namensänderung zur Lösung dieser Problematik verweist, so verkennt er, dass es sich dabei schon lange nicht mehr um einen unerwarteten Einzelfall handelt, sondern vielmehr um eine neue Fallgruppe und er daher hier in der Pflicht ist, eine Regelung zur Lösung der Rückbenennungsproblematik – ebenso wie der Scheidungshalbwaisenproblematik – im BGB zu schaffen.

Das vom Gesetzgeber gegen eine Regelung für Minderjährige vorgebrachte Argument, eine Erweiterung eines familienrechtlichen Rückbenennungstatbestands für Minderjährige würde zu einem Widerspruch zu den Namensänderungsmöglichkeiten bei Scheidungshalbwaisen führen, für die es ebenfalls keinen familienrechtlichen Änderungstatbestand gibt, sondern auch lediglich § 3 NamÄndG in Betracht kommt,[884] spricht darüber hinaus für eine neue umfassende Lösung nach schwedischem Vorbild. Denn die hier vorgeschlagene Einführung eines generellen

---

Problematik auch die Stellungnahme der Bundesrechtsanwaltskammer v. 26.7.2016 S. 2 f; Die Beschränkung auf die Volljährigkeit befürwortend jedoch die Stellungnahme des Deutschen Juristinnenbunds e.V. v. 29.7.2016 S. 6; die Stellungnahmen sind abrufbar unter: https://www.bmjv.de/SharedDocs/Gesetzgebungsverfahren/DE/Scheinvaterregress.html.

881 BT-Drs. 18/10343 S. 23.

882 Zu der „Systemwidrigkeit" insbesondere mit Blick auf die Scheidungshalbwaisen vgl. *Helms* in seiner Stellungnahme zu BT-Drs. 19/18314 S. 5; Staudinger/*Lugani* § 1617c BGB Rn. 32a.

883 Dazu insb. Staudinger/*Lugani* Vor §§ 1616 BGB Rn. 18a ff.

884 BT-Drs. 18/10343 S. 23.

Änderungstatbestands aufgrund familiärer Beziehung würde auch für die Problematik der Scheidungshalbwaisen eine familienrechtliche Lösung bereithalten, sodass es zu keinem Widerspruch mehr käme.[885]

Fraglich ist, ob es einer Beschränkung auf einen fest umrissenen Zeitraum – in diesem Fall ein Jahr nach Erreichen der Volljährigkeit bzw. der Aufhebung der Ehe – in dem die Namensänderung erklärt werden kann und muss, bedarf. Eine solche Beschränkung birgt immer die Gefahr, dass dadurch erneut Fallgruppen durchs Raster fallen. Da die Beziehung zu dem eigenen Elternteil und auch dem Stiefelternteil, insbesondere in der Phase der Trennung bzw. Scheidung, Schwankungen unterworfen sein kann, bietet sich eine flexible, zeitlich ungebundene Lösung nach schwedischem Vorbild an. Diese lässt dem Namensinhaber die Möglichkeit, in jedem Lebensabschnitt auf seine familiären Verhältnisse reagieren zu können, und seinen Namen dem Elternteil auch zu einem späteren Zeitpunkt noch anzupassen. Das Missbrauchsrisiko in der Praxis ist zudem nicht von solch einem Gewicht, dass es einer solchen Regelung notwendigerweise entgegenstehen könnte.[886]

Die Einführung eines generellen Änderungstatbestands aufgrund familiärer Beziehung nach schwedischem Vorbild würde somit zum einen die Einführung eines separaten Rückbenennungstatbestands obsolet machen, da sie diese Fälle mitumfasst. Zudem bietet sie den Vorteil, dass sie ohne die Beschränkung auf einen fixen Zeitpunkt auskommt, und somit zu einer wirklichen Liberalisierung des Namensrechts führt.

iii. Lösung der Scheidungshalbwaisen-Problematik

Ein solcher allgemeiner Änderungstatbestand würde auch die „Problematik" der Scheidungshalbwaisen lösen.[887] Denn nach derzeitiger Rechtslage kann ein Kind, welches als Geburtsnamen gem. § 1616 BGB den Ehenamen der verheirateten Eltern erhalten hat, und dessen einer Elternteil nach der Scheidung gem. § 1355 Abs. 5 S. 2 BGB zu seinem früheren Familiennamen zurückgekehrt ist, seinen Namen nicht aufgrund eines familienrechtlichen Änderungstatbestands in den Familiennamen dieses Elternteils ändern. Weder § 1617c BGB noch die analoge Anwendung des § 1618 BGB kommen in Betracht.[888] Zwar kommt eine öffentlich-rechtliche Namensänderung aus Gründen des Kindeswohls – wie auch in den Fällen der Rückbenennung – gem. § 3 NamÄndG in Betracht,[889] sodass das Erreichen

885 Vgl. dazu die Ausführungen in Kapitel 5 B. II. 2. e. aa. iii.

886 Vgl. dazu die Ausführungen in Kapitel 5 B. II. 2. e. cc.

887 Zumindest wird für diese Fälle die aktuelle Rechtslage als „misslich" empfunden, vgl. MüKo/*v. Sachsen Gessaphe* § 1617c BGB Rn. 18.

888 Staudinger/*Lugani* § 1617c BGB Rn. 32 m.w.N.

889 Staudinger/*Lugani* § 1617c BGB Rn. 32a; so ausdrücklich Nr. 40 NamÄndVwV, vgl. auch die aktuelle Rspr. des Bundesverwaltungsgerichts, BVerwGE 116, 8 = NJW

der Namenseinheit mit dem betreffenden Elternteil auch nach aktueller Rechtslage möglich ist, trotzdem wird dieser „Umweg“ über die öffentlich-rechtliche Namensänderung – wie auch bei der Rückbenennung – als „intransparent“ und „systemwidrig“ empfunden.[890]

Die Einführung eines solchen Änderungstatbestands, der es einer Person jederzeit ermöglicht, seinen Familiennamen in den Familiennamen den ein Elternteil führt zu ändern, würde daher eine familienrechtliche Lösung dieser Problematik bieten.

iv. Fazit

Die von einem familienrechtlichen Statuswechsel unabhängige Namensänderung zu einem Familiennamen, den die Eltern führen oder den ein Elternteil führt, sollte auch vom deutschen Gesetzgeber bei einer Reform des Namensrechts ermöglicht werden.[891] Darunter sollte zudem der Wechsel zu einem aus den Familiennamen der Eltern gebildeten Doppelnamen und der Wechsel von einem solchen Doppelnamen hin zu einem Einzelnamen fallen. Auf eine zeitliche Beschränkung wie bspw. die Anknüpfung an die Volljährigkeit sollte hingegen verzichtet werden. Gleiches gilt für die Beschränkung auf einen Zeitraum, in dem die Namensänderung zu erklären ist.

bb. Änderung zu einem Familiennamen, den ein Geschwisterteil führt

Neben der Namensänderung in einen Familiennamen, den die Eltern oder ein Elternteil zum Zeitpunkt der Erklärung führt, kommt auch die Namensänderung in einen Familiennamen in Betracht, den ein Geschwisterteil zum Zeitpunkt der Erklärung führt. Durch die Erweiterung um diese Option würde somit ein Gleichlauf zwischen dem Erwerbstatbestand durch Geburt und der nachträglichen Namensänderung aufgrund familiärer Beziehung erreicht.[892]

Der schwedische Gesetzgeber hat jedoch bei seiner jüngsten Namensrechtsreform auf einen solchen Gleichlauf verzichtet. Während § 4 Abs. 2 Nr. 5 Namnlag 2016 den Namen eines Geschwisterteils noch als gleichberechtigte Option im Hinblick auf die Bestimmung des Geburtsnamens erfasst, gestattet der allgemeine familienbezogene Namensänderungstatbestand des § 9 Namnlag 2016 lediglich

---

2002, 2406 m. Anm. *Wittinger* NJW 2002, 2371; zur Entwicklung der Rechtsprechung vgl. auch *Mertens* S. 71 ff.

890 So formuliert es jüngst *Helms* in seiner Stellungnahme zu BT-DruckS. 19/18314 S. 5; ebenfalls mit dem Argument der Systemwidrigkeit Staudinger/*Lugani* § 1617c BGB Rn. 32a.

891 Dafür wohl auch *Franck* StAZ 2020, 97, 112.

892 Für den Erwerb eines Geschwisternamens als Geburtsname vgl. die Ausführungen in Kapitel 5 B II. 2. d.

eine Änderung in den Namen, den die Eltern oder ein Elternteil aktuell führt (Nr. 1) oder früher einmal geführt hat (Nr. 2), in einen aus den Elternamen gebildeten Doppelnamen (Nr. 3) oder in einen von dem Vornamen eines Elternteils abgeleiteten Vaters- oder Muttersnamen (Nr. 4). Auch die Überschrift des § 9 Namnlag verdeutlicht den notwendigen Bezug zu einem Elternteil und schließt andere familiäre Verbindungen aus.[893]

Die familienrechtliche Namensänderung in den Namen eines Geschwisterteils ist damit explizit ausgeschlossen. Der schwedische Gesetzgeber wies darauf hin, dass die Namensänderung nach § 9 Namnlag 2016 nicht nur im Kindesalter, sondern auch im Erwachsenenalter in Betracht käme und somit zu einer Zeit, in der die Geschwister selbst bereits eine Namensänderung hinter sich hätten bspw. aufgrund einer Eheschließung, zu der der Namensinhaber keine familiäre Verbindung habe. Anders als die Wahlmöglichkeit des § 4 Abs. 2 Nr. 5 Namnlag 2016 würde eine Erweiterung des § 9 Namnlag 2016 um die Möglichkeit des Geschwisternamens daher nicht wesentlich dazu beitragen das Zugehörigkeitsgefühl innerhalb der Familie zu stärken.[894]

Diese Argumentation greift jedoch zu kurz. Denn es erscheint widersprüchlich, die Bindung zwischen den Geschwistern nur bei der erstmaligen Bestimmung des Geburtsnamens des Kindes zu berücksichtigen, diese jedoch im weiteren Leben, in dessen Verlauf die Bindung zwischen den Geschwistern potentiell zunimmt und eine weitere Konstante neben der Elternbindung darstellt,[895] keine Berücksichtigung mehr findet. Gerade die hohe Scheidungs- und Wiederverheiratungsrate und die damit verbundenen Namensänderungen bei einem oder beiden Elternteilen kann ein besonderes Interesse der Geschwister begründen, die Namenseinheit zumindest untereinander wahren zu können.

Allerdings muss dabei berücksichtigt werden, dass insbesondere erwachsene Personen, die bereits selbst aufgrund einer Eheschließung oder einer öffentlich-rechtlichen Namensänderung einen neuen Familiennamen erworben haben, ein Interesse daran haben können, sich mit diesem neuen Namen eine eigene Familie aufzubauen oder sich von der Ursprungsfamilie loszusagen. Denn nicht alle Eltern-Kind-Verhältnisse oder auch Geschwisterverhältnisse sind immer so harmonisch, dass man auch namentlich die familiäre Verbindung nach außen darstellen möchte. Anders als Eltern, die sich bewusst für das Kind entscheiden und es ihnen daher auch zuzumuten ist, dass das Kind jederzeit wieder eine Namenseinheit mit den Eltern herbeiführen kann, sind Geschwister zunächst erst einmal „unfreiwillig"

---

893 „Byte till ett efternamn med anknytning till en förälder" = Änderung in einen Nachnamen mit Bezug zu einem Elternteil.

894 Prop. 2015/16:180 S. 32.

895 *Dutta* weist sogar darauf hin, dass der Geschwisterbindung gerade bei Konflikten mit den Eltern eine besondere Stellung zukommen kann, vgl. Reform des deutschen Namensrechts S. 32.

miteinander verbunden. Aufgrund dessen sollten sie eine Namensänderung eines Geschwisterteils, die eine Namenseinheit herstellen würde, nicht bedingungslos hinnehmen müssen. Zu diesem Zweck sollte für den Fall, der Namensänderung in den Namen, den ein Geschwisterteil aktuell führt, die Zustimmung dieses Geschwisterteils erforderlich sein.

cc. Geringes Missbrauchsrisiko

Ein Argument gegen eine Liberalisierung der Namensänderung, insbesondere gegen die Loslösung von familienrechtlichen Statusänderungen, ist das Missbrauchsrisiko, d.h. die Sorge davor, dass Namensänderungen z.B. aus einer betrügerischen Absicht heraus vollzogen werden. Aufgrund dieses vermeintlichen Missbrauchsrisikos beschränken sich viele Vorschläge für eine Liberalisierung der Namensänderung entweder auf die einmalige Möglichkeit der Änderung zu einem festgelegten Zeitpunkt,[896] oder gestatten die anlasslose Namensänderung einmal binnen eines bestimmten Zeitraums.[897]

Fraglich ist jedoch, wie groß das Missbrauchsrisiko in der Praxis tatsächlich ist. Mit dieser Frage musste sich auch der schwedische Gesetzgeber beschäftigen, der durch die jüngste Reform des Namensrechts wiederholte Namensänderungen gestattet. Dieser schätzte das Missbrauchsrisiko im Hinblick auf Namensänderungen aus betrügerischen Absichten als gering ein, insbesondere aufgrund der verbreiteten Verwendung von Personennummern zum Zwecke der Identifikation.[898] Zudem ständen die möglichen Vorteile einer Begrenzung der Anzahl der Namensänderungen in keinem angemessenen Verhältnis zu dem Zugewinn an Freiheit für den Bürger, seine Namensführung an seine Lebensumstände anzupassen insbesondere mit Blick auf die familienrechtlichen Namensänderungstatbestände.[899] Dass der schwedische Gesetzgeber zu diesem Ergebnis kam, liegt wohl auch an der grundlegenden Annahme, dass die große Mehrheit der schwedischen Bürger mit den ihnen zugestandenen Freiheit verantwortungsbewusst umgehen wird.[900]

Sicherlich ist man in Deutschland im Hinblick auf die Einführung und Nutzung von personenbezogenen Identifikationsnummern noch lange nicht so weit wie dies in Schweden der Fall ist. Allerdings ist zu bedenken, dass wiederholte

---

896 Z.B. der Volljährigkeit, dafür *Schwenzer* FamRZ 1991, 390, 396; mit Vollendung des 16. Lebensjahres das Eckpunktpapier zur Reform des Namensrechts S. 6 für die Rückkehr zu einem zuvor geführten Familiennamen, abrufbar unter: https://www.bmi.bund.de/SharedDocs/pressemitteilungen/DE/2020/03/namensrecht.html.

897 Z.B. alle 10 Jahre, vgl. Eckpunktpapier zur Reform des Namensrecht S. 6, abrufbar unter: https://www.bmi.bund.de/SharedDocs/pressemitteilungen/DE/2020/03/name nsrecht.html.

898 Prop. 2015/16:180 S. 33.

899 Prop. 2015/16:180 S. 33.

900 *Franck* StAZ 2020, 97, 108.

Namensänderung auch in Deutschland durch die bereits bestehenden Möglichkeiten der Namensänderung, insbesondere nach bürgerlichem Recht, bereits heute möglich sind und dass sich die Gesellschaft dahingehend verändert hat, dass Scheidungen und Wiederheirat, verbunden mit einer Namensänderung, keine Seltenheit darstellen. Ein gewisses Missbrauchsrisiko existiert somit bereits nach der aktuellen Rechtslage. Trotzdem funktioniert die Identifikation der Bürger weiterhin überwiegend gut und zufriedenstellend. Wer seinen Namen heute aus betrügerischer Absicht ändern möchte, kann dies mit etwas Einfallsreichtum in der Regel auch mit den aktuellen Regelungen erreichen.[901] Zudem stellt diese Gruppe wohl nur einen verschwindend kleinen Teil derer dar, die Interesse an einer Namensänderung haben. Sich aufgrund der übersteigerten Sorge vor dem Missbrauch einiger Weniger einer weitreichenden Liberalisierung zu verschließen wäre somit das falsche Signal. Es wäre daher wünschenswert, dass sich der deutsche Gesetzgeber im Hinblick auf das Vertrauen in die Redlichkeit des Großteils seiner Bürger ein Beispiel an dem schwedischen Gesetzgeber nimmt.[902]

Zum anderen sollte bei der Bewertung des Missbrauchsrisikos nicht vergessen werden, dass eine Namensänderung auch für den Namensinhaber mit einem gewissen zeitlichen und monetären Aufwand sowie unter Umständen auch Unannehmlichkeiten verbunden ist.[903] Zum einen muss der Namensinhaber seinen „neuen" Namen in seinem privaten und professionellen Umfeld „bekanntmachen", zudem benötigt er neue Ausweispapiere und Bankkarten etc. Es kann somit davon ausgegangen werden, dass eine Namensänderung i.d.R. nicht leichtfertig angestrebt wird, z.T. wird sogar die Vermutung geäußert, eine Liberalisierung der Namensänderungstatbestände könne vielmehr zu einem Rückgang der tatsächlichen Namensänderungen führen.[904] Denn diese würden nun eben nur noch in den Fällen stattfinden, in denen sie vom Namensinhaber wirklich gewünscht sind, und nicht aufgrund eines gesetzlichen Tatbestands.

dd. Fazit

Es sprechen somit viele Argumente für die Einführung eines neuen liberalen Namensänderungstatbestands aufgrund familiärer Beziehungen nach Vorbild des schwedischen § 9 Namnlag 2016. Neben der Vereinfachung der Rechtlage und der Verständlichkeit für Bürger und Behörden vermag eine solche Regelung die bestehenden Probleme, die sich im Rahmen der Rückbenennung und für

901 So auch *Woelke* FamRZ 2004, 1342.

902 So auch *Franck*, der von einem „altbacken[en] […] obrigkeitsstaatlichen Ansatz des deutschen Namensrechts" spricht, vgl. StAZ 2020, 97, 108.

903 *Blankenagel* sprach bspw. davon, dass jede Namensänderung einer Person auch immer ein „großes soziales Risiko" birgt, DÖV 1985, 953, 962; so auch *Dutta* Reform des deutschen Namensrechts S. 39.

904 So *Dutta* Reform des deutschen Namensrechts S. 39.

Scheidungshalbwaisen ergeben, auf eine dogmatisch saubere Art und Weise aufzulösen. Zudem ermöglicht sie es den Namensinhabern ihre Namensführung in einem abgesteckten Rahmen jederzeit flexibel und frei an ihre aktuellen Lebensumstände und familiären Gegebenheiten anzupassen. Die Einführung eines solchen weitreichenden Namensänderungstatbestands aufgrund familiärer Beziehung würde zudem einen großen Teil der öffentlich-rechtlichen Namensänderungen aus wichtigem Grund (§ 3 NamÄndG) obsolet machen, sodass auch eine zumindest was den Prüfungsumfang angehende Entlastung der Standesämter und Gerichte erreicht werden kann. Ein gewisses Missbrauchsrisiko, welches jedoch in keinem Fall ganz ausgeschlossen werden kann, ist daher zu vernachlässigen. Vielmehr sollte auch der deutsche Gesetzgeber seinen Bürgern etwas mehr Vertrauen dahingehend entgegenbringen, dass diese mit den neuen liberalen Möglichkeiten der Namensänderung verantwortungsbewusst umgehen.

f. Sonderfall: Keine Einigung hinsichtlich der Namenswahl

Fraglich ist, inwieweit aufgrund der Liberalisierung des deutschen Namensrechts, insbesondere der Einführung von Doppelnamen, auch die Regelungen überdacht werden müssen, die sich mit dem Fall beschäftigen, dass keine Einigung der Eltern hinsichtlich der Bestimmung des Geburtsnamens ihres Kindes erreicht werden kann. In Frage kämen neben der derzeitigen Lösung des § 1617 Abs. 2 BGB, die zunächst eine Übertragung des Namensbestimmungsrechts auf ein Elternteil und erst in einem zweiten Schritt den automatischen Erwerb des Familiennamens dieses Elternteils vorsieht, der automatische Erwerb eines Doppelnamens aus den Familiennamen der Eltern (aa.) oder der automatische Erwerb des Familiennamens des Elternteils, der das Kind geboren hat (bb.).

aa. Automatischer Erwerb eines Doppelnamens aus den Familiennamen der Eltern

Neben der aktuellen Regelung des § 1617 Abs. 2 BGB kommt eine Lösung in Betracht, die bereits 1991 vom Bundesverfassungsgericht im Rahmen der behandelten Frage der Verfassungsmäßigkeit des § 1355 Abs. 2 S. 2 BGB a.F. aufgeworfen wurde:[905] Können sich die Eltern, die im Rahmen der Eheschließung ihren jeweiligen Familiennamen weiterführen, auf keinen Geburtsnamen des Kindes einigen, so bekommt das Kind automatisch einen Doppelnamen aus den Familiennamen beider Elternteile. Die Reihenfolge der Namen wird durch Los bestimmt. Diese Alternative galt in Deutschland ab der Entscheidung des Bundesverfassungsgerichts bis zur Neureglung der namensrechtlichen Regelungen durch den deutschen Gesetzgeber durch das Familiennamensrechtsgesetz bereits für einige Jahre.[906]

---

905 BVerfGE 84,9 = NJW 1991, 1602.

906 Zu dem Gesetzgebungsverfahren welches zum Familiennamensrechtsgesetz führte vgl. *Arndt* S. 92 ff., insbesondere die 100 ff.

Diese Regelung trägt zumindest dem Gleichberechtigungsgedanken Rechnung, da beide Elternteile eine namensrechtliche Verbindung zu dem Kind herstellen. Zudem wird durch die Lösung, im Konfliktfall die Reihenfolge der Namen durch Auslosung durch den Standesbeamten ermitteln zu lassen, gerade kein Elternteil von vorneherein benachteiligt, wie dies bei der alternativ in Frage kommenden alphabetischen Reihenfolge der Fall wäre.[907] Außerdem wird eingewandt, es fehle in Verfahren zur Übertragung des Namensbestimmungsrechts häufig an objektiven Entscheidungskriterien, weil z.B. keiner der beiden zur Auswahl stehenden Familiennamen die Gefahr birgt, das Kind der Lächerlichkeit preis zu geben oder aus sonstigen Gründen des Kindeswohls von vorneherein weniger geeignet erscheint, sodass es im Ergebnis häufig auf eine „richterliche Willensentscheidung" hinauslaufe, die dann im Ergebnis ebenfalls ein Elternteil im Hinblick auf die Bestimmung des Geburtsnamens des Kindes, für das eine gemeinsame Sorgeberechtigung besteht, bevorzuge, und diesem somit i.d.R. auch die Auswahl des eigenen Namens erleichtere.[908]

Durch die Bildung eines Doppelnamens erhält das Kind hingegen, unabhängig von dem Verhältnis seiner Eltern zueinander, einen Geburtsnamen, der seine verwandtschaftliche Verbindung nicht nur zu einem Elternteil, sondern gerade zu beiden widerspiegelt. Sofern bereits von Geburt an ein auffallendes Missverhältnis in der Bindungsintensität zwischen dem Kind und seinen beiden Elternteilen zu erwarten ist, z.B., weil ein Elternteil kein Interesse an dem Kind zeigt, oder aufgrund einer räumlichen Trennung nicht für das Kind Sorge tragen kann, könnte zudem eine an § 1617a Abs. 1 BGB angelehnte Regelung zu dem Ergebnis führen, dass das Kind seinen Geburtsnamen weiterhin grds. allein von dem Elternteil ableitet, welches allein sorgeberechtigt ist.

Allerdings besteht durch die generelle Einführung von Doppelnamen in Zukunft die „Gefahr", dass nicht nur für das Kind ein Doppelname bestimmt werden soll, sondern dass auch bereits die Eltern einen solchen Doppelnamen führen. Eine an die Lösung des Bundesverfassungsgerichts angelehnte Regelung birgt in ihrer Folge dann das Problem, dass zur Bildung des Geburtsnamens des Kindes bis zu vier unterschiedliche Namen zur Verfügung stehen, aus denen dann jedoch nur zwei ausgewählt werden dürfen. Fraglich ist, wie dies zu lösen wäre. Soll auch in diesem Fall pragmatisch ein Losentscheid durch den Standesbeamten getroffen werden? Dann gleicht die Namensbestimmung des Kindes allerdings einem „Würfelspiel". Dieses Argument wurde bereits im Rahmen der Überlegungen zum Familiennamenrechtsgesetzes vorgebracht, als von Befürwortern der Pflicht zur Führung eines Ehenamens eine Auffanglösung angedacht wurde, nach der bei Nichteinigung über den Ehenamen ein durch Los zu ermittelnder Doppelname

907 So bereits das Bundesverfassungsgericht in seiner Entscheidung, vgl. BVerfGE 84,9 = NJW 1991, 1602 Rn. 50.

908 Staudinger/*Lugani* § 1617 BGB Rn. 73 f. m.w.N.

zum Ehenamen bestimmt worden wäre. Im Zuge dessen waren Stimmen laut geworden, die der Ansicht waren, die Auswahl eines Namens durch Auslosung führe zur „Degradierung des Namens zum Inhalt eines Lotteriespiels“, welches mit der Menschenwürde unvereinbar sein könnte.[909] Zudem seien emotionale Vorbehalte der Bevölkerung hinsichtlich einer solche Regelung zu erwarten.[910]

Im Ergebnis wiegen diese Argumente schwerer, denn eine Namensbestimmung durch Losentscheid mutet doch für den Großteil der Bevölkerung vermutlich eher befremdlich an. Zudem könnte diese Lösung im Ernstfall dazu führen, dass weder die Eltern noch das Kind sich mit dem durch Los bestimmten Namen wohlfühlen. Ferner verkörpert sie das Gegenteil von dem, was mit der Liberalisierung des Namensrechts im Idealfall erreicht werden sollte. So wird dem Bürger nicht mehr Vertrauen entgegengebracht als es die derzeitige Regelung des § 1617a Abs. 2 BGB bereits vorsieht, die den Eltern zwei Chancen auf eine selbstbestimmte Namenswahl gibt, sondern vielmehr das Namensbestimmungsrecht noch früher in staatliche Hände gelegt, zum vermeintlichen Schutz des Kindes.

bb. Automatischer Namenserwerb nach schwedischem Vorbild

Eine weitere Lösung bietet das schwedische Recht. Denn in Schweden wird nach Ablauf der dreimonatigen Namensbestimmungsfrist „kurzer Prozess“ gemacht und das Kind erhält gem. § 5 Abs. 2 Namnlag 2016 den Namen des Elternteils, welcher das Kind geboren hat.[911] Den Eltern bleibt somit zur freien Bestimmung lediglich der dreimonatige Auswahlzeitraum nach der Geburt, wird dieser nicht genutzt steht der Name von Gesetzeswegen her fest.

Im Vergleich mit der schwedischen Regelung erscheint die deutsche Regelung des § 1617 Abs. 2 BGB gerade unter Gleichberechtigungsgesichtspunkten ausgewogener, da das Namensbestimmungsrecht zumindest theoretisch ohne Berücksichtigung des Geschlechts oder der körperlichen Merkmale erteilt werden kann. Im Gegensatz dazu wird das Kind in Schweden i.d.R. den Namen der Frau bzw. der Person erhalten, die sich dazu entschieden hat, das Kind auszutragen. Dies stellt jedoch, ähnlich wie der frühere Vorrang des Mannesnamens, eine Bevorzugung rein aufgrund des Geschlechts dar. Ein Vorschlag der Grünen aus dem Jahr 1989 sah im Rahmen einer Reform des Ehenamens ebenfalls einen solchen Vorrang des Frauennamens in jedem Fall vor, der jedoch aus genannten Gründen wenig Anklang fand.[912] Im Ergebnis sollte in diesem Fall das schwedische Recht kein Vorbild für eine Reform des Namensrechts sein.

---

909 So z.B. *Bosch* FamRZ 1991, 878, vgl. auch *Arndt* S. 97 m.w.N.

910 *Wagenitz* FamRZ 1994, 409, 413; *Depenheuer* JZ 1993, 171 f.

911 Zum Hintergrund dieser Formulierung vgl. die Ausführungen in Kapitel 4 B. I. 2. f.

912 Vgl. dazu *Arndt* S. 86.

cc. Fazit

Im Ergebnis überzeugt somit keiner der alternativen Lösungsvorschläge. Zwar bietet die Einführung von Doppelnamen den Eltern neue Möglichkeiten ihrem Kind einen Namen zu erteilen, der die Verbindung zu beiden Elternteilen widerspiegelt, eine solche jedoch zu erzwingen, insbesondere durch die Entscheidung mittels Losverfahren, wird weder dem Kind gerecht, noch wird es die Akzeptanz in der Bevölkerung für Doppelnamen stärken. Und auch ein vereinfachter automatischer Namenserwerb nach schwedischem Vorbild kann nicht überzeugen, weil dadurch die Mutter durch ihre Weigerung zu einer Einigung hinsichtlich der Namensführung zu gelangen, ihren Namen als Familiennamen des Kindes erzwingen könnte. Im Ergebnis sollte damit an der derzeitigen Regelung des § 1617a Abs. 2 BGB festgehalten werden, weil diese einen angemessenen Ausgleich zwischen Wahlfreiheit und automatischem Namenserwerb bietet und zudem eine dem Einzelfall angemessene Übertragung des Namensbestimmungsrecht ermöglicht.

III. Der Name des Adoptivkindes

1. Aktuelle Situation in Deutschland und Schweden

a. Grundsatz: „Einbenennung" in die Adoptivfamilie

Sowohl nach deutschem als auch nach schwedischem Recht soll das Adoptivkind mit der Annahme als Kind grds. den Familiennamen des bzw. der Annehmenden erhalten, um so eine Eingliederung in die „neue" Familie auch auf namensrechtlicher Ebene zu erreichen.

Nach deutschem Recht stellt diese „Einbenennung" in die Adoptivfamilie gem. § 1757 Abs. 1 S. 1 und Abs. 2 BGB den Regelfall dar. Handelt es sich um nur einen Annehmenden, so wird dessen Familienname gem. § 1757 Abs. 1 S. 1 BGB automatisch Geburtsname des Adoptivkindes, handelt es sich bei den Annehmenden um ein Ehepaar, welches einen Ehenamen führt, so wird dieser automatisch Geburtsname des Adoptivkindes. Ein Namensbestimmungsrecht kommt gem. § 1757 Abs. 2 S. 1 BGB lediglich den Ehegatten zu, die keinen Ehenamen führen und daher einen der beiden Familiennamen zum neuen Geburtsnamen des Adoptivkindes bestimmen müssen. Jedoch kann auch in diesem Fall das Namensbestimmungsrecht der Annehmenden begrenzt sein, da gem. § 1757 Abs. 2 S. 1 2. HS BGB die Regelung des § 1617 Abs. 1 und somit auch die Bindungswirkung des Namens, den ein älteres Geschwisterkind bereits führt, gem. § 1617 Abs. 1 S. 3 BGB anwendbar ist.

Ebenso stellte sich die rechtliche Situation in Schweden unter dem Namnlag 1982 dar. Handelte es sich nur um einen Annehmenden so wurde grds. dessen Nachnamen gem. § 2 Abs. 3 S. 1 Namnlag 1982 automatisch neuer Geburtsname des Adoptivkindes,[913] bei einem annehmenden Ehepaar mit einem gemeinsamen

913 Eine Wahlmöglichkeit bestand jedoch gem. § 2 Abs. 3 S. 2 Namnlag 1982 hinsichtlich

Nachnamen wurde gem. § 2 Abs. 1 Namnlag 1982 dieser gemeinsame Nachname der Annehmenden automatisch neuer Geburtsname des Adoptivkindes. Für den Fall, dass die Annehmenden keinen gemeinsamen Nachnamen führten, jedoch bereits eine Namensbestimmung für ein zuvor geborenes oder angenommenes Kind getroffen hatten, war diese ebenfalls bindend, vgl. § 2 Abs. 2 Namnlag 1982. Im Ergebnis verblieb somit auch nach schwedischem Recht ein Namensbestimmungsrecht lediglich in den Fällen, in dem die Annehmenden keinen gemeinsamen Nachnamen führten und noch keine gemeinsamen Kinder hatten. Allerdings standen ihnen gem. § 2 Abs. 3 S. 2 Namnlag 1982 neben den aktuell geführten Nachnamen auch die jeweiligen Geburtsnamen als potentielle Namen für das Adoptivkind zur Auswahl.

Mit der jüngsten Namensrechtsreform und der Abschaffung des automatischen Namenserwerbs hat sich die Rechtslage in Schweden jedoch deutlich verändert. Zwar erhält das Adoptivkind mit der Adoption gem. § 6 Abs. 1 Namnlag 2016 grds. einen neuen Nachnamen, ähnlich wie § 4 Namnlag 2016 es für die leiblichen Kinder normiert stehen den Annehmenden gem. § 6 Abs. Abs. 2 Namnlag 2016 nun jedoch verschiedene Nachnamen bzw. Nachnamenskombinationen zur freien Wahl. Zum einen der aktuell geführte Nachname der Annehmenden oder eines Annehmenden (Nr. 1), der früher geführte Name eines Annehmenden (Nr. 2), sofern dieser nicht durch eine frühere Eheschließung erworben wurde, vgl. § 7 Abs. 3 Namnlag 2016, ein aus den jeweiligen Nachnamen der Annehmenden gebildeter Doppelname (Nr. 3), ein aus dem Vornamen eines Annehmenden gebildeter Vaters- oder Muttersname (Nr. 4) oder der Nachname eines gemeinsamen Kindes der Annehmenden (Nr. 5). Auch dem alleinigen Annehmenden stehen gem. § 7 Abs. 4 Namnlag 2016 die Wahlmöglichkeiten der Nr. 1, 2 und 4 zur Verfügung.

Wie auch für die leiblichen Kinder hat sich der schwedische Gesetzgeber mit der jüngsten Namensrechtsreform für mehr Namenswahlfreiheit seitens der Annehmenden und weniger gesetzliche Vorgaben entschieden.[914] Die zur Verfügung stehenden Wahlmöglichkeiten stehen ebenfalls gleichberechtigt nebeneinander, eine Namenswahl für das Adoptivkind kann zudem in einem gewissen Rahmen unabhängig von dem bzw. den Nachnamen der bzw. des Annehmenden erfolgen. Ein automatischer Namenserwerb findet gem. § 7 Abs. 2 Namnlag 2016 lediglich in den Fällen statt, in denen der oder die Annehmenden innerhalb der dreimonatigen Frist des § 7 Abs. 1 Namnlag 2016 keine Namensbestimmung treffen. Dann erhält das Adoptivkind automatisch den Namen des Annehmenden oder im Falle einer Adoption durch ein (Ehe)Paar den Nachnamen des älteren Annehmenden.

---

des Geburtsnamens des Annehmenden, zudem fand in den Fällen kein automatischer Namenserwerb statt, in denen ein Ehegatte die Kinder des anderen Ehegatten adoptierte, diese behielten somit ihren Geburtsnamen.

914 Prop. 2015/16:180 S. 30.

Während also nach deutschem Recht den Annehmenden weiterhin – wie auch bei ihren leiblichen Kindern – wenig Spielraum hinsichtlich der Namensgebung des Adoptivkindes zukommt, setzt der schwedische Gesetzgeber auch im Hinblick auf die Namensgebung nach Adoption auf die Eigenverantwortung seiner Bürger und ermöglicht so eine auf die individuelle Lebenssituation der Annehmenden und des Adoptivkindes zugeschnittene namensrechtliche Lösung.

b. Ausnahme: (Teilweises) Weiterführen des bisherigen Geburtsnamens

Um insbesondere auf die Fälle reagieren zu können, in denen ein Kind sich bereits stark mit seinem bisherigen Geburtsnamen identifiziert und – wie im Fall der Erwachsenenadoption oder der Adoption des Kindes durch Verwandte nach dem Tod der leiblichen Eltern – gewichtige Gründe für das Weiterführen des bisherigen Geburtsnamens sprechen, sehen sowohl das deutsche als auch das schwedische Recht die Möglichkeit vor, dass gerichtlich festgestellt werden kann, dass das Adoptivkind seinen bisherigen Geburtsnamen auch nach der Annahme als Kind weiterführt. Im deutschen Recht ist dies in § 1757 Abs. 3 Nr. 2 BGB geregelt, der ein Weiterführen des Geburtsnamens gestattet, wenn „dies aus schwerwiegenden Gründen zum Wohl des Kindes erforderlich ist", im schwedischen Recht findet sich eine vergleichbare Regelung in § 8 Namnlag 2016, die ein Weiterführen ebenfalls zur Entscheidung des Gerichts stellt, allerdings ohne weitere Voraussetzungen zu normieren. Nach dem Willen des schwedischen Gesetzgebers sollen aber dadurch ebenfalls die Fälle erfasst werden, in denen Kindeswohlgesichtspunkte für ein Weiterführen des Geburtsnamens sprechen.[915] Daneben kommt ein Weiterführen des bisherigen Geburtsnamens, sowohl in Deutschland als auch in Schweden, in der Regel dann in Betracht, wenn es sich um eine Erwachsenenadoption handelt.[916] Sowohl in Schweden als auch in Deutschland stellt das Weiterführen des Geburtsnamens somit eine Ausnahme dar.

Allerdings gibt es Unterschiede wie dieser bisherige Geburtsname weitergeführt werden kann. § 1757 Abs. 3 Nr. 2 BGB sieht lediglich vor, dass der bisherige Geburtsname des Adoptivkindes dem Familiennamen des bzw. der Annehmenden vorangestellt oder angefügt werden kann. Somit erwirbt das Adoptivkind auch im Falle der Gerichtsentscheidung zugunsten des Weiterführens des bisherigen

915 So werden explizit die Fälle genannt, in denen ein Kind nach dem Tod der leiblichen Eltern von Verwandten adoptiert wird, wenn das Kind einen anderen ethnischen oder kulturellen Hintergrund hat als die Adoptiveltern oder wenn sich das minderjährige Kind aufgrund seines Alters und seiner Reife bereits mit dem Geburtsnamen identifiziert, vgl. Prop. 2015/16:180 S. 97.

916 Für Deutschland vgl. Staudinger/*Helms* § 1757 BGB Rn. 28; Für Schweden vgl. Prop. 2015/16:180 S. 97.

Geburtsnamens auch immer den Familiennamen des bzw. der Annehmenden.[917] Dagegen bietet § 8 Namnlag 2016 die Möglichkeit, dass das Adoptivkind seinen bisherigen Nachnamen als alleinigen Nachnamen weiterführt, oder dass aus diesem bisherigen Nachnamen und dem Nachnamen des bzw. der Annehmenden ein Doppelname i.S.d. § 20 Abs. 2 Namnlag 2016 gebildet wird. Während also sowohl nach deutschem als auch nach schwedischem Recht das Weiterführen in Kombination mit dem Familiennamen des bzw. der Annehmenden als Doppelname möglich ist, besteht die Möglichkeit, den bisherigen Geburtsnamen als alleinigen Familiennamen weiterzuführen, lediglich nach schwedischem, nicht aber nach deutschem Recht.

c. *Nachträgliche Namensänderung*

Auch in Bezug auf eine nachträgliche Namensänderung des „neuen" Geburtsnamens gibt es Unterschiede zwischen dem deutschen und dem schwedischen Recht.

Grundsätzlich gelten für das Adoptivkind, welches sowohl nach deutschem als auch nach schwedischem Recht mit der Annahme als Kind die gleiche Stellung wie ein leibliches Kind erhält, die für leibliche Kinder geltenden Regelungen im Hinblick auf die Namensänderung. Die aufgeführten Unterschiede zwischen den strengen, zumeist an die elterliche Namensänderung gekoppelten Voraussetzungen des § 1617c und § 1618 BGB und der liberalen, von der elterlichen Namensänderung unabhängigen Namensänderung nach § 9 Namnlag 2016 gelten somit auch für Adoptivkinder.[918]

Das schwedische Recht bietet dem Adoptivkind jedoch noch eine über § 9 Namnlag 2016 hinausgehende Möglichkeit der eigenen Namensänderung. Während § 9 Namnlag 2016 die Namensänderung zu einem von den Adoptiveltern abgeleiteten Nachnamen ermöglicht, bietet § 10 Namnlag 2016 dem Adoptivkind die zusätzliche Option, auch den vor der Adoption geführten Nachnamen zu einem Teil eines Doppelnamens zu bestimmen. So wird dem Adoptivkind, welches mit der Annahme als Kind den Nachnamen des bzw. der Annehmenden gem. § 6 Namnlag 2016 als alleinigen Nachnamen erworben hat, ermöglicht, seinen ursprünglichen Nachnamen zum Teil eines neuen Doppelnamens zu bestimmen. Damit soll erneut dem Namensinhaber ermöglicht werden, seine Namensführung möglichst frei an seine ganz persönlichen Lebensumstände anzupassen, weil der schwedische Gesetzgeber durchaus erkannt hat, dass es auch für Adoptivkinder

---

917 Der dadurch entstehende Doppelname ist ein „echter" Doppelname, der in Gänze an Ehegatten oder Kinder weitergegeben werden kann, s. Staudinger/*Helms* § 1757 Rn. 32; MüKo/*Maurer* § 1757 Rn. 79; BeckOK/*Pöcker* § 1757 Rn. 11.

918 Zu den Auswirkungen der elterlichen Namensänderung auf das Adoptivkind vgl. für das deutsche Recht Staudinger/*Helms* § 1757 BGB Rn. 44 ff.; dass ein Adoptivkind sich ebenfalls auf § 9 Namnlag 2016 berufen kann ausdrücklich erwähnt in Prop. 2015/16:180 S. 98.

im Laufe ihres weiteren Lebens gute Gründe geben kann, ihren „ursprünglichen“ Nachnamen wieder annehmen zu wollen, z.B. weil eine Wiederannäherung mit der Ursprungsfamilie stattgefunden hat.[919]

d. *Sonderfall: Stiefkindadoption*

Einen Sonderfall der Adoption bildet die Stiefkindadoption, d.h. der Fall in dem ein Ehegatte, der nicht leiblicher Elternteil eines Kindes seines Ehegatten ist, dieses Kind adoptiert. Nach deutschem Recht gilt § 1757 Abs. 2 BGB auch für die Stiefkindadoption, sodass eine Namensbestimmung grds. immer nötig ist.[920] Anders ist dies nach schwedischem Recht. Denn während § 6 Abs. 1 S. 1 Namnlag 2016 grds. die Namensneubestimmung des Adoptivkindes in einen Nachnamen der Annehmenden anordnet, findet sich in § 6 Abs. 1 S. 2 Namnlag 2016 eine Ausnahme von diesem Grundsatz, welche die Stiefkindadoption explizit ausnimmt. Für den Fall einer Stiefkindadoption bekommt das adoptierte Kind somit grds. keinen neuen Nachnamen, eine Namensänderung in den Nachnamen des nicht leiblichen Elternteils kann jedoch auch in diesem Fall, falls gewünscht, über § 9 Namnlag 2016 erfolgen.[921]

2. *Überlegungen für eine Reform des deutschen Namensrechts*

a. *Anpassung an die Wahlmöglichkeiten bei leiblichen Kindern*

Nachdem der schwedische Gesetzgeber bei der Neuregelung des Namensgesetzes bereits große Änderungen im Hinblick auf die zur Auswahl stehenden Möglichkeiten des Nachnamenserwerbs des leiblichen Kindes vorgenommen hat, war es ein Anliegen, dass die Wahlmöglichkeiten für Adoptivkinder diesen im Wesentlichen entsprechen.[922] Dies erscheint auch sinnvoll, da auch nach schwedischem Recht Adoptivkinder leiblichen Kindern gleichgestellt sind.[923]

Nach der hier vorgeschlagenen Abkehr vom automatischen Namenserwerb und der Einführung verschiedener gleichberechtigter Wahlmöglichkeiten im Hinblick auf den Geburtsnamen des leiblichen Kindes nach schwedischem Vorbild,[924] sollten daher auch in Bezug auf die Annahme als Kind die Wahlmöglichkeiten angepasst werden. So sollten die Adoptiveltern im Ergebnis vor der Annahme als Kind

919 Prop. 2015/16:180 S. 32f.

920 Staudinger/*Helms* § 1757 BGB Rn. 26.

921 Dies war bereits unter dem Namnlag 1982 der Fall, welches ebenfalls eine Ausnahme für den Fall der Stiefkindadoption vorsah, vgl. Prop. 1981/82:156 S. 51; *Höglund* S.64.

922 Prop. 2015/16:180 S. 30.

923 Gem. Kap. 4 § 21 Abs. 1 S. 1 des schwedischen Elterngesetzes (Föräldrabalk (1949:381)) gilt das Adoptivkind als „Kind der Annehmenden und nicht als Kind seiner früheren Eltern“.

924 Vgl. dazu die Ausführungen in Kapitel 5 B. II. 2.

den neuen Geburtsnamen durch Erklärung gegenüber dem Standesamt bestimmen und dabei zwischen dem Familiennamen der Adoptiveltern bzw. eines Adoptivelternteils, einem aus den jeweiligen Familiennamen der Adoptiveltern gebildeten Doppelnamen oder dem Familiennamen eines Geschwisterkindes wählen können.

b. Möglichkeit des ausschließlichen Weiterführens des bisherigen Geburtsnamens

Sowohl das deutsche als auch das schwedische Recht sehen grds. vor, dass das Adoptivkind mit der Annahme als Kind einen neuen Geburtsnamen erhält, der die familiäre Eingliederung in die Adoptivfamilie auch auf Namensebene nach außen sichtbar macht. In Einzelfällen – insbesondere in den Fällen der Erwachsenenadoption – kann jedoch das Weiterführen des ursprünglichen Geburtsnamens geboten sein. Während das deutsche Recht ein solches Weiterführen gem. § 1757 Abs. 3 Nr. 2 BGB lediglich in Kombination mit dem durch die Annahme als Kind erworbenen neuen Geburtsnamen gestattet, eröffnet § 8 Namnlag 2016 die zusätzliche Option, dass das Gericht auch das Weiterführen des ursprünglichen Geburtsnamens als alleinigen Nachnamen anordnen kann.

Eine solche Option sollte bei der Reform des deutschen Namensrechts ebenfalls aufgenommen werden. Zwar ist unter dem Gesichtspunkt, dass die Namensänderung des Adoptivkindes eine umfassende Eingliederung auch auf namensrechtlicher Ebene in die Adoptivfamilie ermöglichen soll,[925] durchaus verständlich, dass sich der deutsche Gesetzgeber für ein Weiterführen des ursprünglichen Geburtsnamens nur in Kombination mit dem durch die Annahme als Kind erworbenen Geburtsnamen entschieden hat. Allerdings ist diese Entscheidung des deutschen Gesetzgebers mit Blick auf die Verfassungsmäßigkeit des § 1757 Abs. 1 BGB nicht unumstritten. So gibt es Stimmen in der Literatur, die § 1757 Abs. 1 BGB zum Teil zumindest in Fällen der Erwachsenenadoption,[926] zum Teil auch bei der Adoption von Minderjährigen aufgrund eines unverhältnismäßigen Eingriffs in das durch Art. 2 Abs. 1 GG garantierte Allgemeine Persönlichkeitsrecht des Angenommenen für verfassungswidrig halten.[927] Denn je älter der Angenommene ist, desto stärker hat er sich bereits mit seinem bisherigen Namen identifiziert und desto gewichtiger ist daher der Wunsch, diesen Namen auch nach der Adoption weiterzuführen.[928] In der bisherigen Rechtsprechung wurde eine Verfassungsmäßigkeit der Pflicht zum Namenserwerb hingegen aufgrund von Gemeinwohlgründen, insbesondere dem Interesse an einer Sichtbarkeit der Familienzugehörigkeit nach

925 So beschreibt es Staudinger/*Helms* § 1757 BGB Rn. 1.

926 *Molls* ZRP 2012, 174, 176.

927 So soll bereits bei Kindern, die das 13. Lebensjahr vollendet haben, eine Zustimmung zur Namensänderung notwendig sein, vgl. *Löhnig* FamRZ 2012, 679, 680 ff.

928 Insbesondere bei der Erwachsenenadoption, vgl. BeckOGK/*Lohnig* § 1757 BGB Rn. 57.

außen, überwiegend angenommen.[929] Kürzlich hat jedoch auch der BGH, der 2011 noch die Verfassungsmäßigkeit bejahte,[930] Zweifel daran geäußert, ob die zwingende Regelung des § 1757 BGB im Falle der Erwachsenenadoption verfassungsgemäß sei und hat diese Frage dem Bundesverfassungsgericht vorgelegt.[931] Die Entscheidung des Bundesverfassungsgerichts steht aktuell noch aus, allerdings zeigt bereits dieser Schritt des BGH, dass auch im Hinblick auf die Namensführung nach einer Adoption die persönlichen Wünsche des Angenommenen aufgrund der gesellschaftlichen Entwicklungen der letzten Jahre schwerer wiegen könnten als das Interesse an der Sichtbarkeit der Familienzugehörigkeit.

Auch deshalb sollte im Rahmen einer deutschen Namensrechtsreform, die unter der Leitidee der Liberalisierung stehen soll, dem Namensinhaber bzw. der Adoptivfamilie und dem Familiengericht so viel Vertrauen seitens des deutschen Gesetzgebers entgegengebracht werden, dass diese eine für die Lebensumstände des Adoptivkindes und der Adoptivfamilie angemessene Lösung finden können, ohne dass sich der Gesetzgeber durch weitere inhaltliche Beschränkungen in diesen Prozess einmischt. Um auch den Einzelfällen gerecht werden zu können, in denen das Weiterführen des ursprünglichen Geburtsnamens ausnahmsweise die beste Lösung für das Adoptivkind darstellt – zum Beispiel in Fällen, in denen ein Kind nach dem Tod der leiblichen Eltern von Verwandten o.ä. adoptiert wird und sich aufgrund seines Alters bereits ausschließlich mit dem Geburtsnamen identifiziert – sollte die Norm daher um diese Option nach schwedischem Vorbild erweitert werden. Anzumerken sei an dieser Stelle auch, dass eine familiäre Verbundenheit, die durch die Annahme als Kind meist auch rechtlich erreicht werden soll, zwar auch aber eben nicht primär auf der Namenseinheit der Familienmitglieder beruht.[932]

Zudem sollte die Formulierung der Regelung überdacht werden. Ein Weiterführen des ursprünglichen Geburtsnamens ist aktuell nur aus „schwerwiegenden Gründen“ möglich, der Gesetzgeber hat sich somit für eine restriktivere Formulierung entschieden, als man sie von der Einbenennung kennt.[933] Allgemein greift

929 So z.B. das OLG Hamm, FamRZ 2012, 138; das BayObLG FamRZ 2003, 1869; sowie das OLG Karlsruhe FamRZ 2000, 115, 116 und das OLG Celle FamRZ 1997, 115. Lediglich das AG Leverkusen entschied, dass eine Erwachsenenadoption auch ohne Namensänderung zulässig sei, weil aufgrund des Sinn und Zwecks der Norm eine ergänzende Auslegung, die dem Angenommenen die Beibehaltung seines bisherigen Namens gestattet, geboten sei, vgl. FamRZ 2008, 2058 sowie RNotZ 2009, 544.

930 BGH NJW 2011, 3094.

931 BGH Beschl. v. 13.05.2020 (XII ZB 427/19).

932 Das zeigt bereits der Relevanzverlust der familialen Zuordnungsfunktion gerade in Bezug auf die Namensführung in der Ehe, sowie die Argumentation im Rahmen der Namensführung unter Geschwistern.

933 Gem. § 1618 S. 4 BGB kann das Familiengericht die Einwilligung des anderen Elternteils ersetzen, wenn dies „zum Wohl des Kindes” erforderlich ist.

der Gesetzgeber in Kindschaftsfragen häufig auf den Maßstab des Kindeswohls zurück. Allerdings ist zu beachten, dass „schwerwiegende Gründe zum Wohl des Kindes" nach der einschlägigen Rechtsprechung schon dann vorliegen, „wenn dem Wohle des Anzunehmenden bei der Hinzufügung des Namens erheblich besser gedient ist, als wenn er nur den neuen Familiennamen führt".[934] Somit erfolgt faktisch auch hier eine „normale" Kindeswohlprüfung. Um eine Einheitlichkeit innerhalb der Namenserwerbstatbestände von Kindern, unabhängig davon ob leiblich oder adoptiert, zu erreichen, sollte der Wortlaut der neuen Norm dahingehend angepasst werden.

c. Nachträgliche Wiederannahme des ursprünglichen Geburtsnamens

Nach der hier vorgeschlagenen Einführung eines Namensänderungstatbestands aufgrund familiärer Beziehung,[935] kann somit auch das Adoptivkind, welches mit der Annahme als Kind die rechtliche Stellung eines leiblichen Kindes erlangt, über diesen Änderungstatbestand einen Namen erwerben, den seine Adoptiveltern oder Adoptivgeschwister führen. Fraglich ist, ob daneben, nach schwedischem Vorbild des § 10 Namnlag 2016, ein darüberhinausgehender Namensänderungstatbestand eingeführt werden sollte, welcher dem Adoptivkind auch die Wiederannahme seines ursprünglichen, von den leiblichen Eltern abgeleiteten Geburtsnamens gestattet.

Wie der schwedische Gesetzgeber in seinen Überlegungen zum Namnlag 2016 zu bedenken gab, kann es durchaus gute Gründe für das Adoptivkind geben, die Verbindung zu seinen leiblichen Eltern auch auf namensrechtlicher Ebene ausdrücken zu wollen, z.B. weil es nachträglich zu einer Wiederannäherung gekommen ist.[936] Diese Fälle sind sicherlich auch in Deutschland denkbar. Allerdings sieht das BGB keinen vergleichbaren Änderungstatbestand vor, eine „Rückkehr" zu dem ursprünglichen Geburtsnamen kommt lediglich in den Fällen in Betracht, in denen die Annahme als Kind aufgehoben wird und das Adoptivkind das Recht, den Familiennamen des Annehmenden zu führen, gem. § 1765 Abs. 1 S. 1 BGB verliert.[937] Dies erscheint jedoch, insbesondere mit Blick auf die Argumentation des schwedischen Gesetzgebers, zu kurz gegriffen. Ein Verweis auf die Möglichkeit der öffentlich-rechtlichen Namensänderung stellt aufgrund der Systematik von

934 KG Berlin FamRZ 1978, 208, 209; LG Bonn FamRZ 1985, 109; LG Köln FamRZ 1998, 506; Staudinger/*Helms* § 1757 BGB Rn. 28.

935 Vgl. dazu die Ausführungen in Kapitel 5 B. II. 2. e.

936 Prop. 2015/16:180 S. 32f.

937 Zwar wird diese Rechtsfolge von § 1765 BGB nicht ausdrücklich angeordnet, dies lässt sich jedoch aus Abs. 3 ableiten, vgl. Staudinger/*Helms* § 1765 BGB Rn. 6.

familienrechtlicher und öffentlich-rechtlicher Namensänderung für diesen Fall nur eine unzureichende Möglichkeit dar.[938]

Daher sprechen, wenn man die Liberalisierung des Namensrechts wirklich ernst meint, gute Gründe für die Einführung eines mit § 10 Namnlag 2016 vergleichbaren Namensänderungstatbestands für Adoptivkinder, der es diesen ermöglicht, nachträglich zu ihrem ursprünglichen Geburtsnamen zurückzukehren, um so eine an ihre individuelle Lebenssituation angepasste Namensführung zu ermöglichen. Dabei kann der „Kompromiss" des § 10 Namnlag 2016, dass kein vollständiger Wechsel zu dem ursprünglichen Geburtsnamen, sondern lediglich das Hinzufügen dieses Namens zu dem durch die Annahme als Kind erworbenen Familiennamens gestattet ist, als Vorbild dienen. Denn dieser berücksichtigt, dass das Kind durch die Adoption nun nicht mehr der Ursprungsfamilie, sondern der Adoptivfamilie zugeordnet wird. Daher sollte, auch bei Annahme des Familiennamens der Ursprungsfamilie aufgrund eines familienrechtlichen Namensänderungstatbestands, auch eine namentliche Verbindung zu der Adoptivfamilie bestehen bleiben. Sollte das Adoptivkind den Wunsch hegen, sich namentlich vollständig von der Adoptivfamilie lösen zu wollen, wird im Regelfall das Verhältnis zu der Adoptivfamilie derart zerrüttet sein, dass die Aufhebung der Annahme als Kind angebracht ist und somit eine Rückkehr zum Familiennamen der Ursprungsfamilie gem. § 1765 Abs. 1 S. 1 BGB möglich ist. Falls eine vollständige Namensänderung trotz bestehender Verbindung zur Adoptivfamilie gewünscht ist, wird es sich dabei wohl um einen Einzelfall handeln, dem bei Vorliegen eines wichtigen Grunds durch die öffentlich-rechtliche Namensänderung gem. § 3 NamÄndG entsprochen werden kann.

d. Sonderfall: Stiefkindadoption

Der Vergleich der deutschen und der schwedischen Regelung im Hinblick auf den Sonderfall der Stiefkindadoption zeigt, dass die schwedische Regelung für diesen Fall von einer Neubestimmung des Nachnamens absieht. Interessant ist, dass der schwedische Gesetzgeber, der mit der Abschaffung des automatischen Namenserwerbs auf ein System umgestellt hat, welches grds. eine Erklärung seitens des Namensinhabers bzw. der Eltern fordert,[939] für diesen besonderen Fall keine Erklärung der Eltern fordert.

In aller Regel wird das Stiefkind wohl den Namen seines leiblichen Elternteils weiterführen wollen. Sofern sich die Ehegatten im Rahmen einer Eheschließung für eine gemeinsame Namensführung entschieden haben, liegt auch ein Fall der

---

938 Der öffentlich-rechtlichen Namensänderung kommt gem. Nr. 27 Abs. 1 NamÄndVwV lediglich Ausnahmecharakter zu, vgl. dazu die Ausführungen in Kapitel 5 B. II. 2. e. aa. ii.

939 So müssen die Eltern für den Namenserwerb ihres gemeinsamen Kindes immer eine Namenserklärung i.S.d. § 4 Namnlag 2016 abgeben, vgl. die Ausführungen in Kapitel 4 B. I. 2.

Einbenennung vor. Allerdings kann es im Einzelfall Wunsch des Adoptivkindes sein, den Familiennamen des Adoptivelternteils anzunehmen. Dies erkannte auch der schwedische Gesetzgerber und verwies für diese Fälle auf die Namensänderung des § 9 Namnlag 2016.[940] Es erscheint daher sinnvoll, die derzeitige Regelung des § 1757 Abs. 1 S. 2 BGB, welche von den Adoptiveltern, unabhängig davon, ob eine Adoption eines fremden Kindes oder eine Stiefkindadoption stattfindet, eine Namensbestimmung fordert, abzuschaffen.

IV. Der Name des Pflegekindes

1. Aktuelle Situation in Deutschland und Schweden

Sowohl nach deutschem als auch nach schwedischem Recht hat die Pflegesituation, anders als die Adoption, auf den Namen des Pflegekindes zunächst keinen unmittelbaren Einfluss.[941] Allerdings besteht in beiden Rechtsordnungen die Möglichkeit eine Namenseinheit zwischen Pflegekind und Pflegeeltern(teil) durch eine nachträgliche Namensänderung zu erreichen, die sich jedoch in ihrer jeweiligen Ausgestaltung voneinander unterscheiden.

Das deutsche Recht kennt keinen familienrechtlichen Änderungstatbestand, nach dem es dem Pflegekind möglich wäre, seinen Familiennamen in den des Pflegeelternteils bzw. der Pflegeeltern zu ändern. Eine Namenseinheit mit der Pflegefamilie ist lediglich über die öffentlich-rechtliche Namensänderung gem. § 3 NamÄndG möglich. Gem. Nr. 42 NamÄndVwV kann dem Antrag eines Pflegekindes auf Änderung seines Familiennamens in den Familiennamen der Pflegeeltern dann entsprochen werden, wenn die Namensänderung dem Wohl des Kindes förderlich ist, das Pflegeverhältnis auf Dauer besteht und eine Annahme als Kind nicht oder noch nicht in Frage kommt. Dies ist nach stetiger Rechtsprechung immer dann der Fall, wenn die begehrte Namensänderung dem Wohl des Pflegekindes förderlich ist und überwiegende Interessen an der Beibehaltung des bisherigen Namens nicht entgegenstehen.[942]

Dagegen findet sich mit § 11 Namnlag 2016 ein familienrechtlicher Namensänderungstatbestand, der explizit den Fall der „Einbenennung" eines Pflegekindes regelt. Eine vergleichbare Regelung fand sich bereits in § 8 Abs. 1 Namnlag 1982. Zur Wahl stehen gem. § 11 Namnlag 2016 der Name der Pflegeeltern bzw. eines Pflegeelternteils (Nr. 1), ein aus den jeweiligen Nachnamen der Pflegeeltern gebildeter Doppelname (Nr. 2) oder ein aus dem Nachnamen eines Pflegeelternteils und dem ursprünglichen Nachnamen des Pflegekindes gebildeter Doppelname (Nr. 3).

---

940 So bereits für das Namnlag 1982 vgl. Prop. 1981/82:156 S. 51.

941 Für das deutsche Recht vgl. *Botthof* StAZ 2021, 33, 37; für das schwedische Recht vgl. die Ausführungen in Kapitel 4 B. I. 4.

942 So z.B. VG Neustadt JAmt 2019, 477; VG Freiburg FamRZ 2012, 1312; BVerwG FamRZ 1987, 807, 809; Staudinger/*Lugani* Vor §§ 1616 BGB Rn. 18d m.w.N.

Wie auch bei der öffentlich-rechtlichen Namensänderung gem. § 3 NamÄndG setzt die Namensänderung des Pflegekindes eine gerichtliche Entscheidung voraus, in der Kindeswohlgesichtspunkte berücksichtigt werden. Während sich in § 8 Abs. 1 Namnlag 1982 der Kindeswohlvorbehalt noch direkt in der entsprechenden Norm befand, ist dieser nun in § 34 Abs. 2 Namnlag 2016 „ausgelagert". Bei dieser Prüfung sind neben der Dauer der Unterbringung in der Pflegefamilie auch die Angemessenheit der Namensänderung im Einzelfall zu berücksichtigen.[943] Allerdings kann nur ein minderjähriges Pflegekind, welches noch in der Pflegefamilie untergebracht ist, von der Namensänderung nach § 11 Namnlag 2016 Gebrauch machen, erwachsenen Pflegekindern steht jedoch der Weg über die administrative Namensänderung gem. §§ 13 ff. Namnlag 2016 offen.[944]

Während also im Rahmen der deutschen öffentlich-rechtlichen Namensänderung lediglich eine Namensänderung in den Familiennamen des Pflegeelternteils bzw. der Pflegeeltern unter Aufgabe des ursprünglich geführten Familiennamens möglich ist, bietet § 11 Namnlag 2016 als familienrechtlicher Namensänderungstatbestand darüber hinaus verschiedene Kombinationsmöglichkeiten. Auch hier stand für den schwedischen Gesetzgeber wieder das Bestreben im Vordergrund, dem Namensinhaber weitreichende Möglichkeiten an die Hand zu geben, um eine für ihn und seine Lebenssituation passende Namensführung zu ermöglichen, z.B. weil das Pflegekind mit der Namensänderung die Beziehung zu seiner Ursprungsfamilie und der Pflegefamilie ausdrücken möchte.[945]

2. Überlegungen für eine Reform des deutschen Namensrechts

Fraglich ist, ob auch für eine deutsche Reform des Namensrechts die Einführung eines mit § 11 Namnlag 2016 vergleichbaren familienrechtlichen Namensänderungstatbestands empfohlen werden sollte.

Dafür spricht, dass – ähnlich wie auch bei der Adoption – die Namensänderung des Pflegekindes auf einen unmittelbar familienrechtlichen Vorgang, die Pflegschaft, zurückzuführen ist.[946] Es erscheint daher nur folgerichtig, die Namensänderung des Pflegekindes ebenfalls im BGB anzusiedeln, auch um so dem Verhältnis von familienrechtlicher Namensänderung als grds. umfassender und abschließender Regelung und öffentlich-rechtlicher Namensänderung als Ausnahmeregelung gerecht zu werden. Gerade dieses Regel-Ausnahme-Verhältnis von familienrechtlicher und öffentlich-rechtlicher Namensänderung kann jedoch auch gegen die Einführung eines familienrechtlichen Namensänderungstatbestands angeführt werden. Denn z.T. wird vertreten, dass die Namensänderung des Pflegekindes in den Familiennamen des Pflegeelternteils bzw. der Pflegeeltern bei Weitem nicht

943 Prop. 2015/16:180 S. 124.
944 Prop. 2015/16:180 S. 100f.
945 Prop. 2015/16:180 S. 33f.
946 So auch *Mertens* S. 167.

die Häufigkeit habe, dass sich eine familienrechtliche Regelung im BGB notwendigerweise aufdränge, sondern es sich bei dieser Fallgruppe tatsächlich um die von Nr. 27 Abs. 1 S. 2 u. 3 NamÄndVwV angesprochene Ausnahme handelt.[947] Allerdings lässt sich bei einer derzeitigen Zahl von über 80.000 Pflegekindern[948] sicherlich die Frage aufwerfen, ob es sich tatsächlich nur um Einzelfälle handelt. Freilich sind nicht all diese Pflegekinder dauerhaft in Pflegefamilien untergebracht, z.T. werden Rückführungen in die Ursprungsfamilie durchgeführt und auch nicht jedes dieser Pflegekinder hegt den Wunsch, seinen Namen ändern zu wollen, nichtsdestotrotz könnte die Einführung eines familienrechtlichen Namensänderungstatbestands auch als ein Signal dahingehend verstanden werden, dass auch andere Beziehungen als die biologische oder rechtliche Familienbeziehung einen großen Einfluss auf das Leben insbesondere minderjähriger Kinder und deren Identifikation haben. Um eine gewisse Sichtbarkeit zu schaffen, und die Rechte von Pflegekindern zu stärken, sollte daher ein Namensänderungstatbestand nach Vorbild des § 11 Namnlag 2016 auch in Deutschland eingeführt werden. Insbesondere sollten dabei die Wahlmöglichkeiten des § 11 Namnlag 2016 übernommen werden. Denn durch diese Vielzahl an Kombinationsmöglichkeiten wird dem Pflegekind ermöglicht, eine für seine Lebensumstände passende Namensführung zu erlangen.

Auch an dem Kindeswohlvorbehalt sollte festgehalten werden. Denn anders als bei der Adoption wird durch ein Pflegeverhältnis keine dauerhafte, rechtlich neue familiäre Verbindung hergestellt, sondern das Kind gehört weiterhin der Ursprungsfamilie an. Einem Zustimmungserfordernis der namensgebenden Pflegeeltern wie es § 34 Abs. 2 Namnlag 2016 vorsieht, bedarf es dann jedoch nicht, da die Prüfung der Vereinbarkeit der Namensänderung mit dem Kindeswohl eine formale Zustimmung der Pflegeeltern entbehrlich macht. Bei einer fehlenden Unterstützung durch die Pflegefamilie wird das Gericht i.d.R. eine Namensänderung nicht als dem Wohl des Kindes förderlich ansehen.

Einer nachträglichen Namensänderung der Pflegeeltern könnte sich das Pflegekind über diesen neu geschaffenen familienrechtlichen Namensänderungstatbestand anschließen, eine Rückkehr zu dem Familiennamen der leiblichen Eltern wäre zudem über den allgemeinen Namensänderungstatbestand aufgrund familiärer Beziehung möglich. Somit würde lediglich für die Fälle, in denen das Pflegekind zu seinem ursprünglich geführten Familiennamen, den es zugunsten des Familiennamens der Pflegeeltern abgelegt hat, zurückkehren möchte, und die leiblichen Eltern diesen Namen aufgrund einer eigenen Namensänderung abgelegt haben und daher aktuell nicht mehr führen, die Notwendigkeit einer öffentlich-rechtlichen Namensänderung i.S.d. § 3 NamÄndG verbleiben. Diese Ausnahmefälle

---

947 So zumindest *Mertens* S. 167.

948 Https://www.stern.de/stiftung/pflegekinder-in-deutschland--eine-reportage-und-suchen-nach-antworten-9541 230.html; https://www.pflegefamilien-hessen.de/pflegefamilien-in-deutschland/ geht von über 70.000 aus.

rechtfertigen jedoch nicht die Einführung einer Sonderregelung, wie es in Fällen der Adoption vorgesehen ist, weil für das Pflegekind – anders als für das Adoptivkind – eine Namensänderung durch die Pflegschaft nicht notwendigerweise erfolgt, sondern auf einer freiwilligen Entscheidung des Pflegekindes beruht. Es ist daher weniger schutzwürdig.

C. Der Vorname

I. Aktuelle Situation in Deutschland und Schweden

Während sich in Schweden mit den §§ 26-28 Namnlag 2016 ausdrückliche gesetzliche Regelungen finden, die sich mit dem Erwerb des Vornamens (§ 26), den Anforderungen an die Qualität des Vornamens (§ 28) und der Vornamensänderung (§ 27) befassen, findet der Vornamenserwerb keine Erwähnung im BGB. Lediglich die Vornamensänderung im Rahmen der öffentlich-rechtlichen Namensänderung findet sich in § 11 NamÄndG, sowie der Sonderfall der Vornamenssortierung in § 45a PStG.

Sowohl in Deutschland als auch in Schweden besteht eine Vornamenspflicht. Für das schwedische Recht normiert § 26 Abs. 1 Namnlag 2016 ausdrücklich, dass jedem Kind mindestens ein Vorname erteilt werden muss. In Deutschland ergibt sich dies indirekt aus § 21 Abs. 1 Nr. 2 PStG, der eine Beurkundung des Vor- und Familiennamens des Kindes vorsieht.[949] Zudem gibt es sowohl in Schweden als auch in Deutschland grds. keine festgeschriebene Begrenzung der Anzahl der Vornamen.[950]

Vergleichbar sind auch die Anforderungen, die an eine solche Vornamensauswahl gestellt werden. Denn sowohl nach deutschem als auch nach schwedischem Recht werden die Eltern in ihrer Auswahlfreiheit durch das Kindeswohl begrenzt. Während sich dies in Deutschland aus dem allgemeinen Persönlichkeitsrecht des Kindes gem. Art. 2 Abs. 1 GG ergibt, welches das Kind vor einer verantwortungslosen Namenswahl durch die Eltern schützen soll,[951] beschränkt § 28 Namnlag 2016 ausdrücklich die Wahlfreiheit der Eltern dahingehend, dass es sich bei dem Vornamen nicht um einen Namen handeln darf, der Anstoß erregen kann (Nr. 1), der befürchten lässt, dass dieser Name dem Träger unangenehm sein könnte (Nr. 2) oder der aus anderen Gründen als Vorname ungeeignet ist (Nr. 3), wie z.B. Namen, bei denen es sich typischerweise um Nachnamen handelt.[952] Somit sind die Anforderungen an einen Vornamen ähnlich denen in Deutschland, denn auch hier scheiden Vornamen, die das Kind der Lächerlichkeit preisgeben oder bei denen es sich

949 Vgl. *Bornhofen* StAZ 2020, 162. 165.

950 Für Deutschland vgl. *Wendt* FPR 2010, 12, 15; für Schweden vgl. Prop. 2015/16:180 S. 119.

951 BeckOGK/*Kienemund* § 1616 BGB Rn. 75; *Wendt* FPR 2010, 12, 13.

952 Prop. 2015/16:180 S. 66.

typischerweise um Nachnamen handelt, aus.[953] Allerdings lässt sich mit Blick auf die Rechtsprechung feststellen, dass die Ansicht schwedischer Gerichte, welche Namen als Vornamen genehmigt werden können, noch liberaler ist als die der deutschen. Zwar finden sich sowohl in Schweden als auch in Deutschland Namen, die auf den ersten Blick durchaus ungewöhnlich sind. So z.B. Lego,[954] Twilight[955] oder Prins[956] in Schweden, sowie Bavaria,[957] Emelie-Extra[958] oder Pumuckl in Deutschland.[959] Allerdings können in Schweden auch Vornamen erworben werden, die lediglich aus einem Buchstaben bestehen.[960]

Während jedoch eine Vornamensänderung nach deutschem Recht lediglich im Rahmen einer öffentlich-rechtlichen Namensänderung gem. § 11 i.V.m. § 3 NamÄndG und somit nur aus einem wichtigen Grund möglich ist,[961] bietet das schwedische Namensrecht dem Namensinhaber mit § 27 Namnlag 2016 die Möglichkeit, seinen Vornamen anlasslos durch Mitteilung an die schwedische Steuerbehörde zu ändern. Eine solche Vornamensänderung kann dabei durch hinzufügen (Nr. 1), ändern (Nr. 2) oder löschen (Nr. 3) eines oder mehrerer Vornamen geschehen, sofern dem Namensinhaber mindestens ein Vorname verbleibt, zudem kann auch nur die Reihenfolge der Vornamen geändert werden (Nr. 4). Lediglich eine solche Änderung der Reihenfolge ist seit Einführung des § 45a PStG durch die sogenannte „Sortiererklärung" ebenfalls anlasslos durch Erklärung gegenüber dem Standesamt möglich, eine Änderung der Schreibweise, das Hinzufügen oder Löschen von Vornamen ist jedoch gem. § 45a Abs. 1 S. 2 PStG explizit ausgenommen. Diese Änderungen können nur durch eine öffentlich-rechtliche Namensänderung nach § 11 i.V.m. § 3 NamÄndG erreicht werden. So zeigt sich auch mit Blick auf die Vornamensänderung, dass der schwedische Gesetzgeber seinen Bürgern deutlich mehr Vertrauen entgegenbringt und von einer weiteren Prüfung, ob bspw. ein wichtiger Grund für die Namensänderung vorliegt, absieht. Grund dafür war auch an dieser Stelle, dass der schwedische Gesetzgeber das Missbrauchsrisiko als

953 *Wendt* FPR 2010, 12, 13.

954 Kammergericht Stockholm v. 3.6.2008 Fall-Nr. 211-08.

955 RÅ 1987 ref. 9.

956 Kammergericht Jönköping v. 11.5.2010 Fall-Nr. 3409-09.

957 AG München StAZ 1981, 276.

958 OLG Schleswig StAZ 2003, 334.

959 OLG Zweibrücken NJW 1984, 1360, mit der Begründung, dass mit dem Namen keine negativen Charaktereigenschaften verbunden sind, sondern dass vielmehr „seine sympathischen Eigenschaften seine Untugenden vergessen lassen".

960 Das Höchste Verwaltungsgericht genehmigte u.a. den Vornamen „J", vgl. HFD 2019 ref. 57 III; ebenso den Vorname „Q" nach der Star- Trek- Figur und "A- C" als Abkürzung von Ann-Christine, vgl. RÅ 2009 ref. 55 I und II.

961 § 11 NamÄndG verweist für die Vornamensänderung auf die Voraussetzungen des § 3 NamÄndG.

in keinem Verhältnis stehend zu den durch die liberalen Änderungsmöglichkeiten entstehenden Freiheiten für den Bürger und die Ermöglichung der freien Entfaltung ansah.[962]

II. Überlegungen für eine Reform des deutschen Namensrechts

1. Einführung eines zentralen Erwerbstatbestands

Zunächst sollte auch im deutschen Recht ein Erwerbstatbestand eingeführt werden, der, angelehnt an § 26 Namnlag 2016, vorschreibt, dass jedem Kind ein oder mehrere Vornamen erteilt werden müssen. Zudem sollte die in § 22 Abs. 1 PStG verwendete Monatsfrist ebenfalls in die neue Zentralnorm übernommen werden. Die sich insbesondere aus der Rechtsprechung herausgebildeten Grundsätze zum Vornamenserwerb sollten ebenfalls in den gesetzlich normierten Erwerbstatbestand übernommen werden.[963] Ebenso empfiehlt es sich, ähnlich wie in § 28 Namnlag 2016, die Beschränkung der Auswahlfreiheit aus Kindeswohlgründen in den Wortlaut der Norm aufzunehmen. Die Einführung eines solchen Erwerbstatbestands würde somit in der Praxis keine großen Neuerungen mit sich bringen, jedoch dazu beitragen, die den Namen betreffenden Regelungen zentral und übersichtlich im BGB anzusiedeln.

2. Einführung und Erweiterung eines Änderungstatbestands

Während Eltern früher bei der Vornamensauswahl mehr Wert auf Traditionen gelegt haben, steht heute die Ästhetik des Namens im Vordergrund.[964] Doch nicht mit jedem Namen, der den Eltern gefällt, wird auch das Kind zufrieden sein, insbesondere wenn es sich um einen speziellen oder ausgefallenen Vornamen handelt. Der Vorname soll aber gerade seiner Funktion nach insbesondere der Identität und dem Selbstverständnis einer Person Rechnung tragen.[965] Um dieser Funktion gerecht werden zu können, sollte daher ein Namensänderungstatbestand für Vornamen nach schwedischem Vorbild bei einer Reform des deutschen Namensrechts eingeführt werden. Dem Namensinhaber würde es dadurch ermöglicht, seinen Vornamen anlasslos ändern zu können, ohne dass er einen wichtigen Grund i.S.d. § 3 NamÄndG anführen muss. Für die Einführung eines solchen zivilrechtlichen Änderungstatbestands im BGB spricht zudem das Verhältnis von

962 Prop. 2015/16:180 S. 67.

963 Vgl. für diese Grundsätz die Ausführungen in Kapitel 3 B. II.

964 Dies ging aus einer bevölkerungsrepräsentativen Studie des Instituts für Demoskopie Allensbach hervor, vgl. *Institut für Demoskopie Allensbach/Rüdebusch* StAZ 2014, 323, 324 ff.

965 Vgl. dazu die Ausführungen in Kapitel 2 B. I.

bürgerlich-rechtlichen Regelungen des Namensrechts als grds. abschließenden Regelungen und der öffentlich-rechtlichen Namensänderung als Ausnahme.[966]

Zum einen würde durch einen solchen umfassenden Änderungstatbestand die derzeit bereits bestehende Möglichkeit der Vornamenssortierung, welche sich aktuell in § 45a PStG befindet, an zentraler Stelle angesiedelt werden können, zum anderen bietet es sich auch an im Zuge einer Reform einen an § 27 Namnlag 2016 angelehnten allgemeinen Änderungstatbestand zu gestalten, der dem Namensinhaber über die Vornamenssortierung hinaus eine Änderung seines Vornamens bzw. seiner Vornamen sowie das Hinzufügen und Löschen von weiteren Vornamen gestattet, ohne dass es einer Prüfung i.S.d. § 3 NamÄndG im Hinblick auf einen wichtigen Grund bedarf. Denn aufgrund des Namensauswahlrechts der Eltern kann das Kind zum Zeitpunkt des Namenserwerbs seine eigenen Wünsche und Vorstellungen nicht kundtun, ihm wird der Vorname durch die Eltern vielmehr „aufgezwungen". Daher spricht viel für die Einführung einer voraussetzungsfreien, unbürokratischen Vornamensänderungsmöglichkeit, die das Kind bei Bedarf wahrnehmen kann, um einen Vornamen annehmen zu können, der zu seinem Selbstverständnis passt.[967] Wie auch bei der Familiennamensänderung kann davon ausgegangen werden, dass Namensinhaber mit dieser Änderungsmöglichkeit sorgsam umgehen werden, da eine Namensänderung, gerade die des Vornamens, unter dem man im sozialen Bereich i.d.R. angesprochen wird, immer auch eine Zäsur bedeutet und neben den finanziellen Belastungen auch mit sozialen Veränderungen und Schwierigkeiten einhergeht.[968]

3. *Fazit*

Da es derzeit an einer zivilrechtlichen Regelung des Vornamenserwerbs bzw. der Vornamensänderung mangelt, sollte eine Reform des deutschen Namensrechts als Chance genutzt werden, nicht nur die Regelungen des Familiennamens zu überarbeiten, sondern darüber hinaus auch den Vornamen betreffende Regelungen einzuführen, um eine Einheitlichkeit mit den Regelungen zum Familiennamen zu erreichen.[969] Gerade mit Blick auf die Liberalisierungsbestrebungen sowie die

966 vgl. dazu Ziff. 27 Abs. 1 NamÄndVwV.

967 So bereits *Wagenitz* FamRZ 1998, 1545, 1553 sowie aktuell im Rahmen der Diskussion über eine Reform des Namensrechts *Dutta* Reform des deutschen Namensrechts S. 34, der sich für ein voraussetzungsfreies Namensänderungsrecht bereits ab Vollendung des 16. Lebensjahres ausspricht.

968 Wie bereits im Rahmen der Änderung des Familiennamens, vgl. die Ausführungen in Kapitel 5 B. II. e. cc.

969 So auch *Bornhofen* StAZ 2020. 162, 165; dagegen werden im Eckpunktpapier keine inhaltlichen Änderungen im Hinblick auf den Vornamenserwerb vorgeschlagen, vgl. S. 5, abrufbar unter: https://www.bmi.bund.de/SharedDocs/pressemitteilungen/DE/2020/03/namensrecht.html; für ein umfassendes „Vornamensgesetz" bereits *Arndt* S. 219 ff.

Funktion des Vornamens, der, anders als der Familienname, ausschließlich der Individualität einer Person Ausdruck verleiht und dem Namensinhaber bei der Entwicklung einer eigenen Identität hilft,[970] sollte der deutsche Gesetzgeber seinen Bürgern auch an dieser Stelle mehr Vertrauen dahingehend entgegenbringen, dass diese mit den neuen Freiheiten verantwortungsbewusst umgehen werden.

D. Die öffentlich-rechtliche Namensänderung

I. Aktuelle Situation in Deutschland und Schweden

Sowohl das deutsche Recht als auch das schwedische kennen eine, von familienrechtlichen Statusänderungen und familiären Verbindungen unabhängige, öffentlich-rechtliche bzw. „administrative" Namensänderung. Während die administrative Namensänderung im schwedischen Recht in den §§ 13 ff. Namnlag 2016 und somit direkt im Namensgesetz angesiedelt ist, findet sich der öffentlich-rechtliche Namensänderungstatbestand des § 3 NamÄndG hingegen außerhalb des BGB in einem eigenen Gesetz.

Einen weiteren Unterschied stellt das Verhältnis dieser Arten der Namensänderung zueinander dar. Während in Schweden die administrative und die familienrechtliche Namensänderung faktisch gleichwertig nebeneinanderstehen,[971] kommt nach deutschem Recht die öffentlich-rechtliche Namensänderung nur in Ausnahmefällen zum Tragen, während die Vorschriften des bürgerlichen Rechts die Namensänderungsmöglichkeiten grundsätzlich umfassend und abschließend regeln sollen.[972]

Unterschiede gibt es ferner hinsichtlich der Anforderungen an eine solche administrative bzw. öffentlich-rechtliche Namensänderung. Während in Schweden die §§ 16-19 Namnlag 2016 die Änderung in einen Großteil der von den Namensinhabern gewünschten Namen ohne das Vorliegen eines besonderen Grunds ermöglichen, ein Anlass für die Namensänderung von der Behörde somit nicht überprüft wird, stellt § 3 NamÄndG klar, dass eine öffentlich-rechtliche Namensänderung in Deutschland immer nur aus wichtigem Grund in Betracht kommt. Eine administrative Namensänderung aus „besonderen Gründen" (*särskilda skäl*) kommt jedoch gem. § 13 Abs. 1 Namnlag 2016 lediglich dann in Betracht, wenn eine Namensänderung nicht bereits nach den familienrechtlichen Änderungstatbeständen, gem. § 30 Namnlag 2016, oder aufgrund der §§ 16-19 Namnlag 2016 in Betracht kommt, oder der neu gebildete Name nicht gem. § 14 Namnlag 2016 als Nachname geeignet ist bzw. eine Verwechslungsgefahr i.S.d. § 15 Namnlag 2016 zu befürchten ist. Die Namensänderung aus besonderen Gründen stellt somit in Schweden nicht wie

---

970 MüKo/*v. Sachsen Gessaphe* Anh. zu § 1618 BGB Rn. 1; BVerfG NJW 2002, 1256, 1257; *Arndt* S. 166 f.

971 So *Franck* StAZ 2020, 97, 109.

972 Vgl. Ziff. 27 NamÄndVwV.

in Deutschland gem. § 3 NamÄndG den Regelfall dar, sondern dient lediglich als Auffangtatbestand.

Eine mit § 14 Namnlag 2016 vergleichbare Überprüfung von neu gebildeten Familiennamen findet gem. Ziff. 53 Abs. 1 NamÄndVwV auch bei der öffentlich-rechtlichen Namensänderung nach § 3 NamÄndG statt. Insbesondere wird der gewünschte Name daraufhin überprüft, ob er als Familiennamen geeignet ist. Zudem darf gem. § Ziff. 53 Abs. 2, 3 NamÄndVwV auch keine Verwechslungsgefahr, wie sie auch § 15 Namnlag 2016 beschreibt, bestehen.

II. Überlegungen für eine Reform des deutschen Namensrechts

1. *Jüngste Entwicklungen im Hinblick auf die öffentlich-rechtliche Namensänderung*

a. *Sprachliche Anpassung des Namensänderungsgesetzes*

Das Namensänderungsgesetz wurde 1938 durch die Nationalsozialisten eingeführt, die mit dem Gesetz eine rechtliche Grundlage für die unterschiedliche Behandlung von „jüdischen Namen“ bzw. „jüdischen Namensänderungen“ und sonstigen Namen bzw. Namensänderungen schaffen wollten, um insbesondere Namensänderungen jüdischer Bürger zu verhindern oder rückwirkend widerrufen zu können.[973] Nach Ende des zweiten Weltkriegs wurde zwar vom Bundesverwaltungsgericht festgestellt, dass das Namensänderungsgesetz in der damals geltenden Fassung kein nationalsozialistisches Gedankengut enthalte und in seiner Entwicklung von den vor Einführung des BGB bestehenden landesrechtlichen Regelungen geprägt sei,[974] allerdings sprach das Gesetz lange Zeit nach Gründung der Bundesrepublik noch vom Wohnsitz oder gewöhnlichen Aufenthalt „im Deutschen Reich“[975] bzw. dem „Reichsminister des Inneren“[976]. Aufgrund dieser veralteten Begrifflichkeiten wurde wiederholt eine Anpassung des Gesetzes gefordert.[977] Diese hat der deutsche Gesetzgeber im Jahr 2021 – knapp 75 Jahre nach Ende des zweiten Weltkriegs und somit auch des Deutschen Reichs – durch

973 *Wagner-Kern* S. 225, 312; Zudem sollte auch Bürgern, die ihre „arische Abstammung” nachweisen konnten, eine Namensänderung ermöglicht werden, damit diese ihre jüdisch klingenden Familiennamen ablegen konnten um sich so „vom Judentum zu lösen”, vgl. *ders.* S. 312, 319 ff.

974 BVerwG StAZ 1959, 292.

975 § 1 NamÄndG a.F.

976 § 5 Abs. 1 bzw. § 6 NamÄndG a.F.

977 Bspw. von *Mertens* StAZ 2018, 329, 330, die in ihrer Arbeit zudem einen Reformvorschlag für eine Neufassung des NamÄndG vorlegt, vgl. *dies.* S. 195 ff.

die Änderung des Namensänderungsgesetzes vorgenommen.[978] Die veralteten Bezeichnungen wurden durch die Begriffe „Inland“ bzw. „Bundesministerium des Innern, für Bau und Heimat“ ersetzt und haben dem Namensänderungsgesetz nun zumindest sprachlich einen moderneren Anstrich verpasst.

b. Überlegungen zur Abschaffung der Zweiteilung des Namensänderungsrechts

Im Rahmen der jüngsten Überlegungen für eine Reform des deutschen Namensrechts wurde nicht nur die Anpassung bzw. Änderung des Namensänderungsgesetzes angeregt, sondern es gibt auch Stimmen, die sich für eine gänzliche Abschaffung der Differenzierung von familienrechtlicher und öffentlich-rechtlicher Namensänderung und die daraus resultierende Aufhebung des Namensänderungsgesetzes aussprechen. So soll nach dem Vorschlag der Arbeitsgruppe des BMJV und BMI die Zweiteilung des Namensänderungsrechts entfallen und stattdessen ein umfassender zivilrechtlicher Namensänderungstatbestand eingeführt werden, der die Namensänderung aus anerkennenswertem Grund gestattet bzw. dem Namensinhaber die Möglichkeit bietet, einmal binnen zehn Jahre seinen Familiennamen auch anlasslos ändern zu können, sofern er das 16. Lebensjahr vollendet hat.[979]

2. Absehen von der Voraussetzung des „wichtigen Grundes“ nach schwedischem Vorbild

Sofern der deutsche Gesetzgeber hingegen an der Zweiteilung der Namensänderungstatbestände festhalten will, besteht die Möglichkeit, die öffentlich-rechtliche Namensänderung zu bestimmten Namen zu vereinfachen und in diesen Fällen vom Vorliegen eines wichtigen Grundes nach schwedischem Vorbild abzusehen. So sehen die §§ 16-19 Namnlag 2016 eine solche vereinfachte Namensänderung, bei denen allein der Wunsch des Namensinhabers nach einem neu gebildeten Nachnamen Grund genug für eine administrative Namensänderung ist, für bestimmte Sachverhalte vor.

a. Namensänderung in einen neugebildeten Familiennamen

Eine solche „vereinfachte“ Namensänderung nach schwedischem Vorbild könnte dann in Betracht kommen, wenn der Namensinhaber eine Namensänderung in einen neu gebildeten Familiennamen, d.h. in einen Namen, der in Deutschland noch nicht existiert, wünscht. Denn § 14 Namnlag 2016 ermöglicht eine solche

---

978 BGBl. I S. 739; die Änderung diente primär der Bereinigung historischer Begriffe, vgl. BT-Drs. 19/26177 S. 1.

979 Eckpunkte zur Reform des Namensrechts S. 5 f., abrufbar unter: https://www.bmi.bund.de/SharedDocs/pressemitteilungen/DE/2020/03/namensrecht.html

Namensänderung, sofern die Voraussetzungen des § 14 Namnlag 2016 erfüllt sind, der Name also insbesondere als Nachname geeignet ist, und keine Verwechslungsgefahr gem. § 15 Namnlag 2016 besteht.

Gegen die Einführung einer „vereinfachten" Namensänderungsmöglichkeit in einen neu gebildeten Familiennamen sprechen jedoch die wenig vergleichbaren Ausgangslagen in Deutschland und Schweden.[980] Zum einen bestand in Deutschland nie eine solche Namensarmut wie in Schweden, die zu einer „Tradition" der Annahme neugebildeter Namen in größerem Maße geführt hätte. Denn seit jeher stellt die Annahme eines solchen Namens i.R.d. § 3 NamÄndG lediglich eine Ausnahme dar. Zum anderen hat sich im schwedischen Recht die Bevorzugung solcher neu gebildeter Nachnamen herausgebildet, weil ein wichtiger Aspekt der Restriktionen der administrativen Namensänderung nicht das staatliche Interesse an Identifizierbarkeit, sondern vielmehr der Schutz von Namensinhabern mit seltenen Nachnamen ist.[981] Weil diese jedoch durch die Annahme eines neu gebildeten Namens nicht in ihren Rechten beeinträchtigt werden, ist eine solche Namensänderung ohne Grund möglich. Anders ist dies in Deutschland. Das Erfordernis eines wichtigen Grundes i.S.d. § 3 NamÄndG soll verdeutlichen, dass eine öffentlich-rechtliche Namensänderung nicht lediglich als Privatsache angesehen wird, sondern dass auch ein öffentliches Interesse an der Beibehaltung des bisherigen Namens bestehen kann.[982] Solange der deutsche Gesetzgeber an einer solchen Unterscheidung festhält, besteht auch kein Grund, die anlasslose Namensänderung in einen neu gebildeten Familiennamen zu gestatten, nicht aber die in einen bereits existierenden.

b. Namensänderung in einen „geläufigen" Namen

Nach schwedischem Recht kann eine Namensänderung in einen Nachnamen, den mehr als 2.000 Personen tragen, gem. § 16 Namnlag 2016 ohne weitere Prüfung erfolgen. Eine solche freie Namensänderung zu einem „geläufigen" Namen kennt man nicht nur in Schweden, sondern auch in einigen anderen Staaten, darunter auch Dänemark[983] und Norwegen[984], wobei die Grenze in Dänemark ebenfalls bei

---

980 Vgl. dazu auch für die folgenden Ausführungen die Ausführungen in Kapitel 5 B. I. 2. c.

981 Denn strenge Regeln zum Erwerb von Namen, die bereits von einer anderen Person getragen wurden, fanden sich trotz der Existenz der Personennummer in den Namnlag 1963 und 1982, vgl. zu dem Zweck auch Prop. 2015/16:180 S. 47 ff.; ebenfalls die Interessen Dritter als Haupttreiber für eine Begrenzung der Namenswahlfreiheit sehend Franck StAZ 2020, 97, 107.

982 Meist wird dies aus Gründen der Namenskontinuität bzw. der kontinuierlichen Identifizierbarkeit sein, vgl. *Mertens* S. 66 f.

983 § 2 Abs. 1 des dänischen Namensgesetzes.

984 § 3 Abs. 1 des norwegischen Namensgesetzes.

2.000 Personen, in Norwegen hingegen lediglich bei 200 Personen liegt, die diesen Namen bereits führen müssen.

Allerdings sind die Ausgangsbedingungen in Schweden und Deutschland auch in dieser Hinsicht nicht vergleichbar. Die Unterscheidung von geläufigen und seltenen Nachnamen wurde insbesondere zum Schutz derer vorgenommen, die einen seltenen Namen führen.[985] So tragen 10% der schwedischen Bevölkerung einen der acht häufigsten Nachnamen in Schweden.[986] Einem solchen Namen kommt somit nur eine geringe Aussagekraft über die Identität seines Trägers zu, daher sollen sie auch von jedermann frei erworben werden können.[987]

In Deutschland kennt man jedoch keine solche Unterscheidung zwischen geläufigen und seltenen Nachnamen. Zudem ist Sinn und Zweck der Beschränkung öffentlich-rechtlicher Namensänderungen auf solche aus wichtigem Grund nicht der Schutz von Trägern seltener Nachnamen, sondern vielmehr das staatliche Interesse an Identifizierbarkeit und die Kontinuität der Namensführung.[988] Tritt dieses zurück, müssten daher der freie Erwerb konsequenterweise für alle Namen und nicht nur „geläufige“ gestattet werden. Fraglich wäre ferner, ab wann ein Name in Deutschland als „geläufig“ anzusehen ist. Eine solche Grenze festzulegen, erfordert eine nicht unerheblich aufwändige Untersuchung der aktuellen Verhältnisse in Deutschland, zudem unterliegt eine Grenzziehung immer auch der Willkür des Gesetzgebers.[989]

Zudem wird eingewandt, dass in Deutschland – mit Blick auf Art. 3 Abs. 3 S. 1 GG, der die Bevorzugung oder Benachteiligung wegen der „Herkunft“ verbietet, – „keine Rücksicht auf dynastische Befindlichkeiten einzelner Namensträger“ genommen werden sollte.[990] Es ist ferner zu vermuten, dass Namensänderungen in Deutschland aufgrund der vorherrschenden Traditionen auch nach einer Liberalisierung des Namensrechts weit überwiegend aufgrund einer familiären Verbindung vorgenommen werden. Diese sollten dann jedoch vorwiegend über familienrechtliche Änderungstatbestände erworben werden können, sodass ein Rückgriff auf die öffentlich-rechtliche Namensänderung nur in Ausnahmefällen notwendig wird. Von der Einführung der Möglichkeit eines generellen freien Erwerbs der geläufigsten Namen ist daher in Deutschland abzusehen.

---

985 Vgl. u.a. zur Geschichte Prop. 2015/16:180 S. 47 ff.

986 Vgl. die Statistik des statistischen Zentralamts Schwedens (SCB) für das Jahr 2021 unter https://www.scb.se/hitta-statistik/sverige-i-siffror/namnsok/; ebenso *Franck* StAZ 2020, 97, 98.

987 Prop 2015/16:180 S. 49 f.

988 *Mertens* S. 66 f.

989 *Dutta* Reform des deutschen Namensrechts S. 34 f.

990 So *Dutta* Reform des deutschen Namensrechts, S. 34.

c. *Namensänderung in einen früher einmal geführten Namen*

§ 19 Abs. 1 Namnlag 2016 gestattet es dem Namensinhaber, seinen Namen im Rahmen der administrativen Namensänderung in einen Namen zu ändern, den er früher einmal geführt hat. Dabei wird aufgrund des Nebeneinanders von familienrechtlicher und administrativer Namensänderung nicht unterschieden, aufgrund welcher Art von Namensänderung er diesen Namen verloren hat. Einzige Einschränkung ist, dass der Name nicht gem. § 21 Namnlag durch gerichtliche Entscheidung entzogen worden sein darf.

Anders stellt sich dies in Deutschland dar. Aufgrund des Regel-Ausnahme-Verhältnisses von zivilrechtlicher und öffentlich-rechtlicher Namensänderung stellt Ziff. 46 NamÄndVwV klar, dass ein Familienname, der aufgrund eines familienrechtlichen Vorgangs wie bspw. einer Eheschließung oder Annahme als Kind abgelegt wurde, im Allgemeinen auch nur mittels einem zivilrechtlichen Änderungstatbestand wieder angenommen werden kann. Lediglich nicht beabsichtigte Härten können über § 3 NamÄndG durch eine öffentlich-rechtliche Namensänderung beseitigt werden.[991]

Unter Berücksichtigung dieses Regel-Ausnahme-Verhältnisses sollte auch auf das Absehen der Voraussetzung des wichtigen Grundes bei einer öffentlich-rechtlichen Namensänderung in einen früher geführten Nachnamen verzichtet werden. Vielmehr sollte auch hier der Schwerpunkt zunächst auf der Liberalisierung der familienrechtlichen Änderungstatbestände liegen. So kann bereits heute gem. § 1355 Abs. 5 S. 2 BGB bei der Scheidung der vor der Ehe geführte Familienname oder der Geburtsname wieder angenommen werden. Zudem wird durch eine Liberalisierung nach schwedischem Vorbild auch eine Änderung des Namens in den Familiennamen eines Elternteils unabhängig von familienrechtlichen Statusänderungen möglich, sodass auch dadurch i.d.R. eine Rückkehr zum Geburtsnamen möglich sein wird. Diese Möglichkeiten dürften einen Großteil der Fälle, in denen eine Person zu einem früher geführten Namen zurückkehren will, abdecken.

3. *Fazit*

Eine Abkehr von der Differenzierung zwischen zivilrechtlicher und öffentlich-rechtlicher Namensänderung aus Gründen der Vereinfachung, wie sie auch die Reformüberlegung „Eckpunkte zur Reform des Namensrechts" vorsieht, ist durchaus denkbar.[992] Allerdings bedarf eine solche nicht nur einer grundlegenden Umgestaltung des namensrechtlichen Systems durch das Zusammenführen von derzeit sowohl öffentlich-rechtlich als auch zivilrechtlich geregelten Änderungstatbeständen, sondern diese Veränderung muss auch den Behörden und Bürgern

---

991 Vgl. dazu Ziff.. 27 Abs. 1 NamÄndVwV sowie die ständige Rspr. des Bundesverwaltungsgerichts, bspw. BVerwG StAZ 1987, 172; *Loos* NamÄndG S. 81 m.w.N.

992 So auch *Stenz* StAZ 2001, 61, 66.

vermittelt werden, die an eine bereits über ein Jahrhundert andauernde Zweiteilung der Namensänderungstatbestände gewöhnt sind. Einfacher in der Umsetzung wäre es daher, an der bestehenden Zweiteilung festzuhalten, und lediglich die Voraussetzungen der öffentlich-rechtlichen Namensänderung bzw. der typischen Fallgruppen für eine solche Namensänderung anzupassen.[993] Eine Veränderung der Voraussetzungen der öffentlich-rechtlichen Namensänderung nach schwedischem Vorbild bietet sich jedoch nicht an. Vielmehr sollte bei der Reform des Namensrechts die Liberalisierung der zivilrechtlichen Änderungstatbestände im Vordergrund stehen, weil zum einen mit einer solchen Liberalisierung vermutlich bereits ein Großteil der Namensänderungswünsche der Bevölkerung ermöglicht werden kann. Zum anderen wird durch die Ausweitung der zivilrechtlichen Änderungstatbestände die öffentlich-rechtliche Namensänderung aus wichtigem Grund gem. § 3 NamÄndG wieder zu dem, als was sie gedacht war: Einem Auffangtatbestand, um Unzulänglichkeiten im Einzelfall zu beseitigen.[994]

E. Das deutsche und schwedische internationale Namensrecht im Vergleich

Sowohl im deutschen als auch im schwedischen Recht finden sich Normen zur Regelung grenzüberschreitender Sachverhalte. Ein rechtstechnischer Unterschied zwischen den IPR-Regelungen besteht jedoch darin, dass die internationalen Regelungen im schwedischen Recht grds. in das jeweilige Gesetz miteingegliedert werden, während es in Deutschland mit dem EGBGB ein eigenes „IPR-Gesetz" gibt. Zudem stellen sich die Regelungen des schwedischen Rechts in Bezug auf das Namensrecht als einseitige Kollisionsnormen dar, die lediglich die Anwendbarkeit des schwedischen Namensgesetzes regeln, nicht jedoch die Anwendbarkeit anderer Heimatrechte.[995]

I. Die Staatsangehörigkeit als primärer Anknüpfungspunkt

Sowohl das deutsche als auch das schwedische Recht knüpfen primär an die Staatsangehörigkeit des Namensinhabers an. Für das deutsche Recht ist dies in Art. 10 Abs. 1 EGBGB normiert, in Schweden ist dies gewohnheitsrechtlich anerkannt.[996] Auch der Umgang mit Mehrstaatern ist vergleichbar. Sowohl in Deutschland als auch in Schweden kommt für einen ausländischen Staatsbürger, der auch die deutsche bzw. die schwedische Staatsbürgerschaft besitzt, grds. deutsches bzw.

993 So auch *Mertens* S. 194 f.

994 Vgl. Ziff. 27 Abs. 1 S. 2, 3 NamÄndVwV.

995 Prop. 1982/83:38 S. 7.

996 Vgl. die Ausführungen in Kapitel 4 C. I.

schwedisches Namensrecht zur Anwendung.[997] Ein Unterschied zeigt sich jedoch mit Blick auf die behördliche Praxis. Während die deutschen Standesämter in Namensangelegenheiten auch ausländisches Recht anwenden, nimmt die schwedische Steuerbehörde Namensänderungen in Schweden ausschließlich nach schwedischem Recht vor und verweist den Namensinhaber ansonsten auf die Behörden seines Heimatlandes.

II. Der Wohnsitz bzw. gewöhnliche Aufenthalt als Wahl-Anknüpfungspunkt

Obwohl sowohl in Deutschland als auch in Schweden weiterhin das Staatsangehörigkeitsprinzip verfolgt wird, bieten beide Rechtsordnungen dem Namensinhaber die Möglichkeit, unter bestimmten Voraussetzungen ein anderes als das Heimatrecht als anwendbares Recht zu wählen.

1. Begrenzte Wahlmöglichkeit in Deutschland vs. umfassende Wahlmöglichkeit in Schweden

Während die Wahlmöglichkeiten nach deutschem Recht gem. Art. 10 Abs. 2 und 3 EGBGB lediglich für Ehegatten und den Erwerb des Kindsnamens bestehen, hat der schwedische Gesetzgeber mit dem heutigen § 32 Abs. 2 Namnlag 2016 (ehemals § 51 Abs. 2 Namnlag 1982) eine Regelung geschaffen, die es grds. jedem in Schweden wohnhaften ausländischen Staatsbürger ermöglicht, nicht nur für den Fall des Namenserwerbs, sondern darüber hinaus für alle Fälle der Namensänderung das schwedische Recht als anwendbares Recht zu wählen. § 32 Abs. 2 Namnlag 2016 geht im Hinblick auf den Personenkreis über die Regelung des Art. 10 Abs. 2 und 3 EGBGB hinaus.

Ein Unterschied zeigt sich auch hinsichtlich der wählbaren Rechte. Gem. 10 Abs. 2 EGBGB können sowohl das Heimatrecht eines Ehegatten (Nr. 1) als auch deutsches Recht bei gewöhnlichem Aufenthalt im Inland (Nr. 2) gewählt werden. Ähnlich verhält es sich für den Kindsnamenserwerb nach Art. 10 Abs. 3 EGBGB. Der Namensinhaber kann seine Wahl sowohl zugunsten des deutschen als auch eines ausländischen Heimatrechts ausüben. Dahingegen ermöglicht § 32 Abs. 2 Namnlag 2016 eine Wahlmöglichkeit nur hinsichtlich des schwedischen Namensrechts. Eine mit den Art. 10 Abs. 2 Nr. 1 EGBGB vergleichbare Wahlmöglichkeit zugunsten eines Heimatrechts des Namensinhabers besteht danach nicht. Dass eine Wahlmöglichkeit nur zugunsten des schwedischen Namensrechts möglich ist, erscheint vor dem Hintergrund, dass die schwedische Steuerbehörde in

997 Für Deutschland ist dies ausdrücklich in Art. 4 Abs. 1 S. 2 EGBGB geregelt, für Schweden ist dies gewohnheitsrechtlich anerkannt vgl. Prop. 2015/16:180 S. 69, 122; Prop. 2011/12:12 S. 1, 9 und zudem die Ausführungen in Kapitel 4C.I.

Namensangelegenheiten grds. lediglich schwedisches Recht anwendet, und den Namensinhaber, sofern er auf die Anwendung ausländischen Rechts besteht, an seinen Heimatstaat verweist, konsequent.[998]

2. Überlegungen für eine Reform des deutschen Namensrechts

Mit Blick auf eine Reform des deutschen Namensrechts stellt sich somit die Frage, ob auch in Deutschland eine umfassende Wahlmöglichkeit zugunsten des deutschen Rechts eingeführt werden sollte, von denen jeder ausländische Staatsbürger Gebrauch machen kann, der seinen gewöhnlichen Aufenthalt im Inland hat.

Gegen eine solch umfassendere Wahlmöglichkeit könnte die gesteigerte „Gefahr" hinkender Namensführung sprechen. Da nach wie vor viele ausländische Staaten für das Familienrecht und somit auch das Namensrecht an die Staatsangehörigkeit anknüpfen, kann sich für den Namensinhaber eine Diskrepanz zwischen dem in seinem Heimatland nach dem Heimatrecht zu führenden Namen, und dem aufgrund der Anknüpfung an den gewöhnlichen Aufenthalt in Deutschland nach deutschem Recht zu führenden Namen, der im Heimatland des Namensinhabers jedoch nicht anerkannt wird, ergeben. Diese hinkende Namensführung und die daraus unter Umständen resultierenden Schwierigkeiten und Unannehmlichkeiten sind allerdings noch kein ausreichender Grund, von einer solchen umfassenden Wahlmöglichkeit per se abzusehen.

Zum einen besteht für den Namensinhaber keine Pflicht, eine hinkende Namensführung zu vermeiden.[999] Es ist dem Namensinhaber grds. selbst überlassen, ob er die mit der hinkenden Namensführung einhergehenden Schwierigkeiten und Unannehmlichkeiten in Kauf nehmen will oder nicht. Um sicherzustellen, dass die Folgen einer solchen hinkenden Namensführung dem Namensinhaber im Grundsatz bewusst sind, könnten – ähnlich wie in Schweden – auch die deutschen Standesbeamten dazu angehalten werden, den Namensinhaber in einem solchen Fall über die abstrakte Gefahr einer aus seiner Wahl resultierenden hinkenden Namensführung und etwaigen Konsequenzen zu informieren.[1000] Die Entscheidung für oder gegen solch eine hinkende Namensführung muss jedoch konsequenterweise allein bei dem Namensinhaber selbst liegen. Zum anderen wird sich diese Problematik für einen beträchtlichen Teil der in Deutschland lebenden ausländischen Staatsbürger nicht stellen, sofern sie EU-Bürger sind, denn in diesem

---

998 Vgl. dazu die Ausführungen in Kapitel 4 C. I.

999 Staudinger/*Hausmann* Art. 10 EGBGB Rn. 530; auch die Formulierung des Gesetzgebers „Die betroffene Person kann […] bestimmen, dass sie […] den im EU-Ausland erworbenen Namen führen will." spricht dafür, vgl. BT-Drs. 17/11049 S. 12.

1000 Für eine grundsätzliche, aber nicht allumfassende Aufklärung der schwedischen Steuerbehörde *Höglund* S. 231.

Fall ist ein in Deutschland erworbener Name i.d.R. aus Gründen der Freizügigkeit gem. Art. 21 AEUV auch in ihrem Heimatstaat anzuerkennen.[1001]

Für eine umfassendere Wahlmöglichkeit zugunsten des deutschen Rechts über die „Anknüpfung" an den gewöhnlichen Aufenthalt in Deutschland spricht hingegen, dass mit der Wahl des Namensrechts des Landes, in dem der Namensinhaber seinen gewöhnlichen Aufenthalt hat, eine an seine soziale Umgebung angepasste Namensführung ermöglicht wird und ferner die Anwendung deutscher Rechtsvorschriften die Integration des ausländischen Staatsbürgers in den deutschen Aufenthaltsstaat fördert.[1002] Zudem wird das Staatsangehörigkeitsprinzip innerhalb der EU und ihrer Mitgliedsstaaten zunehmend durch das Domizilprinzip verdrängt.[1003] So wird angeführt, das Staatsangehörigkeitsprinzip sei ein „Kind des 19. Jahrhunderts" und passe nicht ein Zeitalter supranationaler Kollisionsrechtsetzung.[1004] Zwar ist die Regelung des Namensrechts noch Sache der Mitgliedsstaaten,[1005] eine umfassende Wahlmöglichkeit, die ausländischen Staatsangehörigen die Wahl deutschen Namensrechts ermöglicht, könnte allerdings der aktuellen Entwicklung im IPR Rechnung tragen.

Ein weiteres praktisches Argument für eine umfassendere Wahlmöglichkeit ist, dass in Zeiten der gelebten Freizügigkeit innerhalb Europas die Zahl an in Deutschland lebenden ausländischen Staatsbürgern stetig zunimmt.[1006] Insbesondere für die ausländischen Staatsbürger, die nicht auch die deutsche Staatsbürgerschaft besitzen und für die somit der Namenserwerb bzw. die Namensänderung

---

1001 Nach der Rechtsprechung des EuGH Urt. v. 14.10.2008 – C-353/06 „Grunkin Paul".

1002 *Dutta* IPRax 2017, 139, 141.

1003 Insbesondere die europäischen Verordnungen knüpfen nun meist zur Bestimmung der Zuständigkeit bzw. des anwendbaren Rechts an den Wohnsitz bzw. den gewöhnlichen Aufenthalt und nicht mehr an die Staatsangehörigkeit an, vgl. z.B. Art. 4 EuGVVO oder Art. 4 und 21 der Verordnung (EU) Nr. 650/2012 des Europäischen Parlaments und des Rates vom 4. Juli 2012 über die Zuständigkeit, das anzuwendende Recht, die Anerkennung und Vollstreckung von Entscheidungen und die Annahme und Vollstreckung öffentlicher Urkunden in Erbsachen sowie zur Einführung eines Europäischen Nachlasszeugnisses (EuErbVO).

1004 So *Mankowski* IPRax 2017, 130, 139.

1005 Auch wenn eine unionseinheitliche Regelung des namensrechtlichen Kollisionsrechts durch eine EU-Verordnung durchaus wünschenswert wäre; ein Vorschlag findet sich bei *Dutta/Frank/Freitag/Helms/Krömer/Pintens* StAZ 2014, 33 ff.

1006 Während der Ausländeranteil in Deutschland seit Beginn der 1990er Jahre bis 2014 recht konstant zwischen 8 und 9 Prozent lag, ist er seitdem kontinuierlich bis auf 12,7% in 2020 angestiegen, vgl. die Daten von statista unter https://de.statista.com/statistik/daten/studie/14271/umfrage/deutschland-anteil-auslaender-an-bevoelkerung/; ebenfalls auf eine erhebliche Arbeitentlastung hinweisend *Franck* StAZ 2020, 97, 109.

gem. Art. 10 Abs. 1 EGBGB nach ihrem Heimatrecht erfolgt, bedeutet die Ermittlung und Anwendung dieser fremden Namensrechte für die Standesämter sowie Gerichte einen nicht unerheblichen zusätzlichen Aufwand, der nicht nur zu einer Überlastung insbesondere der Justiz führen kann, sondern zudem fehleranfälliger ist als die Anwendung deutschen Namensrechts.[1007]

Die überzeugenderen Argumente sprechen somit für eine Ausweitung der Wahlmöglichkeit zugunsten des deutschen Namensrechts unabhängig von etwaigen familienrechtlichen Statusänderungen.[1008]

III. „Anerkennung" eines im EU-Ausland erworbenen Namens

Die den Personennamen betreffenden Entscheidungen des EuGH, insbesondere die Entscheidungen *Garcia Avello* und *Grunkin Paul*, haben sich sowohl auf das deutsche als auch auf das schwedische Recht ausgewirkt und in beiden Fällen im Ergebnis zu der Einführung von Rechtsnormen geführt, welche das Führen eines im EU-Ausland erworbenen Personennamens auch im Inland selbst in den Fällen ermöglichen, in denen das nationale Recht einen solchen Namen eigentlich nicht zulässt.[1009]

1. Rechtsvergleichende Betrachtung von Art. 48 EGBGB und § 30 Namnlag 2016

Deutschland hat mit der Einführung von Art. 48 EGBGB im Jahr 2013 eine Norm geschaffen, die eine direkte Reaktion auf die Entscheidung *Grunkin Paul*, an deren Verfahren das deutsche Standesamt Niebüll unmittelbar beteiligt war, darstellt und die in ihrer Ausgestaltung auch erkennbar an diesem Sachverhalt ausgerichtet war.[1010] Auch in Schweden wurde nach der Entscheidung des EuGH und nach der unmittelbaren Beteiligung an einem Vertragsverletzungsverfahren (*Andersson Benedet*) mit § 49a Namnlag 1982, bereits 2012 eine vergleichbare Regelung für innerhalb der EU oder in Ländern des EWR oder der Schweiz erworbene Namen geschaffen.[1011] Diese wurde bei der jüngsten schwedischen Namensrechtsreform übernommen und findet sich heute in § 30 Namnlag 2016. Im Kern verfolgen beide Normen dasselbe Ziel – die Beseitigung hinkender Namensführung durch die

1007 *Mankowski* IPRax 2017, 130, 133 m.w.N.

1008 So auch *Franck* StAZ 2020, 97, 109.

1009 Vgl. dazu die Ausführungen in Kapitel 3 C. V. 1. für Deutschland und in Kapitel 4 C. III. für Schweden.

1010 Vgl. dazu die Ausführungen in Kapitel 3 C. V. 1.

1011 Vgl. dazu die Ausführungen in Kapitel 4 C. III.

„Anerkennung" im EU-Ausland erworbener Personennamen auch im Inland – es sind jedoch zum Teil deutliche Unterschiede in der Umsetzung erkennbar.

Zwar enthalten beide Normen Einschränkungen dahingehend, dass eine solche Anerkennung nur für die Fälle erfolgen soll, in denen der Namensinhaber eine gewisse Verbindung zu dem Staat vorweisen kann, in dem er den gewünschten Namen erworben hat. Während Ausdruck dieser Verbindung nach § 30 Namnlag 2016 die Staatsangehörigkeit des Staats des Namenserwerbs, der Wohnsitz im Staat des Namenserwerbs oder eine andere besondere Verbindung zu diesem Staat sein kann, beschränkt sich Art. 48 EGBGB lediglich auf Fälle, in denen der Namensinhaber den Namen während eines gewöhnlichen Aufenthalts im betreffenden Staat erworben hat und in seiner Anwendbarkeit somit lediglich auf Sachverhalte, die dem der Entscheidung *Grunkin Paul* entsprechen. § 30 Namnlag 2016 ist in dieser Hinsicht deutlich weiter gefasst als Art. 48 EGBGB.

Ein weiterer Unterschied lässt sich bei den von der jeweiligen Norm erfassten Arten der im Ausland erfolgten Namensänderung erkennen. Während gem. Art. 48 EGBGB sowohl Namen, die durch familienrechtliche als auch durch öffentlich-rechtliche oder vergleichbare Namensänderungen erworben wurden, gewählt werden können, beschränkt sich der Anwendungsbereich des § 30 Namnlag 2016 lediglich auf familienrechtliche Namenserwerbe und -änderungen im Ausland. In dieser Hinsicht ist somit Art. 48 EGBGB weiter gefasst als § 30 Namnlag 2016. Zudem erfasst § 30 Namnlag 2016 neben Namen, die in einem EU-Mitgliedsstaat erworben wurden auch Namen, die in einem Staat des EWR oder der Schweiz erworben wurden und erfasst weitergehend als Art. 48 EGBGB zumindest einige Drittstaaten.

Unter Berücksichtigung der nationalen Namensrechte lässt sich jedoch auch feststellen, dass seit der jüngsten Namensrechtsreform in Schweden die Anwendung von § 30 Namnlag 2016 in der Praxis wohl weitaus seltener vorkommen wird als die Anwendung von Art. 48 EGBGB in Deutschland. Denn durch das seit der Neuregelung 2016 mittlerweile sehr liberale schwedische Namensrecht sind in der Praxis nur noch wenige Fälle denkbar, in denen ein Name nach ausländischem Namensrecht, nicht aber nach schwedischem erworben werden kann. Insbesondere die Möglichkeit von Doppelnamen sowie die Berücksichtigung von internationalen Gepflogenheiten, z.B. die unkomplizierte Angleichung geschlechtsspezifischer Endungen, tragen dazu bei, dass häufig wohl nicht auf § 30 Namnlag 2016 zurückgegriffen werden muss, sondern eine Namenswahl bereits durch die Anwendung schwedischen Namensrechts über § 32 Abs. 2 Namnlag 2016 möglich ist.

2. *Kritik an Art. 48 EGBGB*

Bereits kurz nach Einführung des Art. 48 EGBGB sah sich dieser umfassender Kritik ausgesetzt. So wurde beispielsweise die Ausgestaltung der Norm als Sach- und nicht als Kollisionsnorm bemängelt,[1012] sowie die Beschränkung auf Namen, die in

1012 Dass eine umfassende Lösung der Problematik wohl besser durch eine

einem Mitgliedsstaat der EU erworben wurden und dass somit Namen nicht erfasst werden, die in einem Drittstaat erworben wurden.[1013] Zudem wurde kritisiert, dass Art. 48 EGBGB zu stark an den Fällen *Garcia Avello* und *Grunkin Paul* ausgerichtet ist, und dass mit der Beschränkung auf den gewöhnlichen Aufenthalt im Ausland als einzigen Ausdruck der engen Verbindung des Namensinhabers zum Staat des Namenserwerbs eine unnötige Beschränkung des Anwendungsbereichs der Norm geschaffen wurde.[1014]

Wie praxisrelevant dieser letzte Kritikpunkt war, zeigte sich bereits einige Jahre später im Fall *Freitag*.[1015] Mircea Florian Freitag, der den Familiennamen „Freitag" aufgrund seiner Adoption durch den deutschen Ehemann seiner Mutter erworben hatte, erhielt aufgrund einer späteren, durch die Behörden seines Geburts- und zweiten Heimatstaats Rumänien vorgenommenen Namensänderung den Familiennamen „Pavel", der sich von seinem leiblichen Vater ableitete. Als er diesen neuen Familiennamen auch in Deutschland führen wollte, stellten die deutschen Behörden jedoch fest, dass der eigentlich für solche grenzüberschreitenden Sachverhalte geschaffene Art. 48 EGBGB in diesem Fall nicht anwendbar war, weil der Name nicht während eines gewöhnlichen Aufenthalts in Rumänien erworben worden war. Dass der Fall Freitag keinen Einzelfall darstellt, zeigt sich darin, dass ähnlich gelagerte Fälle bereits Thema in standesbeamtlichen Fachverbänden waren.[1016] Dass Art. 48 EGBGB in diesen Fällen mangels gewöhnlichen Aufenthalts des Namensinhabers im Staat des Namenserwerbs nicht direkt anwendbar ist, ist unstreitig, ebenso unstreitig ist jedoch auch, dass der erworbene Name unionskonform auch in Deutschland anzuerkennen ist.

Denn mit Verweis auf seine vorherige Rechtsprechung sah der EuGH auch im Fall Freitag für einen Mehrstaater die konkreten Gefahren einer hinkenden Namensführung, bspw. dass aufgrund der in unterschiedlichen Staaten unterschiedlichen geführten Namen Zweifel an der Identität des Namensinhabers aufkommen könnten.[1017] Daher sei in diesem Fall in der Weigerung der deutschen

---

kollisionsrechtliche Regelung erreicht werden könnte, merkte bereits der Bundesrat in seiner Stellungnahme während des Gesetzgebungsverfahrens an, vgl. BT-Drs. 17/11049 S. 15.

1013 Zumindest für die EWR-Staaten *Hepting/Dutta* II-452 f.

1014 So Staudinger/*Hausmann* Art. 48 EGBGB Rn. 17; *Hepting/Dutta* II-455; *Mankowski* StAZ 2014, 97, 102 f.; *Wall* StAZ 2017, 326, 337; bereits während des Gesetzgebungsverfahrens der Bundesrat in seiner Stellungnahme, vgl. BT-Drs. 17/11049 S. 15.

1015 EuGH Urt. v. 8.6.2017 – C-541/15 „Freitag".

1016 Vgl. dazu bspw. den Fall FA-Nr. 4008 des Bundesverbands der Deutschen Standesbeamten, besprochen von *Wall* StAZ 2014, 119 ff. Sowie einen deutsch-slowenischen Fall des Fachverbands der Standesbeamten Nordrhein e.V. besprochen von *Wall* StAZ 2013, 237, 245, sowie weitere Nachweise und Ausführungen zu der Praxisrelevanz bei *Wall* StAZ 2017, 326, 327 f.

1017 EuGH Urt. v. 8.6.2017 – C-541/15 „Freitag" Rn. 38.

Personenstandsbehörde, den in Rumänien rechtmäßig erworbenen Familiennamen „Pavel" anzuerkennen, grundsätzlich ein Verstoß gegen die in Art. 21 AEUV gewährte Freizügigkeit zu sehen.[1018] Allerdings sei es Sache der Mitgliedsstaaten, den Schutz der Rechte des Namensinhabers, die aus dem Unionsrecht erwachsen, zu gewährleisten; wie die Ausgestaltung dieses Schutzes im Hinblick auf etwaige Normen aussieht, sei jedoch den Mitgliedsstaaten überlassen.[1019]

Zum einen käme eine öffentlich-rechtliche Namensänderung gem. § 3 NamÄndG in Betracht.[1020] Diesen Weg, im Verfahren *Freitag* von der deutschen Regierung aufgeworfen,[1021] hat der EuGH zumindest nicht per se als nicht unionskonform abgetan. Bedingung sei jedoch, dass die nationalen Regelungen nicht weniger günstig sein dürfen als diejenigen, die Rechte betreffen, die ihren Ursprung in der innerstaatlichen Rechtsordnung haben, und die Ausübung der aus dem Unionsrecht erwachsenen Rechte nicht praktisch unmöglich machen oder übermäßig erschweren.[1022] Allerdings ist fraglich, ob eine Namensänderung nach § 3 NamÄndG den unionsrechtlichen Effektivitäts- und Äquivalenzgrundsatz wahrt, insbesondere dann, wenn die öffentlich-rechtliche Namensänderung für den Namensinhaber mit höheren Gebühren oder einem höheren bürokratischen Aufwand als die bürgerlich-rechtliche Namensänderung verbunden ist.[1023] Zudem ist zu beachten, dass eine öffentlich-rechtliche Namensänderung gem. § 3 NamÄndG lediglich zu einer Namensänderung ex nunc führt, sodass es zumindest vorübergehend zu einer hinkenden Namensführung kommt, während die Wirkung der Namenswahl nach Art. 48 EGBGB grds. ex tunc eintritt.[1024]

1018 EuGH Urt. v. 8.6.2017 – C-541/15 „Freitag" Rn. 39.

1019 EuGH Urt. v. 8.6.2017 – C-541/15 „Freitag" Rn. 42.

1020 BeckOK/*Mäsch* Art. 48 EGBGB Rn. 29; zumindest dann, wenn eine Ermessensreduktion auf Null vorliegt *Wall* StAZ 2017, 326, 332 ff.; wohl auch der Generalanwalt des EuGH *Szpunar* in seinen Schlussanträgen zur Rechtssache C-541/15 „Freitag" Rn. 72 ff., der jedoch grds. die Wahrung des Effektivitätsgrundsatzes bei einer Namensänderung nach § 3 NamÄndG bezweifelte; Zweifel, ob eine solche Ermessensreduktion auf Null überhaupt angenommen werden kann *Kohler/Pintens* FamRZ 2017, 1441, 1443.

1021 EuGH Urt. v. 8.6.2017 – C- 541/ 15 „Freitag" Rn. 40.

1022 Dieser „Äquivalenzgrundsatz" sowie der „Effektivitätsgrundsatz" sind Teil der ständigen Rechtsprechung des EuGH, vgl. bereits EuGH Urt. v. 12.9.2006 – C300/04 „Eman und Sevinger" Rn. 67; EuGH Urt. v. 8.3.2017 – C-14/16 „Euro Park Service" Rn. 36.

1023 *Dutta* Anm. zum Fall „Freitag" FamRZ 2017, 1178; *Kohler/Pintens* FamRZ 2017, 1441, 1443; bereits im Verfahren der Generalanwalt des EuGH *Szpunar* in seinen Schlussanträgen zur Rechtssache C-541/15 „Freitag" Rn. 72 ff.

1024 Jedoch laut *Wall* unproblematisch, vgl. StAZ 2017, 326, 335.

Zum anderen wäre auch eine analoge Anwendung des Art. 48 EGBGB denkbar.[1025] Dagegen wird jedoch z.T. eingewandt, dass es aufgrund der Möglichkeit des § 3 NamÄndG bereits an einer Regelungslücke und wegen der eindeutigen Ausrichtung des Gesetzgebers am Fall *Grunkin Paul* an der Planwidrigkeit mangele.[1026]

Im Ergebnis herrscht somit lediglich Einigkeit darüber, dass es sich bei Art. 48 EGBGB in seiner derzeitigen Form um eine wahrlich missglückte Norm handelt.[1027] Denn Ziel einer Regelung kann es nicht sein, den Anwendungsbereich derart eng zu stecken, dass sich bereits wenige Jahre nach ihrer Einführung die ersten praktischen Probleme zeigen, die nicht über eine direkte Anwendung des Art. 48 EGBG gelöst werden können, sondern über eine Analogie oder andere, nicht originär dafür bestimmte Regelungen wie § 3 NamÄndG, gelöst werden müssten, insbesondere wenn dadurch ein dogmatisch unsauberes „Nebeneinander" rechtlich anwendbarer Normen für vergleichbare Sachverhalte entsteht.

3. Überlegungen für eine Reform des deutschen Namensrechts

a. Die „enge Verbindung" zum Staat des Namenserwerbs

Die starke Ausrichtung an den Fällen *Garcia Avello* und *Grunkin Paul* und insbesondere die Wahl des gewöhnlichen Aufenthalts als alleinigem Ausdruck der engen Verbundenheit mit einem ausländischen Staat als Voraussetzung für die Namenswahl nach Art. 48 EGBGB stellt in der Praxis sicher die größte Schwäche des Art. 48 EGBGB dar. Dass Art. 48 EGBG in seiner derzeitigen Form „zu kurz" greift,[1028] zeigte sich anschaulich im Fall *Freitag*, in dem der EuGH deutlich machte, dass die für die unionsrechtskonforme Anerkennung eines Namens notwendige enge Verbindung zu dem Staat des Namenserwerbs auch in anderen Gründen als dem gewöhnlichen Aufenthalt im Staat des Namenserwerbs bestehen kann.

Auch wenn der Verweis der Bundesregierung, eine umfassende Regelung des internationalen Namensrechts innerhalb der EU, sowie die damit verbundene umfassende Vermeidung hinkender Namensverhältnisse, könne sowieso nur der europäische Gesetzgeber herbeiführen,[1029] im Kern zutreffend sein mag, zeigt doch

---

1025 *Wall* StAZ 2017, 326, 336 f., auch MüKo/*Lipp* Art. 10 EGBGB Rn. 227 f., 233; Art. 48 EGBGB Rn. 3; Staudinger/*Hausmann* Art. 48 EGBGB Rn. 10; *Freitag* StAZ 2013, 69, 76.

1026 So *Hepting/Dutta* II-464; BeckOK/*Mäsch* Art. 48 EGBGB Rn. 29.

1027 Vgl. z.B. *Wall*, der Art. 48 EGBGB die „gelbe Karte" zeigt, StAZ 2017, 326, 337; *Mankowski* StAZ 2014, 97, 108; auch MüKo/*Lipp* Art. 48 EGBGB Rn. 3, der die gesetzliche Lösung des Art. 48 EGBGB für unzureichend hält.

1028 So bereits der Bundesrat im Rahmen des Gesetzgebungsverfahrens, vgl. BT-Drs. 17/11049 S. 15; für einen zu engen Anwendungsbereich des Art. 48 EGBGB ebenfalls *Hepting/Dutta* II-455; *Wall* StAZ 2017, 326, 337; Staudinger/*Hausmann* Art. 48 EGBGB Rn. 17; *Mankowski* StAZ 2014, 97, 102 f.

1029 BT-Drs. 17/11049 S. 17.

der Vergleich mit § 30 Namnlag 2016, dass Art. 48 EGBGB auf nationaler Ebene nicht die bestmögliche Regelung darstellt.[1030] Insbesondere die Beschränkung auf den gewöhnlichen Aufenthalt als einzigen Ausdruck enger Verbundenheit mit dem Staat des Namenserwerbs bleibt deutlich hinter den rechtlichen Möglichkeiten zurück. Daher sollte Art. 48 EGBGB, sofern der deutsche Gesetzgeber auch in Zukunft an einer reinen Sachnorm festhalten möchte, nach Vorbild des § 30 Namnlag 2016 um die Optionen einer weiteren Staatsangehörigkeit des Namensinhabers als auch eines „sonstigen engen Bezugs" zum Staat des Namenserwerbs als Ausdruck der notwendigen engen Verbindung erweitert werden.[1031] Insbesondere die Möglichkeit, seine Verbindung zum Staat des Namenserwerbs nicht nur über den gewöhnlichen Aufenthalt dort oder die Staatsangehörigkeit dieses Staates ausdrücken zu können, sondern über einen nicht näher definierten „sonstigen engen Bezug", lässt genug Spielraum, um auf besonders gelagerte Einzelfälle angemessen reagieren zu können und weitere langwierige Vorabentscheidungsverfahren wie im Fall *Freitag* zu vermeiden.

Zwar hat sich der EuGH im Fall *Freitag* nicht per se gegen die unionsrechtskonforme Anerkennung eines Namens mittels nationaler öffentlich-rechtlicher Namensänderungen ausgesprochen. Die unter Umständen gesteigerte Zeit- und Kostenbelastung, die ein solches Verfahren für den Namensinhaber mit sich bringt, lässt jedoch an einer Vereinbarkeit mit dem Effizienz- bzw. Äquivalenzgrundsatz zumindest zweifeln.[1032] Diese Zweifel im Hinblick auf die zeitliche Verzögerung und die höheren Kosten teilte auch der schwedische Gesetzgeber im Rahmen des Gesetzgebungsverfahrens zu § 49a Namnlag 1982 (der heutige § 30 Namnlag 2016). Während die entscheidenden Gerichte in dem Vertragsverletzungsverfahren „Andersson Benet" noch auf die Möglichkeit einer „normalen" administrativen Namensänderung verwiesen, und daher eine Unvereinbarkeit mit EU-Recht ablehnten, entschied sich der schwedische Gesetzgeber im Endeffekt für die Einführung des weit gefassten § 49a Namnlag 1982, sodass ein Rückgriff auf die administrative Namensänderung nicht mehr nötig ist.[1033]

1030 So auch *Franck* StAZ 2020, 97, 109.

1031 Was genau diesen „sonstigen engen Bezug" darstellen könnte, muss im Ergebnis von den nationalen Gerichten und dem EuGH geklärt werden; *Dutta* stellt den Geburtsort, den zwischenzeitlicher Aufenthalt oder eine frühere Staatsangehörigkeit des Erwerberstaats in den Raum und wirft die Frage auf, ob es eines solchen engen Bezugs überhaupt bedarf, vgl. Anm. zu Fall „Freitag" FamRZ 2017, 1178.

1032 Auf diese „Gefahr" hinweisend *Dutta* Anm. zum Fall „Freitag" FamRZ 2017, 1178; *Kohler/ Pintens* FamRZ 2017, 1441, 1443 sowie der Generalanwalt des EuGH *Szpunar* in seinen Schlussanträgen im Rahmen der Rechtssache C-541/15 „Freitag" Rn. 72 ff.

1033 Prop. 2011/12:12 S. 11.

Es lässt sich somit feststellen, dass, selbst wenn der Weg über § 3 NamÄndG in ähnlich gelagerten Fällen wie dem Fall *Freitag* unionskonform ist, insbesondere weil dem Namensinhaber dadurch keine höheren Kosten entstehen als durch eine Namenswahl nach Art. 48 EGBGB, eine Erweiterung des Anwendungsbereichs des Art. 48 EGBGB auch auf Fälle, in denen die besondere Verbindung des Namensinhabers zum Staat des Namenserwerbs auf andere Art als nur durch den gewöhnlichen Aufenthalt in diesem Staat nachgewiesen werden kann, aus mehreren Gründen vorzugswürdig ist. Zum einen stellt sie praktisch keine große Veränderung der Norm dar und kann somit mit relativ geringem Aufwand vorgenommen werden. Zum anderen erscheint es dogmatisch nicht angezeigt, an einer unterschiedlichen Behandlung für Fälle wie *Grunkin Paul* auf der einen Seite, die über Art. 48 EGBGB gelöst werden, und andere Fälle, wie bspw. *Freitag*, die über § 3 NamÄndG oder zumindest nicht über eine direkte Anwendung des Art. 48 EGBGB gelöst werden, festzuhalten. Denn der Gesetzgeber hat sich mit der Einführung des Art. 48 EGBGB für die Beseitigung einer hinkenden Namensführung durch eine speziell für diese Fälle geschaffene zivilrechtliche Norm entschieden. Die regelmäßige Anwendung von § 3 NamÄndG widerspräche somit dem Ausnahmecharakter der öffentlich-rechtlichen Namensänderung.

Mit dem Wissen, dass der EuGH nun eine Anerkennung des im Ausland erworbenen Namens im Heimatstaat des Namensinhabers auch in den Fällen vorschreibt, in denen der Name zwar nicht während eines gewöhnlichen Aufenthalts im Staat des Namenserwerbs erworben wurde, dieser jedoch (auch) Heimatstaat des Namensinhabers ist, darf eine unterschiedliche rechtliche Behandlung dieser Fallkonstellationen vom Gesetzgeber nicht sehenden Auges in Kauf genommen werden. Insbesondere, weil potentiell weitere Fallkonstellationen, die eine besondere Verbundenheit des Namensinhabers mit dem Staat des Namenserwerbs erkennen lassen, denkbar sind. Mit dieser relativ einfachen Ergänzung des Art. 48 EGBGB nach schwedischem Vorbild müsste zudem auch eine analoge Anwendung des Art. 48 EGBGB nicht weiter diskutiert werden.

b. Keine Beschränkung auf Namen, die durch familienrechtliche Namensänderung erworben wurden

Während Art. 48 EGBGB nicht zwischen der Art des Namenserwerbs im EU-Ausland unterscheidet und somit sowohl Namen erfasst, die durch familienrechtlichen Namenserwerb als auch durch öffentlich-rechtliche Namensänderung erworben wurden, beschränkt § 30 Namnlag 2016 seinen Anwendungsbereich nur auf Namen, die durch familienrechtlichen Namenserwerb im Ausland erworben wurden. Der schwedische Gesetzgeber entschied sich für diese Einschränkung, weil er befürchtete, dass schwedische Bürger, denen eine administrative Namensänderung im Inland versagt wurde, diese Entscheidung durch eine öffentlich-rechtliche Namensänderung im Ausland umgehen könnten.[1034] In den Fällen einer

1034 Prop. 2011/12:12 S. 12.

nicht familienrechtlichen Namensänderung im EU-Ausland bleibt dem Namensinhaber somit nur der Weg über die administrative Namensänderung gem. §§ 13 ff. Namnlag 2016, der jedoch, wie bereits erwähnt, unter Umständen mit höheren Kosten und einer Zeitverzögerung einhergeht, ggf. den Namen einer weiteren Prüfung unterzieht und zudem – wie auch bei der öffentlich-rechtlichen Namensänderung nach § 3 NamÄndG in Deutschland – erst ex nunc greift.[1035]

Es erscheint allerdings fraglich, ob eine solche Einschränkung mit den europarechtlichen Vorgaben, insbesondere der EuGH-Rechtsprechung in den Fällen *Bogendorff von Wolffersdorff*[1036] und *Freitag* – vereinbar ist. Denn der EuGH hat zum einen in der Entscheidung *Freitag* keine Anhaltspunkte dafür geliefert, dass er eine unterschiedliche Behandlung von familienrechtlichen und öffentlich-rechtlichen Namensänderungen für geboten hält.[1037] Zum anderen hat der EuGH bereits in der Entscheidung *Bogendorff von Wolffersdorff* klargestellt, dass allein der Umstand, dass der Namensinhaber selbst durch eine gewillkürte und voraussetzungslose Namensänderung wie den englischen „deed poll" im Staat des Namenserwerbs freiwillig und bewusst eine hinkende Namensführung herbeigeführt hat, keine Einschränkung der von Art. 21 AEUV gewährten Freizügigkeit rechtfertigt.[1038] Ein Mitgliedsstaat kann somit die Anerkennung eines in einem anderen Mitgliedsstaat erworbenen Namens nicht schlicht mit dem Hinweis verweigern, dass die Namensänderung vom Antragsteller ausgegangen ist, ohne dass die Gründe für diese Änderung berücksichtigt werden.[1039] Gerade letztere Ausführungen sprechen daher deutlich gegen eine unionskonforme Beschränkung auf familienrechtliche Namensänderungen im Staat des Namenserwerbs. Daher sollte der deutsche Gesetzgeber bei einer Reform des Namensrechts Art. 48 EGBGB nicht dahingehend nach schwedischem Vorbild einschränken, dass lediglich Namen gewählt werden können, die im Staat des Namenerwerbs durch familienrechtliche Namensänderung erworben wurden.

c. Ausweitung der Regelung auf Drittstaats-Sachverhalte

Zum Teil wird auch die Beschränkung auf Namen, die in einem EU-Mitgliedsstaat erworben wurden dahingehend kritisiert, dass sich zumindest auch für Namen, die in einem EWR-Staat erworben wurden, aus dem EWR-Abkommen und seinen gewährten Freiheiten ein ähnliches Anerkennungsprinzip ableiten lassen könnte und daher eine Erweiterung des Art. 48 EGBGB auf Namen, die in EWR-Staaten

---

1035 Prop. 2011/12:12 S. 13.

1036 EuGH Urt. v. 2.6.2016 – C-438/14 „Bogendorff von Wolffersdorff".

1037 So auch MüKo/*Lipp* Art. 48 EGBGB Rn. 13, 209 f.; BeckOK/*Mäsch* Art. 48 EGBGB Rn. 10; *Freitag* StAZ 2013, 69, 70; *Wall* StAZ 2013, 327, 329.

1038 EuGH Urt. v. 2.6.2016 – C-438/14 „Bogendorff von Wolffersdorff" Rn. 52 ff.; vgl. dazu auch die Ausführungen bei *Hepting/Dutta* II-444.

1039 EuGH Urt. v. 2.6.2016 – C-438/14 „Bogendorff von Wolffersdorff" Rn. 58.

erworben wurden, sinnvoll sei.[1040] Zwar sieht auch § 30 Namnlag 2016 keine umfassende Regelung von Drittstaatssachverhalten vor, allerdings werden neben Namen, die in einem EU-Mitgliedsstaat erworben wurden explizit auch Namen erfasst, die in einem Staat des EWR oder der Schweiz erworben wurden.

Im Rahmen der Vorarbeiten wurde auch in Schweden diskutiert, ob sich eine solche Anerkennung von Namen nicht nur auf solche beschränken sollte, die innerhalb der EU bzw. des EWR-Raums erworben wurden, sondern sämtliche Entscheidungen aus Drittstaaten umfasst sein sollten, im Ergebnis wurde dies jedoch nicht umgesetzt.[1041] Grund dafür war, dass die Einbeziehung aller Drittstaaten zu praktischen Schwierigkeiten führen könnte, deren Umfang zu diesem Zeitpunkt noch nicht einschätzbar sei.[1042] Zu dieser Einschätzung kamen sowohl die schwedische Steuerbehörde als auch das schwedische Patent- und Registrierungsamt, wie aus der Begutachtung des Gesetzgebungsrats (*Lagrådsremiss*) vom 16. Juni 2011 hervorgeht.[1043] So befürchtete man, dass es zum einen schwierig sein könnte, zuverlässige Auskünfte bzw. Unterlagen zu Namensänderungen aus Drittstaaten zu erhalten, zudem würde die Erfassung sämtlicher Namensentscheidungen aus sämtlichen Drittstaaten auch solche Staaten umfassen, in denen einen Namensänderung ohne hohe Hürden möglich sei.[1044] Man einigte sich somit darauf, dass die Erfassung von Namensentscheidungen aus Drittstaaten nicht vorschnell, sondern wenn überhaupt erst nach Überprüfung der Konsequenzen erfolgen sollte.[1045]

Eine Ausweitung des Art. 48 EGBGB nach schwedischem Vorbild, zumindest auch auf Entscheidungen aus EWR-Mitgliedsstaaten und der Schweiz, bietet sich allerdings an, denn zum einen besteht zwischen Deutschland und diesen Staaten, ähnlich wie zu den anderen EU-Mitgliedsstaaten, eine gewisse Nähe, zum anderen sind in diesen Ländern Namensänderungen i.d.R. ebenfalls reglementiert und das Risiko, keine zuverlässige Auskunft über vorgenommene Namensänderungen zu erhalten ist wohl als niedrig einzustufen.

4. *Fazit*

Dass Art. 48 EGBGB die Probleme, die sich aus dem europarechtlichen Anerkennungsgebot für im EU-Ausland erworbener Namen ergeben, auf nationaler Ebene nicht in Gänze lösen kann und eine umfassende Lösung lediglich auf europäischer

1040 *Hepting/Dutta* II-453.

1041 Prop. 2011/12:12 S. 11f.

1042 Prop. 2011/12:12 S. 12.

1043 Vgl. Lagrådsremiss „Rätt att bära namn som förvärvats i en annan stat inom EES" S. 10f.

1044 Lagrådsremiss „Rätt att bära namn som förvärvats i en annan stat inom EES" S. 10f.

1045 Prop. 2011/12:12 S. 12, befürwortet auch durch den Gesetzgebungsrat, vgl. Lagrådsremiss „Rätt att bära namn som förvärvats i en annan stat inom EES" S. 11.

Ebene möglich ist, war auch dem deutschen Gesetzgeber bewusst.[1046] Eine solche europarechtliche Lösung wäre aufgrund ihres Geltungsbereichs für alle Mitgliedsstaaten und der daraus folgenden umfassenden Vermeidung hinkender Namensverhältnisse wünschenswert, allerdings liegt diese Lösung außerhalb des direkten Einflussbereichs des deutschen Gesetzgebers. Auch die Ausgestaltung als Kollisionsnorm hat ihre Vorzüge, sofern der deutsche Gesetzgeber jedoch an einer Ausgestaltung des Art. 48 EGBGB als Sachnorm festhalten will und zudem eine schnelle und unkomplizierte Anpassung der Norm wünscht, so empfiehlt es sich das schwedische Recht und insbesondere § 30 Namnlag 2016 als Vorbild für eine Überarbeitung des Art. 48 EGBGB heranzuziehen. Bei einer solchen „kleinen Reform“ des internationalen Namensrechts sollte Art. 48 EGBGB insbesondere um weitere Bezugspunkte wie z.B. die Staatsangehörigkeit erweitert werden, um so eine größere Anzahl von Fallkonstellationen erfassen zu können und eine analoge Anwendung des Art. 48 EGBGB oder eine alternative Anwendung von § 3 NamÄndG obsolet zu machen. Zudem bietet es sich an, den Anwendungsbereich der Norm nach schwedischem Vorbild auf Namen zu erweitern, die in einem EWR-Mitgliedsstaat oder der Schweiz erworben wurden.

1046 BT-Drs. 17/11049 S. 17.

Kapitel 6: Schlussbetrachtung

Der Vergleich mit dem schwedischen Recht zeigt, dass eine mutige und liberalisierende Reform des Namensrechts möglich ist, sofern der Gesetzgeber bereit ist, seinen Bürgern ein gewisses Maß an Vertrauen entgegenzubringen. Vertrauen darin, dass sie mit den ihnen zur Verfügung stehenden Möglichkeiten verantwortungsvoll und nicht missbräuchlich umgehen. Eine solche vertrauensbasierte Umstrukturierung des Namensrechts sollte insbesondere die Einführung von Doppelnamen als Option für eine einheitliche Namensführung in der Ehe, aber auch als Geburtsnamen des Kindes, sowie die Erweiterung der familienrechtlichen Namensänderungstatbestände umfassen. Durch die Einführung einer anlasslosen Namensänderung aufgrund familiärer Beziehung wird auch gleichzeitig aus der öffentlich-rechtlichen Namensänderung wieder das, was sie sein sollte: ein Auffangtatbestand, der im Einzelfall Abhilfe schaffen kann. Abgerundet werden sollte eine solche zeitgemäße Reform des Namensrechts durch die Einführung von Regelungen, die auch den Vornamenserwerb bzw. die Vornamensänderung gesetzlich regeln, sowie teilweisen Ergänzungen der Regelungen des EGBGB. Durch eine derartige Reform kann nicht nur ein vereinfachtes und in sich stimmiges Namensrecht geschaffen werden, man ermöglicht den Bürgern zudem die Wahl eines Namens, der für sie und ihre Lebenssituation passend ist, ohne dabei eine der klassischen Funktionen des Namens, insbesondere auch die familiale Zuordnungsfunktion, vollständig zu vernachlässigen.

Im Vordergrund dieser Reform sollte jedoch die Funktion der Selbstidentifikation stehen, denn der Namensinhaber führt seinen Namen nicht nur um durch den Staat identifizierbar oder von Dritten einer bestimmten Familie oder gar einem Ehegatten zuordenbar zu sein, sondern vor allem, um seine eigene Identität zu finden und zu festigen und seine Persönlichkeit nach außen darzustellen. Dieser Selbstidentifikationsfunktion, die im vergangenen Jahrhundert lediglich in überschaubarem Umfang die namensrechtlichen Regelungen mitgeprägt hat, sollte nun die Bedeutung zukommen, die ihr aufgrund der gesellschaftlichen Entwicklungen der letzten Jahrzehnte zusteht. Denn mit der geplanten Ausweitung der steuerlichen Identifikationsnummer zur Identifizierung von Personen im Rahmen von behördlichen Vorgängen, wird dem staatlichen Identifizierungsinteresse in Zukunft genügend Rechnung getragen.

Nur durch eine mutige Reform kann ein zeitgemäßes Namensrecht entstehen, das dem Namensinhaber in jeder Lebenssituation das Führen eines für ihn passenden Namens ermöglicht. Zwar bleibt das Wesen eines Menschen auch trotz einer Namensänderung grds. bestehen, wie bereits Shakespeare in seinem eingangs erwähnten Zitat feststellte – lautet es doch vollständig „Was ist ein Name? Was uns Rose heißt, wie es auch hieße, würde lieblich duften; So Romeo, wenn er auch anders hieße, er würde doch den köstlichen Gehalt bewahren, welcher sein ist ohne Titel." Das Wesen eines Menschen bzw. seine Identität kann sich jedoch im Laufe seines Lebens durch das Erlebte verändern, sodass der eigene Name nun nicht mehr als passend empfunden wird. Daher sollten sowohl der Name als auch das Namensrecht so wandelbar und vielseitig bleiben, wie das Wesen des Menschen selbst.

Kapitel 7: Vorschlag für eine Neufassung des deutschen Namensrechts

Familienname

§ 1 Namenserwerb des Kindes

(1) Steht den Eltern die Sorge gemeinsam zu, so bestimmen sie durch Erklärung gegenüber dem Standesamt den Namen, den die Eltern oder ein Elternteil zur Zeit der Erklärung führt oder im Falle seines Todes zum Zeitpunkt des Todes geführt hat oder einen aus den Namen der Elternteile zusammengesetzten Namen oder den Namen, den ein Geschwisterteil zum Zeitpunkt der Erklärung führt zum Geburtsnamen des Kindes. Besteht der Name aus mehreren Namen, so kann auch nur einer dieser Namen zur Bestimmung des Geburtsnamens herangezogen werden.
(2) Steht einem Elternteil die elterliche Sorge für ein Kind allein zu, so kann dieser dem Kind durch Erklärung gegenüber dem Standesamt seinen Namen oder den Namen des anderen Elternteils oder einen aus diesen Namen zusammengesetzten Namen oder den Namen, den ein Geschwisterteil zum Zeitpunkt der Erklärung führt erteilen. Die Erteilung des Namens des anderen Elternteils oder eines zusammengesetzten Namens bedarf der Einwilligung des anderen Elternteils.
(3) Treffen die gemeinsam sorgeberechtigten Eltern binnen eines Monats nach der Geburt des Kindes keine Bestimmung, überträgt das Familiengericht das Bestimmungsrecht einem Elternteil. Absatz 1 gilt entsprechend. Das Gericht kann dem Elternteil für die Ausübung des Bestimmungsrechts eine Frist setzen. Ist nach Ablauf der Frist das Bestimmungsrecht nicht ausgeübt worden, so erhält das Kind den Namen des Elternteils, dem das Bestimmungsrecht übertragen ist.
(4) Geburtsname ist der Name, der in die Geburtsurkunde einer Person einzutragen ist.

§ 2 Namensführung in der Ehe

(1) Ein Ehegatte kann durch Erklärung gegenüber dem Standesamt seinen Geburtsnamen oder den zur Zeit der Erklärung über die Namensführung in der Ehe geführten Namen in den Geburtsnamen oder den zur Zeit der Erklärung über die Namensführung in der Ehe geführten Namen des anderen Ehegatten oder in einen aus diesen Namen und seinem Geburtsnamen oder dem zur Zeit der Bestimmung des Namens geführten Namen zusammengesetzten Namen ändern. Besteht der Name eines Ehegatten aus mehreren Namen, so kann auch nur einer dieser Namen zur Bestimmung des Namens im Sinne dieses Absatzes herangezogen werden.
(2) Der verwitwete oder geschiedene Ehegatte kann durch Erklärung gegenüber dem Standesamt seinen Geburtsnamen oder den Namen wieder annehmen, den er bis zur Bestimmung des Namens nach Abs. 1 geführt hat, oder aus diesem Namen, sofern dieser kein zusammengesetzter Name ist, und seinem Geburtsnamen oder dem zur Zeit der Bestimmung des Namens nach Abs. 1 geführten Namen, einen zusammengesetzten Namen bilden.

§ 3 Familienbezogene Namensänderung

(1) Eine Person kann durch Erklärung gegenüber dem Standesamt seinen Namen in den Namen, den die Eltern oder ein Elternteil zur Zeit der Erklärung führt, oder in einen aus den Namen der Eltern zusammengesetzten Namen oder in einen aus dem Namen eines Elternteils und seinem Geburtsnamen oder dem zur Zeit der Bestimmung des Namens geführten Namen ändern.

(2) Eine Person kann durch Erklärung gegenüber dem Standesamt seinen Namen in den Namen, den ein Geschwisterteil zur Zeit der Erklärung führt, oder in einen aus den Namen des Geschwisterteils und seinem Geburtsnamen oder dem zur Zeit der Bestimmung des Namens geführten Namen zusammengesetzten Namen ändern, sofern der Geschwisterteil der Namensänderung zustimmt.

§ 4 Namensänderung bei Scheinvaterschaft

Wird rechtskräftig festgestellt, dass ein Mann, dessen Familienname Geburtsname des Kindes geworden ist, nicht der Vater des Kindes ist, so erhält das Kind auf seinen Antrag oder, wenn das Kind das fünfte Lebensjahr noch nicht vollendet hat, auch auf Antrag des Mannes den Namen, den die Mutter im Zeitpunkt der Geburt des Kindes führt, als Geburtsnamen.

§ 5 Namensänderung bei Annahme als Kind

(1) Der Annehmende oder die Annehmenden bestimmen den Geburtsnamen des Kindes vor dem Ausspruch der Annahme durch Erklärung gegenüber dem Familiengericht. § 1 Abs. 1 gilt entsprechend. Hat das Kind das fünfte Lebensjahr vollendet, so ist die Bestimmung nur wirksam, wenn es sich der Bestimmung vor dem Ausspruch der Annahme durch Erklärung gegenüber dem Familiengericht anschließt. Nimmt ein Ehegatte ein Kind des anderen Ehegatten an, muss eine Erklärung nur für den Fall abgegeben werden, dass das Kind den Namen dieses Ehegatten erhalten soll.

(2) Das Familiengericht kann auf Antrag des Annehmenden mit Einwilligung des Kindes mit dem Ausspruch der Annahme

1. Vornamen des Kindes ändern oder ihm einen oder mehrere neue Vornamen beigeben, wenn dies dem Wohl des Kindes entspricht;
2. einen aus dem Familiennamen des Annehmenden des Kindes und dem bisherigen Familiennamen des Kindes zusammengesetzten Namen bestimmen oder von einer Namensbestimmung absehen, wenn dies zum Wohl des Kindes erforderlich ist.

(3) Das Kind kann durch Erklärung gegenüber dem Standesamt seinen Geburtsnamen in einen aus dem Familiennamen des Annehmenden des Kindes und dem ursprünglichen Familiennamen des Kindes zusammengesetzten Namen ändern.

§ 6 Namensänderung des Pflegekindes

Ein minderjähriges Pflegekind kann durch Erklärung gegenüber dem Standesamt seinen Geburtsnamen in den Familiennamen, den die Pflegeeltern oder ein Pflegeelternteil zur Zeit der Erklärung führt oder in einen aus den jeweiligen

Familienamen der Pflegeelternteile zusammengesetzten Namen oder in einen aus dem Familiennamen eines Pflegeelternteils und seinem Geburtsnamen zusammengesetzten Namen ändern, wenn dies zum Wohl des Kindes erforderlich ist und das Pflegeverhältnis auf Dauer besteht.

§ 7 Zusammengesetzte Namen

(1) Der zusammengesetzte Name darf aus nicht mehr als zwei Namen bestehen.
(2) Besteht der Name, der Teil eines zusammengesetzten Namens werden soll, aus mehreren Namen, so kann nur einer dieser Namen zur Bestimmung des zusammengesetzten Namens herangezogen werden.
(3) Die Einzelnamen müssen in einer bestimmten Reihenfolge geführt werden und sind mit einem Bindestrich zu verbinden.
(4) Eine Person kann durch Erklärung gegenüber dem Standesamt einen Namen des zusammengesetzten Namens ablegen.

Vorname

§ 8 Vornamenserwerb des Kindes

(1) Steht den Eltern die Sorge gemeinsam zu, so bestimmen sie für das Kind durch Erklärung gegenüber dem Standesamt einen oder mehrere Vornamen. Steht einem Elternteil die elterliche Sorge für ein Kind allein zu, so bestimmt dieser für das Kind durch Erklärung gegenüber dem Standesamt einen oder mehrere Vornamen. Treffen die gemeinsam sorgeberechtigten Eltern binnen eines Monats nach der Geburt des Kindes keine Bestimmung, überträgt das Familiengericht das Bestimmungsrecht einem Elternteil.
(2) Nicht als Vornamen erteilt werden dürfen Namen, die das Kind aufgrund seines Namens der Lächerlichkeit aussetzen oder die aus anderen Gründen als Vornamen ungeeignet sind.

§ 9 Vornamensänderung

Eine Person kann durch Erklärung gegenüber dem Standesamt seinen Vornamen ändern, einen Vornamen hinzufügen oder weglassen oder die Reihenfolge der Vornamen neu bestimmen.

IPR-Regelungen

Art. 10 EGBGB

(1) Der Name einer Person unterliegt dem Recht des Staates, dem die Person angehört.
(2) Ehegatten können bei oder nach der Eheschließung gegenüber dem Standesamt ihren künftig zu führenden Namen wählen

1. nach dem Recht eines Staates, dem einer der Ehegatten angehört, ungeachtet des Artikels 5 Abs. 1, oder
2. nach deutschem Recht, wenn einer von ihnen seinen gewöhnlichen Aufenthalt im Inland hat.

(3) Der Inhaber der Sorge kann gegenüber dem Standesamt bestimmen, dass ein Kind den Familiennamen erhalten soll

1. nach dem Recht eines Staates, dem ein Elternteil angehört, ungeachtet des Artikels 5 Abs. 1,
2. nach deutschem Recht, wenn ein Elternteil seinen gewöhnlichen Aufenthalt im Inland hat, oder
3. nach dem Recht des Staates, dem ein den Namen Erteilender angehört.

(4) Andere ausländische Staatsangehörige mit gewöhnlichem Aufenthalt in Deutschland können ihren Namen nach deutschem Recht ändern, sofern sie dies gegenüber dem Standesamt erklären.

Art. 48 EGBGB

Unterliegt der Name einer Person deutschem Recht, so kann sie durch Erklärung gegenüber dem Standesamt den in einem anderen Mitgliedstaat der Europäischen Union oder des Europäischen Wirtschaftsraums oder der Schweiz erworbenen und dort in ein Personenstandsregister eingetragenen Namen wählen, wenn sie die Staatsangehörigkeit des anderen Staats besitzt, den Namen während eines gewöhnlichen Aufenthalts in dem anderen Staat erworben hat oder in sonstiger Weise eng mit dem anderen Staat verbunden ist, sofern dies nicht mit wesentlichen Grundsätzen des deutschen Rechts offensichtlich unvereinbar ist.

Literaturverzeichnis

Abrahamson, Olle Hög tid att reformera personnamnsrätten, in: Svensk Juristtidning 2013, 709-719.

Arndt, Nicole Die Geschichte und Entwicklung des familienrechtlichen Namensrechts in Deutschland unter Berücksichtigung des Vornamensrechts, München 2004 (zugl. Diss. Kiel 2013).

Battes, Robert Der Weg aus der Sackgasse – Vorschlag für eine gründliche Reform des deutschen Namensrechts, in: FamRZ 2008, 1037-1042.

– Prolegomena zu einer grundlegenden Reform des deutschen Namensrechts, in: Aderhold, Lutz/Grunewald, Barbara/Klingberg, Dietgard/Paefgen, Walter G. (Hrsg.) Festschrift für Harm Peter Westermann zum 70. Geburtstag, Köln 2008, S: 93-108.

Beck'scher Online-Grosskommentar zum Bürgerlichen Gesetzbuch (herausgegeben von Gsell, Beate/Krüger, Wolfgang/Lorenz, Stephan/Reymann, Christoph), München 2022.

[zitiert: BeckOGK/*Bearbeiter*]

Beck'scher Online-Kommentar zum Bürgerlichen Gesetzbuch (herausgegeben von Hau, Wolfgang/Poseck, Roman), 60. Edition, München 2021.

[zitiert: BeckOK/*Bearbeiter*]

Beck'scher Online-Kommentar zum Gesetz über Ordnungswidrigkeiten (herausgegeben von Graf, Jürgen), 32. Edition, München 2021.

[zitiert: BeckOK OWiG/*Bearbeiter*]

Benicke, Christoph/Zimmermann, Andreas Internationales Namensrecht im Spannungsfeld zwischen Internationalem Privatrecht, Europäischem Gemeinschaftsrecht und Europäischer Menschenrechtskommission, in: IPRax 1995, 141-150.

Blankenagel, Alexander Das Recht, ein „Anderer" zu sein: Späte Überlegung zum Transsexuellen-Beschluß des BVerfG vom 11.10.1978 1 BvR 16/72 = BVerfGE 49, 286 – überfällige Gedanken zum Namensänderungsrecht, in: DÖV 1985 953-963.

Bock, Kirsten Stellungnahme zum Entwurf eines Gesetzes zur Einführung und Verwendung einer Identifikationsnummer in der öffentlichen Verwaltung und zur Änderung weiterer Gesetze, abrufbar unter: https://www.bundestag.de/resource/blob/815984/f50265980 438d51623ae4a7fde9729aa/A-Drs-19-4-667-F-data.pdf.

Boemke, Burkhard Reform des Ehenamensrechts und Auswirkungen auf die Familie, in: FuR 1991, 181-190.

Bogdan, Michael Private International Law in Sweden, 3rd Edition, Alphen aan den Rijn 2020.

Bornhofen, Heinrich Eckpunkte zur Reform des deutschen Namensrechts – Meilensteine oder fromme Wünsche?, in: StAZ 2020, 162-166.

– Das geänderte Recht zum Ehenamen und Lebenspartnerschaftsnamen, in: StAZ 2005, 226-230.

Bosch, Friedrich Wilhelm Familien- und Erbrecht als Themen der Rechtsangleichung nach dem Beitritt der DDR zur BRD (2), in: FamRZ 1991. 878-882.

Botthof, Andreas Elternstreit über Kindesnamen vor dem Hintergrund der „Eckpunkte zur Reform des Namensrechts", in: StAZ 2021, 33-38.

Brattström, Margareta Makars namnskick – har hustrun alltid tagit sin makes släktnamn?, in: Jänterä-Jareborg, Maarit/Kumlien, Mats (Hrsg.) De lege årsbok 2011: Rätten och rättsfamiljer i ett föränderligt samhälle – rättshistoriskt och komparativt. Vänbok till Rolf Nygren, Uppsala 2011, S. 117-134.

Brylla, Eva Andersson, Pettersson, Lundström och... Beachman – Om nordiska efternamn i sin europeiska omgivning, Uppsala 2009.

– Das schwedische Personennamensystem, in: Brendler, Andrea/Brendler, Silvio (Hrsg.) Europäische Personennamensysteme – Ein Handbuch von Arabisch bis Zentralindisch, Hamburg 2007, S. 659-668.

Brylla, Eva/Entzenberg, Sonja Från Ehrenstråle till Eaglewing. Om svenska personnamnsregler, in: Sprog i Namen 2008, 35-44.

Brylla, Eva/Leibring, Katharina Personnamnsvård och lagstiftning, in: Nyström, Staffan (Hrsg.) Namn och namnforskning: Ett levande läromedel om ortnamn, personnamn och andra namn, 2. Aufl. Uppsala 2021, abrufbar unter: https://www.diva-portal.org/smash/get/diva2:1531251/FULLTEXT01.pdf.

Coester-Waltjen, Dagmar Anerkennung im Internationalen Personen-, Familien- und Erbrecht und das Europäische Kollisionsrecht, in: IPRax 2006, 392-400.

Depenheuer, Otto Zufall als Rechtsprinzip? Der Losentscheid im Rechtsstaat, in: JZ 1993, 171-180.

Dethloff, Nina Familienrecht, 32. Auflage, München 2018.

Dutta, Anatol Namenstourismus in Europa?, in: FamRZ 2016, 1213-1219.

– Der gewöhnliche Aufenthalt - Bewährung und Perspektiven eines Anknüpfungsmoments im Lichte der Europäisierung des Kollisionsrechts, in: IPRax 2017, 139-146.

– Reform des deutschen Namensrechts, Berlin/Boston 2020.

Dutta, Anatol/Frank, Rainer/Freitag, Robert/Helms, Tobias/Krömer, Karl/Pintens, Walter Ein Name in ganz Europa – Entwurf einer Europäischen Verordnung über des Internationale Namensrecht, in: StAZ 2014, 33-44.

Ebert, Frank Handbuch Namenrecht in Deutschland, Wiesbaden 2019.

Ehlers, Andrea Die Behandlung fremdartiger Namen im deutschen Recht: (Kollisions-)rechtliche Bewertung unter besonderer Berücksichtigung von Art. 47

EGBGB sowie der gemeinschaftsrechtlichen Entwicklung im Bereich des Namensrechts, Hamburg 2006 (zugl. Diss. Münster 2016).

Entzenberg, Sonja „Det får ju vara någon ordning på torpet!" - Svenska personnamnsregler i ett historiskt perspektiv, Uppsala 2006.

Franck, Gunnar Das neue schwedische Namensrecht – eine vergleichende Darstellung unter besonderer Berücksichtigung deutsch-schwedischer Rechtsfälle, in: StAZ 2020, 97-122.

Freitag, Robert Die Namenswahl nach Art. 48 EGBGB, in: StAZ 2013, 69-77.

Funken, Katja Das Anerkennungsprinzip im internationalen Privatrecht, Tübingen 2009 (zugl. Diss. Hamburg 2007).

Gaaz, Berthold Das deutsche Ehenamensrecht – gestern, heute und morgen, in: StAZ 2006, 157-165.

– Zum Recht des Kindesnamens in Europa, in: StAZ 2008, 365-371.

Giesen, Dieter Der Familienname aus rechtshistorischer, rechtsvergleichender und rechtspolitischer Sicht, in: FuR 1993, 65-81.

– Länderbericht Schweden, in: Bergmann, Alexander/Ferid, Murat/Henrich, Dieter (Hrsg.) Internationales Ehe- und Kindschaftsrecht, Loseblattsammlung, Frankfurt am Main und Berlin, Stand: 1.6.2019.

Grüneberg, Christian (Hrsg.), Bürgerliches Gesetzbuch, 81. Auflage, München 2022.

Hellner, Michael Sverige, EU och den internationella privaträtten, in: Svensk Juristtidning 2011, 388-412.

– Schweden, in: Basedow, Jürgen/Rühl, Gisela/Ferrari, Franco/Asensio, Pedro de Miguel (Hrsg.) Encyclopedia of Private International Law (Volume 3), Cheltenham, Northhampton 2017.

– Internationella namnfrågor: DS 2011:39, abrufbar unter: https://regeringen.se/rattsliga-dokument/departementsserien-och-promemorior/2011/11/ds-201139/.

Helms, Tobias Stellungnahme für die öffentliche Anhörung zum Thema „Entwurf eines Gesetzes zur Änderung des Ehe- und Geburtsnamensrechts – Echte Doppelnamen für Ehepaare und Kinder" (BT-Drucks. 19/18314), abrufbar unter: https://www.bundestag.de/dokumente/textarchiv/2020/kw50-pa-recht-geburtsnamenrecht-808854.

Henrich, Dieter Die Rechtswahl im internationalen Namensrecht und ihre Folgen, in: StAZ 1996, 129-134.

– Kollisionsrechtliche Aspekte der Neuordnung des Familiennamensrechts, in: IPRax 1994, 174-178.

– Die Angleichung im internationalen Namensrecht - Namensführung nach Statutenwechsel, in: StAZ 2007, 197-204.

– Das internationale Namensrecht auf dem Prüfstand des EuGH, in: Lorenz, Stephan/Trunk, Alexander/Eidenmüller, Horst/Wendehorst, Christiane/Adolff,

Johannes (Hrsg.) Festschrift für Andreas Heldrich zum 70. Geburtstag, München 2005, S. 667-677.

Hepting, Reinhard Die Angleichung in Art. 47 EGBGB, in: StAZ 2008, 161-177.

– Der Name in Vergangenheit und Zukunft, in: StAZ 1999, 133-137.

– Regelungszwecke und Regelungswidersprüche im Namensrecht, in: StAZ 1996, 1-11.

– Der Schutz des tatsächlich geführten Namens: Vertrauensschutz in der Rechtsprechung des BVerfG – und etwa auch des EuGH?, in: StAZ 2013, 1-10 (Teil 1) und 34-46 (Teil 2).

– Das IPR des Kindsnamens nach der Kindschaftsrechtsreform, in: StAZ 1998, 133-146.

– Folgeprobleme der Kindschaftsrechtsreform: Legitimation, Abstammung und Namenser-teilung, in: StAZ 2002, 129-143.

Hepting, Reinhard/Dutta, Anatol Familie und Personenstand: Ein Handbuch zum deutschen und internationalen Privatrecht, 3. Auflage, Frankfurt am Main, Berlin 2019.

Hess, Burkhard Europäisches Zivilprozessrecht, 2. Auflage, Berlin, Boston 2021.

Höglund, Olle Namnlagen: En kommentar, 2. Auflage, Stockholm 1998.

Institut für Demoskopie Allensbach/Frauke Rüdebusch Motive der Vornamenswahl, in: StAZ 2014, 323-332.

Jatzow, H. Motive zu dem Entwurfe eines Bürgerlichen Gesetzbuches für das Deutsche Reich, Band 4, Familienrecht, Berlin 1896.

Karlsruher Kommentar zum Gesetz über Ordnungswidrigkeiten (herausgegeben von Mitsch, Wolfgang), 5. Auflage, München 2018.

[zitiert: KK-OWiG/*Bearbeiter*]

Karnov Svensk Lagsammling med Kommentarer Lag (2016:1013) om personnamn, Stockholm, Stand: 1. Januar 2022.

[zitiert: Bearbeiter in Karnov Kommentarer]

Kienemund, Beate Namenswahl nach Art. 48 EGBGB bei im Ausland rechtswidrig erlangtem Namen, in: NZFam 2019, 508.

– Das Kind muss einen Namen haben! Aber welchen? - Zur Namensbestimmung bei Geschwisterkindern, in: StAZ 2021, 129-132.

Kischel, Uwe Rechtsvergleichung, München 2015.

Klippel, Diethelm Der zivilrechtliche Schutz des Namens: Eine historische und systematische Untersuchung, Paderborn, München, Wien, Zürich 1985 (zugl. Habil. Regensburg 1982).

Knauff, Matthias/Lehmann, Lennard Das Registermodernisierungsgesetz – Der Bürger als Nummer oder Verwaltungsvereinfachung durch Digitalisierung?, in: DÖV 2022, 159-164.

Kohler, Christian/Pintens, Walter Entwicklungen im europäischen Personen-, Familien- und Erbrecht 2016-2017, in: FamRZ 2017, 1441-1449.

Köhler, Wolfgang Elfmeterschießen oder rote Karte?, in: FamRZ 1991, 1030.

Krüger, Hildegard Der Name der Frau nach bürgerlichem Recht, in AcP 156 (1957), 232-264.

Leibring, Katharina The new Personal Names Act in Sweden – some possible consequences for the name usage, in: Baudisch, Susanne/Bergien, Angelika/Greule, Albrecht u. a. (Hrsg.), Namenkundliche Informationen 109/110 (2017). Schwerpunktthema Namen in Europa. Festgabe für Dieter Kremer und Albrecht Greule, Leipzig 2017, S. 408–419.

Lettmaier, Saskia Notwendigkeit einer Reform des (Familien-)Namensrechts? - Rechtsvergleichende Betrachtung, in: FamRZ 2020, 1-10.

– Stellungnahme zum Entwurf eines Gesetzes zur Änderung des Ehe- und Geburtsnamensrechts – Echte Doppelnamen für Eltern und Kinder, BT- Drucks. 19/18314, abrufbar unter: https://www.bundestag.de/dokumente/textarchiv/2020/kw50-pa-recht-geburtsnamenrecht-808854.

von Lewinsky, Kai/Gülker, Marvin Europa-, verfassungs- und datenschutzrechtliche Grundfragen des Registermodernisierungsgesetzes (RegModG), in: DVBl 2021, 633-641.

Lipp, Volker Namensrecht und Europarecht: Die Entscheidung Grunkin Paul II und ihre Folgen für das deutsche Namensrecht, in: StAZ 2010, 1-8.

Löhnig, Martin Die namensrechtlichen Folgen einer Adoption: Fremdkörper im geltenden Namensrecht, in: FamRZ 2012, 679-682.

Loos, Wolfgang Namensänderungsgesetz: Kommentar, 2. Auflage, Neuwied, Kriftel, Berlin 1996.

Lugani, Katharina Auf dem steinigen Weg zum echten Doppelnamen - Überlegungen aus Anlass des Entwurfs eines „Gesetzes zur Änderung des Ehe- und Geburtsnamensrechts – Echte Doppelnamen für Ehepaare und Kinder“ vom 1.4.2020, in: StAZ 2021, 161-169.

Mankowski, Peter Das Staatsangehörigkeitsprinzip - gestern und heute, in: IPRax 2017, 130-139.

– Art. 48 EGBGB – viele Fragen und einige Antworten, in: StAZ 2014, 97-109.

Mansel, Heinz-Peter Anerkennung als Grundprinzip des Europäischen Rechtsraums – Zur Herausbildung eines europäischen Anerkennungs-Kollisionsrecht: Anerkennung statt Verweisung als neues Strukturprinzip des Europäischen internationalen Privatrechts?, in: RabelsZ 70 (2006), 654-731.

Martiny, Dieter Zur Namensbildung und Namensgebung – Anmerkung zum Urteil des EuGH vom 14.10.2008, in: DNotZ 2009, 453-548.

Maunz, Theodor/Dürig, Günter (Begr.) Grundgesetz Kommentar, Band I Art. 1-5, Loseblattsammlung, München, Stand: Juli 2021.

Mertens, Laura Antonia Das Namensänderungsgesetz, Frankfurt am Main 2018 (zugl. Diss Marburg 2018).

– Über Sinn und Unsinn der öffentlich-rechtlichen Namensänderung - sieben Fragen zum NamÄndG, in: StAZ 2018, 329-332.

Michalski, Lutz Das Namensrecht des ehelichen Kindes nach den §§ 1616, 1616a BGB unter Berücksichtigung des Regierungsentwurfs eines Kindschaftsrechtsreformgesetzes, in: FamRZ 1997, 977-985.

Molls, Stephan Reformbedarf im Namensrecht der Erwachsenenadoption, in: ZRP 2012, 174-178.

Mörsdorf-Schulte, Juliana Europäische Impulse für Namen und Status des Mehrstaaters, in: IPRax 2004, 315-326.

Münchener Kommentar zum Bürgerlichen Gesetzbuch (herausgegeben von Säcker, Franz Jürgen/Rixecker, Roland/Oetker, Hartmut/Limperg, Bettina):

– Band 1: Allgemeiner Teil, §§ 1-240 BGB, AllgPersönlG, ProstG, AGG, 9. Auflage, München 2021.

– Band 9: Familienrecht I §§ 1297-1588 BGB, Versorgungsausgleichgesetz, Gewaltschutzgesetz, Lebenspartnerschaftsgesetz, 8. Auflage, München 2019.

– Band 10: Familienrecht II §§ 1589-1921 BGB, SGB VIII, 8. Auflage, München 2020.

– Band 12: Internationales Privatrecht I, Europäisches Kollisionsrecht, Einführungsgesetz zum Bürgerlichen Gesetzbuch (Art. 1-26), 8. Auflage, München 2020.

Nübling, Damaris/Fahlbusch, Fabian/Heuser, Rita Namen: Eine Einführung in die Onomastik, 2. Auflage, Tübingen 2015.

Otto, Martin Namengebung, in: Cordes, Albrecht/Haferkamp, Hans-Peter/Lück, Heiner/Werkmüller, Dieter/Bertelsmeier-Kierst, Christa (Hrsg.) Handwörterbuch zur deutschen Rechtsgeschichte (HRG), Band III: Konfliktbewältigung - Nowgorod, 2. Auflage, Berlin 2016, S. 1758-1770.

– Wer hat Angst vor Müller-Lüdenscheid?: Vom (bisherigen) Scheitern einer Legalisierung „echter Doppelnamen" in Deutschland, in: StAZ 2019, 257-264.

Peschel-Gutzeit, Lore Maria Fortwährende Reformen – Die Entwicklung des Familienrechts seit 1947, in: NJW 2017, 2731-2737.

Peuker, Enrico Registermodernisierung und Datenschutz, in: NVwZ 2021, 1167-1172.

Ramm, Thilo Familienname und Grundgesetz, in: FamRZ 1963, 337-340.

Ring, Gerhard/Olsen-Ring, Line Einführung in das skandinavische Recht, 2. Auflage, München 2014.

Sacksofsky, Ute Das Ehenamensrecht zwischen Tradition und Gleichberechtigung – zum neuen Ehenamensurteil des BVerfG, in: FPR 2004, 371-375.

– Grundrechtsdogmatik ade – Zum neuen Doppelnamen-Urteil des Bundesverfassungsgerichts, in: FPR 2002, 121-125.

Schwab, Dieter Personenname und Recht, in: StAZ 2015, 354-362.

– Der Name ist Schall und Rauch: Statt einer Glosse, in: FamRZ 1992, 1015-1018.

Schwenzer, Ingeborg Namensrecht im Überblick: Entwicklung – Rechtsvergleich – Analyse, in: FamRZ 1991, 390-397.

Seibicke, Wilfried Die Personennamen im Deutschen: Eine Einführung, 2. Auflage, Berlin 2008.

– Was ist ein Familienname?, in: StAZ 2006, 294.

Soergel, Theodor (Begr.) Kohlhammer-Kommentar zum Bürgerlichen Gesetzbuch mit Einführungsgesetz und Nebengesetzen, Band 19/2 Familienrecht §§ 1616-1717, 13. Aufl., Stuttgart 2017.

Sorge, Christoph/von Lucke, Jörn/Spiecker gen. Döhmann, Indra Registermodernisierung – Datenschutzkonforme und umsetzbare Alternativen – Kurzanalyse zum Entwurf des Registermodernisierungsgesetzes, Potsdam-Babelsberg 2020, abrufbar unter: https://www.bundestag.de/resource/blob/813124/01a4a3b69 5bf8262740228fc44c72d25/A-Drs-19-4-667-C-data.pdf.

Sperling, Florian Familiennamensrecht in Deutschland und Frankreich, Tübingen 2012 (zugl. Diss. München 2012).

Staudinger, Julius von (Begr.) Kommentar zum Bürgerlichen Gesetzbuch, mit Einführungsgesetz und Nebengesetzen, Köln, Berlin

– Buch 4 Familienrecht, §§ 1353-1362 (Wirkung der Ehe im Allgemeinen), Neubearbeitung 2018.

– Buch 4 Familienrecht, §§ 1616-1625 (Kindsname, Eltern-Kind-Verhältnis), Neubearbeitung 2020.

– Buch 4 Familienrecht, §§ 1741-1772 (Adoption), Neubearbeitung 2019.

– Einführungsgesetz zum Bürgerlichen Gesetzbuch, Internationales Privatrecht, Art. 7-12, 47, 48 EGBGB (Internationales Recht der natürlichen Personen und der Rechtsgeschäfte), Neubearbeitung 2019.

Stenz, Heinz Die geschichtliche Belastung des geltenden deutschen Namensänderungsrechts, in: StAZ 2001, 61-66.

Sturm, Fritz Namenserklärungen – Auslandsdeutsche und Heiratstouristen, in: StAZ 2005, 253-260.

Sturmhöfel, Jack Der Name im In- und Ausland: eine rechtsvergleichende Untersuchung des Namenssachrechts und seiner neueren Entwicklungen, Hamburg 2007, (zugl. Diss. Mainz 2006).

Svenska Institutet Recht und Rechtswesen, 2001, abrufbar unter: http://treffpunkt-schweden.com/assets/files/2009/Recht_und_Rechtswesen.pdf.

Voigt, Jürgen Namensrecht und Gleichheitssatz: Ein Diskussionsbeitrag zur Neuregelung des Familiennamens, in: FamRZ 1972, 187-189.

Wagenitz, Thomas Grundlinien des neuen Familienrechts, in: FamRZ 1994, 409-416.

– Neues Recht in alten Formen: Zum Wandel des Kindesnamensrechts, in: FamRZ 1998, 1545-1553.

Wagner, Rolf Anerkennung von Personenstandsurkunden – was heißt das? Überlegungen vor dem Hintergrund des Grünbuchs der Europäischen Kommission vom 14.12.2010, in: DNotZ 2011, 176-188.

Wagner-Kern, Michael Staat und Namensänderung, Tübingen 2002 (zugl. Diss. Bayreuth 2000/2001).

Wall, Fabian Gelbe Karte für Art. 48 EGBGB und § 3 NamÄndG - Anmerkung zum Urteil des EuGH vom 8.6.2017 - RS. C-541/15 „Freitag", in: StAZ 2017, 326-337.

– Anwendungsprobleme des Art. 48 EGBGB – Dargestellt anhand von Beispielsfällen aus der Praxis, in: StAZ 2013, 237-247.

– Vermeidung „hinkender Namensverhältnisse" in der EU durch unselbstständige Anknüpfung von Vorfragen: Anmerkung zu OLG Düsseldorf, Beschluss vom 29.12.2009, in: StAZ 2011, 37-42.

– Namensänderung eines deutsch-polnischen Doppelstaaters in Polen; Auswirkung auf einen in Deutschland nach deutschem Recht geführten Ehenamen, in: StAZ 2014, 119-124.

Wendt, Heinz Jürgen Herbert Friedrich, Eingriff in das Recht auf Vornamenswahl, in: FPR 2010, 12-15.

Williams, Henrik Bruun Mellannamn, in: Strandberg, Svante/Wahlberg, Mats/Heinrici, Björn (Hrsg.) Namn: Hyllningsskrift till Eva Brylla, den 1 mars 2004, Uppsala 2004, S. 155-159.

Woelke, Andrea Namensrecht und Selbstbestimmung, in: FamRZ 2004, 1342.

Zimmermann, Heinz Namensführung eines „ehelich nachgeborenen" Kindes namensverschiedener Eltern bei vorhandenen Geschwisterkindern, in: StAZ 2021, 51-52.

Schwedische Gesetzesmaterialien

Staatliche öffentliche Untersuchungsberichte (Statens offentliga utredningar)

Staatlich öffentlicher Untersuchungsbericht v. 4.1.1960 - Vorschlag für ein Namensgesetz: SOU 1960:5 - Förslag till namnlag; abrufbar unter: https://lagen.nu/sou/1960:5?attachment=index.pdf&repo=soukb&dir=downloaded
(zitiert: SOU 1960:5)

Staatlich öffentlicher Untersuchungsbericht v. 5.3.1979 - Neue Namensregeln: SOU 1979:25 – Nya namnregler, abrufbar unter: https://filedn.com/ljdBas5OJsrLJOq6KhtBYC4/forarbeten/sou/1979/sou-1979-25.pdf
(zitiert: SOU 1979:25)

Staatlich öffentlicher Untersuchungsbericht v. 28.5.2013 - Ein neues Gesetz über Personennamen: SOU 2013:35 – En ny lag om personnamn, abrufbar unter: https://www.regeringen.se/498c47/contentassets/0a2cfc6cbdf7433bbd80aa3dbd569f27/sou-2013_35_webb.pdf
(zitiert: SOU 2013:35)

Direktive von parlamentarischen Ausschüssen

Direktiv des parlamentarischen Ausschusses v. 21.12.2009 - Eine Überprüfung des Namensgesetzes: Kommittédirektiv 2009:129 - En översyn av namnlagen, abrufbar unter: https://www.regeringen.se/49bb82/contentassets/d061de8bb1f84a9290a5544a02b0e328/en-oversyn-av-namnlagen-dir.-2009129.
(zitiert: Kommittédirektiv 2009:129)

Gutachten des Rechtsausschusses (Lagutskottet)

Gutachten des Rechtsausschusses zum neuen Namensrecht: Lagutskottets betänkande 1981/82:41 om ny namnlag (prop. 1981/82:156), abrufbar unter: https://data.riksdagen.se/fil/E9F16140-091E-4F95-B9DF-225A86FF9AEA
(zitiert: LU 1981/82:41)

Gutachten des Gesetzgebungsrats (Lagrådsremiss)

Gutachten des Gesetzgebungsrats v. 16.6.2011 - Das Recht, einen in einem anderen Staat innerhalb des EWR erworbenen Namen zu führen: Lagrådsremiss - Rätt att

bära namn som förvärvats i en annan stat inom EES, abrufbar unter: https://www.regeringen.se/rattsliga-dokument/lagradsremiss/2011/06/ratt-att-bara-namn-som-forvarvats-i-en-annan-stat-inom-ees/
(zitiert: Lagrådsremiss „Rätt att bära namn som förvärvats i en annan stat inom EES")

Gesetzentwürfe der Regierung (regerings proposition):

Gesetzentwurf 1981/82:156 v. 4.3.1982 zum Namensgesetz: Regerings Proposition 1981/82:156 om namnlag, abrufbar unter: https://www.riksdagen.se/sv/dokument-lagar/dokument/proposition/om-namnlagbeslutad-den-4-mars-1982_G503156
(zitiert: Prop. 1981/82:156)

Gesetzentwurf 1982/83:38 v. 4.11.1982 zu den internationalen Namensvorschriften: Regerings Proposition 1982/83:38 om internationella namnregler, abrufbar unter: https://riksdagen.se/sv/dokument-lagar/dokument/proposition/om-internationella-namnregler_G60338
(zitiert: Prop. 1982/83:38)

Gesetzentwurf 2011/12:12 v. 11.10.2011 - Recht an einem Namen, der in einem anderen Staat innerhalb des EWR erworben wurde: Regeringens Proposition 2011/12:12 - Rätt till namn som förvärvats i en annan stat inom EES, abrufbar unter: https://www.regeringen.se/rattsliga-dokument/proposition/2011/10/prop.-20111212/
(zitiert: Prop. 2011/12:12)

Gesetzentwurf 2015/16:180 v. 21.6.2016 - Ein neues Gesetz über Personennamen: Regerings Proposition 2015/16:180 – En ny lag om personnamn, abrufbar unter: https://www.regeringen.se/49e12c/contentassets/12c1d5dc81b3400584924159cafa144e/en-ny-lag-om-personnamn-prop.-201516180
(zitiert: Prop. 2015/16:180)

Schwedische Gerichtsentscheidungen

Entscheidungen des obersten Verwaltungsgerichts (Högsta förvaltningsdomstolen)

Bis 2010 lautete die offizielle Bezeichnung des Gerichts „Regeringsrätten", dadurch änderte sich auch die Bezeichnung des Jahrbuchs des obersten Verwaltungsgerichts, in dem die Entscheidungen veröffentlicht werden von Regeringsrättens årsbok (RÅ) in Högsta förvaltningsdomstolens årsbok (HFD).

HFD 2021 ref. 36, abrufbar unter https://www.domstol.se/globalassets/filer/domstol/hogstaforvaltningsdomstolen/2021/referat/hfd-2021-ref.-36.pdf

HFD 2020 ref. 41, abrufbar unter https://www.domstol.se/globalassets/filer/domstol/hogstaforvaltningsdomstolen/2020/referat/hfd-2020-ref.-41.pdf

HFD 2019 ref. 57 I – III, abrufbar unter: https://www.domstol.se/globalassets/filer/domstol/hogstaforvaltningsdomstolen/2019/referat/hfd-2019-ref.-57.pdf

RÅ 2009 ref. 55 I – III, abrufbar unter: https://lagen.nu/dom/ra/2009:55

RÅ 2003 ref. 97, abrufbar unter: https://upphandlingsjuristen.com/verdict/regeringsratten-referat-ra-2003-ref-97/

Entscheidungen des Kammergerichts Stockholm (Kammarrätten i Stockholm)

Die Entscheidungen können in Originalsprache auf der Seite des Kammergerichts Stockholm angefordert werden unter https://www.domstol.se/kammarratten-i-stockholm/domar-och-beslut/bestall-domar-beslut-eller-handlingar/

Entscheidung des Kammergerichts Stockholm v. 3.6.2008 - Fall Nr. 211-08: Kammarrätten i Stockholm målnummer 211-08.

Entscheidung des Kammergerichts Stockholm v. 15.6.2018 - Fall Nr. 7189-17: Kammarrätten i Stockholm målnummer 7189-17.

Entscheidungen des Kammergerichts Göteborg (Kammarrätten i Göteborg)

Die Entscheidungen können in Originalsprache auf der Seite des Kammergerichts Göteborg angefordert werden unter https://www.domstol.se/kammarratten-i-goteborg/domar-och-beslut/bestall-domar-beslut-eller-handlingar/

Entscheidung des Kammergerichts Göteborg v. 15.10.2001 - Fall Nr. 2053-01: Kammarrätten i Göteborg målnummer 2053-01.

Entscheidung des Kammergerichts Göteborg v. 27.9.2021 - Fall Nr. 3413-21: Kammarrätten i Göteborg målnummer 3413-21.

Entscheidung des Kammergerichts Göteborg v. 15.12.2017 - Fall Nr. 5189-17: Kammarrätten i Göteborg målnummer 5189-17.

Entscheidungen des Kammergerichts Jönköping (Kammarrätten i Jönköping)

Die Entscheidungen können in Originalsprache auf der Seite des Kammergerichts Jönköping angefordert werden unter https://www.domstol.se/kammarratten-i-jonkoping/domar-och-beslut/bestall-domar-beslut-eller-handlingar/

Entscheidung des Kammergerichts Jönköping v. 10.4.2003 - Fall Nr. 810-03: Kammarrätten i Jönköping målnummer 810-03.

Entscheidung des Kammergerichts Jönköping v. 11.5.2011 - Fall Nr. 3409-09: Kammarrätten i Jönköping målnummer 3409-09.

Studien zum deutschen und internationalen Familien- und Erbrecht

Band 1 Jessica Kriewald: Statusrelevante Erklärungen des Familienrechts. 2009.

Band 2 Martin Gilbert: Unmoralische Angebote, Grundrechtskitsch und die kalte Hand des Erblassers. 2009.

Band 3 Anja Vellmer: Religiöse Kindererziehung und religiös begründete Konflikte in der Familie. Eine rechtsübergreifende Darstellung familiärer religiöser Konflikte und der staatlichen Instrumentarien zu ihrer Lösung. 2010.

Band 4 Uta Heidenreich: Auskunfts- und Wertermittlungsansprüche des Pflichtteilsberechtigten. 2010.

Band 5 Ulla Möhn: Vertrauensschutz im intertemporalen Scheidungsunterhaltsrecht. Zugleich eine Analyse des § 36 Nr. 1 EGZPO. 2010.

Band 6 Gabriele Metternich: Verfügungsverhalten von Erblassern. Eine empirische Untersuchung als Beitrag zur Rechtstatsachenforschung und Reformdiskussion auf dem Gebiet des Erbrechts. 2010.

Band 7 Patrick Schroer: Europäischer Erbschein. Mit rechtsvergleichender Darstellung. 2010.

Band 8 Isabella Toscano: Ehescheidungen mit grenzüberschreitendem Bezug. Von divergierenden nationalen Scheidungsvoraussetzungen zu einem einheitlichen europäischen Scheidungsrecht? 2011.

Band 9 Ulrich Kühle: Die gerichtliche Überprüfung von Erb- und Pflichtteilsverzichtsverträgen im Spiegel ehevertraglicher Inhaltskontrolle. 2011.

Band 10 Gregor Blüm: Härtefälle im Recht des Versorgungsausgleichs. Eine legitimationszentrierte Untersuchung der Rechtsprechung zur Generalklausel des § 1587c Nr. 1 BGB a. F. unter Berücksichtigung der Neuerungen in der Härtefallregelung des § 27 VersAusglG. 2011.

Band 11 Linda Schlegel: Die Bedeutung des vorehelichen Zusammenlebens im Scheidungsfolgenrecht. 2011.

Band 12 Tobias Breitling: Rechtsfolgen von sittenwidrigen Bedingungen in Verfügungen von Todes wegen. Erblasserwille und objektives Recht. 2012.

Band 13 Anja Sommer: Das Verhältnis von Familiengericht und Jugendamt. Kooperation zum Wohle des Kindes? 2012.

Band 14 Pia Maria Schulze: Das deutsche Kindschafts- und Abstammungsrecht und die Rechtsprechung des EGMR. 2012.

Band 15 Sebastian Schaufert: Das Verbot der Doppelverwertung von Vermögenspositionen bei Unterhalt und Zugewinn. 2012.

Band 16 Natalie Ivanits: Die Stellung des Kindes in auf Einvernehmen zielenden gerichtlichen und außergerichtlichen Verfahren in Kindschaftssachen. 2012.

Band 17 Robert Bauer: Die Neuerungen im ehelichen Güterrecht. Eine kritische Untersuchung der Rechtslage nach der Reform von 2009. 2013.

Band 18 Birthe Schekahn: Tatsächliche Unterhaltsleistungen faktischer Lebensgefährten im Todesfall. Ein Vorschlag für eine Reform des § 844 Abs. 2 BGB und zugleich eine Definition der faktischen Lebensgemeinschaft. 2013.

Band 19 Michelle Favier: Die gemeinsame rechtliche Elternschaft von eingetragenen Lebenspartnern durch die Annahme eines Kindes. 2014.

Band 20 Holke-Leonie Doench: Mediation als kindgerechtes Verfahren. 2014.

Band 21 Katharina Frank: Eheverträge als effektives Gestaltungsinstrument. Die Grenzen der Privatautonomie im englischen und deutschen Sachrecht sowie im europäischen Zivilverfahrens- und Kollisionsrecht. 2015.

Band 22 Renata von Pückler: Der Ausgleich konkurrierender Ehegattenunterhaltsansprüche. 2015.

Band 23 Sandra Schröder: Wer hat das Recht zur rechtlichen Vaterschaft? Vorschlag zur Neugestaltung der rechtlichen Stellung des biologischen Vaters im Abstammungsrecht bei Bestehen einer sozial-familiären Beziehung zwischen Kind und rechtlichem Vater. Unter Berücksichtigung interdisziplinärer und historischer Aspekte. 2015.

Band 24 Kerstin Aust. Das Kuckuckskind und seine drei Eltern. Eine kritische Würdigung der bestehenden Rechtslage mit Vorschlägen für interessengerechte Regelungen unter rechtsvergleichenden Aspekten aus dem EMRK-Raum. 2015.

Band 25 Marc Alexander Voigt: Abstammungsrecht 2.0. Ein rechtsvergleichender Reformvorschlag vor dem Hintergrund der Methoden der künstlichen Befruchtung. 2015.

Band 26 Carola Berneiser: Die verfahrensrechtliche Neuregelung der Erörterung der Kindeswohlgefährdung in § 157 FamFG. Möglichkeiten und Grenzen der Umsetzung in der familiengerichtlichen Praxis. 2015.

Band 27 Hüsniye Saygin: Geschlechtergerechtigkeit unter dem Deckmantel der Leitbildneutralität. Trennungs- und Scheidungsfolgen im Spiegel der Ehe- und Familienförderung. 2016.

Band 28 Dragana Damljanovic: Das Wechselmodell. Geltendes Recht und Reformbedarf. 2016.

Band 29 Bianca Reichert: Die erbrechtliche Ausgleichung von Unterhaltsleistungen an behinderte Abkömmlinge. 2017.

Band 30 Meike Löwer: Familienpsychologische Sachverständigengutachten in Sorge-, Umgangs- und Kindeswohlgefährdungsverfahren. Zur effektiven Einbeziehung von psychologischen Sachverständigen in kindschaftsrechtlichen Verfahren zum Wohle des Kindes. 2017.

Band 31 Johanna Antonia Hirth: Internationale *Relocation*. Eine rechtsvergleichende Untersuchung über den grenzüberschreitenden Wohnortwechsel eines Elternteils mit dem Kind gegen den Willen des anderen Elternteils. 2018.

Band 32 Britta Hartmann: Von der Mutterschaft zur Elternschaft. Zum Reformbedarf des geltenden Abstammungsrechts. 2020.

Band 33 Charlotte Baecker: Die Honorierung von Pflegeleistungen durch das Erbrecht. 2022.

Band 34 Leonie Dietrich: Das deutsche und schwedische Namensrecht im Vergleich. Überlegungen zu einer Reform des deutschen Namensrechts anhand der schwedischen Namensrechtsreform 2016. 2022.

www.peterlang.com

www.ingramcontent.com/pod-product-compliance
Ingram Content Group UK Ltd.
Pitfield, Milton Keynes, MK11 3LW, UK
UKHW021845290926
8980IPUK00005B/653

9 783631 887943